高等职业教育财务会计类富媒体智能型 · 工学结合系列教材

纳税检查 （第二版）

NASHUI JIANCHA

郝宝爱 主编

东北财经大学出版社
Dongbei University of Finance & Economics Press
大连

图书在版编目（CIP）数据

纳税检查 / 郝宝爱主编. —2版. —大连：东北财经大学出版社，2024.8. —（高等职业教育财务会计类富媒体智能型·工学结合系列教材）. —ISBN 978-7-5654-5307-6

Ⅰ. F812.423

中国国家版本馆CIP数据核字第2024ME4856号

东北财经大学出版社出版

（大连市黑石礁尖山街217号　邮政编码　116025）

网　　址：http://www.dufep.cn

读者信箱：dufep@dufe.edu.cn

大连日升彩色印刷有限公司印刷　东北财经大学出版社发行

幅面尺寸：185mm×260mm　　字数：463千字　　印张：19.5

2024年8月第2版　　　　　　2024年8月第1次印刷

责任编辑：王天华　周　慧　　　　责任校对：何　群

封面设计：原　皓　　　　　　　　版式设计：原　皓

定价：49.00元

教学支持　售后服务　　联系电话：（0411）84710309

版权所有　侵权必究　　举报电话：（0411）84710523

如有印装质量问题，请联系营销部：（0411）84710711

第二版前言

为了深入推进党的二十大精神进教材，加强以文化人、以文育人，及时反映经济新形势和税收政策新变化，使本教材更加符合高职教育的人才培养目标，增加教材的趣味性，拓宽读者视野，使教材更加立体化和融合化，我们对本教材进行了修订和完善。本次修订的税收政策引用时间截至2024年4月30日。

本次教材修订体现了新时代职业教育发展的要求，更加注重课程内涵建设在教材中的体现，具有以下特点：

一是培根铸魂、启智润心。坚持以习近平新时代中国特色社会主义思想铸魂育人的教材建设理念，牢记为党育人、为国育才的初心使命。在教材中深入体现党和国家意志，体现国家重大发展战略，有机融入党的二十大精神。围绕"诚实守信、合法合规、勤勉尽责、爱岗敬业"等职业素养的培养展开教学内容，以培养职业道德高尚、职业能力突出，并具有守正创新的职业精神的新一代财税工作者为己任。在教材学习目标中增加了"素养目标"，并在教材内容中有机融入"学思践悟"小栏目，紧密结合职业道德、职业素养和国家战略，讲好中国故事、培育中国智慧、引领中国价值。

二是数字赋能、课岗融通。拓展教材的空间，将信息技术与教材建设深度融合，在教材中以二维码形式添加了21个微课，增加教材的趣味性，提高读者的学习效率，增加教材的附加值。在教材中设计"特别提示"小栏目，指出税收风险，提醒读者注意规范财务处理行为，避免税务风险；设计"案例"栏目，以实际检查案例提炼常见涉税风险，结合真实业务场景讲解检查方法，以仿真经济业务核算为依据进行检查实训，具有较高的仿真性。通过"做中学"栏目，设计实训强化学习者的动手能力，引导读者做到学思用贯通、知信行统一。

三是理实一体、业财融合。本教材在内容设计上，从不同检查主体纳税检查岗位技能的需求出发，充分体现技能导向，实现知识讲解与技能培训的统一；在顺序上，由纳税检查基本知识和技能的讲解到具体税种的检查；各税种的检查由一般内容到特殊规定展开，涉及现行主要税种、贯穿企业会计核算全过程。

本教材共七个项目，可分为两部分：第一部分即项目一，主要介绍纳税检查的基本概念、基本方法、基本技能及查处办法；第二部分包括项目二至项目七，主要介绍我国现行税种（增值税、消费税、资源税、企业所得税、个人所得税及其他税种）检查的内容、方法和技能。

本教材由山西省财政税务专科学校郝宝爱主持全书的修订工作，负责统稿并修订了项目二和项目四，山西省财政税务专科学校石晴晴修订了项目一和项目三，山西省教学名师、山西省财政税务专科学校张婧修订项目五和项目七，山西省财政税务专科学校赵凯修订项目六。山西省财政税务专科学校李瑶教授制定了修订宗旨，山西省财政税务专科学校张进为本教材录制了教学视频，国家税务总局运城市税务局稽查局局长董文鹏、国家税务总局临汾市税务局稽查局袁柒义对教材内容安排及检查案例提出了宝贵意见及建议，同时在修订过程中我们参阅了大量著作、教材和网络资料，汲取很多精华，在此一并表示感谢。

　　本教材既可以作为高职财税大数据应用专业纳税检查课程教材，也可以作为企业财务人员纳税自查和税务系统税务检查工作指导用书。

　　由于编者水平有限，本教材疏漏及不足之处在所难免，恳请读者批评指正。

编　者

2024 年 8 月

目　录

项目一

纳税检查基础知识和技能

学习目标

态度目标
1. 树立法律意识，充分认识违反税收法律法规应承担的法律责任
2. 坚持从严查处，保证税收法律法规的贯彻实施
3. 严格日常管理，最大限度地维护纳税人的合法权益及基本利益

知识目标
1. 明确纳税检查的概念及内涵，掌握不同检查主体实施纳税检查的主要目的
2. 了解不同检查主体实施纳税检查的权限
3. 熟悉纳税检查的基本方法及技能
4. 掌握对纳税检查发现的违反税收法律法规的行为进行处理的基本内容

技能目标
1. 能够熟练运用查账方法、分析方法对企业会计核算资料进行检查分析
2. 能够依据税收政策及会计准则对查出问题给出处理意见并调整相应账务

素养目标
1. 树立以诚立身、以信立业，严于律己、心存敬畏的诚信理念
2. 培养勤于学习、锐意进取，持续提升财税专业能力的专业精神
3. 秉持勤勉尽责、爱岗敬业，自觉抵制会计造假行为的职业道德

工作情境与工作任务

通过对税法相关知识的学习，我们知道税收具有财政、调节和监督三大职能。你知道纳税检查作为税收管理工作的一个环节，其主要职能是什么吗？日常的纳税检查工作，应由谁来组织？检查的内容、依据是什么？

明确纳税检查的内涵之后，你知道不同检查主体实施纳税检查的主要内容及权限吗？

对纳税检查的内容有了初步认识之后，即将开展纳税检查实践工作，你知道纳税检查的基本方法吗？你是否已充分掌握了纳税检查的基本技能，为即将开始的纳税检查实践做好准备？

运用你所掌握的纳税检查基本技能，你能对纳税检查过程中发现的问题作出正确的处理吗？

任务一   纳税检查概述

一、纳税检查的概念及内涵

（一）纳税检查的概念

纳税检查是指检查主体依据税收法规和财务会计制度的规定，对纳税人及扣缴义务人履行纳税义务、扣缴义务的情况进行检查和监督的一种活动，包括税务机关实施的税务检查、税务中介机构受托代理税务审查及纳税主体自查自审。

（二）纳税检查的内涵

1.纳税检查的主体

包括税务机关、税务中介机构及纳税主体。

2.纳税检查的客体

包括纳税人及扣缴义务人履行纳税义务、代扣代缴和代收代缴义务及其他涉税义务的情况。

3.纳税检查的依据

包括具有法律效力的各种税收法律、规章、制度，以及财务制度、会计准则。

4.纳税检查的目的

不同检查主体实施纳税检查的目的不尽相同。税务机关实施税务检查一般是为打击偷逃税违法犯罪行为，以震慑犯罪，维护税收秩序，促进依法纳税；税务中介机构为客户提供税务审查服务及纳税主体自查自审，一般是为了使纳税行为合法化、规范化，降低税收风险、保障税款及时准确入库。

二、纳税检查的工作职责

（一）税务机关税务检查工作职责

税务机关税务检查的基本任务是依法查处税收违法行为，保障税收收入，维护税收秩序，促进依法纳税。其主要职责包括：依法对纳税人、扣缴义务人和其他涉税当事人履行纳税义务、扣缴义务情况及其他涉税事项进行检查并处理；围绕检查处理开展的其他相关工作；建立税务检查工作档案等。

（二）税务中介机构代理税务审查工作职责

税务中介机构代理税务审查的基本任务是维护国家利益，保护被代理人的合法权益。其主要职责包括：根据代理业务需要，查阅被代理人的有关财务会计资料和文件，查看业务现场和设施，审查纳税情况，及时纠正被代理人因为自身计算失误造成的未缴、少缴或多缴税款的错误；责成被代理人补缴税款、及时办理多缴税款退库；调整有关账务；对被代理人漏报、少报税款，骗取减税、免税和退税的行为予以制止，并及时报告税务机关；建立税务代理档案。

（三）纳税主体自查自审工作职责

纳税主体自查自审的基本任务是保证税款及时、准确入库，最大限度地降低由于错报、漏报税款产生的税收成本。其主要职责包括：

1.进行纳税自查

包括建立自查制度，结合财务核算过程和生产经营的实际情况，对照现行税收法律、规章、制度检查是否有漏报应税收入、多列支出、虚增抵扣税额、漏报或错报代扣（收）税款项目、错用税率或计算错误等情况；发现纳税错误，自行纠正，自觉补缴漏缴税款、及时申请办理退税；调整有关账务；据实填报自查情况报告表。

2.配合税务机关税务检查

主动提供账证资料和生产经营情况，协助税务检查人员核实问题；认真执行税务机关税务检查后作出的处理决定，按规定限期补缴税款、缴纳滞纳金和罚款；及时进行账务调整，建立健全相应的制度，避免今后发生类似问题。

三、纳税检查的职能和作用

（一）纳税检查的职能

纳税检查的职能是指纳税检查本身所固有的内在功能。它必须以反映税收职能为基本前提，充分体现依法治税的主导思想，达到规范征纳税双方行为，强化财务、税收管理，保障国家财政收入的目的。纳税检查的职能可概括为监督、审查和处理三个方面。

1.监督职能

纳税检查的监督职能是为贯彻税收法令而监察和督促纳税人、扣缴义务人履行纳税或扣缴义务情况的功能，是纳税检查的基本职能。通过纳税检查行使监察功能，可以了解和反映纳税人、扣缴义务人的经济活动或财务管理、会计核算情况，以形成及时可靠的经济信息，为国家有效调控经济活动及完善税收政策和法律制度提供信息依据；通过纳税检查行使督促功能，可以约束纳税人、扣缴义务人的经济活动和纳税（或扣缴）行为，促进依法纳税。

2.审查职能

纳税检查的审查职能是为保证税收收入、降低税收成本而审核和查证纳税人、扣缴义务人税收违法行为的功能，是纳税检查的重要环节。纳税人、扣缴义务人因种种原因发生的偷逃税款等违法行为，一般是在纳税检查的审核和查证中发现的。通过审查纳税人、扣缴义务人的会计核算资料和纳税资料，税务机关可以证实其税收违法行为，使违法事实得以核实、违法行为得到纠正。

3.处理职能

纳税检查的处理职能是为及时纠正或惩治逃避缴纳税款等违法行为而进行审理、纠正、处罚的功能，是纳税检查的法定职能。通过纳税检查审查职能的行使，税务机关对查证出纳税人、扣缴义务人的逃避缴纳税款等违法行为，就其违法的事实、证据、数据等及所依据的税收法令的真实性和准确性，进行全面认真的审理后，由纳税主体及时纠正或由税务机关执行处罚。

（二）纳税检查的作用

开展纳税检查工作，对保证国家财政收入、促进企业改善经营管理，以及提高税收征收管理水平等都有积极的作用。纳税检查的作用主要表现如下：

1.提供公平竞争的法律环境，维护经济秩序，促进市场经济健康发展

税收作为调节经济的杠杆，与其他经济法律体系一起，为市场经济主体提供了公平竞争的法律环境。如果一些企业通过欺骗、隐瞒等手段逃避缴纳税款，取得经济上的好处而得不到严肃查处，那么遵纪守法、依法纳税的企业会承担较重的经济负担，在竞争中会处于不利地位，其积极性会受到影响，进而整个社会经济的秩序会遭到破坏。这样，不仅会损害国家利益，损害其他纳税人的利益，还会阻碍市场经济的健康发展。通过纳税检查，加大对逃避缴纳税款行为的打击力度，可以维护经济秩序，为公平税负、促进纳税人开展公平竞争创造条件，从而保证社会主义市场经济机制正常运行。

2.贯彻执行税收政策法令，严肃财经纪律，保证国家财政收入

税收的基本职能就是组织财政收入、调节经济、促进国民经济良性发展。通过纳税检查，一方面可以最大限度地减少偷税行为和税款的流失；另一方面可以通过处罚的威慑作用，保证国家税收法律、法规得到贯彻落实，保证税收收入及时足额入库。

3.促进企业提高经济效益，维护合法权益，增强依法纳税观念

纳税检查可以揭露纳税人会计核算和财务管理中存在的问题，考核企业生产经营机制的运行成果。在纳税检查过程中，税务机关往往会针对纳税人管理中存在的问题和薄弱环节提出解决的办法和改进措施，促进企业进一步健全内部控制制度和财务管理体制，改善经营管理，提高纳税人的管理效能及经济效益。通过纳税检查，税务机关可以及时发现和纠正纳税人、扣缴义务人的违法违规行为，督促纳税人按规定办理涉税事宜，既可以维护纳税人合法权益，又可以养成纳税人自觉遵守税法的习惯，强化纳税人依法纳税的意识。

4.检验税收征收管理质量，完善税务管理内部机制，提高税收管理水平

纳税检查是对税款征收、税务日常管理工作进行考核的重要环节。通过纳税检查，不仅可以防止纳税主体主观上的逃避缴纳税款问题，也可以找到逃避缴纳税款行为的客观原因，发现税收征收管理工作中的薄弱环节，从而采取有效措施，进一步健全税收征收管理制度，不断提高税务机关的管理工作水平。

【特别提示】不同检查主体对纳税人、扣缴义务人实施的检查可能在检查的侧重点、范围、工作规程及检查结果的处理上有所差别，但检查的总体内容、依据、基本方法及检查所起的作用基本是一致的。

任务二　纳税检查权限与内容

一、税务机关实施税务检查的权限与内容

（一）税务检查权限

税务检查权限是指法律法规赋予税务检查部门实施税务监督检查的权力及限制。税务检查部门在实施税务检查时享有下列权力：

1.查账权

税务查账是税务检查实施过程中普遍采用的一种方法。它不仅包括对各种纸质账簿资料的检查，也包括对被查对象与纳税有关的电子信息的检查。

税务机关行使查账权时，可以在纳税人、扣缴义务人的业务场所进行，也可以调取会计核算资料进行检查。税务检查部门在调取账簿、记账凭证、报表和其他有关资料时，应经县以上税务局（分局）局长批准，并应当向被查对象出具"调取账簿资料通知书"，填写"调取账簿资料清单"交其核对后签章确认。

2.责成提供纳税资料权

责成提供纳税资料权是指税务机关在税务检查实施过程中，有权责成纳税人提供与纳税有关的文件、证明材料和有关资料。

3.场地检查权

场地检查权是指税务机关在税务检查实施过程中，可以到纳税人的生产、经营场所和货物存放地检查纳税人应纳税的商品、货物或者其他财产，检查扣缴义务人与代扣代缴、代收代缴税款有关的经营情况的权力。

4.询问权

询问权是指税务机关在税务检查实施过程中，向纳税人、扣缴义务人及有关当事人询问与纳税或者代扣代缴、代收代缴税款有关的问题和情况的权力。

5.查证权

查证权是指税务机关在税务检查实施过程中，到车站、码头、机场、邮政企业及其分支机构检查纳税人托运、邮寄应纳税商品、货物或者其他财产的有关单据、凭证和有关资料的权力。

6.检查存款账户权

检查存款账户权是指税务机关在税务检查实施过程中，对纳税人、扣缴义务人在银行或者其他金融机构的存款账户进行检查的权力。

经县以上税务局（分局）局长批准，凭全国统一格式的"检查存款账户许可证明"，税务检查部门可以查询从事生产、经营的纳税人、扣缴义务人在银行或者其他金融机构的存款账户。税务机关在调查税收违法案件时，经设区的市、自治州以上税务局（分局）局长批准，可以查询案件涉嫌人员的储蓄存款。

7.税收保全措施权和税收强制执行措施权

（1）税收保全措施权，是指税务机关对由于纳税人的行为或者某种客观原因，致使以

后税款的征收不能保证或难以保证而采取的限制纳税人处理或转移商品、货物或其他财产措施的权力。

税收保全基本措施有：书面通知纳税人开户银行或者其他金融机构冻结纳税人的金额相当于应纳税款的存款；扣押、查封纳税人的价值相当于应纳税款的商品、货物或其他财产。

（2）税收强制执行措施权，是指税务机关对纳税人、扣缴义务人及纳税担保人不履行法律法规规定的义务，而采取的法定强制手段，强迫当事人履行义务的权力。

微课

突遇税务稽查，告诉你该怎么办

强制执行措施主要有两种形式：一是书面通知其开户银行或者其他金融机构从其存款中扣缴税款；二是扣押、查封、依法拍卖或者变卖其价值相当于应纳税款的商品、货物或者其他财产，以拍卖或者变卖所得抵缴税款。

8.调查取证权

调查取证权是指税务机关在税务检查实施时，可以依法采用记录、录音、录像、照相和复制等方式，了解和调取与案件有关的情况和资料。

9.行政处罚权

纳税人、扣缴义务人有下列逃避、拒绝或者以其他方式阻挠税务机关检查的，由税务机关责令改正，可以处1万元以下的罚款；情节严重的，处1万元以上5万元以下的罚款：

（1）提供虚假资料，不如实反映情况，或者拒绝提供有关资料的；

（2）拒绝或者阻止税务机关记录、录音、录像、照相和复制与案件有关的情况和资料的；

（3）在检查期间，纳税人、扣缴义务人转移、隐匿、销毁有关资料的；

（4）有不依法接受税务检查的其他情形的。

【学思践悟】税务稽查主要以企业的"发票流""货物或劳务流""资金流""合同流"进行分析，即所谓的"四流一致"来进行核查，但随着电子发票的推广普及、"货物或劳务流"交易方式的变化以及因第三方支付兴起带来的资金流革新，"金税四期"将通过建立企业"画像"库方式，建立正、负样本模型并设立风险特征标准，实现对异常企业全方位监控。例如，2023年11月14日，国家税务总局青岛市税务局稽查局公示了2023年度异常稽查对象随机抽查情况，根据《中华人民共和国税收征收管理法》第五十四条及国家税务总局发布的《推进税务稽查随机抽查实施方案》（税总发〔2015〕104号），国家税务总局青岛市税务局稽查局于2023年10月通过"金税税收管理系统"对异常稽查对象实施了随机抽查程序，共有109户企业被抽中。2023年11月30日，国家税务总局无锡市税务局公告了随机自查工作进展，无锡市税务局稽查局通过开展对辖区内股权转让企业、船舶制造企业、医药器械销售企业及重点稽查对象的自查工作，共涉及55户股权转让企业、4户船舶制造企业、17户医药器械销售企业及29户重点稽查对象。该105户企业全部展开随机自查工作，共计自查补税17 162.87万元，已全部入库。

从以上税务稽查的强监管、高频率动态，我们可以看出，一方面，完整的交易记录和全面的信息流，正在逐步消除信息不对称现象，互联的数据网络使税务稽查不再是信息孤岛，税务稽查成为一项全方位、整体的管理过程。另一方面，在企业收到"税务检查通知书"的时候，即意味着企业已经进入了税务稽查流程的检查阶段，稽查局有权采取实地检查、调取账簿、异地协查等检查手段，同时有权采取强制措施。企业应马上依据"税务检查通知书"的内容进行内部自查，通过申报表自我核对、财务报表自我核对、申报表与财务报表钩稽关系自我核对、账实核对等方式，明确被检查期间的"发票流""货物或劳务流""资金流""合同流"情况。同时，企业千万不要推诿责任，应积极配合相关检查工作，对于检查期间全流程的税务文书、对外提交的内部资料及与检察人员的沟通记录等文件均要做好证据备份。因此，企业只有提高依法纳税的意识、守法合规才能够持续发展。

资料来源：杨亚文.金税四期下企业的税务稽查应对［EB/OL］.［2024－06－04］. https://www.sohu.com/a/743935098_120717401.（引用时有修改）

（二）税务检查内容

税务检查内容是指完成税务检查任务、实施税务检查的具体项目。税务检查专司偷税、逃避追缴欠税、骗税、抗税案件的查处。税务检查任务是多方面的，其检查内容也十分广泛，主要包括：

（1）稽查纳税人各种营业收入的核算与申报情况；

（2）稽查纳税人各种成本费用项目的列支、转销及申报情况；

（3）稽查纳税人其他各种应税业务的核算及申报情况；

（4）稽查纳税人收取或者支付价款的定价情况；

（5）稽查纳税人适用税率、减免税、出口退（税）申报情况；

（6）稽查纳税人应纳税款的计算、申报与缴纳情况；

（7）稽查纳税人、扣缴义务人对税务管理规定的执行情况。

二、税务中介机构代理税务审查的权限与内容

（一）代理税务审查的权限

税务中介机构作为代理人，可以接受纳税主体的委托对其进行税务审查，在法定的代理范围内依法对委托人的税款计算情况进行事前审核把关，减少差错。税务中介机构代理税务审查时，应该在纳税主体委托的税种、项目及时间范围内进行。

（二）代理税务审查的内容

1.代理税务审查的基本内容

（1）审查被代理人会计核算是否符合企业财务管理制度和会计准则；

（2）审查被代理人计税是否符合税收法规；

（3）审查被代理人是否有不按纳税程序办事，违反税收征收管理制度的情况。

2.代理税务审查的具体内容

（1）对涉税书面资料的真实性、合规性、完整性、合理性、时间的配比性进行查阅；

（2）对各种会计核算资料及其他相关资料进行核对；

（3）对被代理人的资产、存货进行监盘与抽盘，确认账实是否相符；

（4）对各种往来业务及资产损失进行询证，确认往来业务、资产损失的真实性；

（5）对会计记录中的数据进行验算或重新计算。

【思考】 税务机关可以委托税务中介机构对企业进行税务检查吗？

三、纳税主体自查自审的权限与内容

(一)自查自审的权限

纳税主体在自查自审时,凡涉及税务登记,发票领购、使用、保存,纳税申报,税款缴纳,财务会计资料及其他有关涉税情况,都有权进行检查。

(二)自查自审的内容

纳税主体自查自审具体内容包括:

1. 涉税处理是否恰当;

2. 是否存在纳税管理漏洞、隐患、薄弱环节、不足之处;

3. 账簿、凭证(发票)管理方面的纳税风险;

4. 税款缴纳、纳税申报、汇算清缴等方面的风险;

5. 合同签订中的纳税风险;

6. 合同、协议等涉税条款的风险;

7. 纳税筹划方面的风险及纳税筹划过程中应注意的有关事项。

任务三　纳税检查基本方法

纳税检查基本方法是指检查人员在实施税务检查时,为发现税收违法问题通常采取的手段和措施的总称。纳税检查的基本方法包括查账方法、分析方法和调查方法。

一、查账方法

查账方法是指对检查对象的会计报表、会计账簿、会计凭证等有关会计核算资料进行系统审查,据以确认检查对象缴纳税款的真实性和准确性的一种方法。查账方法按照不同的标准,可以分为不同的方法。

(一)按检查的技术手段不同,分为手工查账与电子查账

1.手工查账

手工查账作为传统的检查方法,是由检查人员调取纳税人、扣缴义务人纸质会计核算资料,进行手工翻阅、查找、计算及核对分析,从而发现问题的一种检查方法。采用手工查账,可以做到账证、账账、账表、账实的全面核对,但由于税务检查所依据的法律法规以及政策性文件广泛、内容复杂,检查人员的素质、检查主体的管理水平和质量在很大程度上会影响检查工作的质量、效率及成本。

2.电子查账

电子查账是以计算机为依托,运用电子查账软件系统对纳税人的电子账证资料进行查找、比对、计算、分析和汇总的一种检查方法。电子查账软件系统是在纳税检查实施环节使用的,以企业的财务账簿、税收征收管理和相关外部数据为基础,以税收政策法规为依据,将纳税检查经验、方法与计算机信息处理技术相结合,辅助检查人员完成检查的信息化工具。完整的电子查账软件系统一般包括两个基本部分:数据采集和数据处理。其功能主要有:电子数据采集及分析、自动查账、自主查账和辅助功能。

电子查账顺应了时代发展的要求，提升了税收管理信息化水平，使检查具有更强的针对性，大大缩短了查账时间，提高了查账的准确率及工作效率。但是电子查账受信息化应用水平、查账软件开发滞后于财务软件的开发应用、应用软件的人员的信息处理能力等因素的限制，导致许多查账软件的应用还停留在简单的查询、统计、加工功能上，数据分析功能仍不够健全，通过查账软件智能分析功能所发现的企业涉税疑点的准确性、可靠性也不尽如人意。

在纳税检查过程中，要将手工查账、电子查账结合使用。一方面，借助电子查账软件的数据对比分析功能发现疑点，便于及时查证纳税人账簿、凭证等会计核算资料，节约检查时间；另一方面，利用手工查账来检验电子查账软件的查账效果，从而发现两者的差距，不断地提高和改进数字化查账方法，确保更好的检查效果。

【学思践悟】目前，我国电子查账技术正处于不断发展和持续改进中，以国家税务总局"金税四期"应用系统为基础，利用大数据开展电子查账，能够应对海量数据，实现快速阅账、科学筛选涉税疑点，智能化处理意见推送。通过不同角度和不同类型的分析模型，归集企业涉税风险点，提出智能化的处理意见并推送给税务稽查人员，充分发挥大数据电子查账"精、准、快"的效果。

电子查账能够充分发挥税务稽查人员的能力，使其专注于疑点发现、数据分析。例如，杭州市税务稽查人员在对某颜料企业的检查中，从20台电脑中调取的文档数量达2.6万余个，仅其中一年的企业应收核算客户就有1 600多家，凭证300余本。手工翻阅凭证资料，需要两名稽查人员近一个月时间，工作效率低下。运用电子查账软件进行"穿透阅账"和"智能分析"，对两个年度内7 192笔业务进行数据分析，仅需一周左右就能基本了解企业财务状况，还能对疑点进行精准定位，大大提高了效率。

资料来源：于江. 大数据在税务稽查中的应用探索［EB/OL］. ［2024 - 06 - 04］. https：//maimai. cn/article/detail？ fid = 381419773&efid = 3xojQ_nX7OCOhrGTxUoCuA.（引用时有修改）

（二）按检查的先后顺序不同，分为顺查法与逆查法

1.顺查法

顺查法又称正查法，是根据会计业务处理程序，从检查会计凭证开始，由凭证核对账簿，再通过账簿核对报表的一种检查方法。由于顺查法从检查凭证入手，故检查内容具体、全面，且运用简单，可以避免检查漏洞；但采用顺查法工作量大、重点不够突出，且受检查时间的限制。因此，顺查法一般适用于业务规模不大或业务量较少、经营管理和财务管理混乱、存在重大问题的检查对象和一些特别重要项目的检查。

2.逆查法

逆查法又称倒查法，是以会计核算相反的顺序，从分析报表入手，根据报表分析过程中发现的疑点问题检查账簿，进而核对凭证直至落实定案的一种检查方法。由于会计报表的数据较为系统，采用逆查法从报表分析入手，能够抓住重点，迅速找出问题。但由于报表分析的结论直接影响检查结果，而报表分析恰恰是纳税检查的难点，因此，逆查法主要适用于对大型企业以及内部控制制度健全、内部控制管理严格的企业的检查，不适用于某些特别重要项目的检查。

（三）按检查的范围不同，分为详查法与抽查法

1.详查法

详查法又称全查法或精查法，是对检查对象在检查期内的所有经济活动、涉及经济业务和财务管理的部门及其经济信息资料，采取严密的审查程序，进行全面、系统审核的一种检查方法。由于详查法检查的内容全面，可以从多方面进行比较分析、相互考证发现问题，故采用详查法可以在一定程度上保证检查质量。但由于详查法检查范围较大，由此带来工作量大、检查时间长，使用起来受时间、人力的限制等问题。因此，详查法适用于规模较小、经济业务较少、会计核算简单、核算对象比较单一的企业的检查，或者为了发现重大问题而进行的专案检查及特定项目、特定事项所进行的检查。

2.抽查法

抽查法又称抽样检查法，是从被查总体中抽取一部分资料进行审查，再依据抽查结果推断疑点问题的一种检查方法。由于采用抽查法抽查的范围可以根据检查时间、任务及对象及时调整，运用比较灵活，故抽查法可以有效提高税务检查的工作效率，适用范围也非常广泛。但采用抽查法进行检查的结果受限于抽查对象的选择，因此，选择确定抽查对象就成为运用抽查法的关键。

抽查对象的确定方法有两种：一是重点抽查法，即根据检查目的、要求或事先掌握的纳税人有关纳税情况，有目的地选择一部分会计资料或实物进行重点检查；二是随机抽查法，即以随机方法，选择纳税人某一特定时期或某一特定范围的会计资料或实物进行检查。

为保证抽查质量，在选择确定抽查重点及抽查对象时应注意以下几点：一是按照抽查要求合理确定抽查的对象和内容，当某一抽查重点存在多个对象时，要按照重要性原则确定具体的抽查对象。例如，当确认管理费用项目为检查重点时，就可以根据具体支出金额判断其在整个费用支出中的重要性，进而确定重点抽查项目。二是把握好抽查时间。例如，在抽查实物资产时，要选择资产流动量相对比较小的时间进行，以免影响抽查结果的正确性。三是对抽查结果与实际情况差异比较大的项目，应进一步查明原因，必要时可以扩大抽查范围。

（四）按检查的方式不同，分为审阅法与核对法

1.审阅法

审阅法是对检查对象有关书面资料的内容进行详细审查、研究，发现疑点线索的一种检查方法。审阅法是纳税检查的基本方法，适用于所有企业经济业务的检查，尤其适合于有数据逻辑关系和核对依据内容的检查。审阅法审查的内容主要包括两个方面：一是会计核算资料，包括账、表、证等；二是除了会计资料以外的其他经济信息资料以及相关资料，如一定时期的内外部审计资料、各种经济合同、车间生产记录、库房出入库记录及盘点情况等。

2.核对法

核对法是对书面资料的相关记录，或是对书面资料的记录和实物进行相互核对，以验证其是否相符的一种检查方法。核对法核对的内容主要包括两个方面：一是会计资料之间的相互核对，包括证证核对、账证核对、账账核对、账表核对、表表核对等。会计资料之间的核对是核对法最基本、最核心的内容和步骤。二是会计资料与其他资料之间的核对，

包括核对账单、核对其他原始记录（如生产记录、出入库记录、托运记录、出车记录、消耗记录、职工名册、考勤记录等）、核对审计报告、核对税务处理决定书等。会计资料与其他资料之间的核对，是会计资料之间核对的延伸及补充。

【特别提示】核对法作为一种检查方法，在检查过程中用于查实有关资料之间是否相符是有一定限度的，在采用核对法对检查对象的会计资料或其他资料进行核对和验证时，必须相应结合其他检查方法，才能达到检查目标的要求。

二、分析方法

分析方法是运用不同的分析技术，对与企业会计资料有内在联系的财务管理信息，以及税款缴纳情况进行系统和重点的审核分析，以确定涉税疑点和线索，进行追踪检查的一种方法。常用的分析方法包括控制计算法、比较分析法和相关分析法。

（一）控制计算法

控制计算法又称数学计算法或平衡分析法，是指运用可靠的或科学测定的数据，利用数学等式原理来推测、证实账面资料是否正确，从而发现问题的一种方法。常见的控制计算法包括以产控耗、以耗控产、以产控销和以支控销等。

运用控制计算法进行分析时一般需要借助数学模型，将实际发生额与经科学测定的参数（如定额、同期比较值、行业平均值等）进行比较，从而发现问题。因此，在使用时应注意以下几点：

1.分析目标应事先确定。

2.比对的参数必须具有代表性、可比性。例如，在利用单位原材料消耗量这一参数比对分析企业产量是否真实时，该参数就应该能够代表行业平均水平，并且原材料消耗与产量之间存在依存关系。

3.数学分析模型的设计应该是科学的。分析模型应该能够真实、准确地反映数据间的依存关系。

4.利用控制计算法进行分析的结果只能作为进一步检查的线索。如果分析结果显示企业实际数据与参数差异比较大，还需要通过进一步检查和核实才能确定其是否对税收构成实际影响。

阅读资料

出酒率异常引出隐瞒收入真相

（二）比较分析法

比较分析法是将企业会计资料中的有关项目和数据，在相关的时期之间、指标之间、企业之间及地区或行业之间，进行静态或动态对比分析，从中发现问题，获取检查线索的一种方法。比较分析法的种类较多，常用的有绝对数比较分析法、相对数比较分析法和构成比率比较分析法等。

1.绝对数比较分析法

绝对数比较分析法是指通过对经济指标绝对数的直接比较分析来衡量企业经济活动成果和差异的一种方法。运用绝对数比较分析法，首先要将有关联关系的事项之间的数量或金额进行对比，找出差异，然后针对这些差异进行分析，判断问题的性质和程度。例如，将企业各个不同时期的收入总额、成本总额、单位成本额等指标进行对比，了解其增减变动情况，进而分析原因，揭示其增减变动是否正常，是否符合经营和核算常规，并进一步确定疑点问题。

绝对数比较分析法适用于对资产负债表、利润表等会计报表中相关项目真实性的核查，以及成本计算表、纳税申报表、有关账户余额和有关明细账户发生额等特定项目的检查。

2.相对数比较分析法

相对数比较分析法又称相关比率比较分析法，是指利用会计资料中有关的两个内容不同但又相关的经济指标求出新的指标比率，再与这一指标的计划比率、上期比率、同行业平均比率等指标进行比较分析，以观察其性质和大小，从而发现异常情况的一种方法。运用相对数比较分析法，首先要计算被查项目的百分比、比率或比值结构等相对数指标，找出其中存在的差异，进而对这些差异进行对比，以判断问题的性质和对被查项目的影响程度。例如，应收账款周转率、存货结构、税收负担率、存货运输费用比率等指标的计算对比与分析，就属于相对数比较分析法的运用。

相对数比较分析法比绝对数比较分析法更容易发现问题。

3.构成比率比较分析法

构成比率比较分析法是指通过计算某项经济指标的各个组成部分占总体的比重，分析其构成内容的变化，从中发现异常变化的一种方法。运用构成比率比较分析法，首先应计算有关联关系的经济指标各组成部分所占的比率，然后分析各组成部分的构成比率是否符合常规，从而为发现企业的涉税问题提供线索。例如，通过计算分析企业外购货物构成比率与销售货物和期末存货的构成比率，就可以发现企业是否可能存在虚假进货或隐瞒销售收入的情况。

【特别提示】运用比较分析法进行分析时，应注意以下几点：

（1）分析目标的确定性。比较分析的目标或事项应该是预置的而不是随机的。

（2）数据采集的真实性。比较分析的数据应建立在真实、正确的基础之上。

（3）分析数据的可比性。进行相互比较的有关数据应该是同质（同一核算内容、范围、项目）、同一比较周期、同一价值取向（同一计算方法和计算依据）的。

（4）分析结果的参考性。分析的结果只能为进一步检查提供线索及依据，不能作为落实定案的依据。

（三）相关分析法

相关分析法是指将存在关联关系的被查项目进行对比，揭示其中的差异，判明经济业务是否可能存在问题的一种方法。对检查对象而言，一项经济业务的发生，必然会引起一连串相关活动的变动，这既是由经济活动的相关性决定的，也是由经济活动的规律决定的。因此，在进行比较分析时，突破财务、税收指标自身的局限，将财务、税收指标与相关的经济指标进行对比分析，既可以为作出正确判断提供参考，也可以从中发现问题。

利用相关分析法，首先要找出经济活动与税收收入存在的关联关系、关联程度，进而分析税收收入的发展变化趋势并与实际数据相比对。例如，企业加大产品宣传力度会导致广告、业务宣传费的增加，会减少所得，但同时又可能带来销量的增加，并因此增加收入、降低单位产品成本，增加所得。利用相关分析法就是要在这一复杂的经济活动中抓住主要矛盾和主要问题，分析各个因素对税收产生的影响及影响程度，作出正确判断。

运用相关分析法进行分析时应注意：对经济活动事项分析的结果，只是提供了一个抽象的判断，检查对象是否确实存在税收问题，还是应该在检查中予以验证。

三、调查方法

调查方法是指在纳税检查过程中，采用观察、查询、外部调查和盘点等方法，对检查对象与税收有关的经营情况、营销策略、财务管理、库存等进行检查、核实的方法的总称。调查方法包括观察法、查询法、外调法和盘存法。

（一）观察法

观察法是指检查人员通过深入检查现场，如车间、仓库、营业场所、基建工地等，对被查事项或需要核实的事项进行实地视察和了解，考察企业产、供、销、运各环节的内部管理状况、控制程序和实际情况，从中发现薄弱环节和存在的问题，获取相关证据的一种方法。

采用观察法时应注意以下几点：

1.有的放矢。在实施观察法之前，应全面了解检查对象的生产经营情况、财务管理现状以及生产经营规模、组织管理结构、仓库设置、计算机服务器等情况，制订调查方案，明确调查采用的主要方法、程序、组织和人员配备、实施的时间、被调查的重点部门和内容。

2.全面观察。深入现场实地调查时，除对账务检查中发现的问题和存在的疑点进行一一核实之外，对企业在注册地和核算地以外拥有的厂房、储存的物资，以及外租（借）的生产、经营场地等，也要予以核实。

3.账实核对。将采用观察法调查的结果，与通过账务检查发现的问题和疑点进行比较分析，去伪存真。

阅读资料

心系税法，从细微处防范税收滴漏

（二）查询法

查询法是指对审查过程中发现的疑点和问题，通过调查、询问的方式，查实某些问题，取得必要的资料，以帮助进一步检查的一种方法。根据查询方式的不同，查询法可以分为面询法和函询法。

1.面询法

面询法又称询问法，是由检查人员向有关人员当面了解、核实情况的一种检查方法。

2.函询法

函询法又称询证法，是指根据检查需要，将需要询证的问题、事项制成规定格式的函件，发送给有关单位和人员，根据对方的回答获取有关证据资料，以查实问题的一种检查方法。

（三）外调法

外调法是指对有疑点的凭证、账项记录或者其他经济业务，通过派出检查人员到检查对象以外、与该项业务相联系的单位（或个人）进行实地调查，或者委托对方往来单位协查，以查实问题的一种方法。外调法主要用于外部证据的核实、取证，包括函调和派人外调。

（四）盘存法

盘存法是指通过对货币资产、实物资产进行盘点和清查，确定其形态、数量、价值、权属等内容与账簿记录是否相符的一种方法。

采用盘存法时应注意以下几点：

1.盘点清查时不仅要清点实物，还要检查与实物资产变动相关的其他资料和物品，如白条、票据、其他抵押物等。

2.盘点清查时不仅要检查各实物资产的数量、价值，还要确定其权属、质量和流动方向，考察其实物流、发票流、资金流、运输流和仓储流是否一致，从而判断企业业务的真实性。

3.实地盘点应在不影响企业正常生产经营和盘点正确性需要的前提下进行。

实地盘点的目的是要确定账实是否相符，因此，盘点结束后，要在对盘点明细表、汇总表进行复核的基础上，与账面记录进行核对。存在差异的，应向有关人员了解差异产生的原因，核实后根据实际情况调整账簿记录。

由于采用盘存法进行实地盘点的数据是盘点日当天的实际数据，而盘点日与被查所属日期大多数情况下是不一致的，因此，盘点后应采用一定的方法进行调整，计算出被查账簿记录当日实际应有的实物数量，再与被查账簿记录进行核对，分析确定被查项目账实是否相符。调整时一般采用如下公式：

$$\frac{被查日实际}{库存数量} = \frac{盘点日实际盘点}{库存数量} + \frac{被查日至盘点日}{账面发出数量} - \frac{被查日至盘点日}{账面入库数量}$$

【做中学 1-1】某商业零售企业 2023 年"库存商品——A 商品"账户年初结存数量 4 000 件，本年购货入库数量 30 000 件，本年账面结转销售数量 18 000 件，期末账面结存数量 16 000 件。2023 年 1 月 12 日，在对库存 A 商品进行实地盘点时，检查人员清点库存数量 6 000 件，又经核实该商业零售企业"库存商品——A 商品"账户 2023 年 1 月 1 日至 1 月 11 日入库数量 3 000 件、销售数量 8 000 件，则：

2023 年 12 月 31 日实际库存 A 商品数量 = 6 000 + 8 000 − 3 000 = 11 000（件）

2023 年 12 月 31 日"库存商品——A 商品"账户结存数量 16 000 件，比实际盘点结果多出 5 000 件，检查人员初步判断该商业零售企业 2023 年可能存在销售 A 商品不结转出库、漏转 A 商品销售收入的情况，并将 A 商品是否存在账外销售列为进一步检查重点。

【特别提示】在实际进行纳税检查过程中，上述各种检查方法不是相互独立、相互排斥的，检查时应该根据检查的具体要求、检查对象的特点及检查的内容及范围等情况，灵活运用多种检查方法进行检查。

任务四　纳税检查基本技能

一、会计凭证的检查

会计凭证是记录经济业务，明确经济责任，并作为记账依据的书面文件，是会计核算的基础资料。会计凭证的检查，是纳税检查的基本环节。会计凭证包括原始凭证和记账凭证两类，其检查的内容和要求各有不同。

（一）原始凭证的检查

检查原始凭证，就是按照一定的方法和程序，对原始凭证及其内容的真实性、合法性、合理性、合规性进行分析和判断，以确定其是否真实有效。企业的原始凭证按填制的单位不同可以分为两种，即外来的原始凭证和自制的原始凭证，两种原始凭证检查的侧重点虽有不同，但检查的基本内容是一致的，包括：

1.是否用记账凭证代替原始凭证。

2.是否用白条代替合法凭证。

3.是否用自制凭证代替外来凭证。

4.原始凭证格式是否规范、要素是否齐全。

5.凭证上的文字、数字是否清晰，是否有挖、擦、涂、改的痕迹；复写的凭证，复写字迹的颜色是否一致、均匀；更正的凭证，更正的方法是否符合规定、更正的内容是否反映了经济业务的真实情况、更正的说明是否符合逻辑。

6.填制凭证日期与付款日期是否相近，付款与经济业务是否存在必然联系。

7.填制凭证的单位是否确实存在，是否有利用已经合并、撤销单位的作废凭证作为支付凭据。

8.凭证的抬头是否为本单位。

9.凭证的审批传递是否符合规定，相关责任人员是否已按规定办理了必要的签章手续。

10.收款、付款原始凭证是否加盖财务专用章、发票专用章或收讫、付讫印鉴。

11.凭证所反映的经济业务内容是否合理、凭证是否齐全、凭证间反映的内容是否吻合。

12.自制的凭证存根是否连续编号，存根上的书写是否正常、流畅。

13.自制凭证的印刷是否应经审批而未审批，保管、领用是否手续齐全。

原始凭证的检查，多采用审阅法。

【案例1-1】某税务中介机构受甲公司委托代理审查其2023年企业所得税汇算清缴情况。审查人员在审查过程中发现：2023年11月，甲公司向乙公司采购一批货物，当月货物送达并验收入库，甲、乙公司签订的购销合同约定，货物验收合格后，甲公司应先向乙公司支付全部货款，随后乙公司向甲公司开具发票。因甲公司原因，直到代理审查时仍未向乙公司支付货款，故而，乙公司未向甲公司开具发票。11月甲公司取得该批货物后以暂估金额56 890元入账，12月将该批货物销售并以暂估金额结转了"主营业务成本"账户。

代理审查人员提出，根据《国家税务总局关于发布〈企业所得税税前扣除凭证管理办法〉的公告》第五条、第六条、第九条规定：企业发生支出，应取得税前扣除凭证，作为计算企业所得税应纳税所得额时扣除相关支出的依据；企业应在当年度企业所得税法规定的汇算清缴期结束前取得税前扣除凭证；企业在境内发生的支出项目属于增值税应税项目的，对方为已办理税务登记的增值税纳税人，其支出以发票（包括按照规定由税务机关代开的发票）作为税前扣除凭证；对方为依法无须办理税务登记的单位或者从事小额零星经营业务的个人，其支出以税务机关代开的发票或者收款凭证及内部凭证作为税前扣除凭证，收款凭证应载明收款单位名称、个人姓名及身份证号、支出项目、收款金额等相关信息。

根据《国家税务总局关于企业所得税若干问题的公告》第六条规定：企业当年度实际发生的相关成本、费用，由于各种原因未能及时取得该成本、费用的有效凭证，企业在预缴季度所得税时，可暂按账面发生金额进行核算；但在汇算清缴时，应补充提供该成本、费用的有效凭证。

由于在汇算清缴时，甲公司仍然没有取得乙公司开具的发票，因此，该批货物以暂估金额确认的56 890元不得计入成本税前扣除，建议被代理人甲公司及时取得发票以规避税收风险。

【案例1-2】2023年2月，甲公司与乙公司签订货物运输合同。合同约定，乙公司按甲公司要求将货物运达指定地点。运输服务完成后，甲公司向乙公司支付了全部运费，乙公司向甲公司开具了增值税专用发票。因乙公司开票人疏忽，开具的增值税专用发票备注栏中没有注明任何信息。甲公司财务人员审核该发票后，要求业务人员重新换票，备注相关信息。业务人员不解，财务人员认真讲解如下：

《国家税务总局关于停止使用货物运输业增值税专用发票有关问题的公告》第一条规定："增值税一般纳税人提供货物运输服务，使用增值税专用发票和增值税普通发票，开具发票时应将起运地、到达地、车种车号以及运输货物信息等内容填写在发票备注栏中，如内容较多可另附清单。"

《财政部 国家税务总局关于全面推开营业税改征增值税试点的通知》附件1《营业税改征增值税试点实施办法》第二十六条规定："纳税人取得的增值税扣税凭证不符合法律、行政法规或者国家税务总局有关规定的，其进项税额不得从销项税额中抵扣。"

《国家税务总局关于发布〈企业所得税税前扣除凭证管理办法〉的公告》第十二条规定："企业取得私自印制、伪造、变造、作废、开票方非法取得、虚开、填写不规范等不符合规定的发票，以及取得不符合国家法律、法规等相关规定的其他外部凭证，不得作为税前扣除凭证。"

未备注相关信息的发票属于不合规发票，既不得抵扣增值税进项税额，也不得作为企业所得税税前列支凭证，给企业带来的税收风险显而易见。业务人员在得知利害关系后，积极敦促乙公司换取合规发票。

【做中学1-2】A企业是增值税一般纳税人，2024年1月税务中介机构代理税务审查人员对该企业2023年12月纳税申报情况进行审查。通过审阅、核对原始凭证，审查人员发现12月4日第5号记账凭证所附的原始凭证中，甲材料收料单与发票信息不吻合，其中：收料单注明数量1 000千克、单价30元/千克；发票注明数量1 200千克、单价25元/千克。企业账务处理如下：

借：原材料——甲材料（数量1 000千克，单价30元/千克）　　　　　30 000
　　应交税费——应交增值税（进项税额）　　　　　　　　　　　　　 3 900
　　　贷：应付账款　　　　　　　　　　　　　　　　　　　　　　　　　　　33 900

经与A企业财务人员沟通，证实甲材料实际入库数量是1 000千克，短缺的200千克系运输途中意外造成，应由保险公司赔偿，赔偿款尚未收到，故A企业做如上账务处理。

审查人员指出A企业如此处理的不妥之处：根据财务会计制度的有关规定，运输途中的不合理损耗，能确定责任人的，应结转至"其他应收款"处理，不得计入存货成本。另外，根据《中华人民共和国增值税暂行条例》第十条规定，"非正常损失的购进货物的进项税额不得从销项税额中抵扣"。建议A企业将多计入材料成本的5 000元转入"其他应收款"，同时结转相应的进项税额转出，并指出企业应作出如下正确的账务处理：

借：原材料（数量1 000千克，单价25元/千克）　　　　　　　　　　25 000
　　其他应收款——××保险公司　　　　　　　　　　　　　　　　　　 5 650
　　应交税费——应交增值税（进项税额）　　　　　　　　　　　　　　 3 250

贷：应付账款	33 900

（二）记账凭证的检查

记账凭证是根据原始凭证编制的会计分录凭证。<mark>记账凭证的检查，就是对其会计分录是否能够真实反映原始凭证的内容、是否符合会计准则进行审核，以确定其是否正确。</mark>

记账凭证的检查，一般应与原始凭证的检查同时进行，检查的主要内容包括：

1.记账凭证注明的所附原始凭证份数与实际所附份数是否一致；

2.记账凭证的经济内容与原始凭证上所反映的经济内容是否一致；

3.记账凭证中的会计科目对应关系是否正确；

4.记账凭证的账务处理是否完整；

5.记账凭证上的制证日期与原始凭证上的日期是否相近，是否存在通过改变入账时间、人为调节会计收益和成本的情形。

【特别提示】并不是记账凭证反映的内容与原始凭证一致，记账凭证就准确无误了。检查时还应进一步考察记账凭证是否符合会计准则规定，账务处理是否完整。例如，企业以物易物，原始凭证可能仅有库存商品出库单及原材料收料单，若企业据此编制记账凭证，借记"原材料"、贷记"库存商品"，虽然记账凭证与原始凭证反映的内容是一致的（原材料增加、库存商品减少），但由于会计科目的对应关系不符合会计准则且账务处理不完整，因此，该记账凭证仍然是不正确的。

【做中学1-3】A公司是增值税一般纳税人，涉及的主要税种有增值税、企业所得税、附加税费和预扣预缴的个人所得税。A公司2024年2月对本公司2023年度纳税情况进行自查。抽查了一张记账凭证，业务内容为：推广期间免费赠送B公司M30电冰箱试用品。M30电冰箱市场售价为6 780元/台(含税)。

借：销售费用——促销商品	10 000
贷：库存商品——M30电冰箱2台	10 000

请问：该凭证是否存在问题？应补缴哪些税费？

解析：无偿赠送视同销售，赠送的礼品、物品如果是企业自己生产的产品，在归入销售费用的同时将其作为视同销售处理。

（1）赠送的礼品、物品

借：销售费用	13 560
贷：主营业务收入	12 000
应交税费——应交增值税（销项税额）	1 560

（2）结转销售成本

借：主营业务成本	10 000
贷：库存商品	10 000

应补缴1 560元增值税，同时应补缴城市维护建设税109.2元、教育费附加46.8元及地方教育附加31.2元。

微课

二、会计账簿的检查

会计账簿是以会计凭证为依据，全面地、系统地记录企业经营过程各项资金增减变动和财务成果的簿籍。由于会计账簿所反映的资料比会计凭证系

大话西游之真假稽查

统，比会计报表丰富，因此，会计账簿检查是纳税检查的中心环节。

会计账簿的检查，就是核实账簿记载的有关内容与原始凭证的记载是否一致，会计分录编制或会计科目设置是否恰当，货币收支金额是否正常，成本核算是否符合国家有关财务会计制度的规定等。

会计账簿可分序时账、总分类账和明细分类账。纳税检查一般是从总分类账入手，围绕账与账、账与证、账与表、账与物、账与款等几个方面进行核实。

（一）总分类账的检查

通过审查分析总分类账，能够了解企业总分类账的核算方式、总分类账的设置形式和各账户的总体变化，易于发现疑点，明确检查重点。总分类账检查的主要内容及方法如下：

1.将本期各账户发生额和余额与上期对比，确定是否有突增或突减的异常变化，如有异常，应根据总分类账记录的内容，采用逆查法，进一步检查明细分类账和会计凭证，以便发现问题。

2.核实总分类账本期发生额和期末余额与其所辖明细分类账的记账内容、方向和数额是否相符，借以判断纳税人会计核算制度是否健全。

3.检查各个账户之间的对应关系是否符合会计惯例。根据复式记账的原理，按会计科目设置的各账户之间存在一定的对应关系。检查时，应将存在对应关系账户的数据进行核对并进行分析，找出疑点，确定进一步检查重点。

4.检查总分类账的期末余额是否有异常，如有异常应进一步查明原因。

【特别提示】由于总分类账是总括地记载某一类经济业务总的金额，不反映具体内容，因此，从总分类账检查发现的问题一般只能作为进一步深查的线索，不能作为定案处理依据。检查人员应进一步有目的地核查有关序时账、明细分类账或记账凭证，借以落实问题。

【思考】若在总分类账的审查核对中发现"主营业务成本"总分类账借方发生额小于"库存商品"总分类账贷方发生额，你认为这种情况正常吗？什么原因可能出现这种情况？对应纳税额的计算有何影响？

（二）序时账的检查

序时账又称日记账，是按照经济业务完成的时间先后进行登记的账簿，包括库存现金日记账和银行存款日记账。序时账检查的主要内容及方法如下：

1.账页是否完整、真实

检查账簿是否有缺页、挖补、涂改的问题，记账方向是否有错误，记载的金额是否与原始凭证、记账凭证相符。

2.内容是否合理、合法

检查账簿摘要内容和对应账户，分析资金的来龙去脉，明确经济业务内容，判断账务处理是否合理合法，查明是否有转移销售收入、转移利润或挪用公款等问题。

3.账实是否相符

（1）将实际库存现金与库存现金日记账的余额进行核对，检查是否有以白条抵库、坐支或挪用现金、私设小金库的问题。

（2）将银行存款日记账余额与"银行对账单"核对，确定企业有几个存款户头，检查企业当期的收入是否全部入账，查明账外存款的来源及用途、是否存在私设"小金库"的情况。

4.账簿的承接是否准确

检查账簿前后页过账的数字是否相符，本期发生额的合计数和期初、期末余额的计算是否正确。

5.资金状况与生产经营状况是否相符

通过核实纳税人货币资金的余额，分析企业的生产能力和生产经营状况。如果纳税人账面资金状况与实际生产状况不符，说明纳税人的财务资料不实，要进一步检查直至查清问题。例如，纳税人账面可动用的银行存款和库存现金为5万元，而纳税人正常经营基本资金需求为60万元，在没有新的债务的情况下，显而易见，纳税人就不能正常地生产。如果实地观察发现纳税人不仅未停止经营，反而能够满负荷运转，说明纳税人可能账外有账，要进一步根据具体线索查明情况。

6.检查纳税人银行存款账户资金往来情况

当前移动电子支付发展迅猛，企业交易支付结算方式和手段不断更新换代，但因其隐蔽性强、结算速度快的特点，也给调查取证带来了新的难题。税务检查部门因执法权有限，调取核查涉案人信息、电子支付流水清单等证据可以请公安机关介入并同时取得金融机构的支持和配合，以电子结算账户为切入点，核查对比账户信息、提现转入、注释备注、交易对象等多维度信息要素，对大量电子结算数据进行交叉分析、横纵对比分析、趋势分析，并合理利用数据分析结果锁定证据，查实问题。

【案例1-3】2024年年初，××市税务局第一稽查局接到相关税收征收管理单位通过大数据分析转送的案源线索，显示W食品店与同地区、同行业店铺申报纳税收入差距过大。W食品店主营销售地方特产食品，位于市中心商业区域，日均客流量较大，生意红火。异常的是，熙熙攘攘的客流没有为W食品店带来相应的经营收入。据税收信息系统历史申报数据显示，W食品店自2018年3月进行个体工商户工商登记以来，每月申报缴纳增值税销售额均未达到起征点。

检查人员经过调查发现，W食品店顾客的支付方式绝大部分为手机扫描微信或支付宝二维码，很少有用现金或POS机刷卡支付的顾客，W食品店对公账户收入流水情况不能完整显示该店实际经营收入。

在取得当地公安机关的支持与配合下，税务机关查明，自2018年3月至2023年12月，店主张某的微信和支付宝资金流水借贷类型为"入"的交易金额累计2 800余万元，明显大于其对公账户的流水金额，且在张某的微信、支付宝转出资金流水明细中，多次提现到同一个银行卡账户，备注多为"转账""收现""当天收入"等，经查实该账户正是张某的个人账户。

第一稽查局认定W食品店自营业以来，采用收入不入账的办法，少申报缴纳了增值税、城市维护建设税、教育费附加、地方教育附加、个人所得税等税费，依法要求其补缴之前所偷逃税款、滞纳金合计129.19万元，并依法作出罚款2倍的税务处理决定。

【学思践悟】当今社会，移动支付可以跨时间、跨地域，非常快捷高效，但由于纳税主体、纳税时间、纳税地点、纳税环节等难以清晰界定，有可能被不法分子利用，造成国家税款流失。税务机关应该怎样实现有效监管呢？一是逐步完善相关制度，《中华人民共和国税收征收管理法》明确规定，银行要登记开户企业的税务登记证件号和开户账号，为未来的银税信息互通打下良好基础；二是充分利用移动支付的交易数据，更好地掌握交易主体的营收情况、资金流向、交易详情等信息，与其相关涉税数据进行比对分析，分析企业纳税行为是否合法合规；三是有效利用大数据分析模型，交叉验证企业是否存在违规行为。例如，以前A、B、C、D四家公司的连环开票一旦跨省，就很难被发现，而现在即使10家公司跨省首尾连环开票，也很容易被税务机关的分析模型识别。以前一家企业少计收入、多计成本，只要发票能够"三流一致"，就很难被发现。现在税务机关通过预警模型对大量数据进行分析，仅凭一个细节就能发现异常。

日益完善的信息交换制度会使移动支付留下清晰的交易印记，税务机关还将持续加大税收违法稽查惩戒力度。企业应该做好内部管控，严格按照有关规定进行涉税处理，不断提升风险防控能力，用持续升级的合规管理，保障企业行稳致远。

资料来源：佚名.移动支付会留痕 税务合规别放松［EB/OL］.［2024－06－04］. www.shangyexin-zhi.com/article/138318.html.（引用时有修改）

（三）明细分类账的检查

明细分类账是依据记账凭证，对各类资产、负债、所有者权益、成本、损益等按照实际需要进行明细核算的账户。

对各类明细分类账的检查应做到账户有重点、借贷有侧重、由表及里、由此及彼，有的放矢。明细分类账的主要检查内容及方法如下：

1.明细分类账检查的一般内容及方法

（1）总分类账与所属明细分类账记录是否相吻合，借贷方向是否一致，金额是否相符。

（2）经济业务是否真实合法。检查明细分类账的业务摘要，判断每笔经济业务的真实合法性；若发现疑点应进一步审查会计凭证或调查询问，直至核实问题。

（3）各明细分类账年初余额是否同上年年末余额相衔接，是否存在利用年初建立新账之际，采取合并或分设账户的办法，增减或转销某些账户的数额，弄虚作假，漏缴税款的情形。

（4）明细分类账的余额是否正常，计算是否正确。如果出现反常余额或红字余额，应注意核实是核算错误还是弄虚作假所造成的。

（5）存货明细分类账的数量、计价是否正确。对采用按实际成本计价的企业，在检查其各种存货增减变动的计价是否准确、合理时，应注意是否存在将不应计入存货成本的支出挤入存货成本的情况；发出存货时是否存在随意变更计价方法的情况。如有疑点，应重新计算验证。

2.各主要账户检查的侧重点

（1）侧重检查借方发生额的账户

侧重检查借方发生额的账户主要包括与成本费用、损失有关的账户，如"制造费用""销售费用""管理费用""财务费用""待处理财产损溢""营业外支出"等。由于上述账户的借方发生额直接影响当期损益及所得，因此，检查的侧重点应放在是否有多计、重计成本费用上，包括核实纳税人是否有不符合或违反开支范围和标准的支出。例如，将资本性支出挤入当期生产成本、费用等，将不属于生产性支出的费用通过集合分配转入生产成本，虚列财产损失等。

（2）侧重检查贷方发生额的账户

侧重检查贷方发生额的账户主要包括收入类账户、"长期待摊费用"账户和"应付职工薪酬"账户等。

①收入类账户的检查

收入类账户包括："主营业务收入""其他业务收入""营业外收入""投资收益"等，由于收入类账户是计算流转税、所得税的重要依据，因此，检查的侧重点应放在纳税人是否有漏计、少计、推迟入账上。检查可分三个环节进行：一是将上述账户贷方发生额合计数与企业纳税申报表申报的销售金额进行核对，看数字是否相符，确定纳税人账面结转的收入是否全额申报纳税；二是与对应的"银行存款""库存现金""应收账款"等账户的借方发生额及"库存商品"贷方发生额核对，确定纳税人应收回、实际收回的款项是否全面结转收入账户，已发出货物是否及时结转收入；三是与相关原始凭证（如产成品出库单、银行进账单、销货发票金额、收据存根联金额、提货单、合同等）核对，核实企业是否有隐匿收入的问题。

②"长期待摊费用"账户的检查

"长期待摊费用"账户检查的重点应放在审核其摊销是否均衡上，即检查纳税人不同时期贷方发生额是否一致，是否存在人为在不同纳税期限内进行调节的情况，摊销期的确定是否符合权责发生制、是否符合税收制度的规定。

③"应付职工薪酬""应付利息"等账户的检查

"应付职工薪酬""应付利息"等账户贷方发生额直接增加纳税人本期的成本费用，检查时重点应核实其费用项目、性质，确定其费用项目是否属于实际发生的费用，是否符合权责发生制原则、合理性原则、合法性原则、配比原则等。

（3）侧重检查余额的账户

侧重检查余额的账户主要包括"应付利息""预计负债""应付账款""其他应付款"等。

①对"应付利息""预计负债"账户年末贷方余额的检查

"应付利息""预计负债"账户年末贷方余额形成的原因有两个方面：一是由于只提不付，或者任意多提、重提造成的；二是按规定预先提取但尚未实际支付的各项费用。无论什么原因产生的年末贷方余额，都会对纳税主体的应纳税所得额产生影响，检查时应注意进行纳税调整。

②对"应付账款""其他应付款"账户余额的检查

对"应付账款""其他应付款"账户余额的检查应侧重于核实其形成的原因上。检查时可依据其余额大小和挂账款项时间长短，采用审阅摘要内容、核对原始凭证及调查询问对方单位等方法，逐笔、逐项审核，确定纳税人长期挂账的款项是否存在应转未转收入的问题。

（4）侧重检查借方、贷方和余额的账户

结合借方、贷方和余额进行检查的账户包括"原材料""库存商品""生产成本""应交税费——应交增值税""应付职工薪酬"等。

①"原材料""库存商品""生产成本"等存货类账户的检查

对存货类账户借方应侧重检查其核算范围、数量及计价，确定其账面成本是否真实；对贷方应侧重检查其用途、数量、计价等，核实是否存在分配不实、成本结转不准确的问题；对其余额应侧重与实际库存进行对比，确定纳税人是否存在虚列成本造成上述账户余额与实际库存不符，甚至产生红字余额的情况。

②"应交税费——应交增值税"账户的检查

"应交税费——应交增值税"账户借方发生额主要核算企业在购进货物或接受应税劳务过程中形成的进项税额，检查的侧重点在于核实纳税人是否多计进项税额，主要检查方法有两个：一是审核据以抵扣进项税额的各种票据是否经过增值税发票确认平台勾选认证，确定抵扣凭证的真实性和合法性；二是判断入库存货可能的用途，确定抵扣范围。

"应交税费——应交增值税"账户贷方发生额主要核算企业在销售货物或提供应税劳务过程中形成的销项税额及由于外购存货改变用途或各种存货发生非正常损失应结转的进项税额转出。其检查的重点是：核实纳税人是否少转、漏转销项税额，以及进项税额转出。对于前者可以对照"主营业务收入""其他业务收入"的检查同时进行，对于后者可通过"应付职工薪酬——职工福利""待处理财产损溢"等账户借方发生额的内容加以确认。

"应交税费——应交增值税"账户期末余额应注意审核其是否反映真实情况，是否有长期"零负申报"的现象。

③"应付职工薪酬"账户的检查

"应付职工薪酬"账户的贷方核算的内容包括：工资、奖金、津贴、补贴，职工福利，社会保险费，住房公积金，工会经费，职工教育经费，解除职工劳动关系补偿及其他与获得职工提供的服务相关的支出等项目。上述项目规定了税法列支的标准，因此，核实列支标准、纳税调整额及确定分配对象就成为"应付职工薪酬"贷方发生额检查的主要内容。

"应付职工薪酬"账户借方发生额为企业实际支付给职工的各种薪酬，应侧重检查各种薪酬支付的真实性。

对"应付职工薪酬"账户的年末余额，应将检查的重点放在核实纳税人应付未付工资是否进行了相应的纳税调整上。

【特别提示】在对账簿、凭证实施检查过程中，检查人员应根据企业规模的大小、核算水平的高低、经济业务的特点等情况，有所侧重，避免以偏概全；同时注意从账与账、账与凭证之间的关联关系入手，确定其会计核算是否正确、对应纳税额有何影响、会计与税法的差异是否进行了正确的纳税调整。

【做中学1-4】B股份有限公司属于制造业，为增值税一般纳税人，产品增值税税率为13%，2023年12月31日公司总分类账及明细分类账资料如下：

（1）有关账户全年贷方发生额及余额明细表见表1-1。

表1-1　　　　　　　　　　　有关账户全年贷方发生额及余额明细表　　　　　　　　　　单位：万元

序号	总分类账	明细分类账及相关说明	贷方发生额	备注
1	主营业务收入		30 000	
2	其他业务收入	不动产租赁收入	80	
3	财务费用	存款利息收入	100	
4	应付职工薪酬	应付工资	2 000	

序号	总分类账	明细分类账及相关说明	贷方发生额	备注
5		职工福利	280	年末贷方余额80万元，年初余额为零
6	应付职工薪酬	工会经费	40	有工会经费收入专用收据
		职工教育经费	50	年末无余额
		其他	31	年末无余额
7	坏账准备	年初余额	90	年末余额140万元
		本年计提	50	
	存货跌价准备	年初余额	0	年末余额100万元
		本年计提	100	
	固定资产减值准备	年初余额	0	年末余额40万元
		本年计提	40	
8	投资收益		180	投资持有时间超过12个月
9	资产处置损益	处置固定资产净收益	35	
10	营业外收入	无法支付款项	50	
		其他	48	
11	应付账款	××电视台广告部	100	年初余额为零；本年广告已经开始播放，广告费100万元计划明年初支付

（2）有关账户全年借方发生额及余额明细表见表1-2。

表1-2　　　　　　　　　　有关账户全年借方发生额及余额明细表　　　　　　　　　　单位：万元

序号	总分类账	明细分类账及相关说明	借方发生额	备注
1	主营业务成本		21 100	
2	其他业务成本	租赁不动产折旧	5	
3	税金及附加		240	
4	应付职工薪酬	应付工资	2 000	
5	营业外支出	非公益救济捐赠	88	
		行政罚款	20	

序号	总分类账	明细分类账及相关说明	借方发生额	备注
5	营业外支出	经济纠纷诉讼赔偿	40	
		其他	62	
		合计	210	
6	销售费用	广告费和业务宣传费	8 709	
		其他	282	
		合计	8 991	
7	管理费用	业务招待费	230	
		研究开发费	400	
		折旧费	450	
		其他费用	265	
		合计	1 345	
8	财务费用		250	其中含从其他企业拆借资金2 000万元，合同约定年利率10%。同类银行贷款利率为5%，期限1年
9	信用减值损失	计提坏账准备	50	
10	资产减值损失	存货跌价准备	100	
		固定资产减值准备	40	
11	投资收益		400	转让投资损失，原投资成本1 000万元，收回600万元
12	应收账款	年末账户余额	4 500	
13	其他应收款	年末账户余额	150	

（3）企业财务人员经自审自查后做企业所得税汇算清缴纳税申报如下：

①利润总额 = 30 000 + 80 + 100 + 180 + 35 + 50 + 48 - 21 100 - 5 - 240 - 210 - 8 991 - 1 345 - 250 - 190 - 400 = -2 238（万元）

②纳税调整减少额合计580万元。

免税收入调减所得额180万元。

研究开发费加计扣除纳税调整减少400万元。

③纳税调整增加额合计4 767万元。

工资项目不做纳税调整。

职工福利费列支限额 = 2 000 × 14% = 280（万元），企业列支成本费用280万元，实际支出200万元，纳税调整增加80万元。工会经费、职工教育经费未超过列支限额且已实际支付，不做纳税调整。

信用减值损失、资产减值损失均属于未经核准的准备金支出，不得税前列支，纳税调整增加190万元。

广告费按不超过营业收入的15%列支，列支限额 = 30 080 × 15% = 4 512（万元），纳税调整增加4 197万元。

营业外支出中非公益救济捐赠、行政罚款、滞纳金不得税前列支，纳税调整增加108万元。

管理费用中业务招待费列支限额 = 230 × 60% = 138（万元），30 080 × 0.5% = 150.4（万元），允许列支138万元，纳税调整增加92万元。

财务费用中从其他企业拆借资金纳税调整增加额 = 2 000 × （10% − 5%） = 100（万元）

④应纳税所得额 = − 2 238 − 580 + 4 767 = 1 949（万元）

⑤应纳所得税额 = 1 949 × 25% = 487.25（万元）

三、会计报表的审核分析

会计报表是综合反映企业一定时期财务状况和经营成果的书面文件。在通常情况下，纳税检查是从审查分析会计报表开始的。

会计报表的审核分析，就是要总括地把握企业资产与负债、收入与支出的变化，把握企业货币支付能力、获利能力的高低，从中发现纳税的疑点，为进一步检查确定重点，使检查工作能够有针对性地进行。

会计报表包括资产负债表、利润表、现金流量表，检查的重点是资产负债表和利润表。

（一）资产负债表的审核分析

资产负债表是反映纳税人一定时点的资产、负债、所有者权益的报表，该报表反映了纳税人所掌握的经济资源、纳税人所负担的债务以及所有者拥有的权益。通过对资产负债表的检查分析，可以了解企业资产规模及结构、资产来源情况，为判断企业应有的利税水平提供依据。

微课

资产负债表的审核分析——结构及总体分析

1.分析纳税人的总体经营情况

（1）分析负债与所有者权益比例

负债与所有者权益的比例结构如何能达到最优，并没有一个统一的标准，只能是相对的。一般来讲，两者的比例关系与企业盈利能力之间存在以下依存关系：如果企业负债比重过高，相应的所有者权益即净资产就低，说明企业主要靠债务"撑大"了资产总额，真正属于公司自己的财产（即所有者权益）不多，意味着企业偿债压力大，存在一定的经营风险，未来的盈利能力存在较大的变数；如果企业负债比重过低，纳税人有可能缺乏适度负债经营的创新勇气，可能因缺乏未来盈利增长点而导致企业盈利水平举步不前。

（2）分析负债比例

如果企业流动负债高于长期负债，而流动资产中货币资金、交易性金融资产、应收票据、应收账款、存货等可变现资产总额低于流动负债，说明公司不但还债压力较大，而且借来的钱成了被他人占用的应收账款与滞销的存货，纳税人可能经营不善、产品销路不畅、资金周转不灵，盈利能力较差。

（3）分析资产比例

不同行业的资产构成有不同的特点：生产制造业由于生产过程需要大量的生产设备，其固定资产占全部资产的比重较大；商品流通业主营业务是商品批发与零售，流动资产比重较大；房地产开发企业资产构成单一，几乎全部为流动资产；建筑施工企业资产比例与工业企业有些相似；各服务行业一般资产总额较低且固定资产占比较高。

如果纳税人提供的资产负债表所表现的资产比例与纳税人的行业特征不符，说明纳税人提供的资产负债表数据违反常规，可能存在问题，应进一步查证。

（4）分析流动资产和固定资产比例

纳税人流动资产和固定资产的配置不合理，会影响其正常的生产经营。例如，某工业企业资产负债表反映固定资产净值远远高于流动资产，可能存在两种情况：一是企业的报表数据显然不合理；二是如果该情况属实，则必然表现为企业因缺乏流动资金，无法启动生产，同时大量固定资产闲置，造成浪费。在对该类企业进行实地检查中，如果发现企业能正常维持生产，员工能正常领取工资，则企业的报表可能失真，或者企业有账外"小金库"，需要格外留意。

（5）分析不同时期相关数据及指标

任何企业报表中的数据都不应该是一成不变的，将不同时期资产负债表相同栏目数字进行比较，或将不同时期资产负债表所反映的各类经济指标进行比较，如资产负债率、存货周转率、应收账款变动率、应付账款变动率等，可以掌握企业发展动态，进一步分析企业发展前景，找出企业异常变动项目。

2.分析资产负债表各项目

（1）分析流动资产

①分析货币资金。货币资金是企业进行正常生产的资金保证，直接反映企业的经营现状和经营能力；货币资金充裕程度代表企业的支付能力大小，如果资产负债表货币资金项目长期较低，即表明企业货币资金不足，不能保证正常生产、正常发放工资。若企业实际情况不是这样，则可能存在侵吞货币资金收入、伪造货币资金支出的问题，实地检查时要进一步查证。

②分析应收账款。应收账款余额与企业收入额密切相关，检查时，应与利润表中的"主营业务收入"相对照。若资产负债表反映本期应收账款余额增加，而利润表中当期"主营业务收入"减少，则应进一步核实账证，确认纳税人是否存在隐匿收入问题。此外，由于资产负债表中应收账款是以其账面余额扣除计提的坏账准备后的金额填列的，检查时应注意企业计提的坏账准备是否进行了所得税纳税调整。

③分析预付账款和其他应收款。预付账款是企业购买生产材料或设备的预付款，而其他应收款是企业非经营性往来款项。在正常情况下，其他应收款的发生额应该很小，如果检查发现其他应收款发生额较大或预付账款、其他应收款以红字记账，则纳税人可能存

在将收入款转入其他应收款或预付账款，漏缴流转税和企业所得税的问题。

④分析存货。资产负债表中的存货由多项流动资产构成，包括原材料、库存商品、生产成本等，应处于不断地增减变动中。检查时如果发现企业报表中存货不断增加或长期保持不变或为整数的，应进一步从以下三个方面进行检查：一是检查存货的构成，注意是否将固定资产、工程物资计入存货。二是检查存货的波动情况，注意是否高转销售成本、人为调低利润。三是检查存货周转率，注意与收入、成本变动是否匹配，如果企业存货周转率低，可能是产品滞销积压、盲目采购积压造成，也有可能是弄虚作假虚增存货造成，此时收入、成本都会降低；如果企业存货周转率高，可能是企业销货能力强，收入、成本会同时增加，但也不排除企业有意少计存货成本、虚增销货成本的情况，此时，收入没有明显变化，成本却呈上升趋势，收入与成本反向变动。

（2）分析非流动资产

①分析投资资产。非流动的投资资产包括：债权投资、其他债权投资、长期股权投资、投资性房地产、其他权益工具投资等。如果资产负债表中上述投资资产余额减少，应注意企业是否存在以收入冲抵投资偷逃税款或转让投资不纳税的行为；如果资产负债表中上述投资资产余额增加，要注意企业投资的实际形式，对于以实物资产对外投资的，要注意纳税人是否进行了相关税收处理。另外，检查时还要注意：由于计量方式不同、收益确认时间不同形成的会计与税法的差异，企业在申报所得税时是否进行了纳税调整。

②分析固定资产。固定资产项目分析的重点是固定资产原值及折旧的变化。纳税人固定资产的总量和计提的折旧在不同年份及不同月份之间都有延续性和必然联系。如果报表提供的数字有变化，则应注意纳税人属于下列哪种变化，检查时应重点关注哪些问题：第一，报表反映固定资产减少，要核实减少的原因，是报损还是销售，相关的税务处理是否正确；第二，报表反映固定资产增加，应核实增加固定资产的来源，是否存在非购进新增固定资产的情况，成本核算、税务处理是否正确；第三，计提的固定资产减值准备，是否进行纳税调整。

③分析在建工程。有在建工程项目的纳税人，其资产负债表在建工程项目表现形式有以下几种，检查侧重点各有不同：一是金额不变，说明纳税人的在建工程处于停工状态或虽已完工但未与施工单位办理工程结算手续，仍未结转固定资产。检查时应进一步深入工程现场实地调查，考察在建工程项目是否已完工，是否投入使用，涉税处理是否正确。二是金额逐月增加，表明纳税人的在建工程处于施工状态，检查时应注意企业是否将不合法支出挤进工程成本。三是金额全部结转，表明工程已经完工结转至固定资产项目，检查时应核实相关资产入账及税金结转情况。四是金额部分减少，说明纳税人可能存在将在建工程试运行收入直接冲减在建工程支出的行为，应进一步深入检查有关账簿和凭证，落实其涉税处理是否正确。

④分析无形资产。纳税人无形资产增减变动可能对流转税、所得税产生影响，检查时应随其变动情况确定不同的检查内容：如果报表反映纳税人无形资产增加，应核实无形资产的来源和价值，重点关注购进无形资产入账价值是否虚高及自行研发的无形资产是否存在重复列支成本及费用的问题；如果报表反映纳税人的无形资产减少，重点关注减少的原因和去向，相应的税务处理是否正确。

⑤分析长期待摊费用。长期待摊费用的摊销直接影响纳税人所得税税前扣除费用，如果报表反映长期待摊费用增加，要注意其项目内容，对不属于长期待摊费用的项目，予以剔除，保证长期待摊费用核算的真实性、合规性；如果报表反映长期待摊费用减少，要核实其摊销的期限和摊销金额，对会计制度与税收规定有差异的内容，应注意纳税人是否按税收的规定调整了应纳税所得额。

（3）分析流动负债

流动负债极容易被企业用来隐匿收入、利润，少缴、迟缴或不缴应纳税款，分析时应特别注意。如果检查期资产负债表反映纳税人的流动负债和长期负债增加，而企业的资产负债率又比较高，应关注纳税人是否将应税收入计入负债项目、逃避税收问题；如果检查期资产负债表反映纳税人的流动负债减少，应进一步核实账证，注意其结转的对应账户是否符合会计惯例。

（4）分析所有者权益

①分析实收资本和资本公积。对报表反映新增的实收资本和资本公积，应检查资金来源是否真实，是否将应税收入计入实收资本、资本公积项目，新增资本金项目是否按规定计贴印花税票。

②分析盈余公积、未分配利润。纳税人税后利润是盈余公积的唯一来源，报表中反映的盈余公积与未分配利润应该是同向的，如果纳税人提供的资产负债表中未分配利润没有变化，但盈余公积有所增加，则应注意纳税人是否将应税收入转入盈余公积。

（二）利润表的审核分析

利润表是综合反映企业一定时期内利润实现情况的报表。通过对利润表的检查和分析，可以了解企业本期生产经营的成果，为判断企业的申报所得额的真实性和准确性提供依据。

1.利润表的总体分析

（1）通过账表、表表核对，分析报表的真实性

由于利润表的数据来源于相关总分类账发生额，检查时可以采用核对法，核对表中数据与纳税申报表、相关总分类账数据是否相符，是否符合会计逻辑关系，进而发现疑点问题。

（2）根据表内项目不同时期数据对比情况，分析确定检查重点

①根据各项目对利润影响的程度分析确定。不同的企业，影响利润的主要因素也有所不同，检查时，应注意抓住影响纳税人利润的重点项目进行核实。

②根据绝对数的比较分析确定。将各项目本期数与基期数或历史最高水平、历史平均水平进行对比，分析引起其增减变动的主观因素和客观因素，再依据各项目之间的联系，判断其增减变动是否真实、可信，对有疑问的项目应进一步检查核实；或将纳税人的指标与同行业、同生产规模的平均数据进行比较，对差距较大的纳税人实施重点检查。

【思考】纳税人本期主营业务收入较上期有所下降，经分析确定是因为销售数量减少引起的。请问：纳税人同期主营业务成本与上期相比，应该是有所增加还是有所下降？

③根据相对数的比较分析确定。通过计算被查项目的百分比、比率或比值结构等相对数指标，并与纳税人的历史数据进行纵向比较、与同行业平均数据进行横向比较，找出差

距，确定检查重点。相对数的比较分析主要包括以下四个指标：

第一，主营业务收入变动率。主营业务收入变动率是指主营业务收入增减变动额（本期主营业务收入－基期主营业务收入）与基期主营业务收入的比率，将该指标与上期进行比较，并与成本变动率指标进行对比，可以找出收入变动疑点问题。如果主营业务收入变动率变化较大，但与成本变动率基本一致，一般可以认定正常；如果主营业务收入变动率变化较大，但与成本变动率的变化不一致，则存在疑点，应进一步核实主营业务收入或主营业务成本项目。

第二，主营业务成本（费用）变动率。主营业务成本变动率是指主营业务成本增减变动额（本期主营业务成本－基期主营业务成本）与基期主营业务成本的比率，将该指标与上期进行比较，并与主营业务收入变动率指标进行比较，可以找出成本变动疑点。如果主营业务成本变动率变动较大，但是与收入变动率的变化相对应，可以认定正常；相反，则推定存在问题，应进一步核实主营业务成本或主营业务收入项目。

第三，主营业务利润变动率。主营业务利润变动率是指主营业务利润增减变动额（本期主营业务利润－基期主营业务利润）与基期主营业务利润的比率，将该指标与上期相比较，并且与收入变动率和成本费用变动率进行比对，可以找出利润变动疑点问题。如果纳税人主营业务收入变动率大于主营业务成本变动率，则说明收入的增速高于成本的增速，此时主营业务利润变动率大幅提高可以认定申报数据正常；相反，如果主营业务收入变动率大于主营业务成本变动率，但主营业务利润变动率并未大幅增加甚至还略有下降，就值得怀疑了。

第四，营业外收支变动率。营业外收支变动率是指营业外收支增减变动额（本期营业外收支－基期营业外收支）与基期营业外收支的比率，将该指标与以往年度进行比较，如果变化较大，则值得怀疑，应进一步检查营业外收支项目内容。

【做中学1-5】A公司是增值税一般纳税人，企业所得税实行查账征收，经营范围包括服装、服饰等针纺织品的生产、加工及销售，公司管理人员的工资相对固定，生产工人的工资采用计件工资制度。2024年，主管税务机关根据税收风险动态监控系统推送的任务提示和风险管理工作安排，对A公司2023年企业所得税问题开展风险分析。

通过金税系统，抽取A公司2022年和2023年部分财务报表数据和企业所得税纳税申报数据，具体数据见表1-3。

表1-3 　　　　　　　　　A公司2022年和2023年部分财务报表数据 　　　　　　单位：万元

项目	2022年	2023年
主营业务收入	5 800	6 400
其他业务收入	500	400
主营业务成本	4 300	5 100

要求：计算A公司2023年主营业务收入变动率、主营业务成本变动率、主营业务收入与主营业务成本变动的弹性系数，进行指标动态配比分析，分析识别A公司可能存在的税收风险点。

解析：2023年主营业务收入变动率 = （6 400 - 5 800）÷ 5 800 × 100% = 10.34%

2023年主营业务成本变动率 = （5 100 - 4 300）÷ 4 300 × 100% = 18.60%

2023年主营业务收入与主营业务成本变动的弹性系数 = 10.34% ÷ 18.60% = 0.56

风险分析识别：2023年A公司主营业务成本变动率（18.60%）大于主营业务收入变动率（10.34%），主营业务收入与主营业务成本变动的弹性系数＜1。收入成本需配比，出现倒挂风险。在正常情况下，弹性系数趋近于1是合理的，弹性系数＜1，反映A公司主营业务成本上涨幅度大于主营业务收入上涨幅度，涉税财务指标关联变动不配比，风险进一步指向：A公司可能存在销售未计收入、多列成本费用、扩大税前扣除范围、少缴企业所得税等风险，需要进一步深入分析，并约谈核实确认。

2.利润表的项目分析

（1）营业收入项目

影响营业收入变化的因素主要是销售数量、销售单价和销售品种结构。审查时，可以采用因素分析法，分别计算各因素对收入影响的程度，并将分析结果与利润表中营业收入变化情况进行对比，看是否有不相符合的情况。如有，则应进一步结合有关账证分别对销售数量、销售单价和销售品种结构进行审查，确定企业是否有隐匿收入的问题。

【做中学1-6】检查人员在检查某纳税人2024年2月利润表时，确认纳税人申报本月营业收入332 400元，上月421 265元，本月较上月减少88 865元，下降幅度达21.09%，为进一步分析下降原因，检查人员核实了相关账证，落实相关数据如下：

（1）销售收入变动比较大的是A货物，占整个降幅的95%，金额达84 421.75元；

（2）A货物2024年1—2月销售数量、销售单价见表1-4。

表1-4　　　　　　　　　　A货物2024年1—2月销售数量、销售单价

月份	销售数量/千克	销售单价/元
2024年1月	12 800	30
2024年2月	9 880	32

依据表1-4的数据，检查人员计算各要素对A货物收入的影响如下：

销售数量下降对A货物销售收入的影响金额 = （9 880 - 12 800）× 30 = - 87 600（元）

销售单价上升对A货物销售收入的影响金额 = （32 - 30）× 9 880 = 19 760（元）

合计销售收入下降67 840元，该纳税人实际申报A货物营业收入下降84 421.75元（88 865 × 95%），应进一步考虑其他因素的影响还是纳税人瞒报A货物销售收入导致。

（2）营业成本项目

影响营业收入变化的主要因素同样也会对营业成本产生影响，因此，因素分析法同样适用于营业成本的检查。同时，将营业成本的变化与营业收入的变化对照进行，找出其中的矛盾，可以更准确地找出检查重点。

（3）税金及附加项目

税金及附加主要受计税依据及税率影响，一般情况下，利润表中的单位税额应该是相

对稳定的。因此，在税率未进行调整的情况下，如果本期单位税额波动较大，则应进一步核实不同税率的产品产量、销量结构变动，如果产品结构没有变动，应进一步查明原因导致税金下降的原因。

（4）期间费用项目

期间费用包括销售费用、管理费用、研发费用和财务费用。期间费用在某一时间段通常相对固定，检查时，如发现本期期间费用有突增现象，应着重分析。

【特别提示】如果纳税人利润表中有研发费用支出，应进一步核实研发项目是否符合新产品、新技术、新工艺研发费用加计扣除条件；是否存在将其他支出挤入研发费用，从而享受优惠政策的情况。

（5）信用减值损失、资产减值损失、公允价值变动收益、投资收益、资产处置收益项目

这类项目由于会计与税收在确认收入、列支成本费用的口径与时间上可能有所不同，检查时应结合企业所得税纳税申报表确认企业在所得税纳税申报时是否将上述差异进行了纳税调整。

（6）营业外收入项目

一般情况下，营业外收入是极少发生的。如果利润表显示该项目经常发生且每期发生额相对均衡，则应注意企业是否将营业收入转为营业外收入，漏转流转税；同时，应注意审查营业外收入的合法性。

（7）营业外支出项目

营业外支出项目往往是不得在税前列支的项目，检查时应结合账证，确认营业外支出项目是否严格按国家规定的范围和标准列支；是否合理合法；不得税前列支的项目是否进行了所得税纳税调整等。

（8）利润总额的审查分析

对利润总额的审查，除了从绝对数上分析其突增突减的变化外，还可以根据需要运用资本金利润率、销售利润率和成本费用利润率等指标来分析考察企业在一定时期内利润的变化程度，为进一步检查找出线索。

① 资本金利润率，是指企业利润总额与资本金总额的比率，它是衡量投资者投入企业资本金获利能力的指标，指标的高低反映资本金获利能力的大小。通过对资本金利润率的分析比较，可以了解企业资本金使用效果的好坏，获利能力的高低。

② 销售利润率，是指利润总额与销售收入净额的比率，它用来衡量企业销售收入的收益水平。销售利润率越高，利润水平也越高，可提供的税金就越多。

③ 成本费用利润率，是指企业利润总额与成本费用总额的比率，它反映企业成本费用与利润的关系。通过这一指标，可以考核企业资金耗费的经济效果。检查时，通过对不同时期成本费用利润率的比较分析，可以揭示企业成本费用开支比例、对利润的影响程度，为进一步检查提供线索。

（三）现金流量表的审核分析

现金流量表反映的是企业在某一特定时期内（如季末、年中、年末）现金流入、流出及流入净额状况的财务报表，它是对静态资产负债表和利润表的动态补充。由于现金流量表反映了企业现金收付的实际情况，更为直接地反映出企业真实经营状况，因而对现金流

量表的审核分析可以更有效地发现企业存在的税收问题。

1.现金流量表的总体分析

（1）根据"现金及现金等价物净增加额"反映的数据情况判断现金流量的质量

现金流量为较大负数的企业，承担着比一般企业更多的经营风险，企业可能为最大程度地降低成本而偷逃税款。此时，进一步检查的重点应放在企业是否存在瞒报或推迟实现收入、虚构成本费用等方面。

（2）对现金流量结构进行总体分析，确定检查重点领域

企业现金流量来源于经营活动、投资活动和筹资活动，对其来源进行结构分析，可以明确现金流量的质量，同时可以根据各类现金流量的不同质量制订相应的检查实施方案，确定检查的重点领域。例如，经分析发现企业投资活动产生的现金流量较多，在企业所得税检查中就应更多地关注该纳税人投资收益的变化情况。

2.现金流量表的项目分析

（1）经营活动产生现金流量的分析

经营活动中产生的现金流量与收入、成本直接相关，进而影响流转税、所得税。在检查时可结合应收账款、预付账款、应付账款、预收账款等项目，通过存在于各项目之间的逻辑关系，分析其收入、成本的真实性。

（2）投资活动产生现金流量的分析

投资活动产生的现金流量与企业资本构成及投资收益密切相关。检查时应结合资产负债表中所有者权益的变动、利润表中投资收益的变动对比分析，确定其是否匹配，处理是否正确，会计与税法的差异是否及时进行了纳税调整。

（3）筹资活动产生现金流量的分析

筹资包括吸收投资、发行股票、借入和偿还资金、分配利润等活动。检查时除与资产负债表进行对比外，还应结合账证确认筹资费用的支付是否合理，会计与税法的差异是否及时进行了纳税调整。

（4）补充资料项目数据的分析

现金流量表补充资料项目中一些数据可直接与企业所得税中的成本相对应，如"固定资产折旧""无形资产摊销""长期待摊费用摊销"等；有些项目则需进行纳税调整，如"计提的资产损失准备""财务费用"；有些数据的变化可能对所得额产生间接影响，如"存货的减少""经营性应收项目的减少""经营性应付项目的增加"等。检查时可将补充资料项目与所得税纳税申报表进行对比分析，从中发现问题。

【特别提示】会计报表的审查主要采用分析方法进行，分析的结果可以为进一步检查提供线索、依据或方向，因此，报表分析是提高检查效率的主要手段。同时，由于报表所反映的数据最为系统、抽象，而报表分析的结果又直接影响进一步检查的内容，因此，对检查人员的业务素质要求也更高。另外，因为报表分析的结果可能更多地掺杂了检查人员的主观推断，所以，分析结果不得作为定案依据。

【案例1-4】××市某贸易公司系2017年8月成立的有限责任公司，是增值税一般纳税人，注册资本3 100万元，现有职工68人，是一家主要从事生铁、钢材、水泥批发的企业，在××市批发行业中具有一定规模和较强的代表性。因为"金税四期"大数

据显示该公司2023年增值税税负偏低，当地税务局将该公司确定为纳税评估的重点对象。

评估人员调阅了该公司2022年度和2023年度企业所得税纳税申报表及资产负债表、利润表，分析比较了该公司近两年的税收和财务指标，查阅了该公司发票开具情况和税款抵扣情况。经过初步分析发现以下疑点：

疑点1：该公司2023年度销售收入313 034 862.50元，2022年度销售收入167 349 819.15元。2023年度与2022年度相比，销售收入增加了145 685 043.35元，销售收入变动率为87%，大大超过±30%的预警值范围。如此大的增长幅度，是公司拓宽了销售渠道，还是因为虚开增值税专用发票？

疑点2：该公司2023年度增值税应纳税额1 763 393.45元、税负0.56%，与2023年度全市同行业平均税负1.2%相比，低了0.64%，税负差异幅度（与同行业比）为－53%，与该公司2022年度增值税税负1.05%相比，下降了0.49%，税负差异幅度（与上年比）为－46%。上述数值明显超出预警值±30%的范围。应纳税额的减少和低水平的税负是由于少计销售收入而影响了销项税额，还是多列进项税额减少了应纳税额？

疑点3：该公司2022年度运费进项税额为272 230.98元，占其总进项税额27 727 821.59元的比率为0.98%；2023年度运费进项税额为782 975.18元，占其总进项税额50 921 797.78元的比率达到1.54%，比上年增长57%。该公司是否存在多列运费进项税额的问题？

疑点4：该公司2022年度应税销售收入为167 349 819.15元，应纳所得税额为346 781.08元，2022年度企业所得税贡献率为0.207%；2023年度应税销售收入为313 034 862.50元，应纳所得税额为375 641.84元，2023年度企业所得税贡献率为0.12%。2023年度与2022年度相比，企业所得税贡献率下降0.087%，企业所得税贡献变动率为42%。该公司是否存在多列成本费用、扩大税前扣除范围问题？

疑点5：该公司2022年度销售费用3 959 776元，占销售收入167 349 819.15元的比率为2.37%；2023年度销售费用12 951 268.63元，占销售收入313 034 862.50元的比率为4.14%，该比率变动率高达75%。该公司是否存在多列费用，少缴企业所得税的行为？

疑点6：该公司2023年年初存货金额2 104 370.60元，2023年年末存货金额8 984 071.07元，年末比年初存货增加6 879 700.47元。该公司是批发企业，但没有大型仓库，年末存货金额变动异常。该公司是否存在存货不实，发出商品不计或少计收入问题？

针对以上疑点，评估人员约谈该公司的财务负责人。在约谈过程中，被约谈人仅就疑点1作出了合理解释并提供了相应证据，于是疑点1被排除。由于该公司无法对其他疑点给出合理解释，评估人员依照程序对该公司进行了实地调查核实。

（1）根据该公司主动提供的账簿资料，评估人员对公司的增值税税率，按货物品种分类进行了测算。经测算，该公司2023年度实现销售收入313 034 862.50元，应纳税额1 763 393.45元，增值税税负为0.56%。其中，销售生铁收入256 143 123.95元，应纳税额2 312 659.86元，该项目增值税税负为0.9%；销售钢材收入48 806 518.55元，应纳税额－634 969.74元，该项目增值税税负为－1.3%；销售其他货物收入8 085 220元，应纳税额85 703.33元，该项目增值税税负为1.06%。

评估人员通过上述指标测算分析，得出如下判断：与该公司2022年度增值税税负1.05%相比，其2023年度增值税税负存在异常，特别是钢材项目增值税税负为－1.3%，很可能存在少计钢材销售收入或发出商品未及时计收入的情况。评估人员决定对其存货进行实地盘点。

评估人员通过对公司钢材仓库的入库单、发货单进行统计，并对钢材仓库进行盘点，发现钢材账实不符，账面结存比实际库存多2 048吨，钢材账实不符的原因是：该公司发出钢材2 048吨给某房地产公司，因未及时与对方结算，故暂未作账务处理。评估人员对实地调查发现的问题作了详细的记录，确定了钢材存货不实，发出商品未及时确认销售收入的问题，并取得相关的证据材料。

（2）查阅账簿资料和运费抵扣凭证，评估人员发现该公司部分运费的单价过高，每吨货物运费单价高达8元/公里。据调查，正常的运费单价是4.5~5元/公里。针对这一疑点，评估人员要求公司自查申报。该公司认为其运费已实际发生，取得的运输发票也是真实的，并且通过了税务机关认证，因而没有进行自查申报。

（3）查阅费用账簿资料后发现，该公司销售费用变动率异常，形成原因是该公司2023年度"销售费用——代理费"科目列支了750 000元，并于当期所得税前列支。因支付给个人，无法取得发票，仅以该公司打印的费用列支表作为原始凭证。评估人员认为上述代理费不符合所得税税前列支的条件，应调增应纳税所得额750 000元。该公司认为费用已实际发生，不愿意自查申报补税。

经评估分析、约谈和实地调查，该公司对发出商品未及时确认收入的问题主动进行自查申报。税务管理机关同意该公司进行自查申报。自查后，该公司向税务机关报送了《纳税评估自查报告》，主动申报2 048吨钢材的销售收入5 848 949.35元，补缴增值税760 363.42元。鉴于该公司仅对发出商品未及时确认收入而少缴的增值税进行了自查申报，对发出商品未及时确认收入少缴的企业所得税、运费多抵增值税进项税额、代理费所得税税前列支等问题未进行自查申报，评估人员认为不能消除该公司的疑点，将该公司移送稽查部门进行查处。

市税务稽查局对该公司进行了检查，查处结果如下：

（1）运费超标是因为该公司一些公关费用无法取得合法凭证列支，于是想方设法从某个体运输车主手中取得了虚开的增值税专用发票，既造成多抵扣增值税进项税额，又虚增了钢材成本，减少了计税所得，应补征增值税264 621.84元、企业所得税735 060.66元。

（2）对该公司存在的发出商品未及时确认收入的部分，补征企业所得税1 462 237.34元。

（3）代理费支出补齐下列凭证后税前扣除：税务机关代开的发票或者收款凭证及内部凭证，收款凭证应载明收款单位名称、个人姓名及身份证号、支出项目、收款金额等相关信息。

（4）上述查补税款自滞纳之日起按日加收万分之五的滞纳金并处以0.5倍罚款。

任务五 纳税检查后的账务调整

一、账务调整的概念与意义

（一）账务调整的概念

账务调整是指纳税人在纳税检查后，依据企业会计准则，对存在问题的错漏账项进行的更正和调整。

（二）账务调整的意义

纳税检查中查出来的大量错漏税问题，多数情况是因为账务处理错误造成的，一般都反映在会计账簿、会计凭证、会计报表等会计核算资料上。因此，在查补纠正过程中不可避免地涉及纳税人收入、成本、费用、利润和税金的调整问题。如果检查后仅仅只补回税款，不将纳税人错漏的账项纠正调整过来，会使错误延续下去。随着时间的推移，势必会导致新的错误，造成明补暗退或重复征税、账面资料数据与征收金额不相衔接的问题。

因此，纳税检查后的账务调整，实质上是检查工作的继续。不及时正确地调整账务，就不能真实地反映企业的财务状况和经营成果，也不能防止新的错误发生，也就没有达到检查目的、完成检查任务。

微课

账务调整的
方法

二、账务调整的基本要求

（一）与企业会计准则相一致

账务调整的基本依据是企业会计准则，检查后，对企业存在的错漏问题应该按税法规定计算应退补税款，但是应按企业会计准则的有关要求调整账项。

（二）做到账实相符

账务调整就是要用新的账务处理来纠正原错账。因此，新的账务处理必须做到核算准确、数字可靠，这就要求调整后的账务必须与企业实际情况相吻合。例如，检查发现企业虚列材料成本，若检查时该材料尚未出库，实际库存仍在，则可以直接调整原材料账户；如果检查时该材料已经领用投入生产并完工结转至库存商品成本，但尚未销售，则原虚列的材料成本应调整库存商品账户，以保持会计核算的真实性。

（三）尽量从简

在账务调整方法的运用上，能用综合调整法、补充调整法则不用冲销调整法，尽量做到从简适宜。

三、账务调整的方法

（一）冲销调整法

冲销调整法是指用红字或相反方向分录冲销原错账，再用蓝字编写一个正确的会计分录的账务调整方法。冲销调整法适用于错用会计科目的账务调整，也适用于会计科目使用正确但多计金额的差错，可直接用红字冲销多列支的金额。

【做中学1-7】某公司2024年5月10日第6号凭证是管理部门李某报销差旅费3 000元。李某在出差前预借差旅费3 000元，财务人员填写记账凭证时误将差旅费3 000元写为30 000元，账务处理如下：

借：管理费用   30 000
　　贷：其他应收款——李某   30 000

2024年5月20日，财务人员发现上述错误进行账务调整时，填制一张记账凭证，在"摘要"栏注明"冲销5月10日第6号凭证多记金额"，并作如下调整分录：

借：管理费用   27 000
　　贷：其他应收款——李某   27 000

【做中学1-8】某税务师事务所对A公司进行纳税审查，A公司为增值税一般纳税人。2024年5月销售货物，取得含增值税的全部价款和价外费用90 400元。该批商品成本60 000元，企业作如下账务处理：

借：银行存款   90 400
　　贷：库存商品   60 000
　　　　应收账款   30 400

假定该批商品适用的增值税税率为13%。

要求：对该笔业务用红字冲销法进行调整。

解析：（1）用红字冲销原错误分录

借：银行存款   90 400
　　贷：库存商品   60 000
　　　　应收账款   30 400

（2）编制正确的会计分录

借：银行存款   90 400
　　贷：主营业务收入   80 000
　　　　应交税费——应交增值税（销项税额）   10 400

同时结转成本：

借：主营业务成本   60 000
　　贷：库存商品   60 000

（二）补充调整法

补充调整法是指对遗漏的经济事项或少计的金额，按会计核算程序用蓝字编制补充遗漏的经济事项或少计的金额的会计分录的账务调整方法。

【做中学1-9】税务检查人员在检查某企业（一般纳税人）的纳税情况时，发现该企业将自制A产品（税率13%）捐赠给某希望小学，成本4 000元，平均售价5 000元。企业的账务处理如下：

借：营业外支出   4 000
　　贷：库存商品   4 000

按相关税收政策，纳税人将自制货物无偿赠送给其他单位和个人的，应视同销售，企业该项业务应结转增值税销项税额650元。税务检查人员建议纳税人用补充调整法作调整分录如下：

借：营业外支出　　　　　　　　　　　　　　　　　　　　　　　　650

　　贷：应交税费——应交增值税（销项税额）　　　　　　　　　　　　　650

（三）综合调整法

综合调整法是指对企业错用的科目或多计的金额进行反方向冲销，对企业漏用的科目或少计的金额进行补充登记的账务调整方法。综合调整法是冲销调整法与补充调整法的综合运用。

【做中学1-10】沿用【做中学1-2】的资料。2024年1月代理税务审查人员在对A企业2023年12月纳税申报情况进行审查时，通过审阅核对原始凭证发现，12月4日第5号凭证所附的原始凭证中，甲材料收料单注明数量1 000千克，取得的增值税专用发票上注明数量1 200千克、单价25元，短缺200千克系运输途中意外造成，应由保险公司赔偿，赔偿款尚未到位，企业账务处理如下：

借：原材料——甲材料　　　　　　　　　　　　　　　　　　　　30 000

　　应交税费——应交增值税（进项税额）　　　　　　　　　　　　3 900

　　贷：应付账款　　　　　　　　　　　　　　　　　　　　　　　33 900

上述账务处理同时存在多计原材料成本及增值税进项税额，漏计应收××保险公司赔偿款的问题，若检查时该批购进材料尚未出库，应作如下调整分录：

借：其他应收款——××保险公司　　　　　　　　　　　　　　　5 650

　　贷：原材料——甲材料　　　　　　　　　　　　　　　　　　　5 000

　　　　应交税费——应交增值税（进项税额转出）　　　　　　　　　650

四、账务调整金额的确定

会计核算中的错漏金额，有的直接影响企业的利润，可以直接调整利润账户；有的可能对不同的成本核算环节产生影响，需经过计算分摊，将错漏的金额分别摊入相应的账户内，才能确定应调整的利润数额。例如："原材料""生产成本"等账户发生的错漏，如果尚未完成一个生产周期，其错漏金额会依次结转至不同成本核算的环节，因此，应将原错漏金额根据具体情况在期末原材料、在产品、库存商品和本期销售产品成本之间进行合理分摊，再将计算出的各环节应分摊的成本数额，分别调整至有关账户。分摊的方法主要有逐步分摊法和比例分摊法两种。

（一）逐步分摊法

逐步分摊法就是将需要分配的错漏金额，按材料、自制半成品、在产品、产成品、已销产品等成本核算的程序，一步一步地进行分配的方法。其计算公式如下：

本环节分配率 = 本环节错漏金额 ÷（本环节转出数 + 本环节结存数）× 100%

分配给下一个环节的查获额 = 本环节转出数 × 本环节分配率

分配给本环节结存的查获额 = 本环节结存数 × 本环节分配率

【做中学1-11】沿用【做中学1-2】和【做中学1-10】的资料。2024年1月代理税务审查人员在对A企业2023年12月纳税申报情况审查时，通过对原始凭证进行审阅核对发现，在12月4日第5号凭证所附的原始凭证中，甲材料收料单注明数量1 000千克，发票注明数量1 200千克，短缺200千克系运输途中意外造成，应由保险公司赔偿，赔偿款尚未到位，企业账务处理如下：

借：原材料——甲材料	30 000

借：原材料——甲材料　　　　　　　　　　　　　　　　　　　　　　　　30 000
　　应交税费——应交增值税（进项税额）　　　　　　　　　　　　　　3 900
　　贷：应付账款　　　　　　　　　　　　　　　　　　　　　　　　　　33 900

假设2023年12月末A企业相关明细账见表1-5。

表1-5　　　　　　　　　　　　　2023年12月末A企业相关明细账　　　　　　　　　单位：元

账户名称	核算内容	借方	贷方	余额	备注
原材料——甲材料	期初库存成本			20 000	经核实：其他成本项目结转无误
	本期验收入库成本	30 000			
	生产W产品领用成本		32 000	18 000	
生产成本——W产品	期初在产品成本			16 000	经核实：其他成本项目结转无误
	结转甲材料成本	32 000			
	结转人工成本	18 000			
	结转制造费用成本	5 000			
	结转完工产品成本		60 000	11 000	
库存商品——W产品	期初余额			22 000	经核实：其他成本项目结转无误
	本期完工入库	60 000			
	本期销售		50 000	32 000	
主营业务成本——W产品	本期销售成本	50 000			
	结转本年利润		50 000	0	

采用逐步分配法将原材料采购环节多计的成本5 000元分配至原材料、生产成本、库存商品、主营业务成本的计算如下：

（1）原材料采购环节，应计采购成本 = 1 000 × 25 = 25 000（元），实际结转成本 = 1 000 × 30 = 30 000（元），企业多计材料采购成本5 000元。

本环节分配率 = 5 000 ÷ (32 000 + 18 000) × 100% = 10%

"生产成本——W产品"账户借方应分配金额 = 32 000 × 10% = 3 200（元）

"原材料——甲材料"账户期末余额应分配金额 = 18 000 × 10% = 1 800（元）

（2）结转生产成本环节，应转材料成本28 800元，实际结转成本32 000元，多计本期发生的生产成本3 200元。

本环节分配率 = 3 200 ÷ (60 000 + 11 000) × 100% = 4.507%

"库存商品——W产品"账户借方应分配金额 = 60 000 × 4.507% = 2 704.2（元）

"生产成本——W产品"账户期末余额应分配金额 = 11 000 × 4.507%（或3 200

－2 704.2）＝495.8（元）

（3）结转完工成本环节，应结转成本57 295.8元，实际结转成本60 000元，多结转完工产品成本2 704.2元。

本环节分配率＝2 704.2÷（50 000＋32 000）×100%＝3.298%

"主营业务成本——W产品"账户借方应分配金额＝50 000×3.298%＝1 649（元）

"库存商品——W产品"账户余额应分配金额＝2 704.2－1 649＝1 055.2（元）

【特别提示】由于"主营业务成本——W产品"账户期末无余额，故结转本年利润环节无须再进行分配。

按上述分配结果，企业账务调整如下：

借：其他应收款——××保险公司　　　　　　　　　　　　　　　　5 650
　　贷：原材料——甲材料　　　　　　　　　　　　　　　　　　1 800
　　　　生产成本——W产品　　　　　　　　　　　　　　　　　495.8
　　　　库存商品——W产品　　　　　　　　　　　　　　　　1 055.2
　　　　主营业务成本——W产品（或本年利润）　　　　　　　　1 649
　　　　应交税费——应交增值税（进项税额转出）　　　　　　　　650

（二）比例分摊法

比例分摊法就是将需要分配的错漏金额按应调整的各环节成本核算会计科目期末余额和主营业务成本的累计金额所占的比例进行一次分配的方法。其计算公式如下：

$$分配率＝\frac{查出的错漏金额}{\left(\begin{array}{l}错漏金额涉及成本核算过程的各存货类\\分配对象账户期末账面结存成本\end{array}+\begin{array}{l}本期主营业务\\成本借方发生额\end{array}\right)}$$

期末各存货类分配对象结存成本应分配的金额＝期末各存货类账户账面结存成本×分配率

本期主营业务成本应分配的金额＝本期主营业务成本借方发生额×分配率

运用上述公式应注意：在确定分配对象时，应自发生错漏金额的环节涉及的会计科目起，至结转主营业务成本止，在所涉及的全部会计科目间进行计算分摊，不涉及的会计科目不参与分摊。具体分配如下：对在材料采购环节发现的错漏问题，至少应在"原材料""生产成本""库存商品""主营业务成本"账户之间进行分配；对在材料发出环节发现的错漏问题，至少应在"生产成本""库存商品""主营业务成本"账户之间进行分配；对在"生产成本"账户贷方（"库存商品"借方、结转完工产品成本）查出的错漏金额，只需在"库存商品""主营业务成本"账户之间进行分配；对在"库存商品"账户贷方（结转销售成本）发现的问题，一般应转入"主营业务成本"账户，无须分配。

【做中学1-12】沿用【做中学1-2】、【做中学1-10】和【做中学1-11】的资料。采用比例分配法计算分配如下：

（1）分配率＝5 000÷（18 000＋11 000＋32 000＋50 000）×100%＝4.5045%

（2）各成本核算账户分配额：

① "原材料——甲材料"期末余额应分配金额＝18 000×4.5045%＝810.81（元）

② "生产成本——W产品"期末余额应分配金额＝11 000×4.5045%＝495.50（元）

③ "库存商品——W产品"期末余额应分配金额＝32 000×4.5045%＝1 441.44（元）

④ "主营业务成本——W产品"借方发生额应分配金额＝50 000×

4.5045% = 2 252.25 （元）

按上述分配结果，企业账务调整如下：

借：其他应收款——××保险公司   5 650

贷：原材料——甲材料   810.81

生产成本——W产品   495.50

库存商品——W产品   1 441.44

主营业务成本（或本年利润）   2 252.25

应交税费——应交增值税（进项税额转出）   650

五、账务调整科目的确定

纳税检查后的账务调整属于事后调整，由于企业会计核算以会计分期为前提，因此，对于检查时已经结转的账户就不能直接调整。具体来说，账务调整应区别不同年度、不同情况进行不同的处理。

（一）本年度错漏账目调整科目的确定

本年度发生的错漏账目，只影响本年度的税收、利润，应按正常的会计核算程序和会计准则调整与本年度相关的账目，以保证本年度应交税费和财务成果核算真实、准确。

对流转税、财产税和行为税的账务调整，一般不需要计算分摊，只需按照会计核算程序，调整本年度相关的账户即可。但对增值税一般纳税人经税务机关稽查后发现的问题，应设立"应交税费——增值税检查调整"专门账户核算应补（退）的增值税。具体使用办法如下：凡检查后应调减进项税额或调增销项税额和进项税额转出的数额，借记有关科目，贷记本科目；凡检查后应调增进项税额或调减销项税额和进项税额转出的数额，作出与上述相反的会计分录。全部调整事项入账后，应结转本账户的余额，并将本账户余额与"应交税费——应交增值税"账户余额对比后分别转入"应交税费——应交增值税（进项税额）"或"应交税费——未交增值税"账户。

对所得税检查的账务调整，凡查出的会计利润误差额，直接通过"本年利润"账户进行调整。

（二）对上一年度错漏账目调整科目的确定

对属于以前年度的错漏问题，因为财务决算已结束，一些过渡性的集合分配账户及经营收支性账户已结账轧平无余额，核算中发生错漏的账户，不可能再按正常的核算程序对有关账户一一进行调整，一般在当年的"以前年度损益调整"账户、盘存类延续性账户（如"原材料""库存商品"）及相关的对应账户进行调整。若检查期和结算期之间时间间隔较长，盘存类延续性账户也可以调整"以前年度损益调整"账户和相关的对应账户。

【特别提示】不同检查主体实施检查后的账务调整，其会计科目的运用可能有所区别。例如，对增值税的检查，若为企业自查或中介机构代理审查，应通过"应交税费——应交增值税"科目进行账务调整；若为税务机关稽查，才通过"应交税费——增值税检查调整"科目进行账务调整。

行业检查实训：纳税检查后的账务调整

【实训资料】某工业企业2023年12月购进工作服一批，取得增值税专用发票注明金额240 000元、税额31 200元，企业账务处理如下：

借：制造费用　　　　　　　　　　　　　　　　　　　　　　240 000

　　应交税费——应交增值税（进项税额）　　　　　　　　　　31 200

　　贷：银行存款　　　　　　　　　　　　　　　　　　　　　　　271 200

2023年6月，经检查核实：该批工作服当年领用50%，其余一半尚在库存；该企业2022年年末"生产成本"账户余额100 000元、"库存商品"账户余额250 000元，当年结转主营业务成本共计650 000元。

【检查要求】用比例分配法对上述错漏账务进行调整。

项目二
增值税的检查

学习目标

态度目标
1. 树立依法纳税的法律意识，充分认识增值税基本征收制度
2. 严格防范税收风险，保证及时、足额地履行增值税纳税义务
3. 提高会计质量、严格财务管理，最大限度地维护纳税人的合法权益及基本利益

知识目标
1. 了解增值税纳税人身份确定方面存在的涉税风险及主要检查方法
2. 熟悉增值税应税销售额确定方面存在的涉税风险及主要检查方法
3. 掌握进项税额确定方面的基本规定、涉税风险及主要检查方法
4. 熟悉享受税收优惠政策方面存在的涉税风险及主要检查方法

技能目标
1. 能够利用多种检查方法，发现纳税人在应税销售额确定方面的涉税风险并及时予以纠正，避免和挽救涉税风险
2. 能够利用多种检查方法，发现纳税人在允许抵扣和不允许抵扣增值税进项税额方面的涉税风险并及时予以纠正，避免涉税风险
3. 通过审核和访谈，了解纳税人正在享受的税收优惠的条件是否完善，帮助纳税人发现能享受而未享受的税收优惠空间

素养目标
1. 培养高度的社会责任感和依法纳税的意识
2. 树立诚信经营、守法合规的新时代企业价值观和经营理念
3. 构筑防范和规避税收风险中的道德和法律边界

工作情境与工作任务

通过对增值税相关知识的学习，我们已经掌握了增值税的征税范围、计税方法、税收优惠和征收管理等方面的规定。增值税征税范围最广，体现普遍征税和中性征税原则。健全财务制度、强化财税合规，把控增值税涉税风险是各类经济主体健康发展的基础。在日常经营活动中会存在哪些增值税涉税风险？这些税收风险会给纳税人带来多严重的后果？税务检查人员、税务师和企业税务管理人员应从哪些方面了解和发现纳税人存在的与税法规定不符的纳税申报和会计处理问题？下面的学习将为我们解开上述疑问，并帮助我们及时纠正财税处理中的错误、最大限度地弥补错误带来的损失，圆满完成纳税检查的基本任务，树立诚信经营、依法纳税的新时代企业价值观和经营理念。

任务一　纳税人和扣缴义务人的检查

一、纳税人的检查

增值税的纳税人，是指在我国境内销售货物或者提供加工、修理修配劳务，销售服务、无形资产、不动产以及进口货物的单位和个人。上述单位包括企业、行政单位、事业单位、军事单位、社会团体和其他组织。上述"个人"是指个体工商户和其他个人。

增值税的纳税人分为一般纳税人和小规模纳税人。增值税小规模纳税人标准为年应征增值税销售额500万元及以下。年应税销售额超过小规模纳税人标准的非企业性单位，不经常发生应税行为的单位、企业和个体工商户，可选择按小规模纳税人纳税，但应当向主管税务机关提交书面说明。

（一）常见涉税风险

1.符合一般纳税人的条件但不办理一般纳税人的登记手续或不符合一般纳税人条件按一般纳税人申报纳税；

2.承租或承包的企业、单位和个人，不按规定办理有关税务手续，以出租人或发包人的名义进行经营，逃避纳税义务；

3.年应税销售额超过小规模纳税人标准的单位错误选择按小规模纳税人申报，或者未按规定履行选择按小规模纳税人纳税的手续而按小规模纳税人纳税。

（二）主要检查方法

1.对一般纳税人与小规模纳税人界限的检查

（1）核实纳税人年应税销售额，确定纳税人身份

据以判断纳税人身份的年销售额是指纳税人在连续不超过12个月或四个季度的经营期内累计应征增值税销售额，包括：纳税申报销售额（指纳税人自行申报的全部应征增值税销售额，其中包括税务机关代开发票销售额和免税销售额）、检查查补销售额和纳税评估调整销售额（计入查补税款申报当月或当季的销售额，不计入税款所属期销售额）；销

售服务、无形资产或者不动产有扣除项目的纳税人，其应税行为年应税销售额按未扣除之前的销售额计算；增值税小规模纳税人偶然发生的转让不动产的销售额，不计入应税行为年应税销售额。

对在本地电子税务局税务登记信息为小规模纳税人的，通过审查纳税人利润表、增值税纳税申报表、现金流量表等资料，并通过了解纳税人材料消耗、水电消耗、工资费用等，核实纳税人的实际应税销售额，进而查实企业或个体工商户是否存在符合一般纳税人条件但未履行一般纳税人登记手续的情况；对销售额超过小规模纳税人标准，但不办理一般纳税人登记手续的纳税人，应重点核查其是否按销售额依照增值税税率计算申报应纳税额。

（2）审核一般纳税人会计核算健全程度

重点核实不能够按照国家统一的会计制度规定设置账簿，不能根据合法、有效凭证准确核算进项税额、销项税额的纳税人是否登记为一般纳税人。对登记为一般纳税人的，要求其销售额依照增值税税率计算应纳税额，不得抵扣进项税额。

【学思践悟】为了进一步支持小微企业和个体工商户发展，截至2027年12月31日，对月销售额10万元以下（含本数）的增值税小规模纳税人，免征增值税。增值税小规模纳税人适用3%征收率的应税销售收入，减按1%征收率征收增值税。由于小规模纳税人享有此项税收优惠政策，所以其增值税税收负担会大幅低于增值税一般纳税人。小微企业不惧风雨、守正创新，敏锐感知经济趋势，是引领经济向好最具创造力的生力军，从不起眼的"小不点"到担大任的"大块头"指日可待。待到具备增值税一般纳税人资格条件时，应积极主动办理增值税一般纳税人登记，按照增值税一般纳税人的管理制度履行纳税义务，只有完善财务核算制度，建设合规经营体系，坚守法治企业理念才是企业发展壮大的正道。

2.对承包、承租、挂靠经营行为纳税人确定的检查

按税法规定，单位以承包、承租、挂靠方式经营的，承包人、承租人、挂靠人（以下称承包人）以发包人、出租人、被挂靠人（以下称发包人）名义对外经营并由发包人承担相关法律责任的，以该发包人为纳税人；否则，以承包人为纳税人。纳税人及检查重点依据法律责任承担人来确定，可以从以下三个方面考量：

（1）根据双方签订的合同或协议加以判断

通过审核发包人与承包人签订的合同或协议中规定的权利与义务等条款，确定纳税人。

（2）通过对承包人完成工作的独立性加以判断

审核承包人是否有独立的生产经营权、财务上是否独立核算、是否定期向发包人上缴租金或承包费，凡符合上述条件的承包人为增值税法定纳税义务人。

（3）通过检查发包人财务核算情况加以判断

检查发包人"其他应收款""其他应付款""其他业务收入""营业外收入""销售费用""管理费用""财务费用"等账户，审核其在发包、出租过程中是否仅取得承包费和租金收入，是否以发包、出租之名取得货物销售或应税劳务收入，逃避纳税义务。

3.年应税销售额超过规定标准的，是否可以选择按小规模纳税人管理的检查

根据《中华人民共和国增值税暂行条例实施细则》第二十九条规定，非企业性单位、不经常发生应税行为的企业可选择按小规模纳税人纳税；根据《财政部 国家税务总局关于全面推开营业税改征增值税试点的通知》（财税〔2016〕36号）附件1《营业税改征增值税试点实施办法》第三条规定，年应税销售额超过规定标准但不经常发生应税行为的单位和个体工商户可选择按照小规模纳税人纳税。事业单位、国家机关、社会团体年应税销售额超过小规模纳税人标准时，可以选择按小规模纳税人纳税。民营学校、医院等单位年应税销售额超过小规模纳税人标准、不经常发生应税行为时，也可以选择按小规模纳税人纳税，但是，应当向主管税务机关提交书面说明。

【特别提示】《中华人民共和国税收征收管理法实施细则》第四十九条第一款规定，承包人或者承租人有独立的生产经营权，在财务上独立核算，并定期向发包人或者出租人上缴承包费或者租金的，承包人或者承租人应当就其生产、经营收入和所得纳税，并接受税务管理。《中华人民共和国增值税暂行条例实施细则》第十条规定，单位租赁或者承包给其他单位或者个人经营的，以承租人或者承包人为纳税人。《中华人民共和国税收征收管理法实施细则》第四十九条第二款规定，发包人或者出租人应当自发包或者出租之日起30日内将承包人或者承租人的有关情况向主管税务机关报告。发包人或者出租人不报告的，发包人或者出租人与承包人或者承租人承担纳税连带责任。

《税务登记管理办法》第八条第（四）项规定，有独立的生产经营权、在财务上独立核算并定期向发包人或者出租人上交承包费或租金的承包承租人，应当自承包承租合同签订之日起30日内，向其承包承租业务发生地税务机关申报办理税务登记，税务机关发放临时税务登记证及副本。

【案例2-1】2024年8月10日，甲公司经公证与乙公司签订承包经营合同。合同载明：甲公司承包给乙公司生产经营，乙公司就其生产经营情况记账，按期上交承包费；乙公司以甲公司名义对外经营，由乙公司承担相关法律责任。甲公司在此前欠供电局大额电费，乙公司为了尽快开展经营活动，支付了甲公司所欠电费款，金额603 259.88元，税额78 423.78元。考虑到用电单位是甲公司，乙公司支付该欠费后供电局将增值税专用发票开给了甲公司，甲公司据此入账，乙公司账务上未反映支付电费的记录及相应的进项税额。

在本案例中，乙公司以甲公司名义对外经营但由乙公司承担相关法律责任，因此应确认乙公司为有关经营业务的纳税主体。

稽查部门认为，甲公司自供电局取得的电费增值税专用发票进项税额不能抵扣，因为乙公司是法律意义上的纳税主体，不能用非纳税主体的进项税额抵扣纳税主体的销项税额。复议部门也认同此观点。

【特别提示】建筑企业与发包方签订建筑合同后，以内部授权或者三方协议等方式，授权集团内其他纳税人（以下称第三方）为发包方提供建筑服务，并由第三方直接与发包方结算工程款的，由第三方缴纳增值税并向发包方开具增值税发票，与发包方签订建筑合同的建筑企业不缴纳增值税。发包方可凭实际提供建筑服务的纳税人开具的增值税专用发票抵扣进项税额。此时相关各方应具备的形式要件有：一是建筑企业与发包方，签订了建筑合同；二是建筑企业、发包方与第三方，有内部授权或者第三方协议；三是建筑企业与第三方，同属集团内纳税人。

二、扣缴义务人的检查

中华人民共和国境外单位或者个人在境内发生应税行为，在境内未设有经营机构的，以购买方为增值税扣缴义务人。财政部和国家税务总局另有规定的除外。

（一）常见涉税风险

发生扣缴义务时，扣缴义务人未按规定履行代扣代缴义务。

（二）主要检查方法

1.从国家外汇管理局取得境内企事业单位及个人对外支付外汇的信息，审阅相关合同或协议，核实收款的境外单位或个人是否存在应税行为，核查境内企事业单位或个人是否履行了按规定扣缴增值税的义务。

2.检查企业"管理费用""销售费用""无形资产""其他业务成本"等账户，查看是否存在支付境外单位无形资产价款、使用费、广告费、设计费等增值税应税劳务或服务的情形。当上述账户借方发生额与"银行存款"账户贷方发生额一致时，说明企业未代扣代缴增值税，应选择在以后支付款项时代扣代缴增值税。

3.增值税及附加税费申报表附列资料（二）中纳税人凭代扣代缴税收缴款凭证抵扣进项税额的，是否具备书面合同、付款证明和境外单位的对账单或者发票。资料不全的，其进项税额不得从销项税额中抵扣。

【案例2-2】甲公司"管理费用"账户核算境外A公司管理软件服务费74 200元，A公司在境内并无代理人，甲公司实际支付74 200元。账务处理如下：

借：管理费用　　　　　　　　　　　　　　　　　　　　　　　　74 200

　　贷：银行存款　　　　　　　　　　　　　　　　　　　　　　　　74 200

经查，软件服务费是支付给A公司的，甲公司应代扣代缴增值税。通过协商，A公司负担相应税费。

计算应代扣税款 = 74 200 ÷ (1 + 6%) × 6% = 4 200（元），并作如下账务处理：

借：应收账款　　　　　　　　　　　　　　　　　　　　　　　　4 200

　　贷：应交税费——代扣代交增值税　　　　　　　　　　　　　　　　4 200

从税务机关取得代扣代缴税收缴款凭证后，再作如下账务处理：

借：应交税费——应交增值税（进项税额）　　　　　　　　　　　　4 200

　　贷：管理费用　　　　　　　　　　　　　　　　　　　　　　　　4 200

任务二　征税范围和适用税率的检查

一、视同销售行为的检查

增值税的视同销售行为包括货物的视同销售行为，以及服务、无形资产、不动产的视同销售行为。会计与税法规定的视同销售行为的处理办法不尽相同，其差异的具体内容可参见表2-1。

表2-1   增值税视同销售行为与会计收入确认差别分析

视同销售行为	增值税处理	会计处理
将货物交付他人代销	收到代销清单或者货款时计算增值税；否则在发出货物满180天时，计算增值税	收到代销清单或者货款时核算收入
销售代销货物	货物销售时，计算增值税	取得货款时仅核算佣金收入，不核算商品销售收入
设有两个以上机构并实行统一核算的纳税人，将货物从一个机构移送到其他机构用于销售，但相关机构设在同一县（市）的除外	移送时计算增值税	不核算收入
将自产或委托加工的货物用于集体福利	移送时计算增值税	不核算收入
将自产或委托加工的货物用于个人消费	移送时计算增值税	核算收入
将自产或委托加工的货物用于非应税项目	移送时计算增值税	不核算收入
将自产、委托加工或购进的货物投资给他人	移送时计算增值税	核算收入
将自产、委托加工或购进的货物分配给股东或投资者	移送时计算增值税	核算收入
将自产、委托加工或购进的货物无偿赠送给其他单位或个人	移送时计算增值税	核算收入
单位或者个体工商户向其他单位或者个人无偿提供服务，但用于公益事业或者以社会公众为对象的除外	服务完成时计算增值税	核算收入
单位或者个人向其他单位或者个人无偿转让无形资产或者不动产，但用于公益事业或者以社会公众为对象的除外	所有权转移时计算增值税	核算收入

（一）常见涉税风险

1.纳税人存在视同销售行为但没有计算和申报增值税；

2.纳税人无偿将资产交付其他单位和个人使用、无偿转让不动产和无形资产所有权，没有计算和申报增值税；

3.纳税人对视同销售行为判断不准确，误将货物买一送一赠送的货物申报纳税，误将不动产租赁的免租期当作视同销售行为申报增值税。

微课

视同销售行为
的检查

（二）主要检查方法

1.查看企业增值税纳税申报表和当期利润表

比较增值税销售额和利润表营业收入，两者相等说明企业不存在视同销售行为或者并未就视同销售行为计算申报增值税。

2.了解企业经营范围、经营模式

看其是否存在委托代销货物或销售代销货物的行为，是否存在跨县市的分支机构间移送货物的行为。

3.检查"库存商品""委托加工物资"账户的贷方发生额的对应账户关系

如果对应账户不是"主营业务成本""生产成本"等账户，而是"应付账款""应付利润""固定资产""原材料""应付职工薪酬""长期股权投资""营业外支出"等账户，有可能企业存在将货物用于抵债、分发股息、换取其他物资、发放给员工、对外投资、对外赠送等，根据货物品种和企业经营范围判断货物的来源是自产、委托加工还是外购，判断纳税人是否存在视同销售行为，检查该行为是否核算并申报增值税。

4.核对视同销售行为的税金计算是否正确

检查企业发生视同销售行为所附的商品出库单或者存货领料单，了解领用货物的数量和单价，并将金额与"应交税费——应交增值税（销项税额）"账户贷方发生额核对，如果两者之间的比例关系与货物税率相同，则说明增值税销项税额计算未按同类货物平均销售价格计算，需要了解货物售价，计算补缴的增值税税额。

5.检查自用商品的领用时间，是否存在人为延期作账的情况

如果纳税人出库单记载时间与记账凭证时间不一致，就可能存在推迟核算应纳税额的情况。

6.查看房屋、建筑物类固定资产使用情况

了解是否有闲置房屋无偿出借，核实租借房屋的是否是本单位职工，如果是本单位职工之外的单位或个人，则核实其是否缴纳增值税。

【案例2-3】 某市税务稽查局检查A家具厂上年的增值税纳税情况时，发现有关"库存商品"的账务处理如下：

（1）借：长期股权投资　　　　　　　　　　　　　　　　　1 200 000

　　　　贷：库存商品　　　　　　　　　　　　　　　　　　　　　1 200 000

经查所附出库单和投资协议，了解到是A家具厂将自产红木家具一批，投资给某商贸企业，双方确认的价格是1 200 000元，这批家具的成本是900 000元。

（2）借：固定资产　　　　　　　　　　　　　　　　　　　230 000

　　　　贷：库存商品　　　　　　　　　　　　　　　　　　　　　230 000

经查所附出库单，了解到是A家具厂把成本230 000元的家具拨给厂部办公室使用。

（3）借：营业外支出　　　　　　　　　　　　　　　　　　10 000

　　　　贷：库存商品　　　　　　　　　　　　　　　　　　　　　10 000

经查所附出库单，了解到是A家具厂将成本10 000元的特制家具，赠送当地福利院。

根据上述发现的问题，检查人员与企业财务人员沟通后确认如下：

业务（1），按增值税有关规定，属于视同销售行为，应计算缴纳增值税，A家具厂补税处理并作调整分录如下：

借：库存商品   300 000
　　长期股权投资   156 000
　　贷：以前年度损益调整   300 000
　　　　应交税费——增值税检查调整   156 000

业务（2），按增值税税收法规规定，不属于视同销售行为，不需要缴纳增值税，会计处理正确。

业务（3），按增值税有关规定，属于视同销售行为，由于没有同类货物价格，A家具厂应按照组成计税价格计算补缴增值税额。

组成计税价格 = $10\,000 \times (1 + 10\%) = 11\,000$（元）

补缴增值税 = $11\,000 \times 13\% = 1\,430$（元）

调整分录如下：

借：以前年度损益调整   1 430
　　贷：应交税费——增值税检查调整   1 430

【案例2-4】某市A酒店为一般纳税人，主要经营范围包括餐饮、住宿等，企业所得税为查账征收。税务机关在税务检查中发现，该酒店2024年8月"管理费用——其他"账户的80 000元存在疑点，后查看对应账户是"原材料"。经询问得知，该笔管理费用是A酒店总经理在自家酒店接待客人用餐的费用，财务人员按内部费用进行了账务处理。检查人员立即指出，在自家酒店招待客人属于视同销售行为，责成A酒店补缴增值税4 800元。

【学思践悟】会计工作既要通过真实记录经济实体的财务状况、经营成果和现金流量的信息，为投资人和经营管理者提供有用的会计信息，帮助决策者作出明智的决策，又要帮助企业规范经济活动，确保经济业务的合法性和合规性，为企业在竞争激烈的市场环境中树立良好的形象。会计人员必须牢固树立诚信理念，以诚立身、以信立业、守正创新，要自觉抵制会计造假行为，维护国家财经纪律和经济秩序。

二、兼营行为的检查

纳税人销售货物或提供加工、修理修配劳务，销售服务、无形资产或者不动产适用不同税率或者征收率的，应当分别核算适用不同税率或者征收率的销售额，分别适用税率或者征收率。未分别核算销售额的，按照以下方法确定适用税率或者征收率：

1.兼有不同税率的销售货物或提供加工、修理修配劳务，销售服务、无形资产或者不动产，从高适用税率；

2.兼有不同征收率的销售货物或提供加工、修理修配劳务，销售服务、无形资产或者不动产，从高适用征收率；

3.兼有不同税率和征收率的销售货物或提供加工、修理修配劳务，销售服务、无形资产或者不动产，从高适用税率。

（一）常见涉税风险

1.纳税人存在多种经营业务时，由于会计核算不准确，导致增值税计算错误，或者多交税给企业造成损失。

2.将高税率货物或服务的销售额错误地计入低税率货物或服务的销售额，少缴税款。

3.部分业务因税法允许而选择了简易计税方法的纳税人，收入核算时有意多计简易核算项目收入，少计一般计税项目收入，降低整体税负。

4.纳税人兼营简易计税项目，未对无法划分用途的购进项目作进项税额转出处理。

（二）主要检查方法

1.纵向对比纳税人不同时期的增值税纳税申报表，分析不同税率销售额、简易计税销售额、免税销售额的变动情况，结合企业的整体经营战略调整的实际，审查企业低税率销售额变动率、免税销售额变动率、简易计税项目销售额变动率以及低税率销售额、免税销售额、简易计税销售额占总销售额的比重是否存在异常，初步判断纳税人是否存在错用低税率的可能。

2.了解纳税人不同税率货物的销售成本情况，查看不同税率货物的销售成本变动是否与销售收入变动趋势一致。

3.审查企业其他业务收入变动趋势和其他业务成本变动趋势，了解企业是否存在将货物销售收入计入服务销售收入，错误适用税率，少缴税款的问题。

【做中学 2-1】某综合超市为一般纳税人，2024年8月销售一般商品取得收入90 000元，销售大米、食用油取得收入30 000元，销售鲜活肉蛋取得收入15 000元，取得停车服务收入8 000元，上述收入均来自超市销售收入明细分类账，均不含增值税。超市日常开具销售小票，大部分客户都没有换取增值税发票，当月超市申报的增值税销项税额为10 800元，简易计税应纳税额为400元。

请问：如果你是超市税务管理人员，你能找出上述申报的问题吗？

解析：根据增值税相关规定，一般商品销售适用税率13%，大米、食用油适用税率9%，鲜活肉蛋产品免税，停车费可以按简易计税办法适用5%征收率。

企业当期销项税额 = 90 000 × 13% + 30 000 × 9% = 14 400（元），简易计税应纳税额
= 8 000 × 5% = 400（元），纳税人少报销项税额3 600元。

三、混合销售行为的检查

一项销售行为如果既涉及货物又涉及服务，为混合销售行为。从事货物的生产、批发或者零售的单位和个体工商户的混合销售行为，按照销售货物缴纳增值税；其他单位和个体工商户的混合销售行为，按照销售服务缴纳增值税。

纳税人销售活动板房、机器设备、钢结构件等自产货物的同时提供建筑、安装服务，不属于混合销售行为，应分别核算货物和建筑服务的销售额，分别适用不同的税率或者征收率。

一般纳税人销售自产机器设备的同时提供安装服务，应分别核算机器设备和安装服务的销售额，安装服务可以按照甲供工程选择适用简易计税方法计税。

一般纳税人销售外购机器设备的同时提供安装服务，如果已经按照兼营的有关规定，分别核算机器设备和安装服务的销售额，安装服务可以按照甲供工程选择适用简易计税方法计税。纳税人对安装运行后的电梯提供的维护保养服务，按照"其他现代服务"缴纳增值税。

（一）常见涉税风险

纳税人混合销售行为缴纳增值税归类错误，多缴或者少缴增值税。

（二）主要检查方法

1.了解纳税人的经营范围，查看前期增值税纳税申报表，了解实际经营业务是以货物销售为主还是以服务销售为主，进而判断其混合销售行为是按照销售货物还是按照销售服务缴纳的增值税。

2.查看企业发生混合销售行为的合同、协议，了解纳税人混合销售活动涉及的货物、服务类型，以及货物、服务的金额，根据合同判断既有服务也有货物销售的行为是兼营行为还是混合销售行为。在同一合同中的行为属于混合销售行为，在不同合同中的行为属于兼营行为。

3.对纳税人发生销售机器设备、自产活动板房、钢结构件并负责安装、建筑的行为，了解纳税人是否分别核算货物和服务的销售额，如果分别核算，不根据主营业务选择税率。

【案例2-5】税务代理机构审查某电梯生产企业增值税纳税申报表，发现企业适用税率计税销售额包括应税货物销售额和应税劳务销售额两个部分。通过抽查其销售合同，发现2023年10月，该电梯生产企业承揽了某大型商场的电梯项目工程，双方签订的合同显示，电梯不含增值税价款总额为345万元，安装费不含税价为23万元，电梯安装后1年内免费维护保养。免费服务期结束后，维护保养收费标准为8 000元/月，修理费根据实际情况协商。

为减少被代理人的税收风险，税务代理机构给出如下建议：（1）纳税人的安装费可以单独按照建筑服务计算缴纳增值税，也可以选择简易计税方法计算缴纳增值税；（2）维护保养费按照"其他现代服务"纳税，适用6%税率；（3）修理费按照修理劳务纳税，适用13%税率；（4）建议该电梯生产企业规范相关业务会计核算，避免被一律适用高税率的税收风险。

四、容易混淆的征税项目及其适用税率的检查

微课

容易混淆的征税项目及适用税率的检查

增值税征税范围广，包括在我国境内销售货物、进口货物、提供修理修配劳务、销售服务、转让无形资产和销售不动产等经营活动。如果纳税人在对容易混淆的经营活动选择应税项目时发生错误，则会导致纳税人适用税率、享受减免税优惠错误，也会导致纳税人在选择全额还是差额计税销售额时发生偏差，还会对纳税人是否有权选择简易计税方法产生影响。无论发生哪种情况，都可能会导致纳税人多交或者少交税款，加大涉税风险。

（一）常见涉税风险

在适用税率方面，纳税人极易混淆一般货物销售与低税率货物销售，导致"高税低报"或"低税高报"。常见涉税风险包括：

1.对初级农产品认识不明晰，错用税率

适用9%低税率的农产品是指种植业、养殖业、林业、牧业、水产业生产的各种植物、动物的初级农产品。

经碾磨、脱壳等工艺加工后的粮食（如面粉，米，玉米面、渣等）、切面、饺子皮、馄饨皮、面皮、米粉等粮食复制品，可以作为农产品，适用低税率；以粮食为原料加工的速冻食品、方便面、挂面、副食品和各种熟食品，不在初级农产品范畴，不能适用低税率。

经晾晒、冷藏、冷冻、包装、脱水等工序加工的蔬菜，腌菜、咸菜、酱菜和盐渍蔬菜等，属于低税率货物，也可以享受批发、零售环节免征增值税的优惠，但各种蔬菜罐头不属于低税率货物。毛茶属于低税率货物，但是，精制茶、边销茶及掺兑各种药物的茶和茶饮料，不属于低税率货物。各种水果罐头，果脯，蜜饯，炒制的果仁、坚果，碾磨后的园艺植物（如胡椒粉、花椒粉等），不属于低税率货物。中药饮片，属于低税率货物；中成药不属于低税率货物。锯材、竹笋罐头、熟制的水产品和各类水产品的罐头、各种肉类罐头、肉类熟制品、各种蛋类的罐头、用鲜奶加工的各种奶制品以及经过加工的蜂蜜不属于低税率货物。

2. 未能正确划分农机与一般机械，错用税率

适用9%低税率的农机是指用于农业生产（包括林业、牧业、副业、渔业）的各种机器和机械化、半机械化农具，以及小农具。以农副产品为原料加工工业产品的机械、农用汽车、机动渔船、森林砍伐机械、集材机械和农机零部件不属于低税率货物。

3. 修理劳务与建筑服务划分不正确，错用税率

修理劳务与建筑服务的主要区别在于维修的对象不同，修理劳务的维修对象是有形动产，建筑服务中修缮服务的维修对象是不动产及其附属设施。

4. 混淆有形动产租赁与其他应税服务项目，错用税率

各种机器设备出租并配备操作人员，应该按照特定服务项目征税。例如，出租施工机械并配备操作人员按"建筑服务"适用税率申报纳税；出租飞机、轮船、车辆等并配备操作人员，完成一段时期或者一段距离的运输服务，按照"交通运输服务"适用税率申报纳税；远洋运输企业的程租、期租，航空运输企业的湿租，按"交通运输服务"适用税率申报纳税。对不配备操作人员，仅是出租各类机器设备的，按照"现代服务"中的"有形动产租赁服务"纳税，适用13%申报纳税。

5. 混淆交通运输与其他服务项目，错用税率

纳税人在游览场所经营的索道、缆车、摆渡车、游船等按照"生活服务"—"文化体育服务"纳税，税率6%；在其他地方经营上述交通工具按照"交通运输服务"纳税，税率9%。无运输工具承运业务，按照"交通运输服务"缴纳增值税，税率9%。货物运输代理服务按照"经纪代理服务"缴纳增值税，税率6%。

【特别提示】无运输工具承运业务，是指经营者以承运人身份与托运人签订运输服务合同，收取运费并承担承运人责任，然后委托实际承运人完成运输服务的经营活动。货物运输代理服务是指接受货物收货人、发货人、船舶所有人、船舶承租人或者船舶经营人的委托，以委托人的名义，为委托人办理货物运输、装卸、仓储和船舶进出港口、引航、靠泊等相关手续的业务活动。

6. 混淆不动产租赁与其他应税服务，错用税率

纳税人以长（短）租形式出租酒店式公寓并提供配套服务的，按照"住宿服务"缴纳增值税，适用税率6%。宾馆、旅馆、旅社、度假村和其他经营性住宿场所提供会议场地及配套服务的，按照"会议展览服务"缴纳增值税，适用税率6%。不动产的所有者或实际控制者提供场地使用权并且承担保管责任的，适用税率6%；适用简易计税方法时征收率为3%。

（二）主要检查方法

1.对申报适用农产品低税率的检查

检查食品生产企业时首先要了解其经营范围，确定其是否有农产品销售业务；其次要深入实地察看，熟悉其生产产品的特点，检查企业是否准确选择应税品目。检查企业在开具发票时是否认真选择税收分类编码，对不开具发票的销售行为，要查看其增值税纳税申报表上销售额所在行次。

【特别提示】纳税人在自审自查中，应比照税法规定，从自身经营农产品的形态、生熟、经过的加工环节等方面加以判断，进而选择正确的适用税率。

2.对农业机械销售适用税率的检查

税务稽查部门对农业机械经营企业进行税务检查时，要通过调查、询问、实地察看等方法，了解其产品类型，各类型产品生产规模，确定其销售机械是否属于农业机械的范围，并与增值税纳税申报资料对应检查，纠正纳税人错选应税品目的行为。

从事农业机械生产销售的纳税人在自审自查中，可从机械的用途、完整程度、性能等方面加以区分，选择正确的适用税率。

3.对机器设备出租行为适用税率的检查

通过审查租赁合同，税务稽查部门从合同内容、合同双方约定的法律责任、双方结转的款项金额大小、企业经营方式等资料，判断纳税人租赁业务适用的税率，对照增值税纳税申报资料，确定纳税人是否存在错选应税品目、税率的情况。

4.对混淆交通运输和其他服务，错用税率的检查

从索道、缆车、摆渡车、游船的使用地点、用途、承载标的等判断属于"生活服务"还是"交通运输服务"；从合同内容、法律责任判断纳税人提供的中间业务是"交通运输服务"还是"经纪代理服务"。

5.对修理业务适用税率的检查

对纳税人业务范围、服务对象、支出明细等资料加以分析，如纳税人经营范围为汽车修理、家电维修，其提供的劳务基本应定性为修理，适用13%税率进行纳税申报。如果检查发现纳税人修理支出多为建筑材料，则可初步判断纳税人收入属于"建筑服务"范围，应适用9%的税率进行纳税申报。

6.从事房屋租赁的纳税人适用税率的检查

对从事房屋租赁的纳税人，从服务范围、职责范围、法律责任等方面加以判断。如果纳税人在提供房屋使用权时没有提供配套服务，则其经营活动应该按照"现代服务"——"经营租赁服务"纳税，适用9%的税率；否则，应考虑按照"现代服务"——"会议展览服务"和"生活服务"——"住宿服务"或是按照"现代服务"——"仓储服务"纳税。

【特别提示】对于能选择简易计税方法的一般纳税人来说，要与进项税额的抵扣结合分析、综合考虑，确定是否要放弃抵扣增值税进项税额而选择简易计税方法，适用征收率计税。

【案例2-6】2024年8月，小王新入职某汽运有限公司，发现公司填报的7月份的增值税及附加税费申报表附列资料（一）中第2行13%税率的"服务、不动产和无形资产"金额为 250 000 元，第 4 行 9% 税率的"服务、不动产和无形资产"的金额为 320 000 元，"简易计税销售额"没有数据。经询问得知：公司申报的适用 13% 税率的 250 000 元收入为汽车租赁收入；适用 9% 税率的 320 000 元收入为交通运输收入。

小王在入职前对公司作了比较详细的了解，知道公司主要从事长途客运，有部分车辆会出租给旅行社使用，公司的长途客运可以选择简易计税方法。公司在出租车辆时会不会安排了本公司的司机提供驾驶服务呢？带着这个问题，小王仔细翻阅了公司与旅行社签订的租赁协议，并从车辆调度部门了解了出租车辆的具体情形。他发现大多数旅行社不具备自驾的条件，是由公司提供驾驶服务的。经核实，仅 7 月份包含驾驶服务的租赁服务收入就占到租赁总收入的 70%。

小王鼓足勇气提出，由公司安排司机取得的租赁收入应适用 9% 的税率，按"交通运输服务"申报。公司采纳了小王的建议，更正了 7 月份的增值税纳税申报，节税 7 000 元。

小王备受鼓舞，决定继续钻研业务，对公司购进货物、劳务、服务过程中的进项税额情况进行广泛调研、分析，根据不同时期的数据样本将长途客运选择简易计税方法与一般计税方法的税负进行对比，确定选择哪种计税方法使企业税负更低。

任务三　销项税额的检查

销项税额是指纳税人发生应税行为按照销售额和增值税税率计算并收取的增值税税额。其计算公式如下：

当期销项税额 = 当期不含增值税销售额 × 增值税适用税率

销项税额检查的重点是当期销售额，存在的主要问题是隐瞒收入。想知道纳税人是否少计收入，首先要了解纳税人的生产经营性质、销售渠道、销售方式，以及购买方的生产经营性质、经营的产品类型或服务类型等。

依据《财政部 国家税务总局关于全面推开营业税改征增值税试点的通知》（财税〔2016〕36 号）附件 1《营业税改征增值税试点实施办法》第四十五条规定，增值税纳税义务、扣缴义务发生时间是纳税人发生应税行为并收讫销售款项或者取得索取销售款项凭据的当天；先开具发票的，为开具发票的当天。

在以全面数字化的电子发票为核心的"金税四期"系统管理框架下，纳税人登录电子发票服务平台后，可进行发票开具（数电票、纸质专票和纸质普票）、交付、查验及用途勾选等系列操作，通过"一户式""一人式"发票数据归集，做到各税费数据联动，基本实现"一表集成"式税费申报预填功能。

可见，不论是一般纳税人还是小规模纳税人，隐匿收入的前提是不开具增值税发票。

一、纳税义务发生时间的检查

增值税纳税人销售货物或者提供加工、修理修配劳务，纳税义务发生时间为收讫销售款项或者取得销售款项凭据的当天；纳税人销售服务、无形资产、不动产的，纳税义务发生时间为收讫销售款项或者取得销售款项凭据的当天。收讫销售款项，是指纳税人在应税行为发生过程中或者完成后收到款项；取得销售款项凭据的当天，是指书面合同确定的付款日期。未签订书面合同或者书面合同未确定付款日期的，为服务、无形资产转让完成的当天或者不动产权属变更的当天。

纳税人在销售过程中，采用不同结算方式的，纳税义务发生时间的确定各有规定，增值税销售额确认时间具体内容见表2-2。

表2-2　　　　　　　　　　　　　销售额确认时间

应税范围		销售额确认时间	备注
销售货物	直接收款方式	收到销售款或者取得销售款凭据的当天	
	托收承付和委托银行收款方式	发出货物并办妥托收手续的当天	
	赊销和分期收款方式	书面合同约定的收款日期的当天	无书面合同或者书面合同没有约定收款期，为货物发出的当天
	预收货款方式	货物发出的当天	生产工期超过12个月的货物，为收到预收款或者书面合同约定的收款日期的当天
	委托代销方式	收到代销清单或者收到全部或部分货款的当天	未收到代销清单及货款的，为发出代销货物满180天的当天
提供应税劳务		提供劳务同时收讫销售款或者取得索取销售款凭据的当天	
视同销售货物		货物移送的当天	
进口货物		报关进口的当天	
销售服务、无形资产、不动产		收到销售款或者取得销售款凭据的当天	
提供租赁服务		采取预收款方式的，为收到预收款的当天	
从事金融商品转让		金融商品所有权转移的当天	

（一）常见涉税风险

1.采用托收承付结算方式销售时，为调减当期销售收入或利润，延期办理托收手续。

2.采用赊销和分期收款方式销售时，不按合同约定收款日期确定销售额申报纳税，而是按实际收到货款日期申报纳税。未签订合同的，按开票日期确认销售额而不按发货日期确认销售额；合同未全部履行时提前开票不确认销售额。

3.采用交款提货或预收货款方式销售时，在货款已收到、提货单和发票已交给买方，但买方尚未提货情况下，不作销售收入处理。

4.采用代销商品方式销售时，不及时与受托方结算，人为调节或推迟当期应交税费。

5.销售服务（除租赁服务外）取得预收款时，即确认应税销售额，计算销项税额。

6.应税服务已经提供，未签订书面合同或者书面合同并未规定付款期限，因没有收到服务费而不确认应税销售额。

7.销售不动产合同已经签订，收到部分或者全部不动产销售价款，但是，不动产所有权转移手续并未办理，不动产也未交付购买方使用，企业或者根据收到的款项计算了增值税销项税额或者应纳税额，或者没有向不动产所在地税务机关申报预缴增值税税款。

8.税法规定的纳税义务发生时间与按企业会计准则确认的销售收入不一致的，没有按税法调整结转增值税销项税额。

（二）主要检查方法

1.检查"主营业务收入"明细分类账。根据摘要内容和凭证字号，调阅有关记账凭证和原始凭证，将销货发票、出库单等单据上记载的发出商品的时间等内容，与"主营业务收入"明细分类账及增值税纳税申报表的相关记录进行比较分析，确定纳税人是否存在推迟结转销售额及销项税额行为。

2.审查所附的发货证明、收货证明，确认货物发出日期；审查所附的托收回单、委托凭证等凭据，确定其收款时间，判断纳税人是否延期办理托收手续，入账时间是否正确，是否存在不及时结转销售的问题。

3.询问有关业务人员和仓库保管人员、出纳人员，确定发货日期、合同约定的结算方式、款项结转情况等，核对有关凭证，检查纳税人是否存在推迟纳税情况。

4.检查仓库实物账，与货物出运凭证核对，确认货物的出库和出运时间，判断是否存在滞后入账的问题。

5.检查企业"发出商品"账户，根据所附原始凭证，了解是否为发出委托代销商品，并了解发出商品的具体时间，判断发出商品是否满180天，确认是否需要补缴增值税。

6.了解企业是否存在利用会员卡、储值卡（单用途卡）等方式吸引客户，根据客户充值额度给予不同折扣的促销行为。审查企业"预收账款"账户和企业日常经营台账，看企业是否存在预收账款长期挂账、不及时结转收入的问题。

7.了解企业是否存在资产出租行为，尤其是闲置不动产出租，查看租赁合同中约定的租金收取方式，确定纳税人收到的租金是否及时计算增值税应纳税额。

8.对房地产开发企业期房销售，还要审查其商品销售合同签订情况，通过销售合同了解预收款收取情况，并审核预收款是否及时向税务机关预缴增值税税款；了解企业期房交付使用的情况，审查企业预收款转为销售收入的同时，是否准确核算了增值税销项税额。

9.将纳税人当期增值税及附加税费申报表中的销售额与当期销售账簿中的销售额合计数比对。如果两者相等，则说明纳税人按账面销售收入全额申报纳税，可能对会计与税法在确认收入时间方面的差异未作相应调整；如果两者不相等，需要进一步检查核实，是少报或多报销售额造成的，还是就会计与税法在确认收入时点的差异进行调整所致。

10.将销售总账中的销售额、销售明细账及销售票据的金额进行核对。如果三者数据相等，则说明会计的核算过程基本正确；如果三者的合计数不相等，则有可能存在有关票据的发生额未及时登记入账的问题。

二、一般销售行为销售额的检查

增值税计税销售额是指纳税人发生应税行为收取的全部价款和价外费用，但不包括收取的销项税额。其中：价外费用是指价外收取的手续费、补贴、基金、集资费、返还利润、奖励费、违约金、滞纳金、延期付款利息、包装费、储备费、优质费、包装物租金、运输装卸费、代垫款项、代收款项及其他各种性质的价外收费。但不包括受托加工应税消费品所代收代缴的消费税、符合条件的代垫运输费用、同时符合规定条件的代为收取的政府性基金或者行政事业性收费、以委托方名义开具发票代委托方收取的款项以及销售货物的同时代办保险等而向购买方收取的保险费、向购买方收取的代购买方缴纳的车辆购置税和车辆牌照费。

纳税人发生应税行为收取的价格明显偏低并无正当理由的，由主管税务机关核定其销售额。

（一）常见涉税风险

1.隐匿销售额

不按规定核算货物销售额，不计提销项税额，主要表现在：只计主要产品收入，不计副产品、联产品、自制半成品或残次品等账外物资的收入；销售货物直接冲减存货成本、期间费用，如冲减"生产成本""库存商品""管理费用""财务费用"等账户；以物易物不按规定确认收入，不计提销项税额；用货物抵偿债务，不按规定确认收入和计提销项税额；将收入直接挂往来账户；账面不作任何记录，收入全额结转账外，资金体外循环；将收入结转至"应付职工薪酬""资本公积"等负债、权益类账户或结转至"营业外收入"账户，逃避纳税义务。

2.收取价外费用不计缴增值税

将向购买方收取的应一并缴纳增值税的各种价外费用，采用不入账、冲减费用、人为分解代垫运费或长期挂往来账户等手段，不计算缴纳增值税。

3.坐支销货款

将收取的销售款项，先支付费用（如购买方的回扣、推销奖、销售费用、委托代销商品的代销手续费用等或用销货款直接进货），再将余款结转收入、申报纳税。

4.通过个人账户进行账外经营

电子账户及新兴支付工具为企业账外经营提供了便利。通过微信、支付宝等电子结算方式收取货物、劳务、服务款项，并将资金转入银行个人账户，隐匿经营收入，少计算缴纳增值税。

（二）主要检查方法

1.隐匿销售额的检查

（1）通过销售额变动分析，发现纳税人少计应税销售额的可能性

按适用税率计税销售额变动率 =（本期销售额 − 基期销售额）÷ 基期销售额 × 100%

销售成本变动率 =（本期销售成本 − 基期销售成本）÷ 基期销售成本 × 100%

如果两个指标变动趋势一致、变动系数≥1，则比较正常；如果两个指标变动趋势不一致、变动系数<1，则说明企业有隐匿收入的可能。

（2）通过税负分析，发现纳税人少计应税销售额的可能性

$$增值税税负 = 当期应纳增值税 ÷ 当期应税销售收入 × 100\%$$

通过纳税人不同时期税负比较，以及与同行业预警税负比较，如果发现纳税人税负有明显降低趋势，或者存在低于预警税负的情况，则说明纳税人有隐匿应税收入的情况。

（3）通过审查"主营业务收入"账户，掌握隐匿收入的证据

① 如果"主营业务收入"账户贷方发生额大于增值税及附加税费申报表中的销售额，则说明纳税人账面结转销售额没有足额进行纳税申报。

② 将"主营业务收入"账户贷方发生额与"库存商品"账户贷方发生额核对，确定企业"库存商品"明细科目的设置与"主营业务收入"明细科目的设置是否一致；"库存商品"账户贷方反映的发货数量与"主营业务收入"账户中所反映的销售数量是否一致。

③ 将"主营业务收入"账户贷方发生额与相应的原始凭证（如发票记账联、收款收据存根联、产成品出库单、产成品提货单、出门证等）进行核对，深入企业进行实地调查，确定企业销售的实际情况。

（4）通过"库存商品"账户的检查发现问题

① 检查"库存商品"单价。若单价不稳定、呈跳跃式变动或较同行业平均成本偏高，则应注意企业是否存在账外产品、账外交易、隐匿收入、逃避缴纳税款的问题。

② 检查"库存商品"账户贷方的数量与结转销售收入数量是否一致。若"库存商品"账户贷方的数量大于结转销售收入的数量，则应进一步查实出库产成品的去向，对漏计销售的，应补计销售收入及增值税销项税额；对属于非正常损失造成的，一律做结转进项税额转出处理。

③ 检查"库存商品"账户贷方的对应账户。若对应的是"主营业务成本"账户则属正常；若对应的是"银行存款""应收账款""库存现金"等账户，则表明企业漏计销售额；若对应的是"待处理财产损溢"账户，则表明企业库存产品可能发生非正常损失。

④ 检查"库存商品"账户余额栏的数量与实际库存数量是否一致。若"库存商品"账户余额栏的数量大于实际库存数量，则表明企业产成品已经发出但尚未结转收入。

（5）通过核查关键成本项，发现隐匿的收入

① 核实与货物生产数量存在"一对一"关系的关键性配件的购进、耗用和结存情况，判断是否与货物的账面生产量一致。如果关键性配件的耗用量大于货物的账面生产量，则纳税人可能存在账外经营、隐匿收入的情况。

② 对运输企业的核查，可以通过油费的支出量推断运输收入的合理性；对娱乐业则可以通过电费的耗用量推断营业收入的合理性。如果检查发现纳税人当月水费、工资中的加班费明显上升，说明当月业务量上升，营业收入应该有所提高。

（6）通过业务部门的记录，找到真实的收入数据

① 餐饮业点菜单至少是一式两联的，前台和厨房各一联。厨师根据点菜单进行配菜、烹调，同时点菜单也是考核厨师工作业绩的证明。根据这个业务流程，将厨房留存的点菜单与编制营业收入日报表的点菜单进行核对，可能发现隐匿营业收入问题。

② 住宿业的客房服务部因服务旅客的要求和内部职工交接班手续的需要，每天要进行旅客住宿登记。将客房服务部的登记表与编制营业收入的日报表进行核对，可能会发现隐匿营业收入问题。另外，将开具给某个旅客的发票与该旅客投宿时填写的登记表进行抽

查核对，可能会发现发票开具与实际住宿费用不符的现象。

（7）利用"滞留票"信息，发现企业的账外经营，

如果纳税人有滞留未抵扣的增值税专用发票和海关增值税专用缴款书，说明企业很有可能"体外循环"隐瞒了销售收入少缴增值税，应进一步核实其产生滞留未抵扣增值税专用发票的原因。

2.价外费用的检查

（1）了解企业所属行业特点和产品市场供求关系，综合分析企业是否有加收价外费用的可能性，同时还要了解行业管理部门是否要求其代收价外费用的情况。

（2）审核销售合同，查阅是否有收取价外费用的约定或协议。

（3）检查往来明细账，重点检查"其他应付款"账户，如果存在长期挂账款项，需要进一步审阅有关原始凭证，核实是否属于价外费用。

（4）检查"其他业务收入""营业外收入"等账户，如果有从购买方收取的价外费用，则应对照"应交税费——应交增值税（销项税额）"账户，核实是否申报纳税。

（5）检查"管理费用""制造费用""销售费用"等账户，如有贷方发生额或借方红字冲减金额，应对照记账凭证，逐笔检查，核实是否属于收取价外费用冲减成本费用、少交税款的情况。

（6）审阅购销合同，并与"其他应收款"账户核对，确认是否存在代垫运费协议，是否同时符合代垫运费的两个条件（一是承运部门的运费发票开具给购买方的，二是纳税人将该项发票转交给购买方的），判断代垫运费业务是否成立，是否存在将销售业务人为分割成货物销售和代垫运费的情况。

【案例2-7】税务师事务所小王在代理某建筑企业增值税纳税申报事项时，发现当年8月如下账务处理（该企业采用年结法核算本年利润）：

（1）借：银行存款　　　　　　　　　　　　　　　　　　　　　120 000
　　　　贷：营业外收入　　　　　　　　　　　　　　　　　　　　　120 000

"摘要"栏注明"提前竣工奖"，后附收据。此收入是收到已完工工程项目的甲方支付的提前竣工奖。

（2）借：银行存款　　　　　　　　　　　　　　　　　　　　　4 500
　　　　贷：营业外收入　　　　　　　　　　　　　　　　　　　　　4 500

"摘要"栏注明"收到延期付款利息"，后付收据。通过查看建筑施工合同，此收入是按照合同约定由于甲方支付工程款超过约定期限而收取的违约金。

小王认为上述账务处理应进行如下调整：

（1）从事建筑服务的纳税人在提供建筑服务过程中收到提前竣工奖、优质工程奖等应作为价外收费计算应交增值税，同时核算到企业的"主营业务收入"账户中。

建议作如下调整分录：

借：营业外收入　　　　　　　　　　　　　　　　　　　　　120 000
　　贷：主营业务收入　　　　　　　　　　　　　　　　　　　　　110 091.74
　　　　应交税费——应交增值税（销项税额）　　　　　　　　　　　　9 908.26

（2）根据税法规定，收取的与提供增值税应税服务相关的违约金、赔偿金应该作为价外收费计算缴纳增值税，收取的与经营活动无关的赔偿金、违约金不缴纳增值税。企业应

补缴增值税，并作如下调整分录：

借：营业外收入   371.56

    贷：应交税费——应交增值税（销项税额）   371.56

【案例2-8】小王在代理某工厂增值税纳税申报时，发现当月有如下账务处理：

借：银行存款   25 870

    贷：主营业务收入   20 000

        其他业务收入   3 000

        应交税费——应交增值税（销项税额）   2 870

"摘要"栏注明"收到货物价款及运费"，后附本企业开具的增值税发票，发票上注明货物及运费价税合计25 870元，其中货物价税合计金额22 600元。

根据税法规定，销售货物同时收取的运输费用应作为价外收费纳税，与货物适用同样的税率。单独提供的运输服务适用9%，按照"交通运输服务"项目纳税。该业务应纳增值税 = 25 870 ÷（1 + 13%）× 13% = 2 976.19（元），纳税人应补交增值税106.19元（2 976.19 - 2 870），账务调整如下：

借：其他业务收入   106.19

    贷：应交税费——应交增值税（销项税额）   106.19

3.残次品、废品、材料、边角料等销售的检查

（1）采用审阅法和核对法，从与"其他业务收入""营业外收入"等账户贷方相对应的账户入手，检查销售收入是否计算了销项税额。

（2）检查"库存商品""原材料""销售费用""生产成本"等账户，看是否有红字冲减记录，并查阅原始凭证，看是否属于销售残次品、废品、边角料等取得的收入。

（3）结合投入产出率、企业消耗定额、废品率等指标分析企业残次品、废品、材料、边角料等数量，与账面记载情况核对。如果发现差额较大，应进一步检查车间、厂办、食堂等部门，了解是否存在将边角料收入隐匿在内部有关部门的情况。

【案例2-9】小王在代理某陶瓷厂增值税纳税申报时，发现当月有如下账务处理：

借：银行存款   12 300

    贷：营业外收入   12 300

"摘要"栏注明"残次品销售"，后附本企业开具的增值税发票，发票上注明残次品货物价税合计金额12 300元。

小王在查看账簿资料时发现，该陶瓷厂按照合格品结转完工产品成本，相应的残次品成本由合格品负担。为了降低损失一般会将残次品低价销售，由于残次品没有相应的成本，企业的残次品不做"库存商品"入账，因此，销售残次品取得的款项不结转至"主营业务收入"账户，而是直接在"营业外收入"账户核算。

根据增值税相关规定，销售残次品应当和销售合格品一样计算缴纳增值税。

纳税人需要补缴增值税 = 12 300 ÷（1 + 13%）× 13% = 1 415.04（元）

账务调整如下：

借：营业外收入   1 415.04

    贷：应交税费——应交增值税（销项税额）   1 415.04

【特别提示】假定企业存在验收入库后产生的正常范围内的残次品，并且以低于成本

的价格处理，则需要按《中华人民共和国增值税暂行条例》第七条规定处理：纳税人销售货物或者应税劳务的价格明显偏低并无正当理由的，由主管税务机关核定其销售额。

企业低价销售残次品，为了避免税务机关核定销售额，企业务必保存销售残次品的合同和残次品的归集资料，用来证明以低于市场价格对外销售的正当理由，以便税务机关核查，降低被税务机关核定销售额补税的风险。

4. 销售价格明显偏低的检查

（1）采用比较分析法，将纳税人的货物（或服务、房地产）销售价格、销售利润率与本企业和同行业其他企业的同类货物（或服务、房地产）销售价格、销售利润率进行比较，核实销售价格和销售利润率是否明显偏低。

（2）采用询问、调查等方法，了解纳税人经营策略、发展规划和销售方式，了解价格明显偏低的销售对象是否存在关联关系，审核销售价格偏低的理由是否正当，无正当理由的，应予以补缴税款。

【案例 2-10】老王夫妻向当地税务机关申报其新购商铺的契税，申报表显示该商铺建筑面积 245.6 平方米，成交价格为 260 万元。当地存量房销售纳税评估系统显示，该房屋的市场评估价格是 320 万元，税务机关认为该房屋成交价格明显低于评估价格，又无正当理由，故责成该商铺的销售方补缴增值税 4.95 万元，老王夫妻也应该按照 320 万元的购买价格计算缴纳契税。

三、特殊销售方式下的销售额的检查

微课

特殊销售方式包括折扣销售、以旧换新、以物易物和还本销售等销售方式。

特殊销售方式
销售额的检查

（一）常见涉税风险

1. 纳税人为了少缴税款，采取虚构退货、折让手段，人为减少应计税销售收入，或以退货名义支付费用等办法漏报增值税。

2. 冲减销售额及销项税额的原始凭证不符合规定。如折扣销售的折扣额未与销售额在同一张发票开出或所附原始凭证为企业擅自开具的红字发票等。

3. 混淆商业折扣与现金折扣，将现金折扣从销售额中扣除结转销项税额。

4. 按"买一送一"方式销售的货物，对送出货物按照无偿赠送货物计算纳税。

（二）主要检查方法

1. 冲减销售额及销项税额的原始凭证的检查

（1）折扣发票的检查

税法规定，纳税人在销售过程中给予的价格折扣，凡销售额和折扣额在同一张发票上分别注明的，可按折扣后的余额作为销售额计算增值税；如果将折扣额另开发票，不论其财务上如何处理，均不得从销售额中减除折扣额。检查时可以从核查发票入手，确定其折扣额是否在"金额"栏中反映，是否存在只在备注栏注明折扣款的情况；也可以结合会计核算情况，以账户的对应关系以及"库存现金"和"银行存款"日记账的借方红字或贷方金额为线索，检查折扣的真实性，从中发现其隐瞒销售的行为。

（2）红字发票的检查

纳税人销售货物后发生退回或折让行为而减少应税销售额的，可由购买方或销售方在开票系统中上传"红字发票信息确认单",经对方做红字发票确认信息处理后,即可开具红字发票,在增值税发票管理系统中以销项负数开具。

2.混淆不同折扣方式的检查

现金折扣是指销售方在采用赊销方式销售货物或提供劳务时,为了鼓励购买方及早偿还货款,按协议许诺给予购买方的一种债务扣除。由于现金折扣发生在销货之后,是一种融资性质的理财费用,因此计算销项税额时,现金折扣不得从销售额中减除。检查时应结合供销双方所签订的购销合同或协议,结合销售原始发票,确定折扣方式,凡有付款时间限定给予的折扣,一律不得扣除折扣款后确定销售额和销项税额。

3.对销货退回业务销售额的检查

(1)审查销货退回冲减销售收入时,查看是否有合法凭据。

(2)核实退回的货物是否冲减了本期的销售成本并办理了入库手续。如果纳税人无合法依据冲减主营业务收入,且无货物退货入库记录的,就可能存在虚构销货退回的业务。

(3)检查资金流,核实货物流和资金流是否一致,在财务上是否构成完整的核算过程,如果不存在,则可能存在虚构销货退回的业务。

4.实物折扣方式下销售额的检查

将"库存商品"账户贷方与出库单、提货单及销货合同书、协议书等原始凭证进行核对,确定纳税人是否存在以库存商品作为折扣直接结转货物成本漏计销售额的情况。

5.以旧换新、还本销售的纳税检查

首先,应了解被查企业所属行业是否有以旧换新、还本销售的惯例,对纳税人检查时,采用调查、询问、比较分析法,核实被查企业实际是否存在以旧换新销售业务。其次,通过核查"销售费用""主营业务成本"等损益类账户,核实是否有还本支出的核算。

四、差额征税方式下应税销售额的检查

对纳税人的金融商品转让服务、经纪代理服务、融资租赁服务、融资性售后回租服务、航空运输服务、一般纳税人提供客运场站服务、纳税人提供旅游服务、纳税人提供建筑服务适用简易计税方法、房地产开发企业中的一般纳税人销售其开发的房地产项目(选择简易计税方法的房地产老项目除外),以及一般纳税人提供劳务派遣服务,规定了可以从销售额中扣减的项目,以扣减后的差额作为计税依据计算纳税。同时规定,扣减项目除金融商品转让外必须取得符合法律、行政法规和国家税务总局规定的有效凭证。

(一)常见涉税风险

1.纳税人从销售额中扣除的项目不准确,错误适用了差额征税办法;

2.差额征税扣除部分没有提供符合法律法规规定的有效凭证。

(二)主要检查方法

1.审核增值税及附加税费申报表附列资料三"服务、不动产和无形资产扣除项目明细"中所填报的内容是否符合差额纳税的规定。

2.对适用13%税率的有形动产租赁服务申报差额计税的,审核纳税人是否属于"经人民银行、银保监会或者商务部批准从事融资租赁业务的一般纳税人提供的有形动产融资租

赁服务"，同时审核"本期应扣除金额"是否正确。

3.对适用9%的应税服务申报差额计税的，审核航空运输企业是否存在代收其他航空运输企业客票的情形，同时审核"本期应扣除金额"是否符合规定，是否取得了相应凭证。

4.对适用6%税率的应税服务申报差额计税的，审核纳税人是否从事经纪代理服务、融资性售后回租服务、客运场站服务或者旅游服务，了解其允许扣除的项目及其金额，再与"本期应扣除金额"核对，看扣除项目是否属实，凭证是否齐全、规范。

5.对适用9%税率的销售不动产申报差额计税的，审核纳税人是否属于房地产开发企业，是否选择一般计税方法申报纳税；了解纳税人购入土地使用权情况和房地产开发占用土地情况，以及房地产当期销售面积和可供销售面积，确定允许扣除的土地价款及拆迁补偿费，与"本期应扣除金额"进行核对，并逐一核查企业支付拆迁补偿款是否能够提供拆迁协议、拆迁补偿费用凭证等资料。

【案例2-11】小王代理审查某旅游公司的增值税纳税情况，发现当月企业的账务处理如下：

（1）借：主营业务成本   12 000
　　　　应交税费——应交增值税（销项税额抵减）   360
　　　贷：银行存款   12 360

"摘要"栏注明"支付旅游目的地接团旅游企业的旅游费"，后附对方开具的增值税专用发票，注明金额12 000元、税额360元。

（2）借：主营业务成本   35 000
　　　　应交税费——应交增值税（销项税额抵减）   1 050
　　　贷：银行存款   36 050

"摘要"栏注明"支付住宿费、餐饮费"，后附对方开具的增值税普通发票，不含税金额共计35 000元，税率3%，税额1 050元。

小王针对该旅游公司的账务处理进行了以下调整：

（1）该旅游公司属于增值税一般纳税人，其销项税额抵减 = 12 360 ÷（1 + 6%）× 6% = 699.62（元），公司少计抵减税额339.62元；

（2）销项税额抵减 = 36 050 ÷（1 + 6%）× 6% = 2 040.57（元），公司少计销项税额抵减990.57元。

两项合计公司少抵减销项税额1 330.19元，建议公司作如下账务调整：

借：应交税费——应交增值税（销项税额抵减）   1 330.19
　贷：主营业务成本   1 330.19

【案例2-12】税务师事务所工作人员小王代理某物业公司（增值税一般纳税人）的增值税纳税申报，发现该物业公司当月向小区业主收取水费（适用简易计税方法）开具增值税普通发票价税合计15 000元，向乙公司（增值税一般纳税人）收取水费，开具增值税专用发票金额1 000元、税额30元。从自来水公司取得增值税普通发票，注明金额14 000元、税额420元；收取电费开具增值税普通发票价税合计20 000元，从供电公司取得增值税专用发票，金额15 300元、税额1 989元；收取物业管理费价税合计212 000元，取得其他与简易计税无关的增值税专用发票注明金额 8 692.31 元、税额 1 130 元。该物业公司增值税自行计算如下：

代收水电费简易计税应纳税额 =（15 000 + 1 030 + 20 000 - 14 420 - 15 300 - 1 989）÷（1 + 3%）× 3% = 125.85（元）

收取物业管理费用一般计税应纳税额 = 212 000 ÷（1 + 6%）× 6% - 1 130 = 10 870（元）

小王审查后认为，提供物业管理服务的纳税人，向服务接受方收取的水费，以扣除其对外支付的水费后的余额为销售额，按照简易计税方法依 3% 的征收率计算缴纳增值税。但是，代收电费不能按照简易计税方法计算纳税，也不能差额计税。该物业公司相关税额计算如下：

简易计税应纳税额 =（15 000 + 1 030 - 14 420）÷（1 + 3%）× 3% = 46.89（元）

一般计税应纳税额 = 20 000 ÷（1 + 13%）× 13% + 212 000 ÷（1 + 6%）× 6% - 1 989 - 1 130

= 11 181.88（元）

企业的账务处理应为：

收取水费时：

借：银行存款　　　　　　　　　　　　　　　　　　16 030

贷：主营业务收入　　　　　　　　　　　　　　　　　15 563.11

应交税费——简易计税　　　　　　　　　　　　　466.89

支付水费时：

借：主营业务成本　　　　　　　　　　　　　　　　14 000

应交税费——简易计税　　　　　　　　　　　　　420

贷：银行存款　　　　　　　　　　　　　　　　　　14 420

收到电费时：

借：银行存款　　　　　　　　　　　　　　　　　　20 000

贷：主营业务收入　　　　　　　　　　　　　　　　　17 699.12

应交税费——应交增值税（销项税额）　　　　　　2 300.88

支付电费时：

借：主营业务成本　　　　　　　　　　　　　　　　15 300

应交税费——应交增值税（进项税额）　　　　　　1 989

贷：银行存款　　　　　　　　　　　　　　　　　　17 289

收到物业管理费时：

借：银行存款　　　　　　　　　　　　　　　　　　212 000

贷：主营业务收入　　　　　　　　　　　　　　　　　200 000

应交税费——应交增值税（销项税额）　　　　　　12 000

发生其他购进行为时：

借：主营业务成本　　　　　　　　　　　　　　　　8 692.31

应交税费——应交增值税（进项税额）　　　　　　1 130

贷：银行存款　　　　　　　　　　　　　　　　　　9 822.31

月底计算当月应纳税额时：

借：应交税费——简易计税　　　　　　　　　　　　　　　46.89
　　　　　　——应交增值税（转出未交增值税）　　　　　11 181.88
　　贷：应交税费——未交增值税　　　　　　　　　　　　11 228.77

【学思践悟】涉税专业服务机构及其涉税服务人员应当拥护中国共产党领导，坚持正确政治方向。应当诚实守信、正直自律、勤勉尽责，遵守职业道德，维护行业形象。从事涉税专业服务应当遵循独立、客观、公正、规范的原则。在承接并实施委托方交付的业务时，要严格按照业务实施程序，以事实为依据，以税法、《中华人民共和国会计法》及其他相关法律为准绳，充分依赖涉税服务人员扎实的财税专业知识和丰富的财税服务工作经验，帮助委托人发现和纠正涉税风险，保障服务质量，维护国家税收利益和当事人合法权益。

任务四　进项税额的检查

增值税进项税额是增值税纳税人购进货物、劳务、服务、无形资产和不动产所支付或者负担的增值税税额，一般纳税人应按规定准确核算进项税额。增值税进项税额通过"应交税费——应交增值税（进项税额）"账户进行核算；纳税人将已核算进项税额的外购货物、劳务发生非正常损失或者改变用途后不允许核算进项税额的，通过"应交税费——应交增值税（进项税额转出）"账户进行核算。对进项税额的检查包括准予从销项税额中抵扣的进项税额的检查和不允许从销项税额中抵扣的进项税额的检查两部分内容。

一、准予从销项税额中抵扣的进项税额的检查

微课

准予抵扣的进项税额常见涉税风险

对准予从销项税额中抵扣的进项税额的检查，应从增值税扣税凭证的检查和进项税额会计处理的检查两个方面进行。

（一）增值税扣税凭证的检查

增值税扣税凭证主要有增值税专用发票、机动车销售统一发票、海关增值税专用缴款书、农产品销售发票、农产品收购凭证、代扣代缴税收缴款凭证、收费公路通行费增值税电子普通发票、旅客运输增值税电子普通发票、航空运输电子客票行程单、铁路车票、公路水路客票等，扣税凭证是否符合税法规定，是能不能核算并抵扣进项税额的关键。

1.常见涉税风险

（1）作为一般纳税人取得虚开的增值税专用发票并申报抵扣了增值税。

（2）纳税人取得虚假的海关增值税专用缴款书或者不符合规定的增值税专用缴款书申报抵扣了增值税。

（3）纳税人虚拟农产品收购业务，虚开农产品收购凭证；从小规模纳税人购进农产品没有取得增值税专用发票，却凭普通发票核算了进项税额；从小规模纳税人购进农产品取得增值税专用发票，直接按照发票注明增值税核算并申报抵扣了进项税额。采购农产品用于生产或委托加工13%税率货物，没有或者错误加计抵减进项税额。

（4）取得过路费、旅客运输增值税电子普通发票上购进单位与纳税人信息不符，导致

无法申报抵扣增值税。

（5）在业务招待或商务活动中，取得航空运输电子客票行程单、铁路车票、公路水路客票上注明个人信息不属于纳税人雇佣的员工，错误地核算并申报抵扣了增值税。

2.主要检查方法

（1）增值税专用发票的检查

① 检查当期增值税专用发票是否在电子税务局—税务数字账户进行抵扣勾选，并对抵扣统计数据进行确认，没有抵扣勾选的增值税专用发票不能从销项税额中抵扣进项税额。

② 检查企业购进环节取得的增值税专用发票所含金额与该企业向税务机关申请抵扣的金额是否符合逻辑，在税务数字账户抵扣勾选时确认有效税额不能超过发票注明税额。

③ 注意日常消耗品的购进数量、购进种类是否符合常理。应重点检查下列企业：一是经常性零申报的企业；二是销售额增长较快但税负下降的企业；三是长期进项税额大于销项税额的企业；四是申报的销售额与该企业的经营场所、注册资金、固定资产、流动资产、从业人员、销售费用不匹配的企业；五是进项税额凭证多的企业；六是抵扣凭证数量多、金额大且多来自案件高发地区的企业；七是购销对象较分散、变化较频繁，并且大多只有单笔往来的企业；八是经营活动使用大量现金交易的企业。

④ 检查有关企业是否存在从第三方取得增值税专用发票的问题。查看支付费用或采购货物的会计凭证后所附的单据。如果银行汇款单的收款人信息与取得增值税专用发票上的销售方信息不符时，则需要进一步询问原因。

（2）海关专用缴款书的检查

① 查看凭证上开具的单位名称与实际是否相符，是否用原件抵扣，必要时通过网络系统向海关进行协查，或者到现场对有关凭证相关的业务的真实性进行检查。

② 通过与进口业务有关的其他业务凭证进行配套检查，审查代理进口协议、合同及报关单以及付款凭证，判断进口业务的真实性。

（3）农产品扣税凭证的检查

① 生产企业是否存在虚开农产品收购凭证抵扣税款的行为，运用投入产出法检查收购农产品数量、种类与其产成品产出量及销售量是否对应。

② 进项税额核算的原始凭证是增值税普通发票时，要审核农产品销售方的身份，是否从农业生产者购入。如果购买方不是直接自从事农业生产的单位或个人得到的普通发票，则不能作为扣税凭证。

（4）旅客运输凭证的检查

不是所有的旅客运输凭证都可以作为抵扣进项税额的原始凭证，不得抵扣进项税额的旅客运输凭证有：未注明旅客身份信息的、取得的纸质增值税普通发票、从旅行社或网上代订机票取得的普通发票、由于退票发生的退票费用取得的退票凭证、购买国际旅客运输服务。对注明旅客身份信息的旅客运输扣税凭证，应注意检查旅客是否属于本单位员工、是否是本单位作为用工单位接受的劳务派遣员工；对企业取得的增值税电子普通发票，注意检查其购买方是否为本企业。

（5）过路费扣税凭证的检查

从政府还贷性收费公路通过，取得由经营管理者开具财政部门统一监制的通行费财政电子票据或者ETC客户服务机构开具的不征税发票，不能作为扣税凭证；纳税人支付的高速公路通行费，凭取得的增值税电子普通发票核算进项税额；桥、闸通行费凭通行费发票计算抵扣进项税额，检查时应注意核实发票的合规性。

（二）进项税额会计处理的检查

纳税人购进货物、劳务、服务、无形资产及不动产，只有准予抵扣的进项税额，才能通过"应交税费——应交增值税（进项税额）"账户核算；不允许抵扣的，应直接计入所购货物的成本或相关费用中。对进项税额会计处理的检查，应结合增值税会计处理和有关会计核算制度以及增值税专用发票的规定进行对照核实，查明是否存在多抵或少抵进项税额的情况。

1.常见涉税风险

（1）购进货物、劳务、服务、无形资产、不动产的经济业务事项不真实。例如，虚假购进货物，取得虚开、代开的增值税专用发票用于抵扣，以达到偷逃税款的目的。

（2）购进货物、劳务、服务、无形资产、不动产的经济业务内容不真实。例如，购进生活消费品或发生与企业经营活动不相符的购进业务等，企业设法改变购进项目名称，取得专用发票以抵扣当期销项税额。

（3）购进免税农产品允许抵扣额计算不正确。例如，购进农产品计算进项税额的买价不准确，适用的扣除率不正确。

（4）支付旅客运输服务费进项税额计算错误。支付旅客运输服务费，审查计算的允许抵扣进项税额是否准确。

2.主要检查方法

（1）经济业务事项真实性的检查

对进项税额一直大于销项税额，或某固定往来单位常开出大额增值税专用发票，以及购买单位与实际付款单位不一致等情况，应抽查增值税专用发票、银行单据、实际进货数量等，确认纳税人是否存在取得虚开、代开的增值税专用发票的情况；结合"原材料""库存商品"等账户，实地查看车间、仓库，审查购进货物是否验收入库，验收入库货物品种、数量是否与购进发票一致；必要时可进行实地盘点，核实账面数量与实际情况是否相符，是否存在虚增收购数量或者购进业务与企业生产能力、经营项目明显不符的情况。

（2）经济业务内容真实性的检查

若纳税人将购进的生活用料挤入生产用料，必然表现出以下特征：库存材料的虚增导致的库存材料成本短期内剧增、单笔材料的周转速度加快、当期产品单位成本加大。检查时可依据上述特征采用调查、询问或要求销售方进行协查的方法加以核实。

（3）进项税额计算准确性的检查

① 审核企业计算免税农产品进项税额的凭证与有关资金和往来账户。若只有开具的凭证而无相应的资金运动或负债产生，或者虽有资金运动或负债产生但内容不一致、数额不相符，则重点检查抵扣的真实性。

② 审核农产品采购进项税额计算是否正确，需采用调阅法、核对法和观察法审查"原材料""库存商品"等账户及其对应账户的账务处理，查看原始凭证所列示内容，结合产地和其他企业的购进价格，核实买价是否正确；必要时要进行外调，按经核实后的买价计算可抵扣的进项税额，再与企业实际核算的进项税额比对，看是否相符。

③ 对利用外购农产品生产13%税率货物的纳税人，要通过农产品出库单，掌握生产领用部分的账面价值和已抵扣的进项税额，计算允许加计抵扣的进项税额；了解企业是否存在在购进环节直接按10%计算进项税额抵扣的情况；注意企业加计抵扣的进项税额是否与生产领用数量相匹配。

④ 支付旅客运输服务费，根据得到的旅客运输票据上的支付信息，审查纳税人计算的允许抵扣的进项税额是否准确。

【案例2-13】甲公司主营中药饮片生产销售、中药材贸易业务。2024年5月，企业形成留抵税额63.2万元，并经主管税务机关受理后按程序审核退还了留抵税额。

在后续的专项检查中，税务人员通过数据分析，发现该公司诸多异常，遂对其开展检查。在检查中发现如下问题：

（1）甲公司部分收购发票的单张金额高达30余万元，与当地药农年均种植收入严重不符。经检查，虽然购进业务属实，但销售方为二手商贩，并非农业生产者。根据增值税有关规定，企业只有向农业生产者收购其自产初级农产品时，方可自行开具收购发票，并计算抵扣进项税额。甲公司向二手商贩购进其非自产的中药材，只能凭二手商贩开具的增值税专用发票抵扣进项税额。据此，税务人员要求甲公司就相应已抵扣的进项税额作转出处理。

（2）甲公司3—4月购入大量中药材，且购进价格明显高于销售价格。经检查，甲公司中药材收购数量、收购价格不实，部分收购发票存在虚开行为。根据有关规定，纳税人取得虚开的增值税专用发票，不得作为增值税合法有效的扣税凭证抵扣其进项税额。据此，甲公司已经抵扣的进项税额，应作转出处理。

鉴于甲公司存在上述两类违法事实，其留抵税额并不存在，要求其退回收到的退税款。

阅读资料

泰州警方破获
公安部督办
大案

二、不允许从销项税额中抵扣的进项税额的检查

纳税人用于简易计税方法计税项目、免征增值税项目、集体福利或者个人消费的购进货物、加工修理修配劳务、服务、无形资产和不动产不得核算进项税额，如在购进时已核算进项税额，则需要在发生上述事项的当月作进项税额转出处理。其中涉及的固定资产、无形资产、不动产，仅指专用于上述项目的固定资产、无形资产（不包括其他权益性无形资产）、不动产。

纳税人发生非正常损失，即因管理不善造成货物被盗、丢失、霉烂变质，以及因违反法律法规造成货物或者不动产被依法没收、销毁、拆除的情形，已核算的进项税额也必须作进项税额转出处理。

（一）常见涉税风险

1.发生非正常损失，不作进项税额转出处理；

2.纳税人兼营免税项目、简易计税项目未计或少计进项税额转出；

3.购进货物后退回或折让不冲减或延期冲减进项税额；

4.盘亏与盘盈互相冲减，少转出进项税额；

5.进项税额转出金额计算不正确。

微课

进项税额转出
计算的检查

（二）主要检查方法

1.进项税额转出范围的检查

（1）根据企业生产经营范围、税务局电子底账系统信息、机构设置、固定资产情况，确定纳税人是否设有福利部门、是否有免税产品生产与销售；检查企业外购货物是否能兼用于生产、生活，如果能兼用，则应重点核实用途；检查领料单等货物出库凭证，确定经手人，与人力资源管理部门的花名册比对，确定领用部门及用途；或者通过检查"原材料""库存商品""包装物""低值易耗品"等账户贷方发生额的对应账户，确定纳税人是否存在将外购的货物用于简易计税项目、免税项目、集体福利和个人消费的情形。

（2）对于购货环节发生的损失，应通过发票购进数量与验收入库单记载数量的核对，确定纳税人购进货物是否发生损耗；通过与所购货物品种、平均损耗率核对，确定购进损耗是否超过合理的范围；对超出合理损耗范围的，应进一步确认纳税人发生的非正常损失。

【案例2-14】税务师事务所代理审查某餐饮企业增值税纳税申报时，发现企业有如下处理：

借：营业外支出	13 560
贷：低值易耗品	12 000
应交税费——应交增值税（进项税额转出）	1 560

后附的原始凭证是消防器材过期报废单。

代理人员认为，消防器材并没有丢失或损坏，只是由于有效期的原因不能继续使用，不属于税法规定的"非正常损失"，不需要做进项税额转出处理。建议该餐饮企业作如下账务调整：

借：营业外支出	1 560
贷：应交税费——应交增值税（进项税额转出）	1 560

【案例2-15】税务稽查局在对某食品厂上年增值税进项税额检查时发现企业有如下账务处理：

借：应付职工薪酬——职工福利费	4 000
待处理财产损溢——待处理流动资产损溢	6 000
贷：原材料	10 000

通过查看原始凭证发现是企业职工食堂领用账面价值4 000元的面粉用于提供免费的职工午餐，还有仓库防水不严造成账面价值6 000元的面粉霉烂变质。

检查人员认为，外购的面粉用于职工福利和由于管理不善造成霉烂均应当计算进项税额转出。

进项税额转出 = 10 000 × 9% = 900（元），建议调整分录为：

借：应付职工薪酬——职工福利费	360
待处理财产损溢——待处理流动资产损溢	540
贷：应交税费——应交增值税（进项税额转出）	900

2.进项税额转出计算的检查

进项税额转出的确定包括以下几种情况，检查时应对照所给公式重新计算核实。

（1）如能确认购进货物或应税劳务的进项税额，应将其进项税额从当期发生的进项税额中扣减，无法准确确定该项进项税额的，按当期实际成本计算应扣减的进项税额。计算公式如下：

$$转出进项税额 = 购进货物（劳务、服务）的实际成本 \times 适用税率$$

式中："实际成本"是指购进货物（劳务、服务）的进价、运费、保险费和其他有关费用。

（2）从农业生产者购进的免税农产品或者从小规模纳税人购进的农产品，在计算转出进项税额时要注意将其换算为原购进金额，再依扣除率进行计算。计算公式如下：

$$转出进项税额 = \frac{购进货物的实际成本}{1 - 扣除率} \times 扣除率$$

（3）兼营简易计税项目、免税项目共同使用原材料等而无法准确划分不得抵扣的进项税额的，应审查企业是否按销售比例计算不得抵扣的进项税额。计算公式如下：

$$不得抵扣的进项税额 = 当期无法划分的全部进项税额 \times \left(\frac{当期简易计税方法计税项目销售额 + 免征增值税项目销售额}{当期全部销售额} \right)$$

（4）非正常损失的在产品、产成品所耗用的购进货物、加工修理修配劳务及运输服务，其转出的进项税额计算公式如下：

$$转出进项税额 = 发生非正常损失的在产品、产成品金额 \times 耗材率 \times 适用税率$$

$$耗材率 = \frac{所属期间发生成本中外购项目成本}{所属期间实际生产成本}$$

【特别提示】纳税人发生非正常损失，已核算的进项税额作进项税额转出处理的情形包括：非正常损失的购进货物，以及相关的加工修理修配劳务和交通运输服务；非正常损失的在产品、产成品所耗用的购进货物（不包括固定资产）、加工修理修配劳务和交通运输服务；非正常损失的不动产，以及该不动产所耗用的购进货物、设计服务和建筑服务；非正常损失的不动产在建工程所耗用的购进货物、设计服务和建筑服务。

（5）纳税人已抵扣进项税额的固定资产、无形资产或者不动产改变用途，专用于不得从销项税额中抵扣进项税额项目的，应在当月按下列公式计算不得抵扣的进项税额：

$$不得抵扣的进项税额 = 固定资产、无形资产或者不动产净值 \times 适用税率$$

式中：固定资产、无形资产或者不动产净值，是指纳税人根据财务会计制度计提折旧或摊销后的余额。

【案例2-16】2024年5月税务检查人员在对某企业2023年4月增值税纳税情况进行抽查时，对以下几笔记账凭证提出疑问：

（1）4月2日，记账凭证第3号：

借：待处理财产损溢　　　　　　　　　　　　　　　　　　　　　　　5 650

　　贷：库存商品　　　　　　　　　　　　　　　　　　　　　　　　　　5 000

　　　　应交税费——应交增值税（进项税额转出）　　　　　　　　　　　650

后附财产盘点清单，显示由于台风造成外购货物损失，账面价值5 000元。

（2）4月8日，记账凭证第12号：

借：生产成本——A产品　　　　　　　　　　　　　　　　　　　　　7 000

　　贷：原材料——甲材料　　　　　　　　　　　　　　　　　　　　　　7 000

后附领料单，说明企业生产 A 产品领用外购货物甲材料，根据纳税人申报的免税销售额，检查人员得知 A 产品为该企业新开发的免税产品。企业外购货物均核算进项税额，经查企业当月免税货物销售额 500 万元，应税货物销售额 1 500 万元。当月无法划分用途的原材料的进项税额共计 85 万元。企业未做进项税额转出处理。

（3）4 月 20 日，记账凭证第 35 号：

借：营业外支出　　　　　　　　　　　　　　　　　　　　　　　15 000
　　贷：库存商品　　　　　　　　　　　　　　　　　　　　　　　15 000

后附库存商品盘存单，显示企业自产货物 52 件由于管理不善丢失。该货物生产成本中外购货物、劳务所占比重为 60%。

（4）4 月 22 日，记账凭证第 38 号：

借：管理费用——交际应酬　　　　　　　　　　　　　　　　　　6 000
　　贷：原材料　　　　　　　　　　　　　　　　　　　　　　　　6 000

后附出库单，显示企业将部分外购商品用于年终招待客户。该商品已于购进时核算进项税额。

（5）4 月 25 日，记账凭证第 60 号：

借：固定资产——食堂　　　　　　　　　　　　　　　　　　10 000 000
　　贷：固定资产——办公楼　　　　　　　　　　　　　　　　10 000 000

经与企业核实，确定系企业 2021 年 4 月购入的一座办公用楼，金额 1 000 万元，进项税额 90 万元。本年 4 月改造成员工食堂，用于集体福利，此时不动产的账面净值为 900 万元。

针对上述疑点，税务检查人员认为应该作如下调整：

（1）记账凭证第 3 号，由于自然灾害造成的损失，不属于非正常损失，不需要作进项税额转出处理，应作调整分录：

借：应交税费——增值税检查调整　　　　　　　　　　　　　　　650
　　贷：以前年度损益调整　　　　　　　　　　　　　　　　　　　650

（2）记账凭证第 12 号，外购货物用于免税项目生产的，不得抵扣进项税额，应按照免税货物销售额占全部货物销售比重计算进项税额转出，进项税额转出 = 500 ÷ (500 + 1 500) × 85 = 21.25（万元），应作调整分录：

借：以前年度损益调整　　　　　　　　　　　　　　　　　　212 500
　　贷：应交税费——增值税检查调整　　　　　　　　　　　　212 500

（3）记账凭证第 35 号，自产产品发生非正常损失，应计算进项税额转出：

进项税额转出 = 15 000 × 60% × 13% = 1 170（元），应作调整分录：

借：以前年度损益调整　　　　　　　　　　　　　　　　　　　1 170
　　贷：应交税费——增值税检查调整　　　　　　　　　　　　　1 170

（4）记账凭证第 38 号，此项交际应酬属于外购货物用于个人消费，应作进项税额转出。

进项税额转出 = 6 000 × 13% = 780（元），应作调整分录：

借：以前年度损益调整　　　　　　　　　　　　　　　　　　　　780
　　贷：应交税费——增值税检查调整　　　　　　　　　　　　　　780

（5）记账凭证第60号，不动产专用于职工福利不能核算进项税额，应做进项税额转出处理，2021年4月购入时的增值税适用税率是10%，进项税额转出 = 900 × 10% = 90（万元），应作调整分录：

借：固定资产　　　　　　　　　　　　　　　　　　900 000

　　贷：应交税费——增值税检查调整　　　　　　　　　　　　900 000

【学思践悟】在以数治税背景下，税收风险日益透明化，企业由于错误的账务处理导致的增值税应纳税额计算错误更容易被发现。企业发现税收风险的方式主要有以下三种：

一是税务机关提示提醒方式。对于低风险或者纳税信用等级较高且由自查可以处理的相关风险点，税务机关会提醒纳税人存在相关风险，并辅导纳税人自查。

二是纳税评估方式。对于风险等级较高，或者经提示提醒纳税人自查无法说明问题的，税务人员会采用纳税评估的方式开展风险应对。纳税评估采取案头分析和实地调查的形式开展，对于认定的税务问题，由税务机关出具相关的认定文书，责令纳税人缴纳，对于发现的"偷逃抗骗"事项，交由税务稽查局处理。

三是税务稽查方式。对于风险等级较高，或者在风险应对中发现较大的虚开偷税风险的，风险应对部门转交税务稽查局立案查处。企业在日常经营活动中要通过建立良好的企业文化，重视员工职业道德培养，增强企业的诚信意识和自律意识，尽可能避免出现不合理的纳税行为。

任务五　简易计税项目的检查

增值税有关法律法规规定了较多的情形可以选择或者适用简易计税方法，其中包括：（1）销售货物的纳税人，如生产销售的货物、销售的其他货物、销售使用过的固定资产、销售使用过的旧货。（2）提供特定的服务项目的纳税人，如建筑业的清包工、甲供工程以及其他在销售自产活动板房、机器设备、钢结构件或者自产或外购机器设备的同时提供的建筑及安装服务；电影放映服务、仓储服务、装卸搬运服务、收派服务和文化体育服务等。

一般纳税人采用简易计税方法计算缴纳增值税后，36个月内不得变更。

一、常见涉税风险

1.纳税人没有认真分析经济业务特点，错误适用简易计税方法。例如，纳税人以自己采掘的砂、土、石料或者其他矿物连续生产的砖、瓦、石灰，可以按照简易计税方法纳税，但是在政策适用过程中，纳税人扩大到将自己生产的其他建筑材料也使用了简易计税方法。

2.纳税人选择简易计税方法需要办理备案手续的，没有履行正常手续而贸然适用简易计税方法。

3.适用简易计税方法时可以差额征税的，纳税人没有准确扣减销售额，或者扣减项目没有提供符合法律、法规和国家税务总局规定的有效凭证。

4.纳税人兼有一般计税项目和简易计税项目的，没有准确处理进项税额转出。

二、主要检查方法

（一）对是否具备简易计税条件的检查方法
1.建筑业简易计税项目的检查

（1）以清包工方式提供的建筑服务，选择简易计税方法的检查。通过查看建筑施工合同，了解约定的建筑工程所需材料的提供方，如果合同约定施工方不采购或只采购辅助材料，并收取人工费、管理费或者其他费用，说明建设单位准备了全部材料或者主要材料，施工方提供了清包工业务，可以选择简易计税方法。

（2）为甲供工程提供的建筑服务，选择适用简易计税方法的检查。通过查看建筑施工合同，了解约定材料、设备、动力采购的主体。若全部或部分设备、材料、动力由工程发包方自行采购，施工方只提供部分设备、材料、动力，则有权选择简易计税方法。

（3）建筑工程老项目提供的建筑服务，选择适用简易计税方法的检查。通过查看建筑工程施工许可证或者建筑工程承包合同，了解其注明的开工日期，开工日期在2016年4月30日前的建筑工程项目可以选择简易计税方法。

（4）建筑工程总承包单位为房屋建筑的地基与基础、主体结构提供工程服务，建设单位自行采购全部或部分钢材、混凝土、砌体材料、预制构件的，适用简易计税方法计税。了解工程性质以及建设单位是否自行采购建材，当两个条件具备时，只能适用简易计税方法。

（5）销售自产或外购机器设备的同时提供安装服务，安装服务选择简易计税方法的检查。销售自产或外购机器设备的同时提供安装服务，安装服务选择简易计税方法的条件是能分别核算机器设备和安装服务的销售额。可以通过查看纳税人相关收入账户是否准确分别核算，判断纳税人选择简易计税方法的正确性。

（6）纳税人办理简易计税备案手续的检查。税法规定，首次办理简易计税方法申报前，向机构所在地主管税务机关进行一次性备案；备案后提供其他适用或选择适用简易计税方法的建筑服务不再备案。但是下列资料需要自行留存备查：①为建筑工程老项目提供的建筑服务，留存"建筑工程施工许可证"或建筑工程承包合同；②为甲供工程提供的建筑服务、以清包工方式提供的建筑服务，留存建筑工程承包合同。

2.租赁服务简易计税的检查

租赁服务选择简易计税的条件是出租资产在"营改增"前取得，或者"营改增"前签订的未执行完毕的租赁合同。对动产租赁服务来说，要查看所出租的动产是否在2013年8月1日前取得，租赁合同是否在2013年8月1日前签订；对不动产租赁服务来说，要查看所出租不动产是否在2016年4月30日前取得，租赁合同是否在2016年4月30日前签订。

【做中学2-2】税务师事务所代理A建筑公司的增值税纳税申报，在审查中发现如下账务处理：

借：银行存款   156 560
　　贷：其他业务收入   152 000
　　　　应交税费——简易计税   4 560

后附增值税专用发票，注明施工设备租赁服务金额 152 000 元，征收率 3%，税额 4 560 元。经查出租的施工设备是该公司 2017 年 5 月购入的，而 A 建筑公司自 2016 年 5 月 1 日以来一直是增值税一般纳税人。

请问：如果你是税务代理人员，你会给出什么样的意见及建议？

解析：税务代理人员认为，出租施工设备不能适用简易计税方法，应该计算增值税销项税额。调整分录如下：

借：应交税费——简易计税　　　　　　　　　　　　　　　4 560

　　其他业务收入　　　　　　　　　　　　　　　　　13 451.33

　　贷：应交税费——应交增值税（销项税额）　　　　　　　　18 011.33

3.使用过固定资产转让简易计税的检查

判断使用过固定资产转让是否适用简易计税方法的关键，是该固定资产购入时税法是否允许抵扣进项税额。凡是转让购入时税法规定不得抵扣且未抵扣进项税额的固定资产，可以选择简易计税方法。

税法规定不得抵扣进项税额的固定资产主要有：原增值税纳税人 2009 年 1 月 1 日以前购买的固定资产或者"营改增"纳税人销售"营改增"试点前购入的固定资产；原增值税纳税人 2013 年 8 月 1 日之前购入的应征消费税的小汽车、摩托车、游艇；购进的专用于简易计税项目、免税项目、职工福利项目的固定资产；购进固定资产时是小规模纳税人或虽是一般纳税人但选择简易计税方法的。

在审查纳税人销售使用过固定资产适用简易计税方法是否合法，要从纳税人身份和固定资产具体情况两个方面判断：纳税人身份不仅要看纳税人是一般纳税人还是小规模纳税人，还要看其是"营改增"纳税人还是原增值税纳税人；固定资产要关注其购进时间以及购进后的用途，购进时间早于上述规定时间，用途属于简易计税项目、免税项目、职工福利项目的，选择简易计税方法就不会产生涉税风险。

4.销售不动产简易计税方法的检查

通过查看固定资产卡片，审查出售的不动产的取得时间是否在 2016 年 4 月 30 日前；对房地产开发企业销售新开发房地产，要审查项目开工时间是否在 2016 年 4 月 30 日前。

5.其他适用简易计税方法的服务的检查

对增值税规定应税服务可以选择简易计税方法的，要根据纳税人经营实质，并对照增值税选择简易计税的应税服务项目，判断其选择简易计税方法是否存在税收风险。

可以选择简易计税方法的应税服务项目包括公共交通运输服务、动漫相关服务以及在境内转让动漫版权、电影放映服务、仓储服务、装卸搬运服务、收派服务、文化体育服务、教育辅助服务和非学历教育服务。

从事物业管理服务的纳税人，向服务接受方收取的自来水水费可以选择简易计税方法。注意纳税人是否将收取的电费或燃气费等具有代收性质的项目也适用了简易计税方法。

研发和技术服务、信息技术服务、鉴证咨询服务、提供的技术转让、技术开发和与之相关的技术咨询、技术服务，选择简易计税方法的纳税人必须同时具备两个条件：一是非企业性单位；二是一般纳税人。

【特别提示】当增值税一般纳税人因行业的特殊性，无法或者较少取得外购货物、劳务、服务等的增值税专用发票，可以确定的进项税额较少时，可以采用简易计税方法。按照一般计税方法核算增值税应纳税额后税负过高，税法规定对指定的特殊行业可以采取简易计税方法计算缴纳增值税。选择简易计税方法的应税项目不能抵扣进项税额，纳税人应准确核算简易计税项目和一般计税项目的进项税额，无法划分清楚的，要按照两类项目不含税销售额占比确定可以允许核算的进项税额。纳税人在选择计税方法时，要综合考虑简易计税方法征收率低和不能核算进项税额两个方面对企业营利能力的影响，需慎重选择，一经选择36个月内不得变更。

（二）简易计税方法下应纳税额的检查

1.进项税额处理的检查

适用简易计税方法的项目不能抵扣进项税额，对有申报简易计税方法计税项目的纳税人，要注意审查企业外购的货物、劳务、服务是否是简易计税项目发生的；购进时取得增值税专用发票的，要注意在生产领用时是否进行了进项税额转出处理；外购的无形资产、固定资产是否属于一般计税项目与简易计税项目共用，如果是属于简易计税项目专用，且取得增值税专用发票的，要查看其是否完成了进项税额转出处理；对纳税人存在无法划分用途的外购项目的进项税额的，要检查纳税人是否按照月度简易计税项目销售额占全部应税销售额的比例进行划分，月度之间两种销售额不均衡的，年底是否按照年度销售额比例进行调整。

2.建筑服务扣除分包差额计税的检查

建筑服务采用简易计税方法时，可以从提供服务取得的价款及价外费用中扣除支付分包方的部分。如果审查发现纳税人有"应交税费——简易计税"账户借方发生额（除缴纳税款外），表明纳税人有简易计税项目采用了差额计税办法，应着重检查其原始凭证，查看是否有分包方开具的有效凭证，并仔细核查抵减的应纳税额计算是否准确。

【做中学2-3】税务师事务所代理A建筑公司的增值税纳税申报，发现其承包的甲建筑工程项目，工程合同价款1 200万元。建筑工程承包合同约定，建设单位提供部分建筑材料、水、电力，A建筑公司选择了简易计税方法。在审查中税务代理人员发现如下账务处理：

(1) 借：银行存款   216 300
　　　贷：工程结算   210 000
　　　　　应交税费——简易计税   6 300

经查，此账务处理是根据合同约定，已完成工程进度10%时，收到的工程进度款。

(2) 借：工程施工——合同成本   169 500
　　　贷：银行存款   169 500

经查，此账务处理是支付分包方工程款，从分包方取得普通发票。

请问：如果你是税务代理人员，你会给出什么样的意见及建议？

解析：税务代理人员认为，建筑服务适用简易计税方法，支付的分包款可以从简易计税的应税销售额中减除。业务（2）应补做如下账务处理：

借：应交税费——简易计税   4 936.89
　　贷：工程施工——合同成本   4 936.89

3.销售使用过固定资产的检查

销售使用过固定资产采用简易计税方法时，要检查"固定资产清理"、"应交税费——简易计税"账户和转让时开具的发票。如果开具的是增值税专用发票，纳税人不能享受减按2%征税的优惠；如果开出的是增值税普通发票，纳税人可以享受减税优惠。

【案例2-17】税务师事务所代理A建筑公司的增值税纳税申报，在审查中发现如下账务处理：

借：固定资产清理	19 000
累计折旧	21 000
贷：固定资产	40 000

后附固定资产清理申请单，表明是公司一台施工机械已闲置一段时间，现准备出售。该设备是2015年8月购入的，此前在一般计税项目使用。

借：银行存款	34 917
贷：固定资产清理	30 900
应交税费——应交增值税（销项税额）	4 017

附开具的增值税普通发票以及银行进账单，表明已将该设备出售给附近小规模纳税人。企业"固定资产清理"账户余额已结转至"资产处置损益"账户。

税务代理人员对该施工设备购入当时的账务处理作了认真核查，了解到该设备购入时尚未改征增值税，没有核算进项税额，认为采用简易计税方法计算纳税对企业更有利，并且因为开具增值税普通发票，可以减按2%征收率计算纳税。改为简易计税方法后，可以核减增值税应纳税额3 339元[4 017 - 34 917÷（1 + 3%）× 2%]。

调整分录如下：

借：应交税费——未交增值税	3 339
贷：资产处置损益	3 000
营业外收入	339

4.劳务派遣服务、人力资源外包服务的检查

纳税人从事劳务派遣服务、人力资源外包服务的，选择简易计税方法时，适用的征收率是5%，可以扣除代用工单位支付给劳务派遣员工的工资、福利和为其办理社会保险及住房公积金后的余额为销售额。检查时要注意查看其发放工资、福利和为用工人员缴纳社保及住房公积金的详细记录，了解企业的扣除项目是否超过税法限定范围，扣除金额是否准确。

任务六 增值税优惠的检查

一、增值税优惠概述

（一）增值税减免税的管理形式

增值税减免税的管理形式分为申报享受税收减免和税收减免备案两种。

1.申报享受税收减免

申报享受税收减免，分为需在申报享受时随申报表报送附列资料和无须报送附列资料两种情形。

（1）随申报表报送附列资料。包括下列各项：上海期货保税交割免征增值税优惠、原油和铁矿石期货保税交割业务增值税政策、熊猫普制金币免征增值税优惠、有机肥免征增值税优惠、无偿援助项目免征增值税优惠。

（2）无须随申报表报送附列资料。增值税大部分的优惠项目都属于这种类型，如个人转让著作权免征增值税优惠、自产农产品免征增值税优惠、军转干部从事个体经营免征增值税优惠、企业安置随军家属免征增值税优惠、企业安置军转干部免征增值税优惠、退役士兵从事个体经营扣减增值税优惠等大部分的优惠项目。

2.税收减免备案

税收减免备案，包括促进残疾人就业增值税政策、软件产品增值税政策、新型墙体材料增值税即征即退50%的政策、风力发电增值税即征即退50%的政策、销售自产的资源综合利用产品和提供资源综合利用劳务增值税即征即退政策、黄金期货交易免征或增值税即征即退的政策、动漫企业增值税一般纳税人销售其自主开发生产的动漫软件实际税负超过3%的部分即征即退政策等。

（二）增值税减免税的减免方式

增值税减免税从减免方式来看，分为直接免税方式、即征即退减免方式、先征后退减免方式和应纳税额减征额四种方式。

1.直接免税方式

直接免税方式下，在发生应税行为时，不需要核算"应交税费——应交增值税（销项税额）"账户或者"应交税费——应交增值税"账户；在纳税申报时，将免税项目的销售额直接填列在免税销售额行次即可。目前，属于直接免征增值税的主要有农业生产单位和个人销售的自产初级农业产品、避孕药品和用具、其他个人销售自己使用过的物品、有机肥产品的生产销售和批发零售、种子、种苗、农药、农机的批发和零售、农膜生产销售、批发零售以及蔬菜及部分鲜活肉蛋产品的批发零售等货物销售价活动，以及托儿所、幼儿园提供的保育和教育服务、养老机构提供的养老服务、残疾人福利机构提供的育养服务、婚姻介绍服务、殡葬服务、残疾人员本人为社会提供的服务、医疗机构提供的医疗服务、从事学历教育的学校提供的教育服务等各类服务行为。

2.即征即退减免方式

即征即退减免方式下，在取得销售额时要核算"应交税费——应交增值税（销项税额）"账户或者"应交税费——应交增值税"账户，但应注意要与其他征税项目的销售收入分开核算。在增值税及附加税费申报表附列资料（一）中要分别即征即退货物及加工修理修配劳务，即征即退服务、不动产和无形资产填列销售额及销项（应纳）税额，这部分应税项目涉及的进项税额也要分别列示。

目前我国实行的即征即退减免税项目主要有按应纳税额的一定比例即征即退、按税负超过3%的部分即征即退、即征即退一定税额三种办法。如新型墙体材料实行增值税即征即退50%的政策、销售自产的资源综合利用产品和提供资源综合利用劳务有即征即退100%、70%、50%的政策；如软件产品销售、管道运输服务、有形动产融资租赁服务和有形动产融资性售后回租服务，对其增值税实际税负超过3%的部分实行增值税即征即退政策；即征即退一定税额主要有对安置残疾人的单位和个体工商户，实行由税务机关按纳税人安置残疾人的人数，限额即征即退增值税。

3.先征后退减免方式

先征后退减免方式下，日常购销业务核算与正常纳税业务的处理一致，是对按税法规定缴纳的税款，由税务机关征收入库后，再由税务机关或财政部门按规定的程序给予部分或全部退税的一种税收优惠方式。目前我国实行先征后退减免税方式的主要是出版物在出版环节执行增值税先征后退50%或100%的政策、一般纳税人抽采销售煤层气实行增值税先征后退政策。

4.应纳税额减征额

应纳税额减征额，是从纳税人计算的增值税应纳税额中减去允许减免的税额的一种方法。目前主要有：个人出租住房按照5%征收率减按1.5%计算应纳税额；公路经营企业的一般纳税人选择简易计税方法减按3%征收率计算征收；销售自己使用过的固定资产开具普通发票减按2%征税；从事二手车经销的纳税人销售其收购的二手车减按0.5%征收增值税；初次购买增值税税控设备和支付税控设备技术维护费可以从纳税人应纳增值税税额中抵减、鼓励就业创业的税收优惠等。

【学思践悟】纵观增值税的减免税优惠政策，可以看到增值税减免主要围绕改善民生、鼓励高新技术、促进区域发展、促进小微企业发展、节能环保、支持金融资本市场、支持"三农"、支持文化教育体育、支持其他各项事业等方面。增值税的减免税优惠政策是贯彻新发展理念，贯彻以人民为中心的发展思想、坚持绿水青山就是金山银山的理念，着力推进高质量发展，推动构建新发展格局的主要体现。企业财税工作者作为担当民族复兴大任的时代新人，要以社会主义核心价值观为引领，把社会主义核心价值观融入日常生活和工作中，把好政治关、廉洁关，积极贯彻落实国家税收政策，在享受减免增值税的同时，也必须做到单独核算优惠项目的收入、增值税销项税额，单独核算为优惠项目购进的货物、劳务、服务等的进项税额，必要时做进项税额转出处理。

二、常见涉税风险

（一）征免项目未分别核算

纳税人兼营免税、减税项目的，应当分别核算免税、减税项目的销售额；未分别核算销售额的，不得免税、减税。如果纳税人在会计核算和财务管理方面没有做到减免税项目与应税项目的严格分类核算，而申报减免税，就会产生一定的涉税风险。

（二）错误适用减免税政策

将应税商品错误适用免税处理，如：将深加工农产品当作免税初级农产品进行申报，扩大农产品免税范围，不计提销项税额，少交增值税；不符合享受涉农项目优惠政策条件而享受相关优惠政策，少缴增值税。

（三）未按税收征收管理要求进行申报

包括未履行备案手续、未报送附列资料导致无法享受税收优惠。

（四）受罚企业仍申报减免税

因违反税收、环境保护的法律法规受到处罚的企业违规享受资源综合利用增值税即征即退，产生多退增值税风险。

（五）编造虚假资料、骗取增值税税收优惠

三、主要检查方法

（一）会计核算和财务管理情况的检查

审核纳税人业务类型清单，梳理纳税人免税收入和应税收入各自的销售收入金额，核对免税申报销售额与当期应免税各个项目的销售收入总额是否一致。对将应税收入混淆到免税收入中进行申报的，应按适用税率补充申报增值税销售收入。

（二）混淆应税与减免税项目的检查

1.了解纳税人所经营商品的生产工艺（流程）、配方比例和产品用途

一般从企业销售部获取数据，重点核查免税范围归集容易出错的商品，如有机肥与无机肥的划分、初级农产品与精加工后农产品的划分、资源综合利用产品与资源利用产品的划分、软件产品与其他电子设备的划分、新型墙体材料和普通墙体材料的划分、各种出版物类型的划分等。

2.了解纳税人的经营范围和具体经营业务

例如，了解托儿所、幼儿园的育教活动范围，是否存在教育费、保育费之外收取的实验班、特色班和兴趣班教育费用，是否有收取的赞助费、支教费等应税收入；纳税人有取得国债、地方政府债券利息收入，是否也有应按照"金融商品转让"缴纳增值税的国债或地方政府债券转让收入；在统借统还业务实际操作中，企业集团或企业集团中的核心企业以及集团所属财务公司等统借方可能存在向企业集团或者集团内下属单位收取的利息高于支付给金融机构借款利率水平或者支付的债券票面利率水平的情况。重点关注企业是否存在统借统还性质的业务，调取统借统还贷款合同、财务费用明细账、增值税及附加税费申报表及其附列资料（一），核实统借方是否存在统借统还业务中向下属单位收取高于支付给金融机构的借款利率水平的情况，向下属单位收取高于支付给金融机构借款利率水平的利息是否全额缴纳增值税。

3.核查纳税人对减免税项目和应税项目的核算、管理情况

核查纳税人对减免税项目和应税项目销售额是否进行分离并准确核算各自销售额；对纳税人生产的产品有国家标准或行业标准且适用不同税率的，要注意核查纳税人在执行税收优惠政策过程中适用税率是否正确。如果在执行过程中标准有更新、替换的，是否及时按照最新的国家标准、行业标准执行。核查纳税人是否以隐瞒有关情况或者提供虚假材料等手段骗取减免税的情况。采取资料审核与实地核查相结合的办法，核查纳税人的实际生产经营地点、范围、人员等情况是否符合减免税政策规定，以及减免税期限届满或减免税条件消失的，是否恢复正常纳税。

（三）减免税资格的审查

对特定纳税人才能享受的减免税优惠，要注意审查纳税人是否具备条件。例如，对申报员工制家政服务人员提供家政服务免税的纳税人，要认真核查纳税人是否能够提供家政服务员、接受家政服务的客户就提供家政服务行为签订三方协议；是否向家政服务员发放劳动报酬，并对家政服务员进行培训管理；是否通过建立业务管理系统对家政服务员进行登记管理。对纳税人申报提供技术转让、技术开发和与之相关的技术咨询、技术服务免税的，可通过审查了解纳税人是否签订了技术转让、开发的书面合同，并到纳税人所在地省级科技主管部门进行认定，并检查纳税人是否已持有关的书面合同和科技主管部门审核意见证明文件报主管税务机关备查。对申报国家级、省级科技企业孵化器、大学科技园向在孵对象提供孵化服务取得的收入免征增值税的纳税人，要审查纳税人是否具备国家级、省级科技企业孵化器的资格。对申报合同能源管理服务收入免税的纳税人，审核纳税人提供实施合同能源管理项目相关技术资料和与用能企业签订的《节能效益分享型合同》。对中国境内的单位和个人申报提供的国际运输服务、向境外单位提供的研发服务和设计服务取得的收入适用零税率的，应检查核实纳税人分别提供的"国际船舶运输经营许可证"、"道路运输经营许可证"和"国际汽车运输行车许可证"或者"公共航空运输企业经营许可证"。

（四）免税项目购进货物的检查

检查原材料出库数量与应税项目"库存商品"账户借方发生数量是否匹配，审核是否存在将减免税项目的原材料成本和进项税额计入应税项目成本中的情形。

（五）免税项目使用应税项目材料的检查

实地调查生产车间，了解应税项目原材料实际领用数量，并核对账面应税项目原材料贷方数量，分析两者之间的数量差异，查实企业是否存在减免税项目领用应税项目材料、进项税额未转入减免税项目中的情况；计算和分析应税项目、免税项目在生产成本中的物耗成本分配标准（如产量、单位生产工人工资等）是否合理、分配比例是否正确。在结转物耗成本时，进项税额是否同比例结转。

（六）鼓励就业创业的税收优惠条件的检查

查阅企业职工花名册、工资结算单、考勤表和用工合同等资料，核实企业安置残疾人比例、军队转业干部比例，纳入全国防止返贫监测和衔接推进乡村振兴信息系统的脱贫人口、持就业创业证人员、自主就业退役士兵人数，确定纳税人是否瞒报人数，人为提高安置残疾人或军转干比例等问题；询问调查企业安置的残疾人员，到生产车间实地了解残疾人上岗情况、核对企业上报资料，查实是否存在编造虚假的安置残疾人人数的情形；查看企业用工合同，了解合同签订日期和用工合同期限，查看企业工资发放表和社保缴纳资料，了解是否为就业人员缴纳社保，判断纳税人是否有权享受增值税即征即退税收优惠，核查其扣减应纳税额的金额计算是否准确。

特定人员创业的，须查看业主本人是否具备军转干、退役士兵、脱贫人口、持有就业创业证等条件，了解其开始享受3年定期减免的时间，判断其是否在减免税期间。

【案例2-18】某木器有限公司有申报资源综合利用税收优惠的记录，税务机关检查人员在对该木器有限公司2023年度增值税纳税情况进行检查时发现：该木器有限公司2023年5月购进的一批"次小薪材"单价明显偏高，检查人员怀疑该木器有限公司购进的这批"次小薪材"有问题，遂到仓库进行实地调查。经核查实物账并询问仓库保管员得知，该批购进名为"次小薪材"的材料实际为"原木"，已全部用于加工木竹纤维板并销售。按照有关规定：用不属于"三剩物"与"次小薪材"的原材料加工生产的木竹纤维板，不得享受增值税即征即退的优惠政策，企业应补缴已退还的增值税。

行业检查实训：制造业增值税的检查

【实训资料】某市康运制药厂是增值税一般纳税人，主要生产和销售普通药品和抗癌药品，其中抗癌药品选择简易计税方法。除抗癌药品专用原料外，其他外购的原料、服务、无形资产、机器设备等均为两类药品生产共用，无法准确划分用途。2024年3月，当地税务稽查局对该厂2023年的纳税情况进行检查时发现该制药厂部分业务如下：

（1）2月12日第32号凭证，"摘要"栏注明"对外投资"。账务处理如下：

借：长期股权投资——盛大药房   3 000 000
　　贷：库存商品   3 000 000

附原始凭证2张：

① 出库单1张，领用人：盛大药房。领出药品一批，账面价值300万元，其中有抗癌药品80万元。用途：对外投资。

② 投资协议一份，主要内容：向盛大药房投资300万元。

经查，普通药品市场含税价格339万元，抗癌药品市场含税价格154.5万元。盛大药房是该厂的全资子公司。

（2）3月6日第75号凭证，"摘要"栏注明"委托加工产品入库"。账务处理如下：

借：库存商品——抗癌药品专用原料   31 000
　　应交税费——应交增值税（进项税额）   1 300
　　贷：委托加工物资——抗癌药品专用原料   21 000
　　　　银行存款   11 300

附原始凭证3张：

① 产品入库单1张，抗癌药品专用原料2 000千克，备注：委托加工。

② 增值税专用发票1张，注明金额10 000元、税额1 300元。

③ 转账支票存根1张，收款人：达成药厂。用途：支付加工费和增值税税金。

经审查得知委托达成药厂生产一批抗癌药品专用原料。

（3）3月10日第98号凭证，"摘要"栏注明"对外赠送"。账务处理如下：

借：营业外支出   11 000
　　贷：库存商品——药品甲   11 000

附原始凭证2张：

① 产品出库单1张，数量2 000盒，用途：赠送福利院。

② 市民政局开具的捐赠接收单据，注明接收药品金额是16 950元。

（4）4月21日第217号凭证，"摘要"栏注明"处置设备"。账务处理如下：

借：固定资产清理   250 000
　　累计折旧   150 000
　　贷：固定资产   400 000

附原始凭证1张：固定资产处置审批表1张。

经查固定资产卡片，该项设备原值40万元，已提折旧15万元，购入时间为2020年10月。

（5）4月21日第218号凭证，"摘要"栏注明"设备转让价款"。账务处理如下：

借：银行存款 300 000

　　贷：固定资产清理 300 000

附原始凭证1张：银行进账单，金额30万元。

（6）4月21日第219号凭证，"摘要"栏注明"结转处置设备净损益"。账务处理如下：

借：固定资产清理 50 000

　　贷：资产处置损益 50 000

（7）4月30日第234号凭证，"摘要"栏注明"偿债"。账务处理如下：

借：应付账款——东海农场 720 000

　　贷：库存商品——药品乙 400 000

　　　　资本公积 320 000

附原始凭证2张：

① 产品出库单1张，数量：5 000瓶。账面价值40万元。用途：偿债。

② 债务重组协议1份，主要内容：因东海农场72万元的债务到期，双方协商，以产品偿还到期债务。

查当月的产品销售情况：当月出售药品乙2批，第1批销量3 000瓶，不含税单价125元；第二批销量1 000瓶，不含税单价135元。

（8）8月12日第258号凭证，"摘要"栏注明"销售"。账务处理如下：

借：应收账款——盛大药房 900 000

　　贷：主营业务收入——抗癌药品 900 000

附原始凭证2张：

① 增值税专用发票，品名：抗癌药品。数量：6 000盒。含税单价：150元。

② 销售合同，说明属于赊销，约定次年1月底收款。

（9）12月25日第321号凭证，"摘要"栏注明"销售产品"。账务处理如下：

借：银行存款 500 000

　　贷：主营业务收入——药品甲 420 000

　　　　应交税费——应交增值税（销项税额） 71 400

　　　　营业外收入——延期付款利息 7 000

　　　　其他应付款——包装物押金 1 600

附原始凭证2张：

① 增值税专用发票记账联，品名：药品甲。数量：3 000瓶。单价140元。

② 收款收据，金额：8 600元。事由：延期付款利息及包装物押金。

（10）经审查发现，企业全年普通药品销售收入是抗癌药品销售收入的3.5倍；企业全年申报因兼营简易计税项目核算进项税额转出300万元，全年共计核算进项税额1 620万元。

已知条件：

①当月购销各环节所涉及票据均符合税法规定，抵扣凭证已经作抵扣进项税额的勾选确认；②企业各期均已按账面收入计算申报缴纳了增值税。

【检查要求】根据以上资料，按照资料顺序，指出企业在账务处理和增值税纳税申报方面存在的问题，并确定该厂应补缴的增值税税额。

项目三

消费税的检查

学习目标

态度目标

1. 树立依法纳税意识，提高对税法的遵从度，防范纳税风险
2. 树立依法纳税光荣、偷逃税款可耻的荣辱观，及时制止税收违章行为

知识目标

1. 熟悉纳税人在消费税基本要素方面存在的涉税风险及主要检查方法
2. 熟悉消费税计税依据确定方面存在的涉税风险及主要检查方法
3. 掌握消费税应纳税额计算方面的基本规定、涉税风险及主要检查方法
4. 了解享受资源税税收优惠政策方面存在的涉税风险及主要检查方法

技能目标

1. 能够运用科学的手段方法发现纳税人消费税计算申报的主要风险并及时予以纠正，避免涉税风险
2. 能够对发现的纳税人涉税风险进行正确的处理，确保税法得以正确贯彻实施

素养目标

1. 树立勤俭、健康、理性的消费理念
2. 树立人与自然和谐共生、构建人类命运共同体、创造人类文明新形态的时代精神

工作情境与工作任务

通过对消费税法相关知识的学习，我们已经掌握了消费税的征税范围、计税方法、税收优惠和征收管理等方面的规定。你知道在日常经营活动中会存在哪些消费税涉税风险、这些税收风险会给纳税人带来多严重的后果吗？税务检查人员、税务师和企业税务管理人员应从哪些方面了解和发现纳税人存在的与税法规定不符的纳税申报和会计处理问题，发现问题及时纠正，弥补过错，圆满完成消费税检查的工作任务。

任务一　基本要素的检查

一、征税范围的检查

消费税只对15种特定的应税消费品进行征收，包括烟、酒、高档化妆品、贵重首饰及珠宝玉石、鞭炮焰火、成品油、摩托车、小汽车、高尔夫球及球具、高档手表、游艇、木制一次性筷子、实木地板、电池和涂料。确定消费税的征税范围，有必要明确消费税的纳税环节。一般来讲，消费税是对在我国境内生产、委托加工、进口的特定应税消费品征收的一种税。

下列情况例外：金银首饰、钻石及钻石饰品只在零售环节征收；自2009年5月1日起，在卷烟批发环节加征一道消费税；自2022年11月1日起，对电子烟实行从价定率的办法计算纳税，在生产（进口）环节的税率为36%，批发环节的税率为11%；自2016年12月1日起，零售超豪华小汽车纳入消费税征税范围。

此外，纳税人将自产的应税消费品，用于连续生产应税消费品的，不缴纳消费税；用于其他方面的，应当于移动使用环节缴纳消费税。

（一）常见涉税风险

1.混淆应税与非应税消费品的界限，漏报消费税

通过混淆产品性能、类别、名称、销售对象，隐瞒、虚报价格等手段，将应税消费品混为非应税消费品漏缴税款。例如，以销售化工原料的名义销售可用于调和为汽油、柴油的石脑油、溶剂油，漏报消费税。

2.隐匿自产自用应税消费品，漏报消费税

纳税人生产的应税消费品，一般都可以自用或供本企业职工消费，自产自用应税消费品既不产生现金流、也不需要开具发票。因此，纳税人生产的应税消费品自用或分给职工一般不结转销售收入，进而不按税法规定履行纳税义务的情况也比较多。在进行纳税检查时，应注意以下两个方面：

（1）将自产自用的应税消费品直接冲减生产成本或列入资产损失，漏报自产自用环节的消费税。

（2）采用加大自产应税消费品单位成本、漏计已完工应税消费品入库数量的办法，隐匿自产自用应税消费品的真实情况，偷逃消费税。

3.混淆金银首饰与非金银首饰界限，漏报消费税

将金基、银基合金首饰，以及金、银和金基、银基合金的镶嵌首饰（含锻压金、铸金、复合金首饰等）按镀金（银）、包金（银）首饰、铂金首饰以及镀金（银）、包金（银）的镶嵌首饰等申报，漏报消费税。

4.混淆销售对象，少报消费税

（1）零售金银首饰、钻石及钻石饰品纳税人兼营生产、加工、批发、零售业务的，不分别核算不同业务的销售额，有意漏报消费税。主要表现有：将零售销售额按批发处理；将应在生产环节征税的其他贵重首饰与在零售环节征税的金银首饰相混淆；将金银首饰的修理、清洗业务与加工业务相混淆等。

（2）烟草（批发）销售企业将卷烟销售给零售单位，却按销售给其他的烟草（批发）销售企业不申报缴纳消费税。

（二）主要检查方法

1.检查应税与非应税消费品的划分是否正确

（1）了解被查对象的基本情况，掌握其各类产品的基本信息，对照质量技术监督部门的质检报告、材料构成、产品说明、市场定位，查看其是否属于应税消费品。

（2）检查被查对象开具的销售发票，查看其销售对象、销售单价、销售产品名称及代码，核实纳税人是否存在以非消费税货物名称销售应税消费品的情况。

不同应税消费品，确认的要点不尽一致，检查时应严格依据税收法规——对照，确认纳税人销售的货物是否属于应税消费品，不同应税消费品检查要点见表3-1。

表3-1　　　　　　　　　　　应税与非应税消费品检查要点

序　号	检查项目	检查要点
1	高档手表与普通手表	不含税单价
2	游艇与其他艇船	长度、动力、用途
3	木制一次性筷子与一般筷子	原料、工艺、工序、使用状况
4	酒与饮料	原料、工艺、酒精含量
5	高档化妆品与普通化妆品	用途、单价
6	贵重首饰及珠宝玉石与一般饰品	材质
7	小汽车与其他汽车	承载条件、座位数、用途
8	一般小汽车与超豪华小汽车	用途、市场零售价
9	应税卷烟与非应税卷烟	批发对象

【案例3-1】A公司是某省甲市的成品油经销企业，同时兼营销售非应税的芳烃类化工产品。B公司是某省乙市的炼油生产企业，生产销售成品油，同时生产芳烃类化工产品。2023年3月至2024年1月，A公司从B公司购入汽油2 100吨、柴油1 600吨、芳烃类化工产品1 900吨，然后再销售给用油企业。

B公司为了避免缴纳成品油生产环节的消费税，提出给A公司开具增值税专用发票时，把销售给A公司的汽油和柴油的品名写为不用缴纳消费税的芳烃，合计每吨汽油和柴油比原价格少收102.9元。A公司同意后，从B公司购入的汽油和柴油都写为芳烃，然后再销售给用油企业，按实际货物汽油、柴油开具增值税专用发票给用油企业。

2024年3月，税务机关对成品油消费税风险防控范围内的企业进行随机分类排查，发现A企业同名货物的进销存不符合"期初库存＋当期购进－当期销售＝期末库存"的逻辑关系，涉嫌变名销售。检查核实后，主管税务机关责令A公司补缴汽油消费税4 430 496元，柴油消费税2 257 920元，合计补缴消费税6 688 416元，并且移交公安机关继续查处。同时向乙市B公司的主管税务机关通报了相关情况，由B公司的主管税务机关依法查处B公司的违法行为。

政策依据：为了防止成品油行业利用贸易企业不缴纳成品油消费税的漏洞，国家税务总局2012年11月6日发布了《关于消费税有关政策问题的公告》（国家税务总局公告2012年第47号），规定"工业企业以外的单位和个人将外购的消费税非应税产品以消费税应税产品对外销售的，视为应税消费品的生产行为，按规定征收消费税"。本案例中A公司为贸易企业，且把从B公司购入的不缴消费税的"芳烃"作为需要缴纳消费税的汽油和柴油销售，应当按照第47号公告缴纳汽油和柴油的消费税。A公司起初的动机是为了少付油款，但是却因为涉嫌构成逃避缴纳税款罪而被处罚，付出昂贵代价。

【案例3-2】某市A酿酒厂主要产品为白酒、食用酒精及饮料。2023年10月初，该市税务稽查局审查其纳税申报情况时，发现其消费税应纳税额与上年同期相比下降幅度较大。于是派检查人员对A酿酒厂当年1月至9月的纳税情况进行实地检查。

检查人员通过检查"主营业务收入"账户，发现各类应征消费税产品依据法定税率计算的应纳税额与申报数额一致，但食用酒精的产品销售收入达2 158万元，与上年同期相比，增长了38%，增幅较大。对此，A酿酒厂财务人员解释说：今年以来，酿酒厂进行了产品结构调整，减少了白酒产量，扩大了酒精生产规模，由于酒精不属于消费税征税范围，所以在总的收入增长的情况下，应纳消费税额却减少了。为了弄清情况，检查人员又对"库存商品"账户进行了检查，检查确认：白酒产量比去年同期增长了11%，酒精产量比去年同期增长了13.8%。企业生产的食用酒精全部计入"库存商品——食用酒精"账户，2023年1月至9月结转食用酒精销售成本1 098万元，与酒精产品销售收入明显不匹配。由此推断：A酿酒厂存在混淆酒类产品与酒精产品销售的问题。

检查人员进而对包括A酿酒厂门市部在内的8个购货单位16份销货发票进行外调，发现A酿酒厂开给本厂门市部的两份大额销货单据产品名称为"食用酒精"。再核对这两笔业务的核算情况，发现"主营业务收入——食用酒精"账页后面单设一个账页，户名为门市部，只登记产品销售数量、销售金额，未登记单价及单位成本。经进一步调查核实门市部销售账载的2023年1月至9月的食用酒精收入537万元，实际为粮食白酒销售收入。至此，A酿酒厂将应税消费品按非应税消费品申报纳税事实清楚，该市税务稽查局作出责令纳税人补缴税款、加收滞纳金并处以罚款的税收决定。

2.检查自产应税消费品用于其他方面时是否申报纳税

（1）检查"库存商品"账户的贷方发生额及对应账户。如果对应账户为"在建工程""固定资产""应付职工薪酬——工资（福利费）""长期股权投资""营业外支出""销售费用""管理费用""待处理财产损溢"等账户，而未同时贷记"应交税费——应交消费税"账户，说明企业将应税消费品用于其他方面时未申报缴纳消费税。

（2）检查产品成本计算单。采用控制计算法，根据投入原材料、人工等成本的数量、金额，推测应税消费品的产量，并与"库存商品"账户的入库数量对比分析，判断纳税人隐匿应税消费品产量偷逃消费税的可能性并进一步进行查证核实。

【案例3-3】2023年8月，某市税务稽查局通过计算机筛选，将本市生产化妆品的A公司确定为检查对象，重点检查其2022年销售情况。检查前检查人员仔细分析了A公司可能存在的偷漏税情形，将自产自用高档化妆品税务处理定为检查重点内容之一。

到A公司实地检查后，检查人员发现2022年企业账面上各月均有将产品赠送其他单位和个人视同销售、申报增值税和消费税的情形，但全年反映的累计金额仅9 000多元。经过核对销售发票产品定价情况，发现A公司一盒化妆品售价均在300元以上，9 000多元的视同销售额意味着只有不到30盒的数量，与行业的经营活动常规不符。

检查人员对A公司对外赠送产品有可能采取的处理方法进行分析后，首先抽查了产品销售成本的结转情况，发现每月结转产品销售成本的品种和数量与月度销售明细汇总表上的完全一致，说明企业没有将对外赠送产品的成本混在对外销售的产品成本中一并结转。随后，检查人员又抽取了3个热销品种，并随机核对这3个品种生产入库的产成品数量与车间的生产完工记录，也未发现异常。

检查人员进一步查阅了"库存商品"账户，看到企业有报损记录。随后，核对"营业外支出"账户，并调阅了相关会计凭证，发现所有报损会计凭证后面均有书面申请报告、报损明细表、批准手续及相关经办、证明、审批人员的签字。

但是，检查人员并未就此放弃，在仔细查看分析报损资料后，发现产品报损有一定的规律：一是报损主要集中在三四个品种上；二是每年3月份、春节和中秋节前后的报损金额最大。

询问A公司财务经理，财务经理给出如下解释：一是报损的产品集中在三四个品种上，是因为这几个品种的生产量大、销量大，自然报损额大；二是每个月的报损是平时正常对过期产品进行的处理，3月份、春节和中秋节报损额特别大是因为进行了三次全面盘点。检查人员在核对3月份相关账户后，确认3月份企业召开产品订货会，当月"销售费用——会议费"的开支远远高于其他月份。

检查人员追问了两个问题：一是既然主要品种销量很大为何还会大量过期报损？二是既然每个月都正常对过期产品进行了报损处理，为何3月份、春节和中秋还有大量的过期产品？财务经理无言以对。

检查人员又请A公司提供一年来开发的新产品目录，从报损的产品明细中找出了A公司开发才几个月的新产品。检查人员抓住了A公司"报损的都是过期产品"与"刚开发的产品根本没过保质期"自相矛盾的说法，与财务经理对质，至此，财务经理只好道出真相。原来，A公司经常要将生产的化妆品特别是新产品作为样品、礼品对外赠送和发放给员工作为福利，由于全部视同销售税负很高，于是就只将一小部分做了视同销售处理，而大多数则以报损的名义列入营业外支出，从而逃避缴纳了大量的增值税、消费税和企业所得税。

3.依据生产工艺确定金银首饰的属性

金基、银基合金首饰是以含金、银比重较大的合金为原料制成的首饰，其范围包括以纯金、K金、银制作的各种首饰以及纯金、K金、银的各种镶嵌首饰；包金是将金箔贴到金属表面、镀金则是利用电解原理在金属外镀一层金膜。检查时根据企业财会部门按品名、规格设置的"库存商品"账户、入库单、销售汇总表、发票等所反映的具体产品，与消费税税法中关于金银首饰的税目注释相对照，查看是否属于金银首饰的征税范围。必要时，还要深入企业，依据产品鉴定书、销售价格等加以判断。

4.检查销售对象，确认销售是否属于消费税征税范围

（1）判断金银首饰的销售是否属于零售环节的标准。不论是生产企业、批发企业还是零售企业，只要是面对最终消费者的销售，都属于零售，属于消费税纳税环节；同理，不是所有零售企业的销售都是零售业务，如零售企业销售给生产企业的金银首饰，就不属于零售金银首饰的征税范围。由于面对最终消费者的销售具有数量、金额相对较小且现金支付的特点，加之消费者个人购买金银首饰、钻石及钻石饰品有索要发票的习惯，因此，检查时可以通过审核销售发票数量、金额或收款情况综合加以判断。

（2）对卷烟批发企业销售的卷烟，应通过核实销售发票确定其销售对象，明确卷烟销售业务是属于批发企业之间的销售还是销售给其他单位和个人，准确划分应税范围。

二、纳税义务人的检查

消费税的纳税义务人包括：在我国境内生产、委托加工、进口应税消费品的单位和个人；经国家烟草专卖局批准具有卷烟批发业务资质的单位和个人；零售金银首饰、钻石及钻石饰品的单位和个人；零售超豪华小汽车的单位和个人。

（一）常见涉税风险

1.从事应税消费品生产经营的纳税人未办理税种登记手续，或虽办理税种登记却未申报纳税

纳税人生产经营的货物中应税消费品占比较低且发生频次不高的，申报纳税时极有可能被纳税人有意或无意地忽略，逃避消费税纳税义务。

2.从事零星应税消费品委托加工的单位及个人漏报消费税

纳税人偶尔委托加工应税消费品收回后出售，由于生产环节不在本企业，因而认为不属于生产销售应税消费品而规避消费税。

3.零售金银首饰、钻石及钻石饰品的单位及个人未申报纳税

（1）租赁柜台零售金银首饰、钻石及钻石饰品的单位及个人，由出租方统一收款后与零售金银首饰、钻石及钻石饰品的单位及个人结算，零售金银首饰、钻石及钻石饰品的单位及个人并不直接收取零售金银首饰、钻石及钻石饰品货款，极有可能不做消费税纳税登记及申报。

（2）生产、批发金银首饰、钻石及钻石饰品的单位及个人，有零星零售业务，不做消费税纳税登记及申报。

（二）主要检查方法

根据纳税人商事登记部门提供的数据信息及外围调查的大量资料（如传媒、广告、实地调查信息等），确定纳税人的经营范围、经营方式，核对其税种登记及申报征收信息，

逐一排查。对实行定期定额征收的个体经营户及兼营生产、批发、零售金银首饰的公司应进行重点排查。

【案例3-4】甲商场2023年5月开业，经营模式包括自采自营、品牌联营和柜台租赁三种。无论哪一种经营模式，顾客的付款取货流程都是一样的，即：（1）顾客购物时由各专柜服务人员统一开具销售小票；（2）顾客凭销售小票到收银台付款；（3）顾客付款后凭盖有公章及私章的销售小票和电脑单再到各专柜取货；（4）顾客凭电脑小票在收银台（或总服务台）开具发票。

2023年8月，税务机关检查人员在行业检查中发现：甲商场内有若干家品牌联营的金银首饰专柜（以下简称专柜，不构成分支机构），零售各类珠宝、钻石和金银饰品，但甲商场一直没有申报缴纳消费税，于是检查人员要求甲商场自查补缴零售各类钻石和金银饰品消费税款和滞纳金。

甲商场认为，专柜是零售各类钻石和金银饰品的主体，负有申报缴纳消费税的义务。但甲商场内经营品牌金银首饰的专柜商家认为，零售是对消费者的销售，既然是甲商场对顾客统一收款开票，就应该由其申报缴纳零售钻石及金银首饰的消费税，专柜商家不应当成为金银首饰的消费税纳税人。甲商场和专柜商家各执一词，争执不下，谁也不愿意承担补缴消费税的责任。

税务机关认定：甲商场最后向消费者收款开票，但却不是真正的零售商；专柜商家有货有资质，履行了销售的主要职能，承担了主要风险，并从中获得主要报酬，是零售商，也是零售金银首饰的消费税纳税人。因此，检查人员认为，要求甲商场补缴消费税和滞纳金的做法并不恰当，应由专柜商家承担纳税义务及相应的法律责任，必要时可以根据《中华人民共和国税收征收管理法实施细则》第四十四条的规定，要求甲商场委托代征专柜商家的消费税。

三、扣缴义务人的检查

委托加工的应税消费品，由受托方在向委托方交货时代收代缴消费税，但委托个体经营者加工应税消费品的，应在委托方收回时由委托方缴纳消费税。

（一）常见涉税风险

受托加工应税消费品未按规定履行代扣代缴义务。

（二）主要检查方法

1.核实企业生产经营范围，确定其原材料来源、加工业务范围，明确企业是否有代扣代缴义务

【特别提示】由受托方提供原材料生产的产品，或者受托方先将原材料卖给委托方，然后再接受加工的产品，以及由受托方以委托方名义购进原材料生产的产品，不论在财务上是否作销售处理，都不得作为委托加工产品，而应当按照销售自制产品征收消费税。

2.检查相关账证，确定其是否按规定履行扣缴义务

检查时，可以充分利用"金税四期"上下游数据信息，判断企业是否可能存在受托加工业务；进而检查委托加工合同，结合委托加工账户或往来账户、核对申报征收信息，确定其是否代扣代缴消费税、金额是否正确。

【案例3-5】某中药厂，系增值税一般纳税人，主要生产各种中成药。2024年2月，税务稽查部门在对该中药厂进行税务检查过程中，发现该中药厂2023年7月"营业外收入"账户贷方发生额45.2万元，数额较为突出，"摘要"栏注明"结转应付款呆账收入"。追查记账凭证，其对应账户为"其他应付款——××药房"，再查"其他应付款——××药房"账户，本年无发生额，45.2万元为上年转入。进一步检查上年有关记账凭证，确认该中药厂相关业务账务处理为：借记"银行存款"账户，贷记"其他应付款——××药房"账户。原始凭证为银行收账通知单，系××药房汇给该中药厂款项，分3笔共计180万元。检查人员电话询问××药房负责人，答复并无该债权发生，但在相应时间段曾有委托其加工药酒的业务往来，随后电传过来有关委托加工合同、发票等原始凭证。在事实面前，该中药厂不得不承认180万元是受托加工药酒的加工费收入，45.2万元为加工药酒的利润。税务检查人员认定该中药厂弄虚作假，有意隐瞒受托加工业务，逃避缴纳增值税、未按规定履行代收代缴消费税义务证据确凿，责令其限期补交增值税款、加收滞纳金，代收代缴消费税，并处以少缴增值税税款、少代收代缴消费税税款1倍的罚款。经进一步核实该中药厂没有同类药酒的销售，为××药房加工药酒的材料成本（由××药房提供）为200万元，滞纳天数为230天。

该中药厂应补缴增值税税款、应支付滞纳金及应代收代缴消费税计算如下：

应补缴增值税税款 = 1 800 000 ÷ （1 + 13%） × 13% = 207 079.65（元）

应支付滞纳金 = 207 079.65 × 0.5‰ × 230 = 23 814.16（元）

应代收代缴消费税税款 = （2 000 000 + 1 800 000）÷ （1 – 10%） × 10%
$$= 422\ 222.22（元）$$

【思考】税务稽查部门为什么不责成该中药厂补交消费税税款并加收消费税滞纳金？

四、适用税率的检查

（一）适用税率检查的一般内容

1.常见涉税风险

不同应税消费品，适用税率也不相同，纳税人在申报中容易混淆高税率与低税率的界限，"高税低报"或"低税高报"，少缴或多缴消费税，常见涉税风险包括：

（1）兼营不同税率应税消费品，从低或从高适用税率；

（2）将不同税率应税消费品成套出售，从低适用税率；

（3）产品范围发生变化，仍按原低税率申报。

2.主要检查方法

（1）准确划分应税消费品适用税率

通过深入纳税人生产一线实地调查，了解生产工艺流程、产品原料构成、产品结构、性能、用途及售价等资料，参照产品说明书，确定不同应税消费品适用的税目及税率。

（2）确定企业是否分别核算不同税率应税消费品销售额

通过核对"主营业务收入""应交税费——应交消费税"账户，核对销货发票、发货凭据等原始单据，找出不同税率应税消费品的销售数量及销售额，确定企业是否有分别核算不同税率的应税消费品；未分别核算的，是否从高适用税率。

（3）确认企业是否成套出售应税消费品

通过核对"库存商品""包装物""自制半成品""原材料""委托加工物资"等存货类

账户，了解纳税人的上述物资是否有与应税消费品配套出售的可能；如有，进一步查阅、核对"主营业务收入"账户，结合销货发票，核实成套出售的应税消费品是否分别核算、分别适用税率或适用低税率。

（二）特殊税目税率的检查

1.酒类消费品适用税目税率的检查

（1）常见涉税风险

①混淆原料，错误适用税目税率。例如：将粮食、薯类白酒与其他酒混淆，从低或从高适用税率；将甜菜酒按其他酒申报，从低适用税率；将以黄酒为酒基生产的配制、炮制酒按黄酒申报，由定率征收变为定额征收；将以白酒和酒精为酒基，加入果汁、香料、色素、药材、补品、糖、调料等配制或炮制的酒及酒基或所用原材料无法确定的配制、炮制的酒，按其他酒申报，从低适用税率；将多种原料混合生产的酒，按低税率申报等。

【思考】以麦麸、糠麸为原材料生产的白酒适用什么税目税率？

②混淆工艺，从低适用税目税率。例如：将糯米、大米、黄米采用蒸馏方法酿制的粮食白酒与用上述原材料采用压榨方式酿制的土甜酒混淆，按其他酒申报，从低适用税率；将葡萄采用蒸馏工艺制成的酒按"其他酒"申报，从低适用税率等。

> **小知识**
>
> 蒸馏酒是将发酵而成的酒精溶液，利用酒精的沸点（78.5℃）和水的沸点（100℃）不同，加热至两者沸点之间，从中收集到高浓度的酒精和芳香成分。蒸馏酒的酒精浓度一般在40%以上的，被称为烈酒。蒸馏酒的制造过程一般包括原材料的粉碎、发酵、蒸馏及陈酿四个过程，这类酒因经过蒸馏提纯，故酒精含量较高。按制酒原材料的不同，大约分为白酒（中国）、白兰地（法国）、威士忌、伏特加、龙舌兰和朗姆酒等种类。
>
> 发酵酒是借助于酵母作用，把含淀粉和糖质原料的物质进行发酵，产生酒精成分而形成的酒。

③混淆界限，漏报或从低确定单位税额。例如：饮食业、商业、娱乐业举办的啤酒屋，利用啤酒生产设备生产销售的啤酒漏报消费税；各种果啤按饮料处理漏报消费税；不计、少计啤酒销售过程中包装物的收入或人为压低啤酒售价从低适用税率等。

（2）主要检查方法

①检查账证，确定原材料使用情况。通过检查"原材料""库存商品""委托加工物资"等账户并与库房的"领料单""出库单"等单据核对，确定所用原材料情况，准确划分征税对象、适用税目税率。

②深入现场，确定生产工艺情况。深入生产车间，广泛调研，了解检查对象生产工艺、生产流程、业务范围，确定适用税目税率。

③核对凭证，确定适用税额。结合"主营业务收入""应交税费——应交消费税"账户，核对销货发票、销售单据等，确定销售货物名称、性质、价格等，核对被查对象申报适用的税目税率、单位税额是否正确。

2.卷烟适用税目税率的检查

（1）常见涉税风险

① 混淆卷烟的品种、牌号、价格，从低适用比例税率；

② 自产自用、委托加工、进口的卷烟，从低适用比例税率；

③ 白包卷烟、手工卷烟、残次品卷烟、成套礼品烟、未经国务院批准纳入计划的企业和个人生产的卷烟，从低适用比例税率；

④ 卷烟批发企业将销售给其他单位和个人的卷烟混淆为批发企业之间销售的卷烟不缴纳消费税。

（2）主要检查方法

① 掌握基本信息资料，准确确定适用税率。包括掌握生产销售卷烟的品种、牌号、调拨价格、销售对象等第一手资料，准确划分征税对象、适用税目税率。

② 检查账证，发现问题。包括检查"原材料""库存商品""委托加工物资""主营业务收入""其他业务收入"等账户，确定其是否有自产自用、委托加工的卷烟、白包卷烟、手工卷烟、残次品卷烟等情况。将核实的卷烟出库情况与"应交税费——应交消费税"账户进行核对，检查自产自用、委托加工的卷烟，是否按同牌号卷烟计税；如没有同牌号卷烟的，查看是否从高适用税率。白包卷烟、手工卷烟、未经国务院批准纳入计划的企业和个人生产的卷烟，是否从高适用比例税率。残次品卷烟，是否按照同牌号规格正品卷烟类别确定适用税率。

【特别提示】消费税适用税目税率的检查对检查人员提出了很高的要求：检查人员不仅要掌握税收法规，还应该掌握企业生产工艺、流程、相关技术，成为企业生产的内行。此外，检查还可以结合企业历年的纳税申报情况进行，以其异常变动情况为线索顺藤摸瓜，发现问题。

任务二　计税依据的检查

一、从价定率计税依据的检查

（一）销售额检查的一般内容

微课

从价定率应税消费品的计税依据为销售额，包括向购买方收取的全部价款和价外费用，一般来讲，消费税的计税销售额与增值税的计税销售额是一致的。检查中常见的涉税问题及检查方法可以参照项目二任务三"销项税额的检查"。

从价定率征收
计税依据的
检查

（二）带包装销售的销售额的检查

带包装销售货物，无论包装物如何使用，也不论其在会计上如何核算，包装物一律应随同所包装的货物适用的税目、税率纳税；企业在销售货物过程中领用包装物所收取的包装物租金，应按价外费用处理，与所包装货物销售额一并申报纳税；企业在销售货物过程中所收取的包装物押金收入，收取时不并入货物销售额纳税，但对因逾期未收回的包装物不再退还的押金和已收取12个月以上的押金，应并入货物销售额纳税；对酒类产品生产企业生产销售的酒类产品收取的包装物押金（啤、黄酒除外），无论押金是否退还、会计如何核算，均应于收取押金当期并入酒类产品销售额中申报纳税。

1.常见涉税风险

（1）包装物单独核算，只申报增值税，不申报消费税

随同产品一起出售单独计价的包装物不随同包装产品适用的税目、税率纳税，而是单独申报，只按包装物销售申报缴纳增值税。

（2）随同产品销售收取的包装物租金收入混同于单独出租包装物取得的租赁收入只申报增值税

纳税人在销售过程中领用包装物不随同产品一起出售而用于出租出借收取的租金收入，纳税人往往认为其与销售产品无关，因此只按"现代服务"—"租赁服务"申报增值税，漏报消费税。

（3）收取的押金收入不及时申报纳税

纳税人在销售过程中出借包装物，由于包装物的成本可以照常结转，并不受是否结转押金收入的影响，因此，企业往往选择推迟结转押金收入或不结转押金收入的办法，推迟或规避履行纳税义务。

2.主要检查方法

（1）深入现场，实地考察包装物使用情况

结合企业生产特点，实地察看企业生产的应税消费品是否需要包装物、包装物可能以什么样的方式出库，与所包装产品的关系如何，是作为产品的组成部分还是可以独立于产品之外。例如：酒类产品包装物——酒瓶、酒标、酒塞等，一般都作为酒类产品的一部分与酒类产品不可分割；贵重首饰、珠宝玉石的包装物则可以独立计价、独立销售、独立核算。检查时应重点核实后者。

（2）检查包装物购进、领用、销售情况

结合购进发票的品名审查企业在购进时是否有不通过"包装物"账户而通过往来账户核算、随产品一起出售后不计收入的情形；检查随同应税消费品出售单独计价的包装物，确认其销售额是否记入"其他业务收入"账户、是否一并申报缴纳消费税；核实需包装的应税消费品与包装物的消耗量的对应关系是否异常。

（3）抽查往来明细账，确定包装物押金收入结转情况

① 审查"其他应付款——存入保证金（押金）"账户贷方是否有异常波动情况，确定疑点问题。

② 检查其借方发生额是否有异常的对应关系，如发现有与"应付职工薪酬""盈余公积"等负债、权益类账户对应的，很可能存在将应没收的包装物押金挪作他用，漏计收入，漏计增值税、消费税的情况。

③ 检查其年末余额挂账的时间，核实是否有超过12个月仍然不进行结转收入、不申报纳税的情况。

（三）自产自用应税消费品计税依据的检查

企业将自制的应税消费品用于连续生产非应税消费品、在建工程、管理部门、非生产机构、提供劳务，以及用于馈赠、赞助、集资、广告、样品、职工福利、奖励等方面的，

应在移送使用环节计算缴纳消费税。纳税人自产自用的应税消费品，按照纳税人生产的同类消费品的销售价格计算纳税；没有同类消费品销售价格的，按照组成计税价格计算纳税。

企业将自制应税消费品对外投资、以物易物、抵偿债务的，应按最高售价计算消费税。

1.常见涉税风险

（1）未视同销售处理，漏报消费税；

（2）销售额申报错误，少报消费税。

2.主要检查方法

（1）自产自用行为的检查

① 通过"库存商品""自制半成品"等账户贷方发生额的检查发现问题。一般来讲，"库存商品""自制半成品"账户的贷方应为销售或生产领用出库，其对应的会计科目应该是"主营业务成本""生产成本"。若检查发现与上述情况不符，则可以确认纳税人有非销售出库的情况，应进一步核查相应的原始凭证（如产品出库单、商品销售清单、销货发票等），结合其产品特点，判断应税消费品的发出去向、用途和领用部门；必要时还可以通过审查企业一定时期内相关办公会议纪要，了解管理层是否作出自产自用应税消费品的决定，并对照"应交税费——应交消费税"账户，核查属于应税消费品的自产半成品、中间产品用于其他方面的，是否按规定申报缴纳消费税。

② 通过相关账户借方的检查发现问题。检查"自制半成品""库存商品""在建工程""管理费用""销售费用""营业外支出""其他业务支出""应付职工薪酬""长期股权投资""应付账款"等账户借方，查看企业是否有将其自产应税消费品用于连续生产应税消费品以外用途的情况。

③ 利用"金税四期"数据，采用现代检查手段进行检查。运用逻辑审查法，分析企业投入产出比、产出销售比、库存情况，并配合使用实地调查法确定企业账面结转产出数量、销售数量、库存数量与实际情况是否一致，是否有自产自用应税消费品未申报纳税情况。

（2）销售额确定的检查

① 对有同类应税消费品销售价格的，调取"主营业务收入""库存商品"账户或销货发票，按加权平均法计算自产自用应税消费品的计税价格，并同时找出最高售价，对照检查纳税人是否有按低于平均售价的销售额结转消费税或按平均销售价格结转应税消费品对外投资、以物易物、抵偿债务的销售额。

② 对无同类应税消费品销售价格按组成计税价格计税的，应审查应税消费品的成本是否真实、全国平均成本利润率的运用是否正确。

【做中学 3-1】某烟厂共有正式职工 1 000 名，生产甲、乙两类共 6 个牌号的卷烟。2024 年 2 月，税务检查人员到该烟厂检查 2023 年增值税、消费税纳税事项，确认纳税人自产自用卷烟存在以下两个问题：

（1）采取假报废品损失的办法，将甲类卷烟 20 大箱结转至账外发给了职工，该批卷烟成本价 10 000 元，同品牌卷烟计税价格为 80 元/条，企业未申报纳税。

（2）在审查"库存商品"账户时，发现"摘要"栏有"白包卷烟招待用"字样，数量

200条，成本5 000元，核实"应交税费——应交消费税"账户及纳税申报表，确定企业申报缴纳消费税 = ［5 000 × （1 + 5%） + （200 × 0.6）］ ÷ （1 - 36%） × 36% + 200 × 0.6 = 3 140.63（元）。

请问：你认为纳税人上述处理正确吗？如不正确，应该如何计算补税？

解析：针对上述问题，检查人员计算该纳税人应补缴消费税如下：

（1）将自制卷烟发给职工应补缴消费税税额 = 20 × 250 × 80 × 56% + 20 × 150 = 227 000（元）

（2）将自制卷烟作为招待用烟应补缴消费税税额 = ［5 000 × （1 + 10%） + （200 × 0.6）］ ÷ （1 - 56%） × 56% + 200 × 0.6 - 3 140.63 = 4 132.10（元）

（四）关联交易计税依据的检查

由于消费税一般只在生产销售环节征收，因此企业可能利用另设独立的全资子公司作为销售公司，将生产出的应税消费品低价卖给销售公司，再由销售公司按正常价格对外销售，从而达到少交消费税的目的。为此，国家税务总局下发专文加以规范。具体规定如下：

《中华人民共和国税收征收管理法》第三十六条规定，企业或者外国企业在中国境内设立的从事生产、经营的机构、场所与其关联企业之间的业务往来，应当按照独立企业之间的业务往来收取或者支付价款、费用；不按照独立企业之间的业务往来收取或者支付价款、费用而减少其应纳税的收入或者所得额的，税务机关有权进行合理调整。

《中华人民共和国税收征收管理法实施细则》第三十八条规定，纳税人与关联企业之间的购销业务不按照独立企业之间的业务往来作价的，税务机关可以按照下列方法调整其计税收入额或者所得额，核定其应纳税额：

1.按照独立企业之间进行相同或者类似业务活动的价格；

2.按照再销售给无关联关系的第三者的价格所取得的收入和利润水平；

3.按照成本加合理的费用和利润；

4.按照其他合理的方法。

《白酒消费税最低计税价格核定管理办法（试行）》（国税函〔2009〕380号）规定，白酒生产企业销售给销售单位（销售公司、购销公司以及委托境内其他单位或个人包销本企业生产白酒的商业机构）的白酒，生产企业消费税计税价格高于销售单位对外销售价格70%（含70%）以上的，税务机关暂不核定消费税最低计税价格；白酒生产企业销售给销售单位的白酒，生产企业消费税计税价格低于销售单位对外销售价格（不含增值税，下同）70%以下的，消费税最低计税价格由税务机关根据生产规模、白酒品牌、利润水平等情况在销售单位对外销售价格50%至70%范围内自行核定。其中生产规模较大、利润水平较高的企业生产需要核定消费税最低计税价格的白酒，税务机关核价幅度原则上应选择在销售单位对外销售价格60%至70%范围内。

已核定最低计税价格的白酒，生产企业实际销售价格高于消费税最低计税价格的，按实际销售价格申报纳税，实际销售价格低于消费税最低计税价格的，按最低计税价格申报纳税；已核定最低计税价格的白酒，销售单位对外销售价格持续上涨或下降时间达到3个月以上、累计上涨或下降幅度在20%（含）以上的白酒，税务机关重新核定最低计税价格。

《国家税务总局关于白酒消费税最低计税价格核定问题的公告》(国家税务总局公告 2015 年第 37 号) 规定,纳税人将委托加工收回的白酒销售给销售单位,消费税计税价格低于销售单位对外销售价格(不含增值税)70% 以下,税务机关按上述办法核定其最低计税价格。

1.常见涉税风险

(1) 生产厂家利用关联交易降低出厂价,少交消费税;

(2) 产销双方串通勾结,生产企业压低产品出厂价格,转移利润,减少税基,销售企业高价出售后以返还利润的名义补偿生产企业,双方联手,规避税收。

2.主要检查方法

(1) 了解纳税人销售机构的设置及汇总核算情况。特别要注意审查纳税人是否单独成立了销售公司;查看相关注册登记信息,判断是否存在其他关联企业。

(2) 了解被查对象各类应税消费品的销售情况。确定被查对象应税消费品的定价政策和价格组成;统计同类应税消费品按销货单位的销售收入、销售数量,分销售对象计算出检查期销售平均单价,确定企业是否存在低价出售后收取返利规避纳税的情况。

(3) 审查销售公司对外售价。与被查对象的销售价格进行比对,确定是否应按规定核定最低计税价格。

【案例 3-6】某日化厂为增值税一般纳税人,主要生产各种高档化妆品。税务机关通过查看该日化厂报送的资产负债表获知:2022 年该日化厂新上一条滋养面膜生产线,设计生产能力为 100 万片/年,当年年底交付使用;2023 年该日化厂申报产品销售收入 4 200 万元,应交消费税 273 万元,利润 672 万元,与往年相比,并无明显增加。检查人员带着疑问,于 2024 年 6 月对该日化厂 2023 年纳税情况进行了全面检查。

检查人员发现,该日化厂 2023 年 12 月 "投资收益" 账户中反映当年收益 451.036138 万元,有整有零的数字引起了检查人员的注意。于是,检查人员进一步确认企业股权投资情况、投资收益的来源,结果发现该日化厂 "长期股权投资" "交易性金融资产" 等投资账户均无对外投资记录。再查看该投资收益所附原始凭证,确认付款方是某市自贸区 A 商社。据财务人员介绍说,A 商社销售本厂新产品面膜,双方协议:如果日化厂能按要求按期供货,A 商社将如期返还税后利润。此款项是 A 商社返还本厂的税后利润。财务人员还从档案中找出由 A 商社出具的完税证明,证明 A 商社已完税额 362.21 万元,税后利润 451.036138 万元,恰与日化厂收到的投资收益数额相同。检查人员认真检查了该日化厂与 A 商社 2023 年发生的每一笔业务,发现该滋养面膜销售给 A 商社的单位价格为 20 元/片,而售给其他购买者的价格为 28 元/片;销售给 A 商社的价格明显偏低。进一步检查还发现了该日化厂与 A 商社的往来款项账务处理如下:

2023 年 2 月付给 A 商社 60 万元:

借:其他应收款——A 商社　　　　　　　　　　　　　　　　　　600 000

　　贷:银行存款　　　　　　　　　　　　　　　　　　　　　　　　　600 000

2023 年 12 月从 A 商社收款:

借:银行存款　　　　　　　　　　　　　　　　　　　　　　　　600 000

　　贷:其他应收款——A 商社　　　　　　　　　　　　　　　　　　　600 000

2023 年 12 月收 A 商社返还款:

借：其他应付款——A商社　　　　　　　　　　　　　　　　　　4 510 361.38

　　贷：投资收益　　　　　　　　　　　　　　　　　　　　　　　　　　4 510 361.38

面对暴露出来的问题，企业财务人员不得不交代实情：由于A商社在自贸区，按国家税收政策规定其可享受增值税先征后返、所得税减免的优惠政策，该日化厂为了达到逃避纳税的目的，与A商社达成联销协议，将自己的客户介绍给A商社。为了保证货款及时收回，避免拖欠，该日化厂要求A商社在把面膜销售给客户后，客户必须向厂方结算货款。账务处理如下：

借：银行存款

　　贷：其他应付款——A商社

同时，为了满足A商社经营活动及缴纳税金对资金的需要，先预付A商社60万元人民币，当收到对方完税证明及退回的增值税、所得税、税后利润时，再作账务处理如下：

借：其他应付款——A商社

　　贷：投资收益

经核实，该日化厂2023年共售给A商社滋养面膜2 200万元，按同类消费品的价格计算，应计销售收入3 080万元，共少计销售收入880万元，漏计消费税132万元。

（五）零售金银首饰计税依据的检查

金银首饰以旧换新，应按实际收取的不含增值税的全部价款确定计税依据征收消费税；带料加工业务，应按受托方销售同类金银首饰的销售价格确定计税依据征收消费税，没有同类金银首饰销售价格的，按照组成计税价格计算纳税；生产、批发、零售单位用于馈赠、赞助、集资、广告、样品、职工福利、奖励等方面的金银首饰，应按纳税人销售同类金银首饰的销售价格确定计税依据征收消费税，没有同类金银首饰销售价格的，按照组成计税价格计算纳税。

1.常见涉税风险

（1）申报不实，少缴消费税

主要做法有：少报、漏报金银饰品的销售数量；金银首饰用于馈赠、赞助、集资、广告、样品、职工福利、奖励等方面不申报消费税或按成本价、会员价等申报结转消费税；将随同金银首饰销售的包装物单独计价、单独核算，不申报消费税；金银首饰与非金银首饰及其他饰品组成套装出售不申报或不全额申报。

（2）混淆业务性质，漏报或少报消费税

如将带料加工、翻新改制（以旧换新）作为修理、清洗业务不申报消费税，将带料加工混同为翻新改制（以旧换新）业务少缴税。

2.主要检查方法

（1）纳税申报的检查

①对购入环节进行检查。将购进发票载明的购入数量、金额与纳税人的"库存商品"账户借方发生额及金银首饰购销存月报表购入数进行核对，看三者是否一致。

②对销售环节进行检查。将开具的发票反映的数量、金额与企业"主营业务收入"账户贷方发生额，金银首饰购销存月报表记载的销售数量、金额，以及企业的消费税纳税申报表申报的数据进行核对，看三者是否相符。

③通过实地盘点进行检查。因为金银首饰体积小、价值高，一般情况下，商业企业

库存的金银首饰数量不是很大，易于实地盘点。通过实地盘点，将盘点的数据与金银首饰购销存月报表反映的结存数量以及企业的"库存商品"账户的期末余额进行核对，看是否一致，确定纳税人是否存在已售出未申报纳税导致"账存实无"的情况。

（2）业务性质的检查

① 带料加工、翻新改制（以旧换新）与修理、清洗业务的检查。带料加工、翻新改制（以旧换新）业务需要缴纳消费税，而金银首饰的修理、清洗业务则不需缴纳消费税。对这一问题的检查可从以下两个方面入手：一是从收取价款的单位价格上加以辨认，带料加工、翻新改制价格较高，而修理、清洗业务的价格相对前者要低得多；二是认真审核企业每一笔业务的加工单，依据其条款加以判断。

② 把带料加工作为翻新改制的检查。带料加工的金银首饰，按受托方销售同类金银首饰的销售价格确定计税依据缴纳消费税，没有同类商品销售价的，按组成计税价格计税。纳税人以旧换新、翻新改制业务，按实际收取的不含增值税的全部价款计征消费税。因此，纳税人是否将带料加工混同为翻新改制（以旧换新）业务扣除材料成本计算缴纳消费税，应作为检查的一个重要内容。具体的检查方法为：检查带料加工、翻新改制业务双方事先签订的书面协议（加工单），通过详细检查加工单上记载的内容来区别，并与企业开具发票的收费项目内容与企业的账务处理进行对照检查，来判断企业申报消费税的项目、计税依据是否正确。

【特别提示】对经营单位兼营生产、加工、批发、零售业务检查时，应特别关注其生产、加工、批发业务是否与零售业务分别核算，凡是未分别核算销售额或者划分不清的，一律视同零售征收消费税。

（六）成套出售应税消费品计税依据的检查

成套出售的应税消费品，应按收入全额从高适用税率缴纳消费税。

1.主要涉税问题

将套内应税消费品与非应税消费品、从低适用税率的消费品与从高适用税率的消费品分别核算和申报纳税。

2.主要检查方法

（1）了解业务范围

实地查看成品仓库，了解被查对象是否生产销售成套应税消费品。

（2）确定计税依据

将"主营业务收入"账户、"库存商品"账户、产成品出库单、销货发票等进行核对，核实产品出库时间是否一致、数量是否匹配、销售对象是否相同，确定纳税人是否有成套应税消费品的销售，并进一步确定其组成项目是否齐全，是否包括包装物在内。

（3）审查申报税额

对由应税消费品和非应税消费品组成的成套应税消费品，应重点审查其是否按照应税消费品适用税率计算纳税；对由不同税率的应税消费品组成的成套应税消费品，应重点审查其是否就全部销售额、销售数量申报纳税。

【特别提示】企业在组成成套产品出售时，会计账面的"库存商品"和"主营业务收入"账户是可以分开登记、分别反映的，因此，成套产品出售仅靠会计账面的检查是不够的，应在了解产品销售范围及方式的基础上重点审核销售原始单据中时间、数量、对象是否一致，确定纳税人是否存在成套销售的情况。

【案例3-7】某市甲酒厂生产粮食白酒（每箱20瓶，每瓶500ml）及葡萄酒（每箱20瓶，每瓶750ml）。2024年6月税务检查人员在对该厂2023年相关账证的检查中发现12月第62号收款凭证的账务处理如下：

借：银行存款　　　　　　　　　　　　　　　　　　　　　　90 400
　　贷：主营业务收入——白酒　　　　　　　　　　　　　　　　40 000
　　　　　　　　　　——葡萄酒　　　　　　　　　　　　　　　20 000
　　　　应交税费——应交增值税　　　　　　　　　　　　　　　7 800
　　　　银行存款　　　　　　　　　　　　　　　　　　　　　22 600

经核实，上述两种酒的销售数量均为10箱，甲酒厂上述业务申报消费税额计算如下：40 000×20% + 10×20×0.5 + 20 000×10% = 10 100（元）。

由于账户的对应关系多有蹊跷，检查人员进一步核实其原始凭证，确认贷记"银行存款"账户22 600元系支付××纸版厂纸袋款；核实销货发票，确认白酒及葡萄酒系同一时间开给同一销售对象，且数量一致。据此，检查人员深入企业车间、库房进行询问、了解，确定该酒厂于2023年12月销售给某单位套装酒200套，内装本厂产白酒及葡萄酒各1瓶，另配包装袋系外购，未取得增值税专用发票。

至此，检查人员确认甲酒厂存在以下问题：

（1）采用直接冲减存货成本的办法，漏计包装物收入20 000元，应补增值税税额 = 22 600÷（1 + 13%）×13% = 2 600（元），应补消费税税额 = 22 600÷（1 + 13%）×20% = 4 000（元）。

（2）将成套出售的套装酒分别核算和申报纳税，减少了成套酒的计税依据，降低了成套酒的应纳税额。企业应补交消费税税额 = 60 000×20% + （10×20×0.5 + 10×30×0.5）– 10 100 = 2 150（元）。

建议企业作出如下账务调整：

借：以前年度损益调整　　　　　　　　　　　　　　　　　　8 750
　　贷：应交税费——增值税检查调整　　　　　　　　　　　　2 600
　　　　　　　　——应交消费税　　　　　　　　　　　　　　6 150

【特别提示】葡萄酒与白酒成套出售，应从高适用白酒的税目税率，包括应适用的定额税率。

（七）进口应税消费品计税依据的检查

1.常见涉税风险

进口应税消费品组成计税价格计算错误，在报关进口时，未足额申报消费税。

2.主要检查方法

（1）审查纳税人的经营范围，查看其是否有进口应税消费品的应税行为。

（2）检查进口环节的完税证明及其货款支付、往来情况，核实其计税依据是否包括到岸价、关税、消费税等，计算是否正确。

二、从量定额计税依据的检查

企业生产的应税消费品，实行从量定额办法征收消费税的，其计税依据为应税消费品的销售数量，企业通过自设非独立核算门市部销售的自产应税消费品，应按门市部对外销售数量征收消费税。

（一）常见涉税风险

（1）隐匿销售数量；

（2）隐匿自产自用数量；

（3）隐匿委托加工数量；

（4）瞒报进口数量。

（二）主要检查方法

1.对生产销售应税产品数量的检查

查阅"生产成本""库存商品"账户，核实应税消费品的生产、销售、库存数量，与其申报销售数量核对，查看是否有异常情况。

2.对自产自用应税消费品数量的检查

审核"自制半成品""生产成本""库存商品"等账户贷方对应的账户或出库单上的领用单位、经手人，判断纳税人是否有自产自用应税消费品，检查用于连续生产非应税消费品或其他方面的应税消费品，是否按规定缴纳了消费税。

3.对委托加工应税消费品数量的检查

核实"委托加工物资"账户借方，依据投入产出比例，确定发出材料可加工产品的数量；核对"委托加工物资"账户贷方，确定委托加工的收回数量与拨外加工原材料的数量是否成比例；确定是否有加工收回后直接用于销售的数量。

4.对进口的应税消费品数量的检查

核实其报关单，确定进口数量。

任务三　应纳税额的检查

一、复合计税办法应纳税额的检查

甲类卷烟、乙类卷烟，粮食白酒、薯类白酒适用复合计税办法，其消费税应纳税额计算公式如下：

$$应纳税额 = 销售额 \times 消费税税率 + 销售数量 \times 单位税额$$

采用复合计税办法计算应纳税额，税务检查的基本内容包括：销售额、销售数量及适用税率，检查中应注意的问题及检查方法见本项目任务一、任务二的相关内容。

二、委托加工应税消费品应纳税额的检查

（一）对受托方的检查

受托加工应税消费品代收代缴消费税时，应按受托方同类消费品的售价计算纳税；没有同类价格的，按照组成计税价格计算纳税。

采用从价计税办法征收消费税的计算公式如下：

$$组成计税价格 = \frac{材料成本 + 加工费}{1 - 消费税税率}$$

采用复合计税办法征收消费税的计算公式如下：

$$组成计税价格 = \frac{材料成本 + 加工费 + 加工收回数量 \times 单位税额}{1 - 消费税税率}$$

式中：材料成本是委托方提供加工材料的实际成本；加工费是受托方加工应税消费品向委托方收取的全部费用，包括代垫辅助材料的实际成本，但不包括随加工费收取的增值税。

1. 常见涉税风险

（1）未在交货环节代收代缴消费税；

（2）随意在受托方同类消费品的售价与组成计税价格间切换，降低计税依据，少报消费税；

（3）与委托方串通，采取货物收发、加工，款项收付均不作账务处理的办法，偷逃消费税。

2. 主要检查方法

（1）检查计税依据的准确性

在有受托方同类应税消费品的销售价格的情况下，审查受托方是否存在不按同类应税消费品的销售价格申报纳税而是按组成计税价格申报缴纳应代收代缴消费税的情况；对按组成计税价格申报应代收代缴税款的，组成计税价格的计算是否正确；到委托方进行调查取证，确认受托加工应税消费品的材料成本和加工费。

（2）检查解缴税款的及时性

审查受托方收入明细账以及与委托方的往来明细账、"应交税费——应交消费税"账户，核查是否在交货时代收代缴消费税，是否及时解缴税款。核对仓库实物账、收发货和收发料凭据及存货明细账，审查核对货币资金类账户及银行对账单，核查是否存在双方串通，货物、资金账外循环偷逃消费税的情况。

（二）对委托方的检查

委托加工应税消费品受托方未代收代缴消费税的，委托方补缴税款时，按以下规定处理：委托加工收回的应税消费品直接销售的，按销售额计算补缴税款；委托加工收回的应税消费品尚未销售或不能直接销售的，按组成计税价格计算补缴消费税税款。

委托加工应税消费品受托方已经代收代缴消费税的，按以下规定处理：委托加工收回直接出售的，不再征收消费税；委托加工收回用于连续生产应税消费品的，准予从应纳税额中按照当期生产领用数量计算扣除委托加工收回的应税消费品已纳消费税税款。

1. 常见涉税风险

（1）未按规定申报纳税

委托加工应税消费品，受托方未按规定代收代缴，委托方也未主动申报纳税；委托个体经营者加工应税消费品的纳税人，未按规定申报纳税；将非委托加工应税消费品混入委托加工应税消费品直接销售而不申报纳税。

（2）隐匿委托加工的应税消费品

与受托方串通，采取货物收发、款项收付均不作账务处理的办法，偷逃消费税。

（3）委托加工应税消费品抵偿加工费，少申报缴纳消费税

（4）多抵扣消费税税额

① 超范围抵扣委托加工应税消费品的已纳税额；

② 委托加工应税消费品未用于连续生产应税消费品的，没有转出已抵扣已纳税额；

③ 申报抵扣的扣税凭证不符合规定；

④ 本期申报抵扣额不按使用数量而是按收回数量计算抵扣。

2. 主要检查方法

（1）是否足额缴纳消费税的检查

① 检查"原材料"账户贷方及"委托加工物资"账户借方，查看其中是否有属于委托加工的应税消费品；

② 审查委托加工合同、存货明细账、材料出入库凭据、付款凭据等，确定加工业务的真实性及加工货物范围、交货时间、交货条件，并核对"应交税费——应交消费税"账户贷方及代收代缴消费税完税凭证，确定其消费税结转是否及时、准确。

（2）是否属于委托加工应税消费品直接销售的检查

① 审查其往来单位，确定其是否有委托加工应税消费品的业务；

② 核实委托加工数量与其加工收回数量是否匹配；

③ 若收回委托加工应税消费品直接用于销售的，核实其销售数量与委托加工的收回数量是否匹配，是否存在销售数量大于委托加工收回数量的情况。

（3）是否存在隐匿委托加工产品的检查

① 将仓库实物账、收发货及收发料凭据与存货明细账核对；

② 将货币资金类账户与银行对账单核对，确定是否存在隐匿委托加工的情况。

（4）抵扣范围及金额的检查

①了解被查对象所涉及的消费税税目，确定其是否属于允许扣除已纳消费税税额的税目，再与被查对象的申报数据进行一一比对，查看其对消费税抵扣政策执行范围的界定是否准确，是否存在擅自超范围抵扣问题。

微课

外购已税应税消费品连续生产应税消费品应纳税额的检查

②查看其是否凭"中华人民共和国代扣代收税款凭证"申报抵扣。

③检查"生产成本""库存商品""委托加工物资"等账户，到生产车间查询生产记录等有关资料，追查生产领用应税消费品的数量及去向，审查实际领用委托加工应税消费品的数量及成本，审查其是否存在将生产领用的应税消费品改变用途但未转出已抵扣消费税的情况。

【案例3-8】A卷烟厂自产"百合"牌卷烟，其不含税调拨售价为85元/标准条，应当适用56%的消费税税率。B卷烟厂为其联营企业，该厂自产"迎春"牌卷烟，不含税调拨售价为46元/标准条，适用消费税税率为36%。2023年10月，A卷烟厂委托B卷烟厂自备烟叶，加工生产与自产的"百合"牌卷烟同规格、同牌号卷烟40标准箱，然后予以回购对外销售。A卷烟厂在向B卷烟厂回购已经加工好的卷烟之时，由B卷烟厂代收代缴消费税如下：

应纳税额 = 46元/标准条 × 40标准箱 × 250标准条/标准箱 × 36% + 40标准箱 × 150元/标准箱 = 171 600（元）

A卷烟厂向B卷烟厂支付回购货款40万元、消费税17.16万元之后，收回40箱卷烟，

贴上自身的"百合"牌商标，以21 250元/标准箱对外销售，共取得不含税销售收入85万元。A卷烟厂认为该40箱卷烟已经由B卷烟厂代收代缴了消费税，因此在当月申报纳税之时，对85万元销售收入没有进行申报。

税务机关在对A卷烟厂进行检查时发现了该厂的这笔业务，认定A卷烟厂漏缴消费税，要求其补缴税款和滞纳金，并对其处以应补税款1倍的罚款。

税务机关进行处罚的依据如下：

（1）B卷烟厂受托加工的材料由该厂自行提供，不属于委托加工业务；

（2）《国家税务总局关于消费税有关政策问题的公告》第三条规定，工业企业以外的单位和个人的下列行为视为应税消费品的生产行为，按规定征收消费税：①将外购的消费税非应税产品以消费税应税产品对外销售的；②将外购的消费税低税率应税产品以高税率应税产品对外销售的。

（3）联营企业B卷烟厂未按照已经公示的"百合"牌卷烟调拨价格申报缴纳消费税，且A卷烟厂回购后不是按"迎春"牌卷烟而是按"百合"牌卷烟出售的，故A卷烟厂仍应按收入全额缴纳消费税。

A卷烟厂应纳消费税税额为：

应纳税额 = 85元/标准条 × 40标准箱 × 250标准条/标准箱 × 56% + 40标准箱 × 150元/标准箱 = 482 000（元）

三、用外购已税消费品连续生产应税消费品应纳税额的检查

外购已税消费品连续生产应税消费品的，其外购消费品已经缴纳的消费税可以在规定范围内按本期领用数在当期予以抵扣。

1.实行从价定率办法的应纳税额的计算公式如下：

$$\text{当期准予扣除的外购应税消费品已纳税款} = \text{当期准予扣除的外购应税消费品买价} \times \text{外购应税消费品适用税率}$$

$$\text{当期准予扣除的外购应税消费品买价} = \text{期初库存外购应税消费品买价} + \text{当期购进的外购应税消费品买价} - \text{期末库存的外购应税消费品买价}$$

2.实行从量定额办法的应纳税额的计算公式如下：

$$\text{当期准予扣除的外购应税消费品已纳税款} = \text{当期准予扣除的外购应税消费品数量} \times \text{外购应税消费品单位税额}$$

$$\text{当期准予扣除的外购应税消费品数量} = \text{期初库存外购应税消费品数量} + \text{当期购进的外购应税消费品数量} - \text{期末库存的外购应税消费品数量}$$

检查时，应注意其抵扣消费税的计算是否正确。

（一）常见涉税风险

1.超范围申报抵扣

如用外购白酒连续生产白酒抵扣外购白酒消费税；以外购免税石脑油为原料在生产乙烯、芳烃类产品及汽油、柴油等应税消费品扣除外购石脑油应纳消费税税额等。

2.未转出已抵扣税额

外购已税消费品的已纳税额已申报抵扣，但该应税消费品未用于连续生产应税消费品

的，没有转出已抵扣税额。

3.未按规定取得抵扣凭证

未取得增值税专用发票、《海关进口消费税专用缴款书》等合法凭证，申报抵扣消费税。

4.多报可抵扣消费税

按含增值税的买价计算扣除已纳税额或按外购应税消费品的成本计算可抵扣消费税；按购进额而不是本期实际生产领用额计算可抵扣消费税等。

（二）主要检查方法

1.抵扣范围的检查

了解被查对象所涉及的消费税税目，确定其允许扣除已纳消费税税额的税目，再与被查对象的申报数据进行一一比对，查看其对消费税抵扣政策执行范围的界定是否准确，是否存在擅自超范围抵扣的问题。

2.未转出已抵扣消费税的检查

检查"原材料""生产成本""自制半成品""库存商品"等账户，查询生产记录等有关资料，追查生产领用应税消费品的去向，审查是否存在将生产的应税消费品改变用途，既不视同销售，又不转出已抵扣消费税的情况。

3.抵扣凭证的检查

查看其是否凭取得的增值税专用发票或"海关进口消费税专用缴款书"申报抵扣；若纳税人提供的是商业企业购进发票，无法辨别销售方是否申报缴纳消费税的，应当向销售方所在地税务机关发函协查，并根据销售方税务机关的回函结果为依据核准是否准予其抵扣，未经核准的一律不得抵扣。

4.可抵扣税额的检查

审查"原材料""生产成本"等账户，核对"领料单""发出材料汇总表"等原始凭证，确定外购原材料出库的数量、买价、当期余额及生产领用情况，计算当期允许抵扣消费税税额。检查时应特别注意被查对象是否按外购原材料领用成本计算抵扣消费税。

【特别提示】纳税人用外购应税消费品、委托加工应税消费品连续生产应税消费品的，均允许在规定的范围内按本期实际领用数量计算抵扣其在购进过程中或委托加工由受托方已代收代缴的消费税。具体抵扣范围见表3-2。

表3-2　　　　　　　　　　　　　消费税抵扣范围一览表

序号	外购或委托加工已税消费品用途	抵扣情况
1	外购烟丝连续生产卷烟	准予抵扣
	外购烟丝用于生产出口卷烟	不予抵扣
2	外购白酒连续生产白酒	停止抵扣
	外购已税啤酒液连续生产灌装啤酒	准予抵扣
	外购进口已税葡萄酒连续生产葡萄酒	准予抵减
3	外购高档化妆品连续生产高档化妆品	准予抵扣

序号	外购或委托加工已税消费品用途	抵扣情况
4	外购珠宝玉石连续生产珠宝玉石	准予抵扣
	外购珠宝玉石用于生产镶嵌金银首饰	不得抵扣
5	外购鞭炮焰火连续生产鞭炮焰火	准予抵扣
6	外购摩托车连续生产摩托车	准予抵扣
7	外购高尔夫杆头、杆身、握把连续生产高尔夫球杆	准予抵扣
8	外购木制一次性筷子连续生产木制一次性筷子	准予抵扣
9	外购实木地板连续生产实木地板	准予抵扣
10	外购石脑油连续生产应税消费品	准予抵扣
	外购免税石脑油既生产乙烯、芳烃类产品，又生产汽油、柴油	不得抵扣
11	外购润滑油连续生产润滑油	准予抵扣
	外购润滑油拆分贴标	准予抵扣
12	外购燃料油连续生产应税消费品	准予抵扣
13	外购汽油、柴油用于连续生产汽油、柴油	准予抵扣
14	委托加工收回的电池、涂料，高于受托方计税价格出售	准予抵扣

【做中学 3-2】A 县卷烟厂为增值税一般纳税人，2023 年 12 月发生相关经济业务及账务处理如下：

（1）向农业生产者收购烟叶，支付收购价款 30 万元，并按 10% 实际支付了价外补贴，开具农产品收购凭证；另支付运输费用 2 万元，取得运输公司开具的增值税普通发票；烟叶已验收入库。本期 A 县卷烟厂将全部的烟叶委托 B 县烟厂加工成二级烟丝，取得 B 县烟厂开具的增值税专用发票，注明加工费金额 6 万元、税额 0.78 万元，加工费已经支付，烟叶已经验收入库。A 县卷烟厂账务处理如下：

①收购烟叶：

借：原材料——烟叶　　　　　　　　　　　　　　　　　　　　　　　376 400

　　应交税费——应交增值税（进项税额）[300 000 × (1 + 10%) × (1 + 20%) ×

　　(9% + 1%)]　　　　　　　　　　　　　　　　　　　　　　　　39 600

　　　贷：银行存款　　　　　　　　　　　　　　　　　　　　　　　350 000

　　　　　应交税费——应交烟叶税　　　　　　　　　　　　　　　　66 000

②烟叶拨外加工，支付加工费：

借：委托加工物资——二级烟丝　　　　　　　　　　　　　　　　　　436 400

　　应交税费——应交增值税（进项税额）　　　　　　　　　　　　　7 800

　　　贷：原材料——烟叶   376 400

　　　　　银行存款   67 800

（2）从B县烟厂购进一级烟丝，取得B县烟厂开具的增值税专用发票，注明金额40万元、税额5.2万元，款项用银行存款支付。同时，委托加工烟丝全部收回验收入库，企业账务处理如下：

①购进烟丝：

　　借：原材料——一级烟丝   280 000

　　　　应交税费——应交增值税（进项税额）   52 000

　　　　　　　　　——应交消费税   120 000

　　　贷：银行存款   452 000

②收回委托加工二级烟丝（无受托方同类烟丝售价）：

　　受托方代收代缴消费税 = 436 400 ÷ （1 − 30%）× 30% = 187 028.57（元）

　　借：原材料——二级烟丝   249 371.43

　　　　应交税费——应交消费税   187 028.57

　　　贷：委托加工物资——二级烟丝   436 400

（3）生产领用外购已税一级烟丝，成本210 000元，生产W卷烟200标准箱，当月销售给卷烟专卖商18箱，取得不含税销售额54万元，款项已存入银行，账务处理如下：

①结转领用一级烟丝成本：

　　借：生产成本——W卷烟   210 000

　　　贷：原材料——一级烟丝   210 000

②结转收入及税金：

　　借：银行存款   610 200

　　　贷：主营业务收入   540 000

　　　　　应交税费——应交增值税（销项税额）   70 200

　　借：税金及附加   305 100

　　　贷：应交税费——应交消费税   305 100

（4）将委托加工收回的二级烟丝的10%，用于生产J卷烟。当月销售J卷烟10标准箱，增值税专用发票注明金额10万元、税额1.3万元，款项尚未收到，账务处理如下：

　　借：生产成本——J卷烟   24 937.14

　　　贷：原材料——二级烟丝   24 937.14

　　借：应收账款   113 000

　　　贷：主营业务收入   100 000

　　　　　应交税费——应交增值税（销项税额）   13 000

　　借：税金及附加   37 500

　　　贷：应交税费——应交消费税   37 500

企业当期没有其他烟丝出库，申报可抵扣消费税 = 120 000 + 187 028.57 = 307 028.57（元）。

请问：你能指出该烟厂上述处理存在的涉税风险吗？

解析：按政策规定当期应抵扣消费税 = 210 000 × 30% + 187 028.57 ×

10% = 81 702.86（元）

企业本期多抵扣消费税额 = 307 028.57 - 81 702.86 = 225 325.71（元）

【学思践悟】2022年11月，财政部等三部委发布《财政部 海关总署 税务总局关于对电子烟征收消费税的公告》，明确了电子烟采用从价定率的方式计算纳税，生产（进口）环节的税率为36%，批发环节的税率为11%。电子烟的征税对象是指用于产生气溶胶供人抽吸等的电子传输系统，包括烟弹、烟具以及烟弹与烟具组合销售的电子烟产品。烟弹是指含有雾化物的电子烟组件。烟具是指将雾化物雾化为可吸入气溶胶的电子装置。

近些年，青少年吸电子烟现象增多，而这背后是电子烟产业无序发展，部分经营者甚至诱导未成年人吸食。为了规范行业发展，强化监管，《电子烟管理办法》明确国家和社会加强吸电子烟危害健康的宣传教育，劝阻青少年吸电子烟，禁止中小学生吸电子烟。在抑制电子烟消费方面，自然离不开消费税，征收消费税后电子烟价格会上涨，这也就发挥了抑制电子烟消费的作用。电子烟采用从价定率的方式征税，无论是生产环节还是批发环节，在税率设置上与卷烟的平均税率水平趋同，以保障税制的公平与市场公平，进一步发挥消费税对于消费行为的正向引导以及逆向调节作用。

资料来源：陈益刊.专家建言对电子烟开征消费税，一旦开征有何影响？[EB/OL].[2024 - 06 - 04]. https://www.chinanews.com.cn/cj/2021/11 - 30/9618688.shtml.（引用时有改动）

任务四 税收优惠的检查

消费税是在普遍征收增值税的基础上，选择少数消费品再进行特殊调节的一个税种，征税项目具有选择性。因此，和其他税种相比，消费税的优惠项目数量非常少。截至2024年5月，消费税优惠项目大概包括三类。第一类，促进区域发展优惠，如对横琴、平潭区内企业销售货物免消费税。第二类，节能环保优惠，包括：节能环保电池免税、节能环保涂料免税、废动植物油生产纯生物柴油免税、废矿物油生产工业油料免税。第三类，支持绿色石化战略性支柱产业发展优惠，包括：生产成品油过程中消耗的自产成品油部分免税；自产石脑油、燃料油生产乙烯、芳烃产品免税；用已税汽油生产的乙醇汽油免税。

一、常见涉税风险

将应税产品混入免税产品申报免税。

1.将普通电池、涂料销售混入节能环保电池、节能环保涂料销售，申报免税。

2.不符合条件的废动植物油生产纯生物柴油、废矿物油生产工业油料，申报免税。

3.生产企业直接对外销售的不作为乙烯、芳烃类产品原料的石脑油免税申报，将用外购免税石脑油为原料在同一生产过程中既生产乙烯、芳烃类产品，同时又生产汽油、柴油等应税消费品免税申报。

4.将用自产汽油生产的乙醇汽油按用外购或委托加工收回的已税汽油生产的乙醇汽油申报免税。

二、主要检查方法

（一）电池、涂料免税的检查

根据企业报送的省级以上质量技术监督部门认定的检测机构出具的产品检测报告，判断电池、涂料的原材料是否是节能环保材料，是否在法定免税范围，确定电池、涂料生产企业是否存在擅自扩大消费税免税范围的问题。

> **小知识**
>
> 　　电池，是一种将化学能、光能等直接转换为电能的装置，一般有电极、电解质、容器、极端，通常还有隔离层组成的基本功能单元，以及用一个或多个基本功能单元装配成的电池组，包括原电池、蓄电池、燃料电池、太阳能电池和其他电池。免征消费税的仅包括：无汞原电池、金属氢化物镍蓄电池（又称"氢镍蓄电池"或"镍氢蓄电池"）、锂原电池、锂离子蓄电池、太阳能电池、燃料电池和全钒液流电池。
>
> 　　涂料，按形态可分为水性涂料、溶剂性涂料、粉末涂料、高固体分涂料等；按施工方法可分为刷涂涂料、喷涂涂料、辊涂涂料、浸涂涂料、电泳涂料等；按施工工序可分为底漆、中涂漆（二道底漆）、面漆、罩光漆等。环保涂料必须满足几个条件：无污染、无添加、无毒害、低排放。免税的涂料要求施工状态下挥发性有机物（Volatile Organic Compounds，VOC）含量低于420克/升（含）。

（二）利用废矿物油生产的润滑油基础油、汽油、柴油等工业油料免征消费税的检查

对申报"利用废矿物油生产的润滑油基础油、汽油、柴油等工业油料免征消费税"的纳税人，检查时应重点审核下列相关资料：

1.审核"危险废物（综合）经营许可证"，确定纳税人是否属于税法规定的"利用"范围。"危险废物（综合）经营许可证"应由省级以上（含省级）生态环境部门颁发，且该证件上核准生产经营范围应包括"利用"或"综合经营"字样。生产经营范围为"综合经营"的纳税人，应进一步核查是否有颁发"危险废物（综合）经营许可证"的生态环境部门出具的能证明其生产经营范围包括"利用"的材料。

2.审核纳税人在申请办理免征消费税备案时，是否同时提交污染物排放地生态环境部门确定的该纳税人应予执行的污染物排放标准，以及污染物排放地生态环境部门在此前6个月以内出具的该纳税人的污染物排放符合上述标准的证明材料。

3.审核纳税人回收的废矿物油是否具备能显示其名称、特性、数量、接受日期等项目的"危险废物转移联单"。

4.审核申报减免的纳税人生产原料中废矿物油重量是否占到90%以上；实地调查产成品中是否包括润滑油基础油，且每吨废矿物油生产的润滑油基础油是否符合不少于0.65吨的条件。

5.检查"主营业务收入"明细科目设置，确定纳税人利用废矿物油生产的产品与利用其他原料生产的产品是否进行了分别核算。

6.检查纳税人销售免税油品时，是否在增值税专用发票上注明产品名称，并在产品名称后加注"（废矿物油）"。

【特别提示】废矿物油，是指工业生产领域机械设备及汽车、船舶等交通运输设备使

用后失去或降低功效更换下来的废润滑油。

（三）利用废弃动植物油生产纯生物柴油免征消费税的检查

1.检查纳税人申报免税的证明材料（留存备查）是否齐全

（1）利用废弃动植物油生产纯生物柴油的工艺设计方案、工艺流程以及相关生产设备情况；

（2）利用废弃动植物油生产纯生物柴油的物料平衡图，确定每套生产装置的投入产出比例及年处理能力；

（3）原料储罐、产成品储罐和产成品仓库的分布、用途及储存容量的相关资料；

（4）利用废弃动植物油生产纯生物柴油的生产装置的全部流量计的安装位置图和计量方法说明，以及原材料密度的测量和计算方法等；

（5）资源综合利用认定证书（复印件）；

（6）省级以上安全生产监督管理部门颁发的"危险化学品安全生产许可证"（复印件）。

2.检查申报减免税的数据和标准是否符合规定

（1）审核相关数据和标准是否符合法定条件，如耗用的废弃动、植物油是否达标，计算数据来源是否正确；

（2）审核申报数据的逻辑性是否正确；

（3）审核免征消费税与增值税退税的情况是否相符。

> **小知识**
>
> "废弃的动物油和植物油"的范围包括：餐饮、食品加工单位及家庭产生的不允许食用的动植物油脂，主要包括泔水油、煎炸废弃油、地沟油和抽油烟机凝析油等；利用动物屠宰分割和皮革加工修削的废弃物处理提炼的油脂，以及肉类加工过程中产生的非食用油脂；食用油脂精炼加工过程中产生的脂肪酸、甘油酯及含少量杂质的混合物，主要包括酸化油、脂肪酸、棕榈酸化油、棕榈油脂肪酸、白土油及脱臭馏出物等；油料加工或油脂储存过程中产生的不符合食用标准的油脂。

（四）石脑油免征消费税的检查

石脑油生产企业（以下简称销售方）销售给乙烯、芳烃类产品生产企业（以下简称购买方）作为生产乙烯、芳烃类产品原料的石脑油，实行"石脑油使用管理证明单"（以下简称"证明单"）管理。"证明单"由购买方在购货前向其主管税务机关领用，销售方凭"证明单"向其主管税务机关申报免征石脑油消费税。

检查时应对"证明单"回执联、核销联、存根联注明的品种、数量、单价、金额、发票代码、发票号码、开票日期与销售方开具的增值税专用发票相关内容进行审核，明确石脑油的来源及用途，确定其是否属于免税消费品。

【特别提示】境内生产石脑油、燃料油的企业（以下简称生产企业）对外销售（包括对外销售用于生产乙烯、芳烃类化工产品的石脑油、燃料油）或用于其他方面的石脑油、燃料油征收消费税。但下列情形免征消费税：

生产企业将自产的石脑油、燃料油用于本企业连续生产乙烯、芳烃类化工产品的；生产企业按照国家税务总局下发石脑油、燃料油定点直供计划销售自产石脑油、燃料油的。

使用企业将外购的含税石脑油、燃料油用于生产乙烯、芳烃类化工产品，且生产的乙烯、芳烃类化工产品产量占本企业用石脑油、燃料油生产全部产品总量的50%以上（含）的，按实际耗用量计算退还所含消费税。

（五）乙醇汽油免征消费税的检查

乙醇汽油免征消费税仅限于"以外购或委托加工收回的汽油用于连续生产的乙醇汽油"，因此，检查的重点应放在确定生产乙醇汽油材料来源上。可以通过审查"原材料"账户及购进发票的供货单位、数量，确认购进汽油数量，并与生产成本进行对比分析，了解其投料、产出情况，确定生产乙醇汽油的材料来源。

【特别提示】乙醇汽油是一种由粮食及各种植物纤维加工成的燃料乙醇和普通汽油按一定比例混配形成的新型替代能源。按照我国的国家标准，乙醇汽油是用90%的普通汽油与10%的燃料乙醇调和而成。

【学思践悟】为深入贯彻落实协调发展理念，增强发展的平衡性、包容性、可持续性，促进各区域各领域各方面协同配合、均衡一体健康发展，国家实施了一系列税费优惠政策。

在横琴、平潭实验区发展方面，财政部等三部委联合发布《财政部 海关总署 国家税务总局关于横琴 平潭开发有关增值税和消费税政策的通知》。其中规定，内地销往横琴、平潭与生产有关的货物，视同出口，实行增值税和消费税退税政策。此外，横琴、平潭各自的区内企业之间销售其在本区内的货物，也免征增值税和消费税。这些政策旨在支持横琴、平潭地区的经济发展，鼓励企业在当地进行投资和经营活动，努力推动形成欣欣向荣、全面发展的景象。

资料来源：财政部，海关总署，国家税务总局.财政部 海关总署 国家税务总局关于横琴 平潭开发有关增值税和消费税政策的通知［EB/OL］.［2024－06－04］. https://www.shui5.cn/article/f0/72163.html.

行业检查实训：白酒行业消费税、增值税的检查

【实训资料】A酒厂是一家股份制生产企业，系增值税一般纳税人，主要生产、加工粮食白酒，2023年12月相关涉税资料如下：

（1）外购一批生产用的工具器皿，增值税专用发票上注明金额20 000元、税额2 600元，支付运费取得的增值税专用发票上注明金额400元、税额52元。货物已验收入库，款项通过银行转账。A酒厂账务处理如下：

借：原材料——低值易耗品 20 400
应交税费——应交增值税（进项税额） 2 652
贷：银行存款 23 052

经核实，上述货物在运输途中，有三分之一被盗，责任原因待查，企业未作相关会计处理。

（2）从农民手中收购高粱，开具左上角带有"收购发票"字样的增值税普通发票，金

额为 50 000 元，货物已验收入库，款项尚未支付。A 酒厂账务处理如下：

  借：原材料——高粱   45 000

    应交税费——应交增值税（进项税额）   5 000

     贷：应付账款   50 000

经核实，上述购进高粱本月领用成本 30 000 元。

（3）将新开发出的高级粮食白酒 200 瓶（每瓶 500ml）送往本省商品博览会做样品、展品，账面成本计 15 000 元。A 酒厂账务处理如下：

  借：销售费用   16 950

     贷：库存商品   15 000

       应交税费——应交增值税（销项税额）   1 950

  借：税金及附加   3 100

     贷：应交税费——应交消费税   3 100

经核实，A 酒厂无新开发白酒售价。

（4）罐装车间将一批残次酒瓶直接按成本价对外销售，取得销售款共计 113 元。A 酒厂账务处理如下：

  借：库存现金   113

     贷：生产成本   113

（5）生产车间销售副产品酒糟取得现金 2 180 元。A 酒厂账务处理如下：

  借：库存现金   2 180

     贷：应付职工薪酬——福利费   2 180

（6）销售给本公司设立的独立核算门市部，粮食白酒 10 000 箱（每箱 6 盒，每盒 500ml），不含税售价 600 元/箱，款项尚未收回。A 酒厂账务处理如下：

  借：应收账款——门市部   6 780 000

     贷：主营业务收入   6 000 000

       应交税费——应交增值税（销项税额） 780 000

  借：税金及附加   1 230 000

     贷：应交税费——应交消费税   1 230 000

经核实，本月门市部对外销售粮食白酒 6 000 箱，取得含税销售收入 16 272 000 元，A 酒厂所在地税务机关对需要核定消费税最低计税价格的白酒，按销售单位对外销售价格 60% 核定。

（7）收粮食白酒包装物押金 1 130 元。A 酒厂账务处理如下：

  借：库存现金   1 130

     贷：其他应付款——存入保证金   1 130

（8）接受某商贸公司食用粮食酒精 5 吨（每吨成本 10 000 元）加工成白酒 8 吨，加工过程中代垫辅助材料实际成本 5 000 元（不含税），加工费 8 000 元（不含税），A 酒厂无同类白酒销售价格，本月白酒加工完毕交付给商贸公司。A 酒厂账务处理如下：

  借：银行存款   14 690

     贷：其他业务收入——加工费收入   13 000

       应交税费——应交增值税（销项税额） 16 90

其他情况说明：

（1）本月应缴纳的各项税额均已按上述账面核算申报和缴纳完毕，月初增值税无留抵。

（2）资料中未涉及事项，视为无纳税问题。

（3）该酒厂已纳入增值税防伪税控系统管理，取得的增值税进项发票等抵扣凭证均已勾选认证。

（4）该酒厂按账面核算情况于2024年1月10日进行了纳税申报。

【检查要求】根据上述资料，检查2023年12月该酒厂在申报增值税、消费税方面存在的问题，并作出跨年度账务调整。

项目四
资源税的检查

学习目标

态度目标

1. 树立依法纳税的法律意识，充分认识资源税基本征收制度
2. 严格防范税收风险，保证及时、足额地履行资源税纳税义务
3. 提高会计质量、严格财务管理，最大限度地维护纳税人的合法权益及基本利益

知识目标

1. 了解纳税人在资源税应税行为确定方面存在的涉税风险及主要检查方法
2. 熟悉资源税应税销售额（量）确定方面存在的涉税风险及主要检查方法
3. 掌握资源税应纳税额计算方面的基本规定、涉税风险及主要检查方法
4. 熟悉享受资源税税收优惠政策方面存在的涉税风险及主要检查方法

技能目标

1. 能够利用多种检查方法，发现纳税人在资源税应税销售额（量）确定方面的涉税风险并及时予以纠正，避免涉税风险
2. 能够利用多种检查方法，发现纳税人在资源税应纳税额计算方面的涉税风险并及时予以纠正，避免涉税风险
3. 通过审核和访谈，了解纳税人正在享受的资源税税收优惠的条件是否完备，同时帮助纳税人发现能享受而未享受的税收优惠空间

素养目标

1. 树立资源稀缺，要节约利用、综合利用、高效利用资源的经营理念
2. 坚定清洁开发利用资源，绿色低碳转型发展目标
3. 积极配合资源税减免税政策的引导作用，以实现碳达峰碳中和目标为己任

工作情境与工作任务

通过对资源税法相关知识的学习，我们已经掌握了资源税的征税范围、计税方法、税收优惠和征收管理等方面的规定。你知道在日常经营活动中会存在哪些资源税涉税风险吗？这些涉税风险会给纳税人带来多严重的后果吗？税务检查人员、税务师和企业税务管理人员应从哪些方面了解和发现纳税人存在的与税法规定不符的纳税申报和会计处理问题？发现问题及时纠正，弥补过错，是纳税检查的目的所在。

任务一   纳税人及征税范围的检查

一、纳税人的检查

在中华人民共和国领域及管辖的其他海域开发应税资源的单位和个人，为资源税的纳税人。单位，是指国有企业、集体企业、私有企业、股份制企业、外商投资企业、外国企业、其他企业和行政单位、事业单位、军事单位、社会团体及其他组织。个人，是指个体经营者和其他个人。

中外合作开采陆上、海上石油资源的企业也应依法缴纳资源税。

（一）常见涉税风险

1.零星开采、不定期开采的纳税人未按规定进行申报纳税；

2.资源税已取消了扣缴义务人规定，收购矿产品时错误地扣缴资源税；

3.中外合作开采陆上、海上石油资源的企业不再缴纳矿区使用费，没有及时缴纳资源税；

4.纳税人开采矿产品或者生产盐的过程中开采的共伴生矿、低品位矿和尾矿未按规定申报纳税。

（二）主要检查方法

1.核查纳税人的经营范围和采矿许可证，了解纳税人是否存在开采《资源税税目税率表》列举的164种应税国有资源的经营活动，尤其要注意是否存在开采低品位矿和尾矿的业务。

2.实地检查经营者的具体经营内容，核实是否属于资源税的应税范围。

3.核实纳税人"原材料"账户，结合"应付账款""银行存款""生产成本"等账户核实材料入库单等原始凭证，及时发现是否存在不定期开采、零星开采的资源税纳税人。

二、征税范围的检查

资源税征税范围包括能源矿产、金属矿产、非金属矿产、水气矿产和盐5大类，共164个税目，有的征税对象只包括原矿或只包括选矿，有的征税对象既包括原矿，又包括选矿。

　　纳税人开采或生产应税产品，在销售时计算缴纳资源税。除自用于连续生产应税产品外，其他自用情形也需要缴纳资源税。这些情形包括但不限于将应税产品用于非货币性资产交换、捐赠、偿债、赞助、集资、投资、广告、样品、职工福利、利润分配或者连续生产非应税产品等。

（一）常见涉税风险

1.混淆应税产品与非应税产品，造成多交或少缴资源税的税收风险

　　资源税纳税人在应税资源开采或生产过程中，有直接销售应税资源的行为，也有将应税资源进行加工，销售经加工后的产品的行为。纳税人对资源税应税品目划分不清，容易形成多交税的风险。当然也存在将应税资源产品销售额混入加工产品销售额、逃避资源税的行为。

2.与增值税视同销售混淆，少缴自用环节资源税

　　资源税的实质是对开采国有资源征税，具有对所有应税资源产品必征一次资源税和只征一次资源税的特点。开采的资源在销售时需要缴纳资源税，在用于连续生产非应税资源产品或用于其他方面时也需要缴纳资源税。资源税视同销售行为的范围多数与增值税的视同销售行为一致，但是，当应税资源产品用于连续生产非应税资源产品时，缴纳资源税不缴纳增值税。自产自用应税资源产品，容易与增值税视同销售行为混淆，可能会出现少交税的情形。

3.纳税人自产自用应税产品，在使用时只结转成本而未核算资源税

4.纳税人少计销售应税产品销售额

　　【学思践悟】资源税是对中华人民共和国领域和中华人民共和国管辖的其他海域开发的应税资源在销售环节或者自用环节征收的一种税。只要是开采国有应税资源就属于征税范围，充分体现了节约应税资源的政策目的；体现了对资源征税的特点，在资源销售或者资源自用于生产非应税资源品或消耗类自用时必须纳税。资源是自然赋予当今人类的财富，我们应该为国家守好这笔财富，也应该多为后代传承，保证经济的可持续增长，在经营活动中要严格守法，仔细辨别资源税应税行为，积极响应国家促进资源合理开发利用、解决资源需求的增长与资源稀缺性矛盾日益突出的政策导向，助力资源税实现促进资源节约集约利用、加强生态环境保护方面的职能。

（二）主要检查方法

1.查看纳税人商品销售明细表

　　了解纳税人所售资源产品的类型，并详细了解各品种的生产工艺，仔细区分应税资源产品和不需要缴纳资源税的经加工后的产品。

2.可直接审查"库存商品"账户的贷方发生额和"生产成本"账户的借方发生额

　　对照"产品出库单"或"领料单"，核实企业当期应税产品用于连续生产非应税产品的实际消耗数量，通过了解同种应税资源的售价，核实资源税计税销售额。

3.审查"库存商品"账户有贷方发生额时的对应账户

　　如果对应账户是"库存商品""低值易耗品"或"固定资产"，要了解纳税人是否属于将应税资源产品用于非货币性资产交换，如果对应账户是"长期股权投资""应付股利""应付账款""营业外支出""应付职工薪酬""应收账款""销售费用"等，要进一步查看所附的原始凭证，了解业务实质，明确是否属于应纳税的自产自用情形，核实是否在计算缴纳增值税的同时计算并缴纳了资源税。

4.审查对比增值税纳税申报表、资源税纳税申报表和利润表

将三张表中的销售额进行核对，仔细分析增值税货物销售额与资源税应税销售额之间的关系。如果纳税人存在非应税资源产品销售，通过增值税销售额和资源税销售额差距的不同时期对比，查证企业是否存在少计应税资源产品销售额的情形。

5.审查"生产成本"总分类账及明细分类账贷方发生额

根据记账凭证上的账户对应关系逐笔查对，核实纳税人是否存在将生产的应税资源产品自用后直接冲减"生产成本"账户、少申报缴纳税款的情况。

【案例4-1】乙公司为矿石开采企业，税务师事务所代理检查人员审查其2023年11月增值税和资源税纳税申报事项时，发现有如下账务处理：

（1）借：生产成本——工艺品   30 000
　　　　贷：库存商品——原矿   30 000

经查所附出库单，了解到是将1吨自采原矿打磨为初级工艺品，当月纳税人销售原矿的不含增值税单价是50 000元/吨，原矿的资源税税率是6%。

（2）经检查发现乙公司增值税纳税申报的销售额等于资源税纳税申报销售额，企业存在工艺品销售收入200 000元。

代理检查人员分析如下：

（1）将应税资源产品用于连续生产非应税产品，应计算缴纳资源税。应缴纳资源税50 000 × 6% = 3 000（元）

调整分录如下：

借：生产成本——工艺品   3 000
　　贷：应交税费——应交资源税   3 000

（2）企业存在把非应税资源产品错误混入资源税应税销售额中、多缴资源税的问题，应申请退回资源税 = 200 000 × 6% = 12 000（元）

任务二　计税依据的检查

除地热、石灰岩、其他粘土、砂石、矿泉水、天然卤水外，资源税应税产品的销售额，按照纳税人销售应税产品向购买方收取的全部价款确定，不包括增值税税款。计入销售额中的满足条件的运杂费用，凡取得增值税发票或者其他合法有效凭证的，准予从销售额中扣除。所称满足条件的运杂费用，指应税产品从坑口或者洗选（加工）地到车站、码头或者购买方指定地点的运输费用、建设基金以及随运销产生的装卸、仓储、港杂费用。需要注意的是，在其他销售环节产生的运杂费用，不属于销售额的可扣除项目。

自用应税产品行为应计算应纳税额而无销售额的，主管税务机关可以按下列方法和顺序确定其应税产品销售额：

1.按纳税人最近时期同类产品的平均销售价格确定。

2.按其他纳税人最近时期同类产品的平均销售价格确定。

3.按后续加工非应税产品销售价格，减去后续加工环节的成本利润后确定。

4.按应税产品组成计税价格确定。其计算公式如下：

$$组成计税价格 = 成本 \times (1 + 成本利润率) \div (1 - 资源税税率)$$

式中：成本利润率由省、自治区、直辖市税务机关确定。

5.按其他合理方法确定。

一、开采销售与自产自用应税资源的计税销售额（量）的检查

资源税应税销售额与增值税应税销售额大致相同，共性内容部分的检查在此不再重复，以下仅分析资源税特有的销售额检查内容。

（一）常见涉税风险

1.纳税人收到运输费用，未仔细区分具体情况，多缴或者少缴资源税

（1）混淆运输服务出发地和运输服务提供方

根据资源税法规定，纳税人在销售应税资源产品过程中收到运费，首先要分析运输起点，确定起点属于坑口或者洗选（加工）地、还是其他地方；其次，分析运输服务提供方，确定提供方是纳税人之外的单位或个人，还是纳税人自身。当运输服务提供方是纳税人之外的其他单位或个人、纳税人支付款项并取得对方开具的增值税发票或者其他合法有效凭据、运输起点是坑口或者洗选（加工）地的，纳税人从购买方收到的运费，就不属于资源税的应税销售额。假如该笔运费已统一计入纳税人的销售额中，需要从销售额中减除。

（2）模糊运输费用明细，扩大扣减运输费用范围

不属于应税销售额的运输费用包括运输费用、建设基金以及随运销产生的装卸、仓储、港杂费用。

2.资源税计税依据不包括销售应税资源向购买方收取的价外收费

在销售应税资源时向购买方收取的运杂费、延期付款利息、优质服务费、包装费等不需要计算缴纳资源税。

3.纳税人通过压低应税资源产品销售额，少缴资源税

资源税只在开采销售环节征收，纳税人在销售应税资源产品时，难免会发生为了实现整体利益最大化的目的，压低应税产品销售额，偷逃资源税的情形。

4.纳税人存在自产自用应税资源产品应纳资源税的，未合理确定计税销售额

（二）主要检查方法

1.查看资源税纳税申报表，了解是否存在资源税计税依据小于同期应税矿产品开票金额和增值税申报销项金额的情形，核实其中的差额是否是由于从销售额中扣减运杂费造成的。

2.检查"主营业务收入"账户的贷方发生额及其对应的"银行存款"账户，了解取得的销售额的情况。对照购销合同，查看与购买方约定的应税资源产品价格及价外收取运费和其他杂费的说明，收取的运费及其他杂费是否分别核算；了解货物交付方式是否为销售方负责运送及运送的具体路径。检查"销售费用"账户，看借方发生额是否存在运费支出，是否与销售货物日期相同或相近，并通过查看运输合同，了解运输货物类型、运输路

径、运输费用结算方法等，判断是否存在为销售应税资源产品发生的运费支出。因销售货物发生运输支出的，审查是否取得增值税发票或其他合法凭证。销售方提供运输服务，运输起点为坑口或洗选（加工）地，销售方支付运输费用并取得相关凭证的，运费不计算缴纳资源税，可以从销售额中扣减。不符合上述条件收到的运输费、销售环节之前发生的运费不得从销售额中扣减。

3.纳税人扣减的运杂费用明显偏高导致应税资源产品价格偏低且无正当理由的，主管税务机关可以合理调整计税价格。

4.资源税法规定绝大多数矿产品都实行从价计征，计税依据为应税资源产品的销售额，准确确定应税资源产品的销售额是资源税申报征收的关键。在实践中，由于资源税的应税资源产品形态多样、纳税人账簿完善程度不同、涉及关联企业交易等原因，有时会发生纳税人申报的应税资源产品销售额明显偏低的情况。此外，当纳税人将应税资源产品自用于应当缴纳资源税情形时，还会发生自用应税资源产品无销售额的情况。此时要审查纳税人销售明细账，了解应税资源产品的销售渠道和销售数量、单价，并通过对比分析，在了解不同时期该类应税资源产品的市场价格的基础上，发现特殊销售渠道的价格异常，对价格异常的应要求相关工作人员作出解释和说明，对价格明显偏低又无正当理由的，应按照税法规定核定计税价格，补缴资源税。

【案例4-2】税务师事务所代理检查人员在审查甲煤炭开采企业资源税纳税情况时，发现该企业有如下账务处理：

（1）借：银行存款　　　　　　　　　　　　　　　　　　　1 130 000

　　　　贷：主营业务收入　　　　　　　　　　　　　　　　1 000 000

　　　　　　应交税费——应交增值税（销项税额）　　　　　　130 000

后附增值税专用发票，注明原煤销售金额1 000 000元、税额130 000元。银行进账单说明收到货款。

（2）借：银行存款　　　　　　　　　　　　　　　　　　　　33 900

　　　　贷：其他业务收入——仓储费　　　　　　　　　　　　20 000

　　　　　　　　　　　　——延期付款利息　　　　　　　　　10 000

　　　　　　应交税费——应交增值税（销项税额）　　　　　　　3 900

后附增值税专用发票，注明仓储费和延期付款利息分别为20 000元和10 000元、税额3 900元，银行进账单说明收到仓储费和延期付款利息，付款方与上笔业务相同。

（3）借：银行存款　　　　　　　　　　　　　　　　　　　　43 600

　　　　贷：其他业务收入——运费　　　　　　　　　　　　　15 000

　　　　　　其他应收款　　　　　　　　　　　　　　　　　　27 250

　　　　　　应交税费——应交增值税（销项税额）　　　　　　　1 350

后附3张单据：①增值税专用发票，注明汽运金额15 000元、税额1 350元，"备注"栏注明汽运是由坑口到港口；②银行进账单，注明收到运费，付款方与上笔业务相同；③收据，显示收到代垫的运费27 250元。

（4）借：其他应收款　　　　　　　　　　　　　　　　　　　27 250

　　　　贷：银行存款　　　　　　　　　　　　　　　　　　　27 250

后附银行转账单，说明是代垫运费27 250元。

（5）借：销售费用 15 000

应交税费——应交增值税（进项税额） 1 350

贷：银行存款 16 350

后附增值税专用发票，由汽运公司开具的，注明运费金额15 000元、税额1 350元，"备注"栏注明运输货物类型是原矿，路径是从坑口到港口。

（6）企业当月资源税核算：

借：税金及附加 62 700

贷：应交税费——应交资源税 62 700

资源税适用税率是6%。资源税计算单显示：

应纳税额 =（1 000 000 + 20 000 + 10 000 + 15 000）× 6% = 62 700（元）

代理检查人员认为，收到的15 000元运费属于纳税人销售应税资源产品环节发生的运杂费用，具体是指运送应税资源产品从坑口或者洗选（加工）地到车站、码头或者购买方指定地点的运输费用、建设基金以及随运销产生的装卸、仓储、港杂费用，并取得增值税发票，不计入资源税应税销售额。收到的27 250元的运费符合代垫运费的特征，不属于资源税应税销售额。收到的仓储费和延期付款利息属于销售应税资源时收取的价外收费，资源税计税销售额不包括价外收费。

资源税应纳税额 = 1 000 000 × 6% = 60 000（元）

应申请退还资源税2 700元，并冲减"税金及附加"账户。

二、扣减外购已税原矿购进金额的检查

资源税法规定，在中华人民共和国领域及管辖的其他海域开发应税资源的单位和个人，为资源税的纳税人，应当依照本法规定缴纳资源税。该条规定明确了资源税仅对开采应税资源的行为征税，该税种具有征税环节单一、不重复征税的特点。当纳税人外购应税资源产品与自采应税资源产品混合销售或者混合加工为应税资源产品销售的，在计算应税资源产品销售额或者销售数量时，应准予扣减外购应税资源产品的购进金额或者购进数量。

扣减购进金额（数量）的方法分为两种情况：

1.直接扣减。外购（原矿、选矿）和自采（原矿、选矿）混合后一并销售的，计算应税资源产品销售额或者销售数量时，直接扣减外购原矿或者外购选矿产品的购进金额或者购进数量。

2.计算扣减。外购原矿和自采原矿，加工为选矿产品再销售的，计算应税资源产品销售额或者销售数量时，按照下列方法进行扣减：

$$\begin{matrix}\text{准予扣减的外购应税} \\ \text{资源产品购进金额(数量)}\end{matrix} = \begin{matrix}\text{外购原矿购进} \\ \text{金额(数量)}\end{matrix} \times \begin{matrix}\text{本地区原矿} \\ \text{适用税率}\end{matrix} \div \begin{matrix}\text{本地区选矿} \\ \text{产品适用税率}\end{matrix}$$

（一）常见涉税风险

1.不能准确核算外购资源与自采资源的金额（数量），导致无法扣减购进金额（数量）；

2.加大外购资源数量和金额，扩大扣减范围，逃避资源税；

3.外购原矿加工成选矿后销售的，直接扣减购进金额，错误计算应纳税额；

4.扩大扣减购进金额（数量）范围，未用于混合销售部分也直接将购进金额扣减；

5.假冒外购已税资源，骗取扣减购进金额；

6.当期不足扣减、结转下期扣减的不当处理。

（二）主要检查方法

1.查看资源税纳税申报表，了解是否存在资源税计税依据小于同期应税矿产品开票金额和增值税申报销项金额的情形，核实其中的差额是否是由于从销售额中扣减外购原矿或选矿金额导致的。

2.了解企业应税资源销售的惯例，查看是否存在将外购资源与自采资源混合销售或混合后加工采选产品的惯例，必要时可以采取访谈、实地查看的方式，了解企业资源产品堆存情况和加工利用情况，并到选矿生产实地调研和访谈，查看是否存在利用外购已税矿产资源继续生产选矿的情况。

3.审查"库存商品"账户的借方发生额，了解当期购进已税矿产资源的金额及数量。

4.审查企业"库存商品"账户是否按照自采与外购分别进行核算，当"库存商品"账户贷方发生额对应的借方账户是"生产成本"时，注意查看是否存在外购部分领用数量和金额的情况。

5.审查"主营业务成本"账户的借方发生额，其对应的已销商品的账面价值是否有外购资源产品与自采资源产品之分，其中外购资源账面价值是否与当期购进已税资源的金额匹配。

6.当"库存商品"账户属于外购已税资源且贷方有发生额时，对应的借方账户既有"主营业务成本"，也有"生产成本"时，需要认真区分用于混合销售和用于连续生产应税资源产品的使用量，分别采用不同的方法计算可以扣减的购进金额。同时，也要注意是否存在该账户贷方发生额超过借方发生额的异常情况。

7.了解纳税人是否建立外购资源产品扣减备查表，是否准确进行结转扣除。

8.审查纳税人核算并扣减当期外购应税资源产品购进金额、数量时，注意纳税人是否提供外购应税资源产品的增值税发票、海关进口增值税专用缴款书或者其他合法有效凭据，如果不能提供上述凭证，不得扣减购进金额。

【案例4-3】税务师事务所代理丙原煤生产企业的资源税纳税申报，发现2023年12月有如下账务处理：

（1）借：原材料——外购原煤　　　　　　　　　　　　　　　　800 000

　　　　应交税费——应交增值税（进项税额）　　　　　　　104 000

　　　　　贷：银行存款　　　　　　　　　　　　　　　　　　　　904 000

后附增值税专用发票，注明购买原煤4 000吨，全额80万元、税额10.4万元。

（2）借：生产成本——选煤　　　　　　　　　　　　　　　　　550 000

　　　　　贷：原材料——外购原煤　　　　　　　　　　　　　　400 000

　　　　　　　　　——自采原煤　　　　　　　　　　　　　　150 000

后附出库单，将外购原煤2 000吨和自采原煤1 800吨用于生产选煤。

（3）借：银行存款　　　　　　　　　　　　　　　　　　　　1 469 000

　　　　贷：主营业务收入——选煤　　　　　　　　　　　　　　1 300 000

　　　　　　应交税费——应交增值税（销项税额）　　　　　　　169 000

后附增值税专用发票，注明售出选煤5 000吨，金额130万元、税额16.9万元。

（4）借：税金及附加　　　　　　　　　　　　　　　　　　　　10 000

　　　　贷：应交税费——应交资源税　　　　　　　　　　　　　10 000

后附资源税计算表，应纳税额 =（1 300 000 - 800 000）× 2% = 10 000（元）。

该煤矿的原煤税率3%，选煤税率2%。

税务师认为，外购原矿和自采原矿，加工为选矿产品再销售的，计算应税资源产品销售额或者销售数量时，按照下列方法进行扣减：

$$\begin{matrix} \text{准予扣减的外购应税资源} \\ \text{产品购进金额（数量）} \end{matrix} = \begin{matrix} \text{外购原矿购进} \\ \text{金额（数量）} \end{matrix} \times \frac{\text{本地区原矿}}{\text{适用税率}} \div \frac{\text{本地区选矿}}{\text{产品适用税率}}$$

$$= 800\,000 \times 3\% \div 2\% = 1\,200\,000（元）$$

当期应纳税额 =（1 300 000 - 1 200 000）× 2% = 2 000（元）

建议纳税人申请退回多缴纳的税款，并冲减"税金及附加"账户。

任务三　适用税率的检查

资源税征税范围包括能源矿产、金属矿产、非金属矿产、水气矿产和盐5大类共164个税目，其中9个税目实行全国统一固定税率，其他155个税目实行幅度税率。有158个税目实行从价计征，其余6个税目可视税收征收管理便利程度选择实行从价计征或者从量计征，主要是地热、矿泉水、石灰岩、砂石、其他粘土和天然卤水。资源税明确了按原矿、选矿分别设定税率。

纳税人开采或者生产不同税目应税产品的，应当分别核算不同税目应税产品的销售额或者销售数量；未分别核算或者不能准确提供不同税目应税产品的销售额或者销售数量的，从高适用税率。

（一）常见涉税风险

1.混淆原矿和选矿的销售收入，按低税率的资源种类计算纳税；

2.混淆不同税目矿产品的销售收入，按低税率的资源税目计算纳税；

3.混淆不同税目、不同资源产品的自用数量，按低税率少交资源税。

（二）主要检查方法

1.按照下列顺序进行检查：①审查"生产成本""库存商品"等账户，核实生产入库和销售结转应税资源产品的类型确定是否正确；②审查"银行存款""主营业务成本""主营业务收入"等账户，核实结转的应税资源产品的销售成本和销售价格，佐证应税资源产品的类型认定是否正确；③核实资源产品类型，确定适用的税率；④根据各类资源产品的销售额（量）、适用的比例税率（单位税额）计算应纳税额，与企业"应交税费——应交资源税"账户的贷方发生额以及纳税申报表上的应纳税额核对，从中发现企业是否存在降低或混淆产品类型而少申报缴纳税款的行为。

2.对纳税人开采或者生产不同税目应税资源产品的，应当分别检查"库存商品"和"主营业务收入"账户的贷方发生额，确定纳税人是否分别核算不同税目应税资源产品的销售额（量）；未分别核算或者不能准确提供不同税目应税资源产品的销售额（量）的，核查纳税人是否从高适用税额申报纳税，否则应补缴资源税。

3.检查"库存商品"账户的贷方发生额，当期对应账户不是"主营业务成本"时，也要注意分析是否属于自用应纳资源税情形，此时，要特别留意所附的出库单，看出库的资源品名与所了解到的资源储藏地堆存的资源品名是否一致，是否存在自用的资源品名混淆的情况。

【案例4-4】2024年9月，税务检查人员在检查某铁矿山当年第二季度资源税缴纳情况时发现，"主营业务收入——原矿"和"主营业务收入——选矿"账户的销售收入占比与第一季度相比变化较大：第一季度原矿销售额与选矿销售额之比是3∶6，而第二季度变成了5∶4。经调查，两种矿产品的市场销售价格没有太大变化，该矿山也没有较大的生产规划的修改。

带着疑问，检查人员经多方查证，确定是因为资源税对原矿和选矿分别适用了不同的比例税率，原矿税率6%、选矿税率5%。纳税人将300万元的原矿销售额计入了选矿销售额，税务检查人员要求该矿山补缴资源税3万元。

任务四　税收优惠的检查

一、资源税减免税政策

微课

实施绿色税制守护碧水蓝天

根据减免税政策的确定权限不同，资源税减免税政策大致可以分为三类：

（一）资源税法统一规定的减免税政策

为鼓励油气开采和煤炭企业安全生产，有下列情形之一的，免征资源税：开采原油以及在油田范围内运输原油过程中用于加热的原油、天然气；煤炭开采企业因安全生产需要抽采的煤成（层）气。

为鼓励资源充分开采，有下列情形之一的，减征资源税：从低丰度油气田开采的原油、天然气，减征20%资源税；高含硫天然气、三次采油和从深水油气田开采的原油、天然气，减征30%资源税；稠油、高凝油减征40%资源税；从衰竭期矿山开采的矿产品，减征30%资源税。

（二）国务院依照税法授权制定的减免税政策

包括对青藏铁路公司及其所属单位运营期间自采自用的砂石等材料，免征资源税；在2027年12月31日之前，对页岩气资源税减征30%；在2027年12月31日之前，对增值税小规模纳税人、小型微利企业和个体工商户减半征收资源税（不含水资源税）；在2027年12月31日之前，对充填开采置换出来的煤炭，资源税减征50%。

（三）授权地方政府制定的减免税政策

主要包括下列两项：

一是考虑到采矿行业属于高危行业，容易受到意外事故和自然灾害的影响。资源税法授权省、自治区、直辖市可以对纳税人开采或者生产应税资源产品过程中，因意外事故或者自然灾害等原因遭受重大损失的，给予减免税。

二是为促进我国共伴生矿、低品位矿和尾矿的充分利用，资源税法授权省、自治区、直辖市可以对纳税人开采共伴生矿、低品位矿和尾矿给予减免税。

纳税人享受资源税优惠政策，实行"自行判别、申报享受、有关资料留存备查"的办理方式，另有规定的除外。纳税人对资源税优惠事项留存材料的真实性和合法性承担法律责任。

【特别提示】纳税人的减税、免税项目，应当单独核算销售额或者销售数量；未单独核算或者不能准确提供销售额或者销售数量的，不予减税或者免税。纳税人开采或者生产同一应税资源产品，其中既有享受减免税政策的，又有不享受减免税政策的，按照免税、减税项目的产量占比等方法分别核算确定免税、减税项目的销售额或者销售数量。

纳税人开采或者生产同一应税产品同时符合两项或者两项以上减征资源税优惠政策的，除另有规定外，只能选择其中一项执行。

二、常见涉税风险

1.未单独核算减税、免税及应税项目的销售额或者销售数量，导致无法享受资源税优惠。

2.多计用于免税项目的资源产品的数量与金额。例如，油田将正常销售的原油、天然气计入用于加热而使用的原油、天然气，逃避资源税。

3.混淆不同开采渠道的应税资源产品，错误适用减税优惠。例如，将一般的原油混入三次采油或从深水油气田开采的原油，套用减征30%的优惠。

4.错误地叠加享受税收优惠，少缴资源税。

【学思践悟】开发资源，既不能浪费资源也不能污染环境，应实现"绿色开采"。资源税法作为绿色税制的重要组成部分，适应经济社会发展的新形势新要求，发挥着促进资源节约集约利用、加强生态环境保护方面的功能。在山西，为鼓励企业提高资源综合利用率，对纳税人开采共伴生矿、低品位矿的，依据地质勘查报告和矿产资源储量备案证明，减征30%资源税；对纳税人开采尾矿的，免征资源税。纳税人将省下的税款用于技术研发、设备升级，在绿色和高质量发展中既实现了经济效益，又保护了生态环境。纳税人依法享受资源税减免优惠，既能为企业创造更多的利润，也是践行绿色发展方式和生活方式，走生产发展、生活富裕和生态良好的文明发展道路。

三、主要检查方法

（一）纳税人使用原油、天然气免税情况的检查

检查与原油免税有关的会计资料，如审批手续，出库、入库记录，核实免税原油、天然气的使用数量；通过询问调查有关人员，掌握原油、天然气的实际流向和用途；根据使

用单位的工作计划、生产记录和有关的技术资料，验证开采和在油田范围内运输原油过程中为加热而使用原油、天然气的真实性，核查是否存在以加热名义领取原油但实际改变用途的情况。对不能准确提供使用数量或不单独核算的，不得享受免税待遇。

（二）纳税人不同开采渠道的可减税资源的检查

了解纳税人油田开采的具体情况，如陆上油田属于陆上低丰度油田的，审查该油田的"主营业务收入"账户，对照"应交税费——应交资源税"账户的发生额，了解是否按规定减征了20%。如果该油田既属于海上低丰度油田，又属于深水油气田，则了解纳税人是否选择了资源税减征30%。

（三）稠油、高凝油减税的检查

稠油、高凝油资源税减征40%。因此，纳税人往往将稀油计入稠油、高凝油，从而降低适用税额或税率。检查时，可从以下两个方面着手进行：

1.检查"生产成本""库存商品"等账户以及油田的生产记录，核实企业稠油、高凝油及稀油的产量；

2.检查"银行存款""主营业务成本""主营业务收入"等账户以及销售发票等资料，对照销售价格，掌握企业稠油、高凝油及稀油的实际销售数量，推算企业稠油、高凝油及稀油的实际产量，进而查实企业是否存在混记、混销稠油、高凝油与稀油的情况。

（四）油气开采新技术减免的检查

对申报三次采油开采的原油、天然气，减征30%资源税的纳税人，检查其"库存商品"账户及入库单，查看是否对三次采油开采的原油、天然气单独核算，如果未能单独核算产量，不得享受优惠。

单独核算的产量，即使销售部分无法单独核算，也可以按照免税、减税项目的产量占比等方法，分别核算确定免税、减税项目的销售额或者销售数量。

【案例4-5】某税务师事务所受托审查丁石油开采企业的资源税纳税情况，发现纳税人2023年12月全月开采并销售原油1 000吨，取得不含税收入200万元，原油资源税税率6%，当月核算应纳资源税12万元。

税务师经过走访，了解到丁石油开采企业采用了三次采油技术，当月开采300吨原油，企业设置了"库存商品——三次采油"明细分类账，当月借方增加300吨。

根据产量占比法确定的减税资源销售额 = 200 × 300 ÷ 1 000 = 60（万元）

这部分原油可以减征30%的资源税，减征税额 = 60 × 6% × 30% = 1.08（万元）。

税务师建议企业申请退回资源税1.08万元。

行业检查实训：煤炭采掘业资源税、增值税的检查

【实训资料】2024年2月，某税务稽查局检查某煤炭企业2023年12月的增值税和资源税纳税情况，该企业原煤资源税税率8%、洗煤资源税税率6.5%。检查中发现如下账务处理：

（1）借：库存商品——外购原煤   120 000

        应交税费——应交增值税（进项税额）   15 600

           贷：银行存款   135 600

附原始凭证：

① 转账支票存根；

② 增值税专用发票，注明金额 120 000 元、税额 15 600 元。

（2）借：银行存款   57 000

           贷：主营业务收入——自采原煤   50 000

               其他业务收入——运费   500

               应交税费——应交增值税（销项税额）   6 500

附原始凭证：

① 银行进账单；

② 增值税专用发票，注明金额 50 000 元、税额 6 500 元；

③ 收据，注明运费 500 元。

（3）借：生产成本——焦炭   30 000

           贷：库存商品——自采原煤   18 000

                    ——外购原煤   12 000

附原始凭证：原煤出库单，注明焦炭生产使用原煤 30 000 元（其中外购原煤 12 000 元，有购进发票；自采原煤账面价值为 18 000 元，不含税市场价值 24 000 元）。

（4）借：银行存款   67 800

           贷：主营业务收入——自产洗煤   60 000

               应交税费——应交增值税（销项税额）   7 800

附原始凭证：

① 银行进账单；

② 增值税专用发票，注明销售洗煤金额 60 000 元、税款 7 800 元。

（5）借：应付账款——乙公司   36 000

           贷：库存商品——洗煤   24 000

               营业外收入   12 000

附原始凭证：

① 债务抵偿协议，用自产洗煤（账面价值 24 000 元，市场价值 35 000 元）抵偿欠乙公司的货款 36 000 元；

② 出库单，注明成本 24 000 元。

（6）借：生产成本——洗煤   80 000

           贷：库存商品——外购原煤   80 000

附原始凭证：商品出库单，生产洗煤领用账面价值 80 000 元的外购原煤。

（7）借：银行存款   226 000

           贷：主营业务收入——焦炭   200 000

               应交税费——应交增值税（销项税额）   26 000

附原始凭证：

① 银行进账单；

② 增值税专用发票，注明销售焦炭金额 200 000 元、税额 26 000 元。

企业已按上述会计核算的结果计算并缴纳了增值税。

资源税当月应纳税额 = （50 000 + 18 000）× 8% + （60 000 + 24 000 − 80 000）× 6.5%

= 5 700（元）

资源税纳税申报表显示，留待以后抵减的外购原煤购进金额为 40 000 元。

【检查要求】分析纳税人在增值税和资源税纳税申报方面存在的问题，并作调整分录。

项目五

企业所得税的检查

学习目标

态度目标
1. 树立依法纳税的法律意识，充分认识企业所得税基本征收制度
2. 严格防范税收风险，保证及时、足额地履行企业所得税纳税义务
3. 严格财务管理、提高会计质量，最大限度地维护纳税人的合法权益及基本利益

知识目标
1. 了解企业所得税征税范围及纳税人确定方面存在的涉税风险及主要检查方法
2. 掌握企业所得税收入总额确定的税收风险及主要检查方法
3. 掌握企业所得税税前扣除项目确定的税收风险及检查方法
4. 熟悉企业资产税务处理方面的税收风险及检查方法
5. 掌握企业申报所得税优惠方面的税收风险及检查方法

技能目标
1. 能够运用大数据分析工具等现代技术方法，检查企业所得税纳税人认定方面的涉税风险点并及时予以纠正，避免涉税风险
2. 能够运用审阅、核对、询问、实地调查等方法检查纳税人在所得税收入确定方面的涉税风险点并及时予以纠正，避免涉税风险
3. 能够运用逻辑审查、审阅、核对、实地调查等方法检查纳税人在所得税成本费用列支方面的涉税风险点并及时予以纠正，避免涉税风险
4. 能够运用多种检查方法检查纳税人在对资产进行税务处理方面的涉税风险点并及时予以纠正，避免涉税风险
5. 通过审核和访谈了解纳税人正在享受的企业所得税税收优惠的条件是否完备、备查资料是否齐全，同时帮助纳税人发现能享受而未享受的税收优惠空间
6. 能够依据企业会计核算特点，对会计与税法的差异进行准确纳税调整

素养目标
1. 培养爱岗敬业、团结协作的合作精神和求真务实、一丝不苟的工匠精神及开拓创新精神
2. 培养诚实守信、做好服务的工作态度
3. 培养匹夫有责的担当精神和赤诚仁爱、胸怀天下的家国情怀

工作情境与工作任务

通过对企业所得税法的学习，我们已经掌握了企业所得税的纳税人、征税范围、计税依据、计税方法、税收优惠和征收管理等方面的规定。你知道在日常经营活动中会存在哪些企业所得税涉税风险吗？这些税收风险会给企业带来什么后果？税务稽查人员、税务师和企业税务管理人员应从哪些方面了解和挖掘企业存在的与税法规定不符的纳税申报和会计处理问题，做到发现问题及时纠正，弥补过错，圆满完成税务检查工作任务？

任务一　基本要素的检查

一、纳税人及纳税义务的检查

在中华人民共和国境内，企业和其他取得收入的组织（以下统称企业）为企业所得税的纳税人，应依法缴纳企业所得税。个人独资企业、合伙企业不适用本法。

企业分为居民企业和非居民企业：所称居民企业，是指依法在中国境内成立，或者依照外国（地区）法律成立但实际管理机构在中国境内的企业；所称非居民企业，是指依照外国（地区）法律成立且实际管理机构不在中国境内，但在中国境内设立机构、场所的，或者在中国境内未设立机构、场所，但有来源于中国境内所得的企业。

居民企业应当就其来源于中国境内、境外的所得缴纳企业所得税。非居民企业在中国境内设立机构、场所的，应当就其所设机构、场所取得的来源于中国境内的所得，以及发生在中国境外但与其所设机构、场所有实际联系的所得，缴纳企业所得税。非居民企业在中国境内未设立机构、场所的，或者虽设立机构、场所但取得的所得与其所设机构、场所没有实际联系的，应当就其来源于中国境内的所得缴纳企业所得税。

（一）常见涉税风险

1.将独立核算的分支机构确认为纳税人，独立申报纳税

企业所得税的纳税人为中华人民共和国境内企业和其他取得收入的组织，居民企业在中国境内设立不具有法人资格的营业机构的，应当汇总计算并缴纳企业所得税；以总机构名义进行生产经营的非法人分支机构，无法提供汇总纳税企业分支机构所得税分配表，也无法提供相关证据证明其二级及以下分支机构身份的，应视同独立纳税人计算并就地缴纳企业所得税。

由于"独立核算"的分支机构单独对其业务经营活动过程及其成果进行全面、系统的会计核算，单独设置会计机构并配备会计人员，并有完整的会计工作组织体系。因此，被许多纳税人误认为"独立核算"的分支机构需要独立进行涉税申报，没有及时向税务机关提供相关的证明及所得税分配表，从而被视同为"独立纳税人"独立缴纳了企业所得税。由于地域税源之争，分支机构所在地的税务机关往往不会主动提醒纳税人。

2.利用组织架构设计规避纳税

企业所得税的纳税人分为居民企业和非居民企业，非居民企业在中国境内未设立机

构、场所的，或者虽设立机构、场所但取得的所得与其所设机构、场所没有实际联系的，应当就其来源于中国境内的所得缴纳企业所得税。

为了逃避纳税义务，非居民纳税人可能采用事先搭建导管公司的办法，将境内所得转化为境外所得，规避所得税纳税义务；或者违规享受所得税优惠，减少所得税应纳税额。

3.法人企业变更为有限合伙，规避缴纳企业所得税

个人独资企业、合伙企业，不是企业所得税的纳税人，其所得应依法缴纳个人所得税。

按照我国现行税收政策，如果一家法人公司转让其拥有的另一公司股权，产生的所得属于财产转让所得，要按25%的税率缴纳企业所得税，实际分配到自然人股东层面还有20%的个人所得税。因此，一些企业在转让股权之前，可能将原法人公司变更为合伙企业，再行转让，从而规避企业所得税。

小知识

个人独资企业，是指依法在中国境内设立，由一个自然人投资，财产为投资人个人所有，投资人以其个人财产对企业债务承担无限连带责任的经营实体。因为个人独资企业是以投资人的个人财产对外承担无限责任的，其生产经营所得属于出资人个人所得，企业本身没有独立的财产和所得，所以不属于企业所得税的纳税人。

合伙企业，是指自然人、法人和其他组织依法在中国境内设立的普通合伙企业和有限合伙企业。合伙企业以合伙人或者普通合伙人的全部财产对外承担无限责任。对于普通合伙企业来说，其生产经营所得属于合伙人个人的所得；对于有限合伙企业来说，其生产经营所得分别属于普通合伙人和有限合伙人，企业本身也没有独立的财产和所得，所以不属于企业所得税的纳税人。

（二）主要检查方法

1.从公司的名称判断申报主体是法人还是分支机构

如果纳税申报主体是××公司，则该纳税主体是法人主体的可能性高；如果纳税申报主体是××分公司，则基本可以判断该纳税主体是分支机构。

2.查询商事登记网站的公司信息

确认公司层级、申报纳税的主体公司处于哪一层级，是否具有独立法人资格。

3.利用网络"爬虫"技术，确定公司架构

尤其关注中间层公司是否从事制造、经销、管理等实质性经营活动，是不是为规避纳税、享受税收优惠政策而专门搭建的导管公司；有无利用导管公司进行股权交易、利润分配而逃避纳税义务的情况。

小知识

导管公司是指通常以逃避或减少税收、转移或累积利润等为目的而设立的公司，导管公司不从事制造、经销、管理等实质性经营活动。

【学思践悟】非居民企业间接转让股权是一个涉及跨国税务和国际资本流动的复杂问题，通常具有涉及税款金额高、隐蔽性强、核查难度较大等特点。它不仅关系到国家税收

的合理征收，也涉及国际经济秩序的公平性。税务机关通过有效的税收政策和监管措施，可以确保国家税收收入的合理性和合法性，防止税基被侵蚀和利润转移，这既展示了税务机关在打击逃税行为方面的能力和决心，也提醒广大纳税人必须遵守税法，避免通过非法手段逃避税收责任。

阅读资料

识破"导管"安排，追征境外企业股权交易税款

【案例5-1】媒体一条消息"A上市公司关于持股5%以上股东完成工商变更登记的公告"引起X市税务机关的注意，仔细阅读公告，并查看A上市公司股东构成情况确定该股权变更基本情况如下：

（1）位于X市的X进出口有限公司持有A上市公司5%以上股份，由自然人甲某控股。

（2）X进出口有限公司转让A上市公司5%以上股份之前，先进行了如下变更登记：

①将位于X市的X进出口有限公司迁址到B市，更名为B进出口有限公司，不发生纳税义务；

②将B进出口有限公司变更为B网络科技合伙企业（有限合伙），不发生纳税义务。

（3）B网络科技合伙企业（有限合伙）转让A上市公司5%的股份，转让所得归公司控股人甲某，甲某应缴纳个人所得税。

X市税务机关认为经过上述一系列的操作后，原X进出口有限公司转让A上市公司的股权就变为甲某个人转让A上市公司的股权，规避了中间应缴纳的企业所得税，根据《财政部 国家税务总局关于企业重组业务企业所得税处理若干问题的通知》（财税〔2009〕59号）的规定：企业由法人转变为个人独资企业、合伙企业等非法人组织，或将登记注册地转移至中华人民共和国境外（包括港、澳、台地区），应视同企业进行清算、分配，股东重新投资成立新企业。

提示B市税务机关针对这一变更的税收清算和补税行为进行监管。

二、适用税率的检查

企业所得税的税率为25%；在中国境内未设立机构、场所的非居民企业取得来源于中国境内的所得，适用税率为20%，减按10%征收。

（一）常见涉税风险

在我国境内设立机构、场所的非居民纳税人按未设立机构、场所的非居民纳税人申报，从低适用税率。

（二）主要检查方法

检查非居民纳税人境内设立的机构、场所，是不是在中国境内从事生产经营活动的机构、场所。

在中国境内从事生产经营活动的机构、场所，包括：管理机构、营业机构、办事机构；工厂、农场、开采自然资源的场所；提供劳务的场所；从事建筑、安装、装配、修理、勘探等工程作业的场所；其他从事生产经营活动的机构、场所。非居民企业委托营业代理人在中国境内从事生产经营活动的，包括委托单位或者个人经常代其签订合同，或者储存、交付货物等，该营业代理人视为非居民企业在中国境内设立的机构、场所。

检查时，应重点核实机构、场所的固定性、持续性、经营性。具体有：对于为工程项目提供劳务与承包工程作业的机构、场所，关键看是否承担施工作业；对于工程和劳务性常设机构，应根据缔约国居民企业在境内开展业务的实质，分析工程劳务是否具有相关性，是否需整合为一个项目进行考量，重点关注企业是否通过合同拆分、机构场所的辅助性功能定位等方式来规避常设机构的判定；对独立代理人的判断要结合代理人与被代理人的权利义务、风险责任等实质性内容分析代理人是否具有独立性。

任务二　收入总额的检查

企业收入总额是指以货币形式和非货币形式从各种来源取得的收入，包括：销售货物收入，提供劳务收入，转让财产收入，股息、红利等权益性投资收益，利息收入，租金收入，特许权使用费收入，接受捐赠收入，其他收入及视同销售收入。

一、收入检查的一般内容

对企业各项收入总额的检查重点是收入总额确认和计量的真实性、准确性等。

（一）常见涉税风险

1. 隐匿实现的收入；

2. 收入计量不准确；

3. 实现收入入账不及时；

4. 会税差异未作所得税纳税调整。

（二）主要检查方法

1. 根据利润表数据分析"主营业务收入变动率"，对于异常变动情况筛选进一步检查的重点。

2. 结合现金流量表中的"经营活动产生的现金流入"和"经营活动产生的现金流出"项目，对应资产负债表中和收入有关的应收账款、存货等项目，通过分析各项目之间的逻辑关系是否吻合，确定主营业务收入增减变化的真实性。

3. 对于列入重点审核的主营业务收入，对其各影响因素的增减变化情况进行分析，确定主营业务收入检查的突破点。

4. 对于查账征收企业所得税的纳税人，审核年度汇算清缴所得税纳税申报表"纳税调整项目明细表（A105000）"，确定纳税人在申报过程中纳税调整项目是否齐全，对照相关账表，核实其调整金额的计算是否正确。

微课

收入额会计与税法差异分析案例

二、各收入项目的检查

（一）销售货物收入的检查

销售货物收入是指企业销售商品、产品、原材料、包装物、低值易耗品以及其他存货取得的收入。除企业所得税法及实施条例另有规定外，企业销售收入的确认，必须遵循权责发生制原则和实质重于形式原则。企业销售商品同时满足下列条件的，应确认收入的实现：商品销售合同已经签订，企业已将商品所有权相关的主要风险和报酬转移给购货方；企业对已售出的商品既没有保留通常与所有权相联系的继续管理权，也没有实施有效控制；收入的金额能够可靠地计量；已发生或将发生的销售方的成本能够可靠地核算。

1.常见涉税风险

（1）账面收入不真实、不完整，漏计、少计收入

① 商品（材料）购进与销售均不入账，货物、资金账外循环；

② 关联方交易价格明显偏低；

③ 将已实现的收入长期挂往来账户不确认收入。

（2）收入结转不及时，推迟纳税

① 采取预收款方式销售货物，发出商品时仍不确认收入，待收款出票时再结转收入；

② 以分期收款方式销售货物，不按照合同约定的收款日期确认收入，而是按发出货物日期或收回款项日期申报；

③ 采用委托代销结算方式销售货物，不按收到代销清单日期确认收入，而是按实际收回款项日期确认收入。

（3）会计与税法的差异未及时进行所得税纳税调整

2.主要检查方法

查看内部考核办法及相关考核数据，以及销售合同、销售凭据、银行对账单、库存现金日记账、仓库实物账等相关资料，结合"主营业务收入"、"其他业务收入"及往来科目进行比对分析和抽查，核查纳税人是否及时、足额确认应税收入。

【案例5-2】某稽查局检查人员在分析辖区内网络销售、网上直播行业企业的涉税数据时，发现S网络科技有限公司（以下简称S公司）Q币业务购销存在异常。从涉税数据看，该企业大量购进Q币，并接受大额进项发票，但此后企业却未对外开具相关销项发票，这一情况引起检查人员注意。检查人员发现，该企业将这些Q币列入企业库存商品中，在未做出库销售的情况下，以自用为名直接将Q币结转计入营业成本。S公司购进大量Q币，但却没有相关销售数据，针对这个重要疑点，检查组决定核查企业是否存在隐匿Q币销售收入情况。

在S公司办公地，检查人员登录该企业的Q币账户后，发现账户内Q币余额为零，但从账户中看不到企业购入的2 000多万元Q币具体流向何方。检查人员随后发现：S公司购买Q币后，在之后的几个月时间里，张某、陈某和李某3名人员，曾每月均向S公司进行过数额逾百万元的大额转账，而这些资金，该企业均记入往来科目中的其他应付款项目。检查组继续追踪，又调取叶某、卢某等十几名人员的银行账户流水信息，发现这些账户的资金支出对象相对稳定，其中有不少资金转入S公司负责人的亲属张某、陈某等3人账户，但向叶某等人账户汇入资金的账户数量却非常多，散布于全国多个地区，并且汇入金额也十分零散，从几元、几百元到数千元不等。由于叶某等人账户资金的汇入方和汇入资金笔数的数据十分庞大，这给追查资金源头带来了困难。但从叶某、卢某等人账户资金收支迹象看，这些个人账户的资金往来，具有零售商户零散销售获得收入后，集中向供应商支付货款的收支特征。

基于此，检查人员有了一个设想——检查过程中发现的卢某、叶某等人，是否为S公司Q币业务的"分销商"，他们以王某亲属张某、陈某等3人账户为资金结算桥梁，与S公司进行Q币交易往来。

原来，叶某、卢某等人是 S 公司的 Q 币代销人员，他们通过个人网络主页、网络平台店铺等渠道，帮 S 公司代销 Q 币。网上的个人用户购买 Q 币，向叶某、卢某等代销人员支付款项后，他们按照与 S 公司的约定，定期将销售资金汇入 S 公司指定的陈某、张某等 3 人的银行账户，由其将资金再汇转给 S 公司，完成 Q 币销售资金结算。

经查，S 公司检查期内共销售 Q 币 2 714 万个，利用往来科目隐匿收入 2 613 万元未依法向税务机关申报纳税。针对 S 公司的违法行为，该稽查局依法追征了税款，并对企业进行处罚。

【学思践悟】作为纳税人群体，要不断通过增强守法意识、提高核算能力，不通过私人账户隐匿收入，诚信经营，降低企业税收风险；作为税务机关，要进一步放大信用激励作用，优化税收营商环境，加大对诚实守信纳税人的激励力度，提高纳税人税收遵从度，支持各类经营主体更好更健康地发展。

【做中学 5-1】甲公司是增值税一般纳税人，增值税税率 13%，在进行 2023 年所得税汇算清缴纳税申报时，财务人员确认 2023 年 12 月 28 日对外销售自产货物实行 7 天无理由退货。根据以往的销售数据统计，年平均退货率为 10%，销售商品含税价为 113 万元，成本 80 万元，结转收入、成本的相关账务处理为：

借：应收账款 1 130 000
　贷：应交税费——应交增值税（销项税额） 130 000
　　预计负债（1 000 000×10%） 100 000
　　主营业务收入 900 000
借：主营业务成本 720 000
　应收退货成本 80 000
　贷：库存商品 800 000

2024 年 1 月 2 日，实际退货 8%，相关账务处理为：

借：预计负债 80 000
　贷：银行存款 90 400
　　应交税费——应交增值税（销项税额） 10 400
借：预计负债 20 000
　贷：主营业务收入 20 000
借：主营业务成本 16 000
　贷：应收退货成本 16 000
借：库存商品 64 000
　贷：应收退货成本 64 000

请问：如果你是企业财务人员，在进行 2023 年、2024 年所得税汇算清缴时，应该怎么做？

解析：2023 年会计账面结转主营业务收入 90 万元，按所得税法相关规定应确认收入 100 万元，作纳税调整增加 10 万元；账面结转主营业务成本 72 万元，按所得税法相关规定应确认成本 80 万元，作纳税调整减少 8 万元。2024 年账面结转主营业务收入 2 万元，按所得税法相关规定应冲减收入 8 万元，作纳税调整减少 10 万元；账面结转主营业务成本 1.6 万元，按所得税法相关规定应冲减成本 6.4 万元，作所得税纳税调整增加 8 万元。

（二）提供劳务收入的检查

提供劳务收入，是指企业从事建筑安装、修理修配、交通运输、仓储租赁、金融保险、邮电通信、咨询经纪、文化体育、科学研究、技术服务、教育培训、餐饮住宿、中介代理、卫生保健、社区服务、旅游、娱乐、加工以及其他劳务服务活动取得的收入。

提供劳务收入，按照完工进度百分比法确认收入。完工进度可以依据以下方法确定：已完工作的测量；已经提供的劳务占应提供劳务总量的比例；已经发生的成本占估计总成本的比例。采用完工百分比法确认当期劳务收入的计算公式如下：

当期合同收入 = 合同总收入 × 完工进度 – 以前会计期间累计已确认的收入

由于提供劳务收入涉及的行业比较多，检查的侧重点及检查方法也不尽相同，一般来讲，其常见的涉税风险及主要检查方法涉及两个方面。

1.常见涉税风险

（1）合同收入未按照完工百分比法分期确认，或者完工进度的确认不合理；

（2）因合同变更、索赔、奖励、合同完成后处置残余物资等形成的收益等，不按规定确认收入。

2.主要检查方法

（1）完工进度的检查

① 查看合同、询问主管业务的负责人，了解经济业务是否存在适合运用完工百分比法的条件和特征。

② 据公司业务特点和主要合同条款，结合完工百分比法的适用条件及同行业可比公司的具体核算方法，分析企业选用的完工百分比计算方法是否恰当。

③ 对纳税人与完工百分比法相关的内部控制制度、财务核算制度的设计和执行情况进行核查梳理，包括成本预算、成本归集、合同管理、存货盘点、账户设置等，确定适用完工百分比法的条件是否成熟。

④ 核查实际成本的归集是否准确。其包括：第一，核查纳税人预算部门、采购部门、设计部门、财务部门的相关数据，确定各部门的预计成本；第二，对比预计总成本与实际总成本的差异，分析纳税人预计总成本的准确性、调整的合理性，是否存在通过调整成本来调节利润的情况；第三，查看纳税人材料领用和派工情况，对照合同清单分析成本明细项目是否翔实、完整、真实。

⑤ 核查完工进度的计算是否正确。其包括：第一，采用外调法，取得客户或第三方监理单位对完工进度的书面确认文件；第二，对比纳税人结转劳务收入进度与工程实际收款进度是否存在较大差异，借以分析纳税人计算的完工进度能否反映工程或劳务的实际完工状况；第三，对比同类业务各环节的运行周期，对于进展过快或过慢的项目，分析过快或过慢的原因，确定纳税人是否存在提前或延迟确认收入的情况；第四，对于完工进度核算不准确，与结算进度、收款进度差异大的，需要重新计算完工进度及应结转的收入。

⑥ 实地查看工程进度，比较工程形象进度与收入确认进度是否一致。与现场施工人员、监理单位就工程周期、工程特点及施工规律、工程进度、工程预期等情况进行交谈和沟通，了解工程进展是否正常，与收入确认进度是否一致。

【做中学 5-2】某市税务稽查局对某船舶制造公司 2023 年纳税情况进行检查时确认：

该船舶制造公司于2022年年初与乙公司签订了一项总金额为10 000万元的建造合同，为乙公司建造一艘集装箱运输船。船舶于2022年2月开工、2024年6月完工，预计工程总成本为8 000万元，双方约定依据工程的完工程度按季结算工程款。截至2023年12月31日，该项目已经发生的成本为5 000万元，预计完成合同还将发生成本3 000万元，应结算工程价款6 250万元，但是船舶制造公司仅收到工程价款2 500万元。

经核实实际情况，确认由于乙公司经营发生严重困难，船舶制造公司预计今后很难收到合同款项。财务人员认为该种情况属于合同结果不能可靠估计的情况，不能按完工百分比法确认合同收入，因此，船舶制造公司进行会计核算时将已经发生的成本中能够得到补偿的部分2 500万元确认为收入，同时将发生的合同成本5 000万元确认为当期成本费用，并按会计核算数据进行了所得税纳税申报。

请问：你认为企业上述处理正确吗？

解析：不正确。船舶制造公司应按完工进度确认工程收入和成本。2023年，该项船舶制造工程的完工进度为62.5%（5 000÷8 000×100%），应确认收入6 250万元（10 000×62.5%）、成本5 000万元（8 000×62.5%），船舶制造公司应调增应纳税所得额3 750万元，应补缴企业所得税937.5万元（3 750×25%）。

（2）收入项目的检查

①索赔、奖励收入的检查。检查步骤如下：第一，检查纳税人签订的提供劳务合同有无索赔、奖励条款的约定；第二，审查"质量检验报告""验收单"等原始资料，核实提供劳务质量和完工时间是否达到合同的规定标准，合同约定索赔、奖励的情况是否实际发生；第三，实地察看，询问劳务负责人和技术人员，结合合同条款的内容，核实有无改变合同规定作业内容的情形；第四，检查"主营业务收入"等账户本期贷方发生额，核实合同变更收入、赔款收入、奖励款收入是否及时入账，有无将收到的上述收入直接记入往来账户或者直接冲减费用处理。

【案例5-3】某市税务稽查局对B建筑安装公司2023年纳税情况进行税务稽查时，发现企业资产负债表中所有者权益"未分配利润"增加幅度较大，对比企业相关账簿，确定资产负债表中"未分配利润"远高于税后利润，企业的未分配利润是从哪儿来的呢？经多方对比分析，稽查人员怀疑该建筑安装公司可能存在工程结算收入结转所有者权益账户的情况。于是，稽查人员通过审阅合同、询问企业业务人员，摸清了公司2023年承揽的建安工程后，从各建设方调取了施工合同、工程决算书，对款项拨付情况进行了解，并取得了工程监理公司签署的工程款支付证书、竣工结算审核意见书和监理工作总结等资料；再与该建筑安装公司的财务账簿和会计凭证进行核对，查实该公司为隐匿工程预算外的收入、少缴税款，将收取的优质工程奖、提前竣工奖等价外收入直接记入"利润分配——未分配利润"账户。

②残余物资收入的检查。具体可从以下方面着手：第一，审查合同的有关条款，确认合同完成后残余物资是否归提供劳务方所有；第二，对比纳税人历史数据、同行业数据，核实残余物资一般占发出材料的比例；第三，检查"原材料"等明细账本期入库的金额、数量，查看纳税人是否存在残余物资入库的记录；第四，将实际入库的残余物资数量与残余物资占发出材料比例推算结果进行比较，判断纳税人是否存在少计残余物资数量的嫌疑；第五，审查"银行存款""库存现金""其他应付款""盈余公积"等账户，核实纳税

人是否存在残余物资出售而不计收入偷逃税款的情况。

（三）转让财产收入的检查

转让财产收入，是指企业转让固定资产、生物资产、无形资产、股权、债券等财产取得的收入。企业取得财产转让收入，不论是以货币形式体现的，还是以非货币形式体现的，除另有规定外，均应一次性计入确认收入的年度计算缴纳企业所得税。

1.转让固定资产收入的检查

（1）常见涉税风险

漏转或少转固定资产转让收入。纳税人销售使用过的固定资产，购买者往往规模不大，甚至多为个人或实行核定征收的个体工商户，较少索要发票。绕过发票监控，纳税人漏计或少计固定资产销售收入更为"便利"。

（2）主要检查方法

① 审查企业报送的资产负债表、利润表、现金流量表和固定资产累计折旧表，确认纳税人有无转让固定资产行为。如资产负债表固定资产期末余额较期初余额的减少额大于本期累计折旧的增加额，则说明企业的固定资产有所减少，应进一步查实利润表中资产处置损益金额有无相应变动，现金流量表投资活动产生的现金流量中"处置固定资产、无形资产和其他长期资产收回的现金净额"有无现金净流入量产生，确定纳税人有无不结转转让固定资产收入的情况。

② 核对固定资产明细账的贷方发生额、"累计折旧"账户借方发生额、"固定资产清理"账户贷方发生额、"资产处置损益"账户借方（或贷方）发生额之间的逻辑对应关系，确定纳税人转让固定资产的定价有无偏低的情况。

③ 进行实地盘点，随机抽查固定资产实物，确定账实是否相符，发现转让固定资产的行为。

2.转让有价证券、股权以及其他财产收入的检查

（1）常见涉税风险

①转让个人出资而由企业代持的限售股取得的收入，未作为企业应税收入纳税申报。由于企业代持的限售股的出资人是个人投资人，转让时代持企业认为不拥有代持限售股的所有权，不属于销售本企业财产，因而不进行所得税纳税申报。

依据《国家税务总局关于企业转让上市公司限售股有关所得税问题的公告》（国家税务总局公告2011年第39号）第二条，因股权分置改革造成原由个人出资而由企业代持有的限售股，企业在转让时按以下规定处理：企业转让上述限售股取得的收入，应作为企业应税收入计算纳税，以代持方为企业所得税纳税人。

②以不合理低价转让资产，逃避纳税。不同税率关联企业间平价或低价转让股权，不产生收益，纳税人认为该类交易属于企业内部"优化管理"行为，不涉及税收问题，因而不进行所得税纳税申报。

③国有资产监督管理委员会控股企业间的股权无偿划拨，不进行纳税申报。《财政部国家税务总局关于促进企业重组有关企业所得税处理问题的通知》（财税〔2014〕109号）第三条规定：对100%直接控制的居民企业之间，以及受同一或相同多家居民企业100%直接控制的居民企业之间按账面净值划转股权或资产，凡具有合理商业目的、不以减少、免除或者推迟缴纳税款为主要目的，股权或资产划转后连续12个月内不改变被划转股权

或资产原来实质性经营活动，且划出方企业和划入方企业均未在会计上确认损益的，可以适用特殊性税务处理政策。

因此，国有资产监督管理委员会控股企业间的股权无偿划拨，涉税人认为交易中股权支付可以暂不确认有关资产的转让所得或损失，不申报纳税。

但国有资产监督管理委员会并不是企业，因此，国资委100%控股企业间的股权无偿划拨的情况，不适用上述适用特殊性税务处理的政策，应申报缴纳企业所得税收入。

④扣除被投资企业未分配利润等股东留存收益中按该项股权所可能分配的金额，确认股权转让收入。根据《国家税务总局关于贯彻落实企业所得税法若干税收问题的通知》（国税函〔2010〕79号）的第三条：企业转让股权收入，应于转让协议生效且完成股权变更手续时，确认收入的实现。转让股权收入扣除为取得该股权所发生的成本后，为股权转让所得。企业在计算股权转让所得时，不得扣除被投资企业未分配利润等股东留存收益中按该项股权所可能分配的金额。

⑤中途收回投入的非货币性资产并转让所形成的收入扣除其对应的成本后的股权转让所得列入资本公积未计入应纳税所得额。

（2）主要检查方法

①检查相关账户的贷方发生额，确认纳税人是否有财产转让行为。重点核查"无形资产""债权投资""交易性金融资产""长期股权投资""其他权益工具投资""投资性房地产"等账户贷方，确定纳税人有无上述财产转让行为。

②检查转让财产定价，确定交易价格是否公允。索取与转让相关的合同文件等书面文件，看其所涉及的资产转让是否按照公允价值来确认应税收入，有无交易价格明显偏低的情况。

【案例5-4】××省××市税务局在对辖区A建筑工程公司2022—2023年纳税情况稽查时发现，A公司于2023年12月27日向B投资公司转让J银行3 000万股股票，每股转让价格为1.62元，总金额4 860万元。但此次股权转让交易，A公司并未进行纳税申报。对此，B公司财务人员解释称，收购J银行股票时，除了支付每股1元股本外，还接受了银行一部分不良资产，这笔不良资产折算为每股0.62元，合计收购总成本为每股1.62元。因为是平价转让股权，没有收益，因此没有进行纳税申报。

稽查人员认为企业股权转让行为存在疑点：J银行虽不是上市银行，但其在当地知名度颇高，业务规模和盈利能力在本市金融机构中均名列前茅，这样一家银行的股权，A公司为何要平价转让？

稽查人员当即仔细查阅企业账簿，发现同期有一笔额度为4 205.7多万元的借款，这笔资金的来源方正是股权转让的受让方——B公司，该笔"借款"究竟是借款还是股权转让收入？

为了查清款项的性质，稽查人员发出协查函委托B投资公司主管税务机关进行协查，经过两地税务机关检查人员的共同努力，面对证人证言资料，A公司承认该笔借款系股权交易收入，系企业为减少所得税纳税义务将该股权转让收益转入负债。

税务机关依法对A公司作出补缴企业所得税1 051.425万元，并加收滞纳金、罚款的税务处理决定。

（四）股息、红利等权益性投资收益的检查

1.主要涉税问题

（1）对外投资，股息和红利挂往来账不计、少计收入。

（2）对会计采用成本法或权益法核算长期股权投资的投资收益与按税法规定确认的投资收益的差异未按税法的规定进行纳税调整，或者只调减应纳税所得额而未进行相应调增。

（3）将应征企业所得税的股息、红利等权益性投资收益（如取得不足12个月的股票现金红利和送股等分红收入），混作免征企业所得税股息、红利等权益性投资收益，少纳企业所得税。

2.主要检查方法

（1）是否存在对外投资情况，投资分回的股息和红利是否并入收入总额。检查"长期股权投资"等投资账户借方，结合相关账证及实地询问调查情况，摸清纳税人对外投资情况，对比"投资收益"账户贷方，确定纳税人每笔投资的股息、红利的分配频次、投资回报率情况等，确定投资产生的股息和红利是否并入收入总额，进行所得税纳税申报。

（2）结合企业所得税纳税申报表核查"长期股权投资""投资收益"等账户，核实当年和往年对长期股权投资税会差异的纳税调整是否正确。

（3）核查"应收股利""投资收益"等账户，根据企业所得税纳税申报表以及备案的投资协议、分红证明等资料，核实"免征企业所得税股息、红利等权益性投资收益"是否符合免征条件，不足12个月的股票分红（包括取得的现金红利和股票股利）收入是否计入应纳税所得额。

（五）利息收入的检查

利息收入是指企业将资金提供给他人使用但不构成权益性投资，或者因他人占用本企业资金取得的收入，包括存款利息、贷款利息、债券利息、欠款利息等收入。利息收入，按照合同约定的债务人应付利息的日期确认收入的实现。

1.常见涉税风险

（1）不计、少计收入或者未按照合同约定的债务人应付利息的日期确认收入实现的情况。

（2）未按税法的规定准确划分免征企业所得税的国债利息收入，少缴企业所得税。

2.主要检查方法

（1）分析资产负债表相关项目，确认纳税人产生利息收入的可能性，包括："库存现金""其他应收款""应收账款"账户等，分析纳税人有无存款、有无其他单位和个人欠款。

（2）检查利润表中"投资收益"或"财务费用"账户贷方，查看纳税人是否结转了利息收入。

（3）查看投资协议等原始凭证，确定投资性质，判断纳税人有无混淆股权投资收益与债权投资的利息收入。

（4）检查企业所得税纳税申报表，确定纳税人是否有免税利息纳税调整，是否存在国债转让收入混作国债利息收入，少缴企业所得税。

【案例5-5】某税务师事务所2023年12月接到了其委托人A公司的电话咨询，询问该公司近期取得的投资收益应如何申报纳税。具体业务情况如下：A公司以购买优先股股权的方式向B公司投入500万元，同时与B公司签订投资合同。合同约定投资期为5年，投资期内B公司需在每年12月15日按接受投资额的2%向A公司支付利息。此外，投资期满后B公司还需向A公司偿还投资本金500万元。在投资期间A公司不参与B公司的日常生产经营，在B公司选举董事会、监事会成员时也不具有选举权和被选举权。A公司财务人员日前询问，此项投资业务取得的利息收入，是否需要缴纳企业所得税？

税务中介代理机构分析了相关投资协议回复如下：A公司的此项投资行为兼具权益和债权双重特性。一方面，A公司购买了B公司的股权，属于权益性投资的范畴；另一方面，被投资方B公司取得投资后，每年需定期向投资方A公司支付利息，也符合债权性投资的条件。《国家税务总局关于企业混合性投资业务企业所得税处理问题的公告》（国家税务总局公告2013年第41号）规定：兼具权益和债权双重特性的投资业务，对于被投资企业支付的利息，投资企业应于被投资企业应付利息的日期，确认收入的实现并计入当期应纳税所得额。因此，A公司应在投资合同约定的每年12月15日，将当年取得的利息收入10万元（500×2%）确认收入实现，并计入当期应纳税所得额缴纳企业所得税。

（六）租金收入的检查

租金收入，是指纳税人出租固定资产、包装物以及其他有形资产的使用权取得的收入。租金收入，应按交易合同或协议规定的承租人应付租金的日期确认收入的实现。如果交易合同或协议中规定租赁期限跨年度，且租金提前一次性支付，按照收入与费用配比原则，出租人可对上述已确认的收入，在租赁期内，分期均匀计入相关年度收入。

1.常见涉税风险

（1）租金收入不足额、不及时入账，截留或挪作他用；

（2）未按照合同约定的承租人应付租金的日期及金额全额确认收入；

（3）不符合条件的租金收入也在租赁期内分期均匀计入相关年度收入；

（4）收取的违约金、赔偿金不作租金收入入账；

（5）出租资产过程中形成新的资产不确认收入。

2.主要检查方法

（1）对照企业的房产、土地、机器设备等所有权属证明，通过实地查看，核查企业各种财产的实际使用情况，核实财产是否存在出租出借情况。有财产租赁行为的进一步审核各租赁合同、协议，查看租赁协议约定的应付租金日期，是否符合"租赁期限跨年度，且租金提前一次性支付"的条件。

（2）检查"其他业务收入"账户贷方发生额，检查纳税人是否将租金在租赁期内分期均匀计入相关年度收入。

（3）检查所得税纳税申报表，确定纳税人对不符合在租赁期内分期均匀计入相关年度收入的租金收入纳税调整额是否正确。

（4）审查期间费用等账户有关财产租赁费用支出单据，核实企业租入资产的实际使用情况，落实有无转租情形，以及转租收入是否及时足额入账。

（5）结合销售合同和账面记载出租包装物的流向，通过实地盘存法，核对出租包装物进销存情况，确认出租包装物租金核算是否正确。

（6）结合租赁合同，检查租赁过程中，客户是否有违约行为（如提前解除合同等），支付的违约金是否入账，合同约定改良的不可移动资产无偿归出租方，出租方是否确认收入等。

【案例5-6】2024年3月，S市税务局第五稽查局在对某物业管理公司实施立案稽查时，发现该公司在2023年度隐匿租金收入逃避缴纳增值税及教育费附加、企业所得税等，遂依法追补了其少缴纳的税款并处相应罚款、加收滞纳金，三项合计共121万元。

案情始末：稽查人员在对该物业管理公司的纳税申报情况进行分析比对时，发现与同行业、同规模、同地段的物业管理公司相比，该公司税负率虽然不低，但租金收入绝对额非常小。考虑到该物业管理公司主要从事房屋租赁业务，其申报与实际经营情况极不吻合，于是将该物业管理公司列为重点稽查对象，开展税务稽查。

进入该物业管理公司检查之前，稽查人员采用实地调查的办法，首先，落实该纳税人物业出租面积、用途及市场价格，测算出租金收入规模；其次，经批准依法查询了该公司的银行对公账户，以及其法定代表人、出纳的私人银行账户款项流入情况。

掌握上述相关信息之后，稽查人员进入企业重点检查了该物业管理公司的往来款项账户。经核实，该公司2023年将承租的多个工业园区以转租的形式出租给客户，并通过两个银行对公账户收取客户租金，这部分租金收入是纳税人申报的唯一的租金收入；其余大部分租金收入均挂"其他应付款"账户未计收入，租金也是通过法定代表人私人账户收取的。2023年，纳税人合计隐匿租金收入达813万余元，少缴纳增值税及教育费附加等45.5万元。因该公司成本费用资料不全，难以查实，经核定其少缴纳企业所得税23万元。针对上述违法事实，S市税务局第五稽查局依法作出了处理。

【案例5-7】税务稽查人员在对F企业2024年所得税纳税申报情况进行检查时发现：F企业2020年1月与A公司签订租赁合同，约定：F企业自2020年1月至2023年12月出租房屋给A公司，租期4年，月租金1万元（不含增值税），每年年末支付12万元（不含税）；承租人A公司对承租的房屋进行改良所产生的不可移动资产到期后无偿归F企业所有。经核实：截至2023年12月，F企业除2020年收到当年租金12万元以外，其余租金36万元截至2023年年底仍未收到；A公司对承租房屋安装地源热泵中央空调系统等共投资200万元；为尽快回笼资金，F企业按年给A公司开具了增值税专用发票，金额12万元，但2021—2023年未结转收入，只结转了增值税销项税额，账务处理为：

借：其他应收款——A公司（税款）　　　　　　10 800/10 800/10 800
　　贷：应交税费——应交增值税（销项税额）　　10 800/10 800/10 800

稽查人员认为F企业存在以下问题：一是2020年、2021年、2022年、2023年应分别确认收入12万元，企业只在2020年结转收入12万元，应补计收入36万元，应补缴企业所得税9万元并按日加收万分之五的滞纳金；二是地源热泵中央空调系统应在提取折旧后作价（公允价值）计入2023年的收入总额，计算企业所得税。

（七）特许权使用费收入的检查

特许权使用费收入，是指企业提供专利权、非专利技术、商标权、著作权以及其他特许权的使用权取得的收入。特许权使用费收入，按照合同约定的特许权使用人应付特许权使用费的日期确认收入的实现。

1.常见涉税风险

（1）未按照合同约定的特许权使用人应付特许权使用费的日期及金额全额确认收入。

（2）按照合同约定的特许权使用人应付特许权使用费的日期及金额确认收入产生的会计与税法的差异未作纳税调整。

（3）混淆特许权使用费收入与提供技术服务收入，规避应代扣代缴非居民纳税人应缴纳的企业所得税。非居民企业的技术转让属于特许权使用费，应该征收预提所得税，而技术服务属于劳务范畴，依据劳务发生地原则可能不需在我国境内缴纳所得税。由于二者之间没有硬性的划分标准，因此存在着一定的税收风险。

2.主要检查方法

（1）检查纳税人特许权使用费收入结转时间及金额，核对纳税申报表，确定会计与税法的差异有无进行纳税调整，调整金额是否正确。

【案例5-8】2023年9月1日，甲公司与丙公司签订有偿使用特许权协议，协议约定丙公司可在2023年9月1日至2024年8月31日期间有偿使用甲公司拥有的一项专利技术，价税合计金额254.4万元，且丙公司应在合同签订之日一次性全额付款。丙公司如约支付了款项，甲公司向丙公司开具了增值税专用发票，其中金额240万元，税额14.4万元。针对取得的不含税收入240万元，甲公司在2023年分摊结转80万元（240÷12×4），并作为"其他业务收入"登记入账。

2024年，甲公司在进行2023年企业所得税纳税申报时，进行自审自查，申报所得税收入为240万元，纳税调整增加160万元。

（2）分析对比特许权使用费收入与提供技术服务收入的异同，确定居民纳税人支付境外非居民纳税人款项的性质，确定纳税人有无漏扣漏缴企业所得税。

（八）其他收入的检查

其他收入，是指上述收入项目及接受捐赠收入以外的其他收入，包括企业资产溢余收入、逾期未退包装物押金收入、确实无法偿付的应付款项、已作坏账损失处理后又收回的应收款项、债务重组收入、补贴收入、违约金收入、汇兑收益等。

阅读资料

特许权使用费
条款适用的
案例分析

1.常见涉税风险

（1）应计未计其他收入；

（2）会计与税法的差异未进行准确纳税调整。

2.主要检查方法

（1）一般检查方法

核查"坏账准备""营业外收入""递延收益""其他收益""以前年度损益调整"等账户的贷方，对应摘要栏内容及相关原始凭证，确认纳税人是否有其他收入项目，是否按税法的规定确认当期收入。

（2）其他收入项目的检查

①逾期未退包装物押金的检查

核实"其他应付款——包装物押金"明细账户的年末贷方余额，确定其挂账时间是否超过12个月，凡超过12个月的，应结转收益；未超过12个月的，进一步审核合同协议有关包装物押金处理的约定，核实是否存在逾期未退押金未作收入的情况。

②无法支付应付款项的检查

检查"其他应付款"明细账，确定每一明细账户、每一笔款项的挂账时间；对长期未支付的大额款项，可采用函调的方法进一步调查至对方单位，确定其是不是无法偿付的应付款项；检查"营业外收入"账户贷方，确定纳税人是否将无法支付的应付款项结转本年收益。

③已作坏账损失处理后又收回的应收款项的检查

将"坏账准备"与往来款账户进行核对、通过互联网查询债务人生产经营现状，并与纳税人申报的坏账损失对照，核实已确认并转销的应收款项以后又收回是否进行正确的账务处理，是否就会计与税法的差异进行了准确调整。

④债务重组收益的检查

企业债务重组收益应结转"营业外收入"账户，检查时除核实"营业外收入"账户外，还可以通过检查"应收账款""应付账款""资本公积""股本"等账户的贷方，查找企业是否存在将债务重组收益结转上述资产、负债、权益类账户的情况。

⑤补贴收入的检查

通过检查"递延收益""营业外收入""其他收益"账户的贷方，确定是否存在政府补助收入；检查"递延收益"账户借方，确定是否及时结转"营业外收入"账户，结转金额是否正确；是否将不符合条件的补贴收入按不征税收入申报纳税。

（九）视同销售收入的检查

1.主要涉税问题

（1）视同销售行为不申报纳税。纳税人发生非货币性资产交换，以及将货物、财产、劳务用于捐赠、偿债、赞助、集资、广告、样品、职工福利或者利润分配等其他改变资产所有权属用途的，未按税法的规定视同销售货物、转让财产或者提供劳务确认收入。

（2）视同销售不按公允价值而按成本确认收入。

2.主要检查方法

（1）实地观察或询问纳税人货物、财产、劳务的用途，结合纳税人的合同类资料和收入、成本类账簿，核实企业有无视同销售的行为。

（2）检查"库存商品""原材料""生产成本"等账户的贷方有无对应"固定资产""无形资产"等账户借方，核实企业有无非货币性资产交换未作视同销售处理；检查企业"原材料""库存商品""生产成本"等账户的贷方有无对应"应付职工薪酬""长期股权投资""其他应付款""营业外支出""应付股利""销售费用""管理费用"等账户的借方，核实企业有无将货物用于集资、广告、赞助、样品、职工奖励、交际应酬、市场推广、捐赠等方面未作视同销售处理的情况。

（3）检查出库单、派工单原始凭证，采集经手人、领用（派出）部门等信息，分析货物、财产、劳务流向，判断纳税人是否存在视同销售行为、是否如实申报纳税。

任务三　扣除项目的检查

企业实际发生的与取得收入有关的、合理的支出，包括成本、费用、税金、损失和其他支出，准予在计算应纳税所得额时扣除。所谓合理的支出，是指符合生产经营活动常规，应当计入当期损益或者有关资产成本的必要和正常的支出。

一、成本的检查

不同行业的成本构成、成本核算方法不同，纳税检查的方法、侧重点也有所区别，一些主要行业成本核算内容及检查的侧重点见表5-1。

表5-1　　不同行业成本核算内容及检查的侧重点

行　业	成本核算内容	成本核算方法及对象	成本核算程序	检查的侧重点
工业制造业	直接材料 直接人工 制造费用	（1）品种法 （2）分批法 （3）分步法	（1）将各种直接成本归集至各成本核算对象 （2）将间接成本分配结转至各成本核算对象 （3）将生产费用在完工产品与月末在产品之间进行分配，结转当期完工产品成本 （4）将完工产品成本在已销及库存商品间分配，结转当期销售成本	（1）成本项目的合理性、真实性 （2）生产费用在完工产品与月末在产品之间分配的正确性 （3）已销产品成本的计算、结转的正确性
商品流通业	商品采购成本	（1）数量进价金额核算法 （2）数量售价金额核算法 （3）进价金额核算法	（1）直接结转销售成本 （2）平时按售价结转已销商品成本，期末据进销差价调整销售成本	（1）商品采购成本的合理性、真实性 （2）已销商品进销差价结转的正确性
建筑安装业	（1）人工费 （2）材料费 （3）机械使用费 （4）其他直接费 （5）间接成本	一般以每一独立编制施工图预算的单位工程作为成本计算对象进行核算，也可以灵活处理如下： （1）一个单位工程由几家施工单位共同施工时，各施工单位都以同一个单位工程作为成本核算对象，各自计算自行完成部分的成本 （2）规模大、工期长的单位工程，可将工程划分为若干部位，以分部位的工程作为成本核算对象 （3）同一施工地点、同一结构类型、开竣工时间相近的若干单位工程，可以合并作为一个成本核算对象 （4）土石方工程、打桩工程，可以一个单项工程作为成本核算对象，或将同一施工地点的若干工程量较小的单项工程合并为一个成本核算对象 （5）改建、扩建的零星工程，以开竣工时间相近、属于同一建设项目的各个单位工程，合并为一个成本核算对象	（1）确定成本核算对象 （2）确定工程成本项目 （3）确定工程成本计算期 （4）设置工程成本明细账 （5）汇集施工生产成本 （6）计算已完工工程成本	（1）成本项目的真实性、合理性、确定性 （2）项目核算的成本与预算费用的配比性 （3）工程项目的收入和成本的匹配性

续表

行 业	成本核算内容	成本核算方法及对象	成本核算程序	检查的侧重点
房地产开发业	(1) 土地征用及拆迁补偿费或批租地价 (2) 前期工程费 (3) 基础设施费 (4) 建筑安装工程费 (5) 配套设施费 (6) 开发间接费	以具有独立的设计文件，可以独立地组织施工的开发建设项目作为成本核算对象 应结合开发工程的地点、用途、结构、装修、层高、施工队伍等因素确定	(1) 根据开工报告确定工程成本核算对象 (2) 按核算对象和成本项目分配材料、人工、折旧等费用 (3) 分配间接费、机械使用费等 (4) 按月计算施工实际成本 (5) 根据完工报告结算实际成本	(1) 列支成本项目的合法性、真实性、准确性 (2) 开发间接费与开发费用的差异性 (3) 各成本项目在不同成本对象间的分配方法、分配标准的科学性

对成本项目检查的一般内容包括：首先，注意企业是否根据本行业生产经营的特点，选择适合于本企业的成本核算对象、成本项目及成本计算方法，是否存在生产成本核算不规范、不符合会计制度的现象；其次，进一步对各成本核算对象的成本项目逐一进行检查，核实企业成本的真实数据；最后，进一步检查已经计入当期成本费用的部分期末在完工与未完工、已销与未销成本之间分配是否正确。

以工业制造业为例，对成本项目进行纳税检查的主要内容阐述如下：

（一）材料成本的检查

材料包括原料及主要材料、辅助材料、外购半成品（外购件）、备品备件、包装材料、燃料等，是工业制造成本中的主要因素。对材料成本的检查，包括收入、发出、结存三个环节。

1.收入材料成本的检查

纳税人材料的来源包括：外购、自制、委托加工、抵偿债务、接受捐赠转入等。

（1）常见涉税风险

①将不应计入材料成本的支出计入材料成本，增加当期成本，减少当期利润。如将固定资产支出作为材料入账，当期领用直接结转成本，而不是在使用期内分期折旧计入成本，从而减少当期利润，推迟纳税。

②将应计入材料成本的支出直接计入成本或费用，增加当期成本费用，减少当期利润。如将材料采购费用列支"管理费用"或"以购代耗"直接计入"制造费用"，未经领用即结转成本费用，减少当期利润，推迟纳税。

③将不符合制度规定的支出计入材料采购成本，虚增材料成本减少利润。如将运输途中不合理损耗和不合理费用开支等计入材料采购成本。

【特别提示】企业材料入库成本包括：买价、运输费、装卸费、保险费、包装费、仓储费、入库前的挑选整理费、运输途中的合理损耗、大宗材料市内运费及税金。

④只结转采购环节形成的超支差异，不结转节约差异。"原材料"采用计划成本核算的，如果纳税人在材料入库环节只结转超支差异，不结转节约差异，就会影响材料成本差

异率的准确性，进而影响发出材料应结转的材料成本差异，影响成本核算的正确性。

⑤暂估入账的材料，不按规定以红字冲回，多计或重复计入材料成本。纳税人购进原材料，如果原材料已经验收入库，但是至月末发票仍未到达、款项也未支付，财务人员需暂估入账结转入库材料成本。次月初，应将上月暂估入账材料成本红字冲回，待收到发票后重新入账。

如果纳税人次月初不以红字冲回暂估入账材料成本，待收到发票后重新结转材料成本，就会产生重复登记材料成本的风险；如果估计入账成本高于票面成本，纳税人收到发票后直接冲减原估计入账结转的"应付账款"，则会形成多计材料采购成本的情况。

（2）主要检查方法

①检查"原材料"明细账中"供货单位""数量""单价""运杂费""合计"等栏目的数字及说明，审核原始凭证，判断纳税人购进货物的性质，确定有无将应计入固定资产的支出计入材料成本。

【做中学5-3】某税务中介机构2024年2月在接受A企业委托对其2023年纳税申报情况进行审查时确认：2023年11月A企业将外购固定资产支出错当作备品备件支出结转至"原材料——甲"账户共计2万元，进一步核实，2023年11月1日至12月31日当期生产领用甲材料10万元（产品已全部完工且销售）、在建工程（尚未完工）领用甲材料6万元、期末库存甲材料4万元。代理审查人员建议A企业作如下账务调整（逐步分配法）：

分配率 = 20 000 ÷ （100 000 + 60 000 + 40 000） × 100% = 10%

生产领用材料（完工产品）应分配额 = 100 000 × 10% = 10 000（元）

在建工程领用材料应分配额 = 60 000 × 10% = 6 000（元）

期末库存材料应分配额 = 40 000 × 10% = 4 000（元）

账务调整为：

借：固定资产　　　　　　　　　　　　　　　　　　　　　20 000

　　贷：本年利润　　　　　　　　　　　　　　　　　　　　　　　10 000

　　　　在建工程　　　　　　　　　　　　　　　　　　　　　　　6 000

　　　　原材料——甲　　　　　　　　　　　　　　　　　　　　　4 000

纳税人在进行企业所得税汇算清缴时应调减主营业务成本10 000元，增加应纳税所得额10 000元。

②检查"原材料"明细账的借方发生额"单价"栏，结合原始凭证，确定纳税人入库材料单位成本是否正确。

检查时可选择进货数额比较大、采购次数比较多的品种进行分析，看其每批购入的价格是否基本一致；对于购入相同类别的材料单价差别较大的，应通过核对采购发票、结算凭证、提货单据、验收记录、材料单和运杂费发票等原始凭证，查实有无虚增材料成本或将材料成本计入期间费用等问题。

检查"委托加工物资"明细账借方发生额，与委托加工合同、有关材料账户和支付加工费用结算凭证进行核对，如"委托加工物资"明细账借方发生的成本费用项目不全，或其金额小于实际发生的成本费用，应核实有无将其加工费和运杂费直接计入生产成本费用或期间费用的问题。

③检查"原材料"明细账的借方发生额"数量"栏，确定材料采购成本是否正确。

购入材料的数量是决定材料单位成本的因素之一，必须同时进行核实。当发现纳税人进料凭证的数量大于实际验收入库的数量，或进料凭证的数量小于验收入库的数量时，应进一步核对其购料凭证，查明错记品种数量。必要时，应采用盘存法核对仓库现场的实物，据实调整材料数量，并根据实盘材料数量，调整材料入库成本。

④检查"材料成本差异"账户，结合相关账证核实材料成本差异额的结转是否正确。材料成本差异核算的正确性，直接影响产品成本的真实性和合法性，有的企业为达到调整材料成本的目的，可能虚构采购环节超支差异。检查时，应获取或编制材料成本差异明细表，复核加计是否正确后，与"原材料""材料采购""银行存款"等账户进行核对，确定采购环节成本差异结转是否正确。

⑤对月末估价入账的材料，应通过"应付账款"账户期末贷方余额判断其有无不用红字冲销原账，收到结算凭证时又重复入账，虚增材料成本；或以高于实际成本的计划价格估计入账，收到结算凭证后不按实际成本调账的问题。

【特别提示】由于购进材料成本不实将进一步影响生产成本、库存商品成本及销售成本，因此，对检查出的材料采购成本出现的错漏金额原则上应在不同的成本核算环节进行分配调整。

【做中学5-4】某企业11月2日，收到某单位发来甲材料900千克，已验收入库，月末发票账单仍未到达。企业以暂估价格18 000元入账，账务处理如下：

借：原材料　　　　　　　　　　　　　　　　　　　　　　　18 000
　　贷：应付账款——暂估应付款　　　　　　　　　　　　　　　　18 000

12月初未以红字冲回上述账务处理，12月15日收到销售方开具的增值税专用发票，注明价款16 000元，税款2 080元，企业以银行存款支付货款，账务处理如下：

借：原材料　　　　　　　　　　　　　　　　　　　　　　　16 000
　　应交税费——应交增值税（进项税额）　　　　　　　　　　　2 080
　　贷：银行存款　　　　　　　　　　　　　　　　　　　　　　18 080

企业上述账务处理虚增了材料成本18 000元，增加"应付账款"期末贷方余额18 000元，也会造成库存甲材料账实不符。

【案例5-9】K集团是符合税法规定可以享受"三免三减半"税收优惠的电力企业，2023年是该企业享受免征企业所得税的最后一年。

税务机关在对K集团2023年报表数据进行分析时，发现其当年利润额比上年度大幅增加，利润率畸高。税务机关认为K集团很可能为了充分享受免征企业所得税的优惠而在免税期的最后一年推迟成本结转或费用摊销，或提前确认收入，将后期利润提前至本年实现，通过增加免税年度利润及所得、减少纳税年度利润及所得的办法，来规避纳税义务。因此，将该集团列为重点稽查对象。

稽查组进驻后发现，K集团2023年度的主营业务收入与上年度相比增幅不大、各项主要费用也未下降，引起利润大幅上升的主因是销售成本的大幅下降。稽查人员将检查重点放在了产品销售成本上。

核对"主营业务成本""库存商品"账户，确定纳税人有冲减成本的账务处理，表现为：

借：主营业务成本　　　　　　　　　　　　　　　　　　　3 200 000
　　贷：库存商品　　　　　　　　　　　　　　　　　　　　　　3 200 000

就上述异常情况，稽查组与K集团进行沟通，K集团作出了如下解释：2023年12月，K集团购进原协议价320万元的甲原材料，已验收入库并在当月全部耗用，生产的相关产品也于本月实现销售。但由于在甲材料的价格问题上与供货方——本市的F公司发生纠纷，直至稽查时K集团仍未收到销售方开具的发票，也没有结清该批材料款。在没有收到该发票以前，K集团按估价成本记入"原材料——甲材料"，2024年1月冲回。由于没有取得相应发票，无法证明其支出的真实性、也不符合所得税税前扣除要求，因此在年底结转当月相关产品销售成本时，就在产品单位成本中直接扣除了其中耗用的估价入账甲原材料的成本，从表面上看是主营业务成本降低了320万元，实际上相当于是对无发票购进的甲原材料按照税法的规定进行了纳税调整。

至此，尽管造成K集团2023年度免征企业所得税计税所得额畸高的原因已经明了了，但稽查组仍有疑问：从材料账面上看，K集团常年从F公司购进甲材料，其单价也基本稳定，怎么突然就在减免税即将到期的节骨眼上就产生价格分歧了呢？

带着疑问，稽查组派两名稽查人员赴供货方——本市的F公司进行调查核实，最终查明：上述所谓的原材料价格纠纷纯粹是子虚乌有，是K集团为了所谓的"合理避税"而精心谋划的。事实真相是：为了达到充分享受减免企业所得税的目的，K集团与其有多年购销关系的甲原材料供应商F公司商定，以价格纠纷为由，将被检查年度12月份的一笔300万元的购销业务推迟到次年6月开票并付款。K集团以为这样可以通过税前扣除问题将2024年度的征税利润变成2023年度的免税利润，达到少缴企业所得税的目的。为此，K集团还多付给F公司20万元，明面上看是K集团为解决纠纷支付给F公司的补偿款，实际上是K集团为了感谢供应商F公司对其所谓"避税"的配合及延迟付款所支付的利息。

至此，稽查人员提出K集团所谓因价格纠纷而估价入账纯粹是弄虚作假的偷税行为，按征管法有关规定对K集团进行了严肃处理，要求K集团进行追溯调整并积极跟进2023年该集团企业所得税纳税申报情况。

2.发出材料成本的检查

（1）常见涉税风险

①加大材料发出数量，虚增发出材料成本

发出材料数量的多少，直接影响发出材料成本的高低，进而影响生产成本、完工产品成本、销售成本。一般来讲，纳税人多计发出材料数量的原因有两种：

第一，内部控制制度不健全。如采用"以存计耗"办法，平时不开"领料单"，不结转发出材料数量，期末根据库存材料数量，倒挤出本期耗用材料数量。采用"以存计耗"办法，发出材料数量中可能夹杂不正常损耗、监守自盗等，导致多计生产消耗材料，增加生产成本。再如纳税人采用"以领代耗"办法，月末不办理退料或办理"假退料"手续，加大当月生产成本；或生产过程中回收的边角废料不作价入账，不冲减生产成本等。

第二，有意加大发出材料数量。发出材料计量偏紧，有意多计发出材料数量，增加成本，减少利润。

②提高发出材料单价，虚增发出材料成本

材料的计价方法包括实际成本计价和计划成本计价两种。其中实际成本计价方式有全月一次加权平均法、移动加权平均法、先进先出法、个别计价法。不同的计价方法各有其优缺点和适用范围。企业应根据自身实际生产经营管理的需要和实际情况并结合每一种计价方法的特点来选用计价方法，一经选用，则不得随意变更。对发出材料计价的检查，包括以下几个方面：

第一，检查纳税人有无随意变更计价方法。随意变更计价方法，既违反会计核算的一致性、可比性原则，造成会计指标前后各期口径不一致，缺乏可比性；又人为调节生产或销售成本，调节当期利润，减少或增加当期应纳税额。

第二，检查实际成本计价是否正确。采用实际成本计价办法，如果各种单价计算不准确，将直接影响当期发出材料成本及生产成本。

第三，检查成本差异结转是否正确。纳税人选择按计划成本计价时，材料成本差异核算的正确性，直接影响产品成本的真实性和合法性，个别企业将"材料成本差异"科目作为"蓄水池"，随意多摊、少摊或不摊；有的企业为达到调整材料成本水平的目的，甚至虚构材料成本差异。

③混淆发出材料用途，将非生产用料计入生产成本

如将在建工程、生活福利领用材料计入生产成本；将委托加工物资的材料成本挤入生产成本等，都会加大本期生产成本，进而减少本期利润。

（2）主要检查方法

①发出材料数量的检查

为了审查计入生产成本中的材料耗用数量是否真实，一般的检查程序是先根据企业提供的有关成本定额和成本报表资料，采用适当的数学模型进行分析，对企业的成本报表资料进行测算，从中发现线索和疑点；再进一步核对账证资料，并到生产车间、仓库等实地调查，确定落实生产耗用材料数量。

生产耗用材料数量的分析，可采用以下方法：

第一，单位产品耗用数量分析法。以本期单位产品实际耗用数量与定额耗用数量对比，或与上期单位实际耗用数量、行业平均水平对比，分析其实际耗用数量是否正常。如果出入很大，应进一步检查核实。

第二，应耗材料分析法。按产品消耗定额计算的应耗材料数量，与实际耗用数量对比，分析计入产品成本的材料数量是否正常。

第三，投入产出分析法。按产品本期实耗材料总量，依据单位产品消耗定额，测算应产出产品数量，再与实际产出产品数量对比，分析是否正常。

将通过上述分析找出的实际与定额出入很大的材料成本，确定为检查重点，进一步审查有关账证资料，并深入车间和仓库调查核实其生产领用数量的真实情况。具体做法是：

第一，核实结转发出材料数量的账证是否相符。检查时，可以将"发出材料汇总表"与相关账证核对，发现是否存在问题。其包括：与"领料单""退料单"进行核对，核实发出材料数量的真实情况；与"材料费用分配表"进行核对，核实结转至生产成本的材料成本是否正确；与原材料明细账贷方核对，核实账面结转发出材料数量与实际情况是否一致。

第二，核实发出材料数量是否真实。检查时，应重点关注纳税人有无以领代耗或以购代耗、在车间存放大量余料，形成账外材料的问题。

第三，抽查盘点主要库存材料数量。检查时，深入企业，对主要库存材料数量进行实地盘点，依据测算出的实际库存数量，采用"以存计耗"方法倒挤出耗用材料数量并与企业账面结转生产领用数量核对，确定纳税人有无多转发出材料数量的问题。

②发出材料计价的检查

a.按实际成本计价的检查

第一，对采用先进先出法核算发料成本的检查。对采用先进先出法核算发料成本的企业，应重点审查原材料明细账结存数量与单价是否对应。一般情况下，某种材料期末结存数量≤最后一批购进数量时，期末结存材料单价应与最后一批购进材料的单价相同；如果期末结存数量>最后一批购进材料数量，采用按结存数量往上倒推的方法进行检查，结存单价应考虑倒数第一批、第二批以及多批进料单价因素，核实是否存在抬高或压低本期发出材料单价的问题。

第二，对采用全月一次加权平均法核算发料成本的检查。对采用全月一次加权平均法核算发料成本的企业，应重点审查原材料明细账各期末的结存栏单价与发出栏单价是否一致，与收入栏单价是否接近，各核算期之间有无异常变化。如有明显异常情况，可按全月一次加权平均法的要求进行复算，核实有无抬高或压低本期发出材料单价的问题。

第三，对采用移动加权平均法核算发料成本的检查。对采用移动加权平均法核算发料成本的企业，其审查可结合采用先进先出法核算发料成本的检查和采用全月一次加权平均法核算发料成本的检查方法进行测算，核实有无抬高或压低本期发出材料单价的问题。

第四，对采用个别计价法核算发料成本的检查。对采用个别计价法核算发料成本的企业，检查时应根据原材料明细账每次发出的材料数量与购进该批材料的供应地点、单位、质量、规格、单价等，对号入座进行认定，如果不相符，必然是错用不同批次的进价，应核实计算企业有无抬高或压低本期发出材料单价的问题。

b.按计划成本计价的检查

第一，入库材料成本差异额的检查。检查材料成本差异账户借方、贷方发生额，与"材料采购""银行存款""原材料"等账户及发票等原始凭证核对，确定"材料成本差异"结转的收入材料差异额是否正确，有无列入不属于材料成本的项目，有无少转或不转节约差异的情况。

第二，材料成本差异率计算的检查。核对结存材料成本差异的差异率与结转材料成本差异的差异率是否相同，如果二者出入较大，则可以判定纳税人材料成本差异率计算不正确，存在多转或少转发出（或结存）材料成本差异问题。

第三，差异额分配的检查。获取或编制材料成本差异明细表，复核加计是否正确，并与总账、明细账合计数核对是否相符；在此基础上，对每月材料成本差异率进行分析性复核，检查是否有异常波动，注意是否存在利用成本差异调节成本的风险。

【做中学5-5】某企业原材料采用计划成本核算，2024年市税务稽查人员在对该企业2023年纳税情况进行税务稽查时，发现该企业11月份"原材料——甲材料"明细账和"材料成本差异——原材料"明细账分别见表5-2和表5-3。

表5-2　　　　　　　　　　　　　　原材料——甲材料　　　　　　　　　　　单位成本：50元

2023年		凭证号	摘要	借方	贷方	借或贷	余额
月	日						
11	1	（略）	月初结存			借	14 000
	12		购入	230 000			
	25		生产领用		124 000		
	30		合计	230 000	124 000	借	120 000

表5-3　　　　　　　　　　　　　　材料成本差异——原材料

2023年		凭证号	摘要	借方	贷方	借或贷	余额
月	日						
11	1	（略）	月初结存			借	280
	12		购入差异	3 280			
	25		结转差异		2 480		
	30		合计	3 280	2 480	借	1 080

经计算比对：发出材料的差异率为2%（2 480÷124 000×100%）；结存材料的差异率为0.9%（1 080÷120 000×100%）。两者出入较大，初步判断发出材料成本结转不正确。

重新计算材料成本差异率如下：

$$材料成本差异率 = \frac{280 + 3\,280}{14\,000 + 230\,000} \times 100\% = 1.5\%$$

发出材料应分摊的差异额 = 124 000×1.5% = 1 860（元）

多转发出材料成本 = 2 480 - 1 860 = 620（元）

稽查人员建议企业在期末在产品、完工产品余额及本期主营业务成本之间分配后进行账务调整并计算应补缴税款。

③发出材料用途的检查

检查时，可通过"领料单"材料品种规格、审批人、经手人的分析判断领用部门，统计出各部门请领数量和实发数量，汇总后与"材料费用分配表"进行核对，核实企业有无将在建工程及其他非生产领料混入生产用料，有无将请领数误按实领数计入生产用料，有无涂改领料数字，加大生产耗料等问题。

3.结存材料成本的检查

（1）常见涉税风险

①多转发出材料成本致使材料明细账期末结存出现数量或金额红字的异常现象；

②隐瞒盘盈材料，不按企业内部控制制度的规定程序，擅自处理盘盈盘亏；

③随意调整库存材料单位成本；

④随意降低库存材料成本差异。

（2）主要检查方法

①库存材料数量的检查

检查时，可进行实地盘点，将实地盘点的数量与账存数量相核对，如出现账实不符的情况，应查明原因作不同的处理：属于材料先到单未到未作估价入账处理造成的，应予估价入账进行调整；属于多转或少转材料成本造成的，应作调增或调减有关成本处理。

②账面红字余额的检查

检查发现材料明细账期末余额出现红字数量或红字金额的，应将材料明细账与仓库实物的账、表进行核对，或通过实地盘点核实原因，如果经核实是因为多转发出材料成本造成的，应分别情况计算纳税人多转的材料成本：

a.账面结存数量和金额都为红字的。

$$发出材料多转成本 = 发出材料单价 \times 实地盘存数量 + 账面红字金额$$

b.账面结存数量是蓝字，金额是红字的。

$$发出材料多转成本 = 发出材料单价 \times 蓝字数量 + 账面红字金额$$

【做中学5-6】税务中介机构受某公司委托进行税务审查时发现2023年该公司甲材料结存数量20 000，金额 200 000 的奇特现象。审查确认该公司甲材料年初无余额；当年材料入库数量100 000，平均单价10元，总计借方发生额为1 000 000元，当年发出数量80 000，平均发出单价15元，原材料贷方发生额为1 200 000元，导致原材料账户结存出现蓝字数量，红字金额。

如果你是纳税审查人员，你认为企业应如何处理？

审查人员给出的意见是：建议该公司冲减发出材料成本 = $10 \times 20\ 000 + 200\ 000 = 400\ 000$（元）。

③材料盘盈、盘亏和毁损处理的检查

如果纳税人材料种类繁多、收发频繁，日常收发过程中发生计量错误、计算错误、自然损耗，甚至损坏变质等情况是难以避免的，造成账实不符，形成材料的盘盈、盘亏也在所难免。检查时，应重点关注盘盈盘亏是否真实、处理是否正确。其包括：组织相关人员进行实地盘点，做好记录，制作盘存工作底稿；核对"待处理财产损溢——待处理流动资产损溢"与"材料盘点表"及"材料盈亏报告表"，检查账证是否相符；检查"待处理财产损溢——待处理流动资产损溢"是否及时结转相关账户，有无长期不结转的情况；有无未查明原因即将非正常的盘亏和毁损金额计入费用或营业外支出，税前扣除的情况；有无"忽略"保险理赔收入、责任人赔偿，不入账，加大损失额的情况。

④结存材料成本差异的检查

可参见发出材料成本差异的检查。

（二）工资及福利费的检查

工资、薪金，是指企业每一纳税年度支付给在本企业任职或者受雇的员工所有现金形式或者非现金形式的劳动报酬，包括基本工资、奖金、津贴、补贴、年终加薪、加班工资，以及与员工任职或者受雇有关的其他支出。工资、薪金，不包括企业的职工福利费、职工教育经费、工会经费以及养老保险费、医疗保险费、失业保险费、工伤保险费、生育保险费等社会保险费和住房公积金。

1. 常见涉税风险

（1）虚列人员、虚增工资，加大工资费用

纳税人采用无中生有、虚造员工的办法或采用工资表造假的办法虚抬工资，可能出于以下目的：套取现金账外存放，用于支付一些不合理、不合法的支出，如商业贿赂、个人消费等；虚增成本，增加企业所得税税前扣除金额，逃避部分企业所得税纳税义务；分摊高收入雇员收入，降低个人工资薪金所得，逃避个人所得税纳税义务。

（2）将福利性支出列入工资薪金支出

《中华人民共和国企业所得税法实施条例》第三十四条规定：企业发生的合理的工资薪金支出，准予扣除。第四十条规定：企业发生的职工福利费支出，不超过工资薪金总额14%的部分，准予扣除。可见，企业所得税法对工资费用税前列支的约束呈弹性特征，对福利费税前列支的约束呈刚性特征，因此，纳税人极有可能将福利费支出混为工资支出。这样处理，既可以直接扩大成本费用本期列支额，减少计税所得，又可以加大"合理"的工资基数，为税前扣除更多的福利费奠定基础。

（3）福利费支出中列支其他费用支出

根据《国家税务总局关于企业工资薪金及职工福利费扣除问题的通知》（国税函〔2009〕3号）的规定，可在企业所得税税前限额扣除的职工福利费包括：

① 尚未实行分离办社会职能的企业，其内设福利部门所发生的设备、设施和人员费用，包括职工食堂、职工浴室、理发室、医务所、托儿所、疗养院等集体福利部门的设备、设施及维修保养费用和福利部门工作人员的工资薪金、社会保险费、住房公积金、劳务费等。

② 为职工卫生保健、生活、住房、交通等所发放的各项补贴和非货币性福利，包括企业向职工发放的因公外地就医费用、未实行医疗统筹企业职工医疗费用、职工供养直系亲属医疗补贴、供暖费补贴、职工防暑降温费、职工困难补贴、救济费、职工食堂经费补贴、职工交通补贴等。

③ 按照其他规定发生的其他职工福利费，包括丧葬补助费、抚恤费、安家费、探亲假路费等。

纳税人为了更多的税前扣除金额，往往在不超过福利费扣除比例的前提下，将任意一项超标准的费用转到福利费中列支，如职工食堂招待客户用餐费用、工会组织职工业余文体活动支出等；或者把职工福利费当作一个"万能筐"，将不能在费用中列支或扣除的支出、其他科目不便列支的费用、没有合法支付凭证的费用，或不符合税法扣除规定的费用均计入福利费，将福利费作为"避税港"。

（4）工资福利费支出会计与税法的差异，未作纳税调整

① 计入成本费用的不合理的工资支出，未作纳税调整

"合理的工资薪金"，是指企业按照股东会、董事会、薪酬委员会或相关管理机构制定的工资薪金制度的规定实际发放给员工的工资薪金。在对工资薪金进行合理性确认时，可按以下原则掌握：

企业制定了较为规范的员工工资薪金制度；

企业所制定的工资薪金制度符合行业及地区水平；

企业在一定时期所发放的工资薪金是相对固定的，工资薪金的调整是有序进行的；

企业对实际发放的工资薪金，已依法履行了代扣代缴个人所得税义务；

有关工资薪金的安排，不以减少或逃避税款为目的。

实际工作中，纳税人认为工资已实际发放，费用已经产生，因而将不符合上述条件的工资也据实申报所得税税前扣除，不作纳税调整。

②等待期内的股权支付、汇算清缴期后付款的应付工资，未作纳税调整

根据《国家税务总局关于我国居民企业实行股权激励计划有关企业所得税处理问题的公告》（国家税务总局公告2012年第18号）的规定：上市公司依照《上市公司股权激励管理办法（试行）》的要求建立职工股权激励计划，并按我国企业会计准则的有关规定，在按股权激励计划授予激励对象时，按照该股票的公允价格及数量，计算确定上市公司相关年度的成本或费用，作为换取激励对象提供服务的对价。其企业所得税的处理，按以下规定执行：对股权激励计划实行后立即可以行权的，公司可以根据实际行权时该股票的公允价格与激励对象实际行权支付价格的差额和数量，计算确定作为当年公司工资、薪金支出，依照税法的规定进行税前扣除。对股权激励计划实行后，需待一定服务年限或者达到规定业绩条件（即等待期）方可行权的，公司等待期内会计上计算确认的相关成本费用，不得在对应年度计算缴纳企业所得税时扣除。在股权激励计划可行权后，公司方可根据该股票实际行权时的公允价格与当年激励对象实际行权支付价格的差额及数量，计算确定作为当年公司工资、薪金支出，依照税法的规定进行税前扣除。

根据上述规定，企业等待期内会计上计算确认的相关成本费用，不得在对应年度计算缴纳企业所得税时扣除，应作所得税纳税调整增加处理；所发生的成本费用应于行权时，按照股票实际行权时的公允价格与当年激励对象实际行权支付价格的差额及数量，于行权的当期年度企业所得税税前扣除，作所得税纳税调整减少处理。

依据《国家税务总局关于企业工资薪金和职工福利费等支出税前扣除问题的公告》（国家税务总局公告2015年第34号）第二条：企业在年度汇算清缴结束前向员工实际支付的已预提汇缴年度工资薪金，准予在汇缴年度按规定扣除。对企业由于资金紧张，暂时拖欠的工资，会计上要计入当期"生产成本""管理费用"，但是如果在年度汇算清缴结束前仍未向员工实际支付，不得税前扣除，应作所得税纳税调整增加处理。

③超支的福利费，不作纳税调整

按原财务、税收制度的规定，企业的职工福利费可以按计税工资的14%计算计提（余额可结转下期使用），税前列支。企业所得税法施行以后，原来的职工福利费列支办法改为"企业发生的职工福利费支出，不超过工资、薪金总额14%的部分，准予扣除"，但仍有企业财务人员简单地把职工福利费的税前列支金额理解为就是允许税前扣除的工资薪金支出与14%的乘积，当福利费支出<工资薪金支出×14%，按工资薪金支出×14%申报税前扣除；也有一些企业无视税收法律法规，当福利费支出>工资薪金支出×14%时，仍按支出全额申报税前扣除，不作纳税调整。

2.主要检查方法

（1）虚报冒领工资的检查

①核实企业计领工资人数是否真实

检查时，应结合企业生产经营情况及生产规模，合理测算企业用工规模，对照审核企业人力资源部门与员工签订的劳动用工合同、员工名册、考勤表、养老保险等社会保险的

缴纳凭据资料及财务部门工资发放凭证与银行代发工资卡等凭证资料数据，确认企业职工实际从业人数，核实有无虚列从业人员、虚增工资支出的问题。

也可以利用"金税四期"系统，核查工资表中人员与企业缴纳社保人员在数量上是否存在较大差异，来查实问题。

②核实企业结转成本的工资薪金总额是否真实

检查时，可以先取得企业制定的员工工资标准，结合用工部门上报的考核记录测算合理工资水平，核对工资明细账和计算表、工资发放凭证，确定纳税人有无虚增工资成本，减少利润的情况。

（2）职工福利费列支范围的检查

①检查有无将福利费支出计入工资总额

实地观察，结合企业固定资产明细账，确定纳税人福利部门的设置情况，匡算其全年支出规模；检查"应付职工薪酬——职工福利"明细账贷方，与匡算出的全年支出规模对比，看其是否出入过大，判断支出额的真实性；检查单独设置账册的福利费列支项目是否全面，有无将福利费支出挤入工资项目税前扣除的可能性；逐项分析工资项目，核实纳税人有无将随工资一起发放的福利费计入工资总额。

②检查有无超范围列支福利费

由于每家企业的情况不一，福利费列支内容、会计核算也各不相同，因此在同类企业间进行比较和辨别比较困难。如矿业集团下的两家矿山企业，其福利部门的设置可能不同、福利待遇也各有差异，缺乏一定的可比性。检查时，应根据本企业的特点检查核实纳税人支付的内容是否属于"职工福利费"，金额是否合理。

如纳税人设立职工食堂、浴室等福利部门，应注意是否有对外营业的情况，是否与企业的业务招待兼用，经费是拨付、按实报销还是差额补助，有无限额控制，以及职工是否需要缴费等；涉及的福利部门的资产、设施拥有情况，福利部门员工配备及预计按年折旧或摊销情况。对福利设施既对内提供福利又对外营业的情况，或既用于职工福利又用于企业生产经营等情况的，如食堂、交通车辆等，应重点检查费用分配是否合理，支付依据是否合规。

对支付依据的检查，应注意检查纳税人对外支付时是否以正规合法有效的发票作为原始凭证；对确实无法取得发票的，应注意检查制作的报账单金额是否合理，相关人员的确认签章是否完整，附列资料是否全面，分配依据是否科学。

（3）纳税调整的检查

①检查不合理工资支出有无进行纳税调整

通过检查相关凭证资料，确定工资项目的合理性，包括：工资计算表、工资分配表等，职工本人签字确认的工资表（条）或相应的工资薪金支付凭据；书面的比较规范的员工工资薪金管理制度和奖惩制度；企业与职工签订的劳动合同（或劳务协议等）；缴纳社会保险的员工名册；分月的员工考勤表等；员工个人所得税扣缴情况资料；与工资薪金支付相关的其他资料。

如果检查结论为工资薪金支出不合理，应进一步核实企业申报的"职工薪酬支出及纳税调整明细表（A105050）"，确定纳税人的纳税调整是否正确。

②检查工资及福利费"账实"差异有无进行纳税调整

查看"应付职工薪酬——应付工资""应付职工薪酬——股份支付"明细账年末贷方余额，核对跨年支付时间，确定其是否应作纳税调整并与企业申报的"职工薪酬支出及纳税调整明细表（A105050）"的纳税调整额进行比较，确定企业是否进行了所得税纳税调整。将"应付职工薪酬——职工福利"明细账贷方金额与借方金额相核对，确定其是否存在只提不用的福利费，年末贷方余额是否进行了纳税调整；将"应付职工薪酬——职工福利"的实际支出额与"应付职工薪酬——应付工资"的实际发生额×14%进行对比，确定纳税人是否存在超标准列支的福利费支出，是否进行了纳税调整。

（三）制造费用的检查

制造费用指企业为生产产品和提供劳务而发生的各项间接费用，包括企业生产部门（如生产车间）发生的水电费、固定资产折旧、无形资产摊销、管理人员的职工薪酬、劳动保护费、国家规定的有关环保费用、季节性和修理期间的停工损失等。一般来讲，企业为生产产品和提供劳务而发生的各项间接费用应按不同的车间、部门设置"制造费用"明细账，并按费用项目设置专栏，进行明细核算，其借方登记归集发生的制造费用，贷方反映制造费用的分配，月末无余额。

1.制造费用归集的检查

（1）常见涉税风险

① 将不属于制造费用的内容列入制造费用，如将应计入营业外支出的环保部门罚款计入制造费用，规避纳税调整。

② 人为加大费用支出金额，如支付给外单位或外包工的修理费，采用提高价格或加大工作量的办法高额支付，套取现金的同时，多计成本，减少利润。

③ 不按权责发生制和收入费用配比原则进行核算，将应分期计入成本费用的项目一次列支，如将固定资产大修理费用一次列入"制造费用"，减少当期利润，延迟纳税。

（2）主要检查方法

① 审核费用归集原始凭证，确定费用开支范围是否合理、金额是否正确。制造费用发生时，一般依以下四大类原始凭证进行登记：直接支付凭证、成本费用结转凭证、转账摊销分配汇总表、预提支付费用分配汇总表。其中：对直接支付凭证的检查重点在于判断费用列支内容、金额的合规、合理性；对成本费用结转凭证的检查重点在于分配进入制造费用的材料、工资等费用是否与实际情况一致，是否符合配比原则；对转账摊销分配汇总表、预提支付费用分配汇总表的检查重点在于费用的归集是否符合权责发生制原则。

② 深入现场实地调研，了解企业车间、部门设置情况，确定分配至本车间的制造费用是否符合"受益"原则。

2.制造费用分配的检查

制造费用是按照企业的生产经营特点，选用合理的分配标准，经计算分配计入各成本对象的，纳税人如果将制造费用随主观意愿在不同对象中分配，就可能达到调节利润，减少所得税计税依据的目的。

（1）常见涉税风险

① 费用分配对象不齐全。如将生产应税、免税产品发生的共同费用全部由应税产品承担，加大应税产品成本，减少应税产品利润，减少应纳税额；或将畅销、滞销产品共同

费用全部由畅销产品承担，加大畅销产品生产成本及销售成本，减少企业利润。

②分配标准不科学。制造费用的分配标准可以是：生产工人工资、生产工人工时、机器工时、耗用原材料的数量、仪表记录数据、产品产量等。各种方法一般均有其适用的范围，如果纳税人在分配某项费用时，分配标准不能准确反映不同分配对象费用的真实消耗情况，不仅无法准确核算产品生产成本，也会形成人为调节利润的情况。

③分配率不一致。确定科学的分配标准后，制造费用应该在不同分配对象之间按同一分配率进行分配。如果纳税人在不同分配对象之间按不同的分配率进行分配，一样存在调节利润，降低所得税计税依据的问题。

④超额分配。制造费用应在其实际发生额的范围内在不同分配对象中分配，如果纳税人在不同的分配对象中按不同的分配率进行分配，就有可能形成超额分配制造费用，多转生产成本的情况。

（2）主要检查方法

制造费用一般是通过编制制造费用分配表进行分配的，其检查也应围绕制造费用分配表进行。

①分配对象的检查。首先到相关生产部门，核实企业投入生产的产品范围、品种，获取企业生产有无副产品、是否分等级、销售情况如何等信息，确定制造费用分配对象；然后核对制造费用分配表中的分配对象，确定是否按受益原则确认。

②分配标准的检查。检查制造费用分配表中的费用项目与分配的标准是否关联、匹配。

③分配率的检查。首先到相关部门核实企业的职工工资、完工产品数量、材料消耗定额和工时记录、仪表记录等数据；然后核对制造费用分配表中的分配率，确定分配率的计算是否正确，各分配对象的分配率是否一致。

④分配额的检查。将制造费用分配表中的分配额合计数与"制造费用"账户借方发生额核对，如果不相符，应将其差额，根据账面制造费用分配额的去向，补计或冲减相应成本费用。

（四）完工产品成本的检查

微课

通过上述各项费用的归集和分配之后，采用一定的分配方法在完工产品与期末在产品之间进行划分，即可计算出完工产品的总成本和单位成本。其计算公式如下：

成本检查案例

当月完工产品成本＝月初在产品成本＋当月发生生产费用－月末在产品成本

1. 常见涉税风险

（1）完工产品数量不实

在产品生产成本已经发生并如实记录的前提下，如果纳税人不如实记录完工产品数量，必然会造成完工产品单位成本不实，进而影响主营业务成本、影响本年利润。因此，纳税人可能会隐匿下列完工产品数量，逃避纳税义务：已经完工但未销售的产品数量；基本建设、专项工程、福利部门领用的产品数量；检验品、展览品、样品以及赠送品数量。

（2）完工产品成本分配不正确

将本期发生的生产费用在期末在产品和本期完工产品之间分配，直接影响完工产品成本的高低，进而通过销售影响本年利润。所以企业成本计算方法的选择、运用，应严格遵守会计制度的规定，以规避税收风险。

（3）已销产品成本结转不正确

如果纳税人将不同原因出库的产品（如企业自用产品），结转至销售成本，或直接加大已销产品成本的结转，则会直接减少当期利润，影响计税所得额。

2.主要检查方法

（1）完工产品数量的检查

① 根据投入产出法计算应产出产品数量，并与入库、入账产品数量核对，核实三者是否吻合。

② 将"产品成本计算单"和"产品入库单"与"库存商品"收入栏数量核对，核实完工产量与入库数量是否相符。

③ 根据账面"生产成本"贷方发生额与根据投入产出法测算出的当期应产出产品数量，与仓库同期"库存商品保管账"收入数量核对，核实本期实际产量是否全部入库。

④ 将生产车间的产量记录与产品收入凭证核对，核实二者是否相符。

（2）完工产品成本分配的检查

完工产品成本分配检查的基本路径是：首先，检查生产成本计算单或明细账，了解企业选用的是何种在产品分配方法，是否符合该企业的实际情况；其次，运用会计方法重新验算产成品与在产品费用分配额是否正确。

① 不计算在产品成本，本期发生的生产费用全部由完工产品承担的检查。重点核实企业产品生产特点与生产周期，如果检查核实期末在产品实际结存量过大，应要求企业改变在产品成本计算方法，合理保持在产品成本，并调整当期利润。

② 完工产品与在产品按相同比例分配生产费用的检查。按相同比例分配生产费用的方法，只适用于各月月末在产品已接近完工或已经完工，但尚未验收入库的情况。因此，检查时应深入车间审查在产品的加工程度，如查实不属于接近完工、仍需继续加工的在产品，应予调整。

③ 扣除在产品定额成本，确定完工产品成本的检查。扣除在产品定额成本的方法，只适用于制定在产品各项消耗定额比较准确的企业。对此，应收集企业有关定额资料，审查企业制定的在产品各项定额是否正确、合理，有无过高或过低的问题；有无在月份之间故意调整在产品定额，从而加大或减少完工产品成本的情况。

④ 按产品产量和在产品约当量分配费用的检查。按产量和约当量分配费用的方法，适用于在产品数量较多，各月在产品结存量变化较大，且各项费用在成本中占有较大比重的情况。对此，应检查成本计算资料，重点审查完工产品和在产品数量是否真实、材料投入方式的确定是否正确、各工序在产品的完工率是否符合实际等。

（3）已销产品成本结转的检查

已销产品成本结转的检查，可参见任务二材料费用的检查。

【案例5-10】2024年1月3日，某税务代理机构代理人员在受托对某制造企业2023年成本结转情况进行审查时确认：该企业在采用逐步结转分步法计算产品成本时，由于计算问题导致少留在产品成本，多转完工产品成本共计202.85万元。完工产品入库后，按合同的规定已发出62.8%，如此，企业当期结转的产品销售成本多计127.3898万元，当年利润少计127.3898万元。

代理人员进行税务审查的过程、方法如下：首先，审阅了各车间的成本计算单，核实其是否按规定的方法分配生产费用，并且用会计计算方法重新将各车间发生的生产费用在完工产品与在产品之间进行了分配，将重新核实的结果对照各车间成本计算单，最终确定企业各车间层层结转共计多转完工产品成本202.85万元；其次，检查厂部"生产成本——基本生产成本"账户和有关账册凭证，确定厂部结转的完工产品成本，同总装车间向厂部上报的完工产品数额相同，仍多计202.85万元；最后，审阅库存商品明细账和主营业务成本明细账及有关账册凭证，确定企业本期入库的产成品发给用户的比例为62.8%，并按入库产成品的总成本如数结转了"主营业务成本"。

核实上述数据后，代理人员建议企业补缴企业所得税318 474.5元，并进行如下账务调整：

借：生产成本——基本生产车间   2 028 500

 贷：库存商品   754 602

   主营业务成本   1 273 898

二、期间费用的检查

期间费用是指企业日常活动发生的不能计入特定成本计算对象的成本，而应计入发生当期损益的费用，包括销售费用、管理费用和财务费用。

（一）期间费用检查的一般内容

1.常见涉税风险

（1）不符合费用开支范围的支出计入期间费用

例如，将分配给投资者的利润（包括支付的优先股股利和普通股股利），计入期间费用；或将被没收的财物，支付的滞纳金、罚款、违约金、赔偿金，以及企业捐赠、赞助支出计入期间费用，申报所得税税前扣除，减少所得税应纳税额。

（2）资本性支出按费用性支出当期列支

例如，将购入固定资产及在建工程专项物资的运费等采购费用计入期间费用；将购入的固定资产采用分次付款、分次开票记入材料账户，或以零部件、办公用品名义化整为零，一次或分次计入期间费用；将应资本化的借款费用支出一次计入财务费用等，减少当期应纳税所得额，达到递延纳税的目的。

（3）一项支出重复列支

例如，将高管工资在总公司和分公司重复列支、利用同一张发票重复列支支出等，达到减少利润，少缴企业所得税的目的。

（4）有扣除标准的费用按无扣除标准的费用列支，或低标准费用按高标准费用列支

例如，混淆宣传费与业务招待费支出、劳动保护费与福利费支出的界限，将已经预提计入期间费用的项目在实际支出时再次计入费用，加大费用支出，减少计税所得。

（5）以后年度发生的费用提前至当期列支

按照权责发生制及确定性原则，企业在当期发生的费用不得结转以后年度扣除，同样，企业以后年度的费用支出也不得提前至当年扣除。如企业将预支的下一年度报纸杂志订阅费、取暖费、办公室租金在支出当年列支期间费用，将预提的保修费、预计的诉讼费列支预提、预计当年的期间费用，都会减少当年的利润及应纳税所得额。

（6）列支的凭证不符合税前列支凭证的管理要求

例如，列支"管理费用——办公费"的发票为汇总开具，未列明品名、型号、数量，又不附"销售货物或者提供应税劳务清单"的；将大量白条作为费用列支凭证等。

微课

期间费用检查的一般内容

2.主要检查方法

（1）费用列支范围的检查

检查有关期间费用明细账，据其摘要栏所反映的内容核对原始凭证，明确以下内容：支出项目是否属于各项费用开支范围；是否与取得收入直接相关；是否附有合法的原始凭证；是否符合生产经营活动常规；是否已经确实发生等。

【特别提示】《企业所得税法》第八条中明确规定："企业实际发生的与取得收入有关的、合理的支出，包括成本、费用、税金、损失和其他支出，准予在计算应纳税所得额时扣除。"检查中，对于"实际发生"的判定，可以从以下几点考量：其一，"实际发生"首先强调产生费用或支出的交易、事项是真实的；其二，"实际发生"是指支付义务的发生，而且这一支付义务是法定的，不应包括企业自我承诺形成的推定义务；其三，"实际发生"是指税前扣除的金额为实际发生数，即支出金额必须确定。

（2）资本性支出与费用性支出界限的检查

对期间费用明细账单笔支出金额较大的项目或以相同名义多次列支的项目，严格审阅发票、出库单据、入库单据等原始凭证，实地调查资产（资金）使用部门、支付对象、款项用途、购进频率、领用数量、实际库存等，判断纳税人有无将资本性支出计入期间费用的可能。

（3）重复列支的检查

第一，审阅纳税人相关的会计凭证、账簿，核实成本、费用账户中有无相同和相近金额的支出；第二，检查有无将发票复印件作为原始凭证或应附而未附原始凭证的情况，重点核实总、分支机构的费用扣除问题。

（4）费用列支标准的检查

检查大额费用支付的原始凭证，确定费用开支的内容、列支标准；检查费用支取部门，判断费用属性，确定纳税人有无混淆费用支出界限，超标准列支费用的情况。

（5）费用列支期限的检查

检查支付费用的时间，尤其是年初、年末单笔支出金额较大的费用项目，结合预付账款、发票、合同或协议等账证的检查，确定纳税人有无将预支的费用提前至支付当年申报所得税税前扣除；检查"预计负债""应付利息"及各种准备金等账户年末贷方余额，确定有无预提费用项目尚未支付，结合企业所得税纳税申报表确认上述已预提尚未支付的款项有无进行纳税调整，调整金额是否正确。

（6）费用列支凭证的检查

① 检查费用列支是否附有原始凭证。依据《企业所得税税前扣除凭证管理办法》（国家税务总局公告2018年第28号，以下简称《管理办法》）第五条：企业发生支出，应取得税前扣除凭证，作为计算企业所得税应纳税所得额时扣除相关支出的依据。

② 检查费用列支凭证是否符合税法的要求。依据《管理办法》第二条：税前扣除凭证，是指企业在计算企业所得税应纳税所得额时，证明与取得收入有关的、合理的支出实

际发生，并据以税前扣除的各类凭证。第九条：企业在境内发生的支出项目属于增值税应税项目的，对方为已办理税务登记的增值税纳税人，其支出以发票（包括按照规定由税务机关代开的发票）作为税前扣除凭证；对方为依法无须办理税务登记的单位或者从事小额零星经营业务的个人，其支出以税务机关代开的发票或者收款凭证及内部凭证作为税前扣除凭证，收款凭证应载明收款单位名称、个人姓名及身份证号、支出项目、收款金额等相关信息。税务总局对增值税应税项目开具发票另有规定的，以规定的发票或者票据作为税前扣除凭证。

③ 检查费用列支凭证是否真实、合法。依据《管理办法》第四条：税前扣除凭证在管理中遵循真实性、合法性、关联性原则。真实性是指税前扣除凭证反映的经济业务真实，且支出已经实际发生；合法性是指税前扣除凭证的形式、来源符合国家法律、法规等相关规定；关联性是指税前扣除凭证与其反映的支出相关联且有证明力。

（二）各费用项目的检查

在对各期间费用项目进行检查时，首先可以计算纳税人近几年产品销售收入与各期间费用的比例，然后根据产品销售收入增长情况，判定当期各期间费用支出是否合理。如发现重大波动和异常，则选择各月份中费用数额较大或短期内发生频繁的项目，进行账册、凭证的对照，并询问有关当事人，弄清事实真相。

1. 销售费用的检查

微课

销售费用是企业销售过程中发生的各种费用，包括广告费、运输费、装卸费、包装费、展览费、保险费、销售佣金、代销手续费、经营性租赁费及销售部门发生的差旅费、工资、福利费等费用；从事房地产开发业务的纳税人的销售费用还包括开发产品销售之前的改装修复费、看护费、采暖费等。

销售费用的
检查

（1）广告和业务宣传费的检查

企业发生的符合条件的广告费和业务宣传支出，除国务院财政、税务主管部门另有规定外，不超过当年销售（营业）收入15%的部分，准予扣除；超过部分，准予在以后纳税年度结转扣除。广告和业务宣传费检查的常见涉税风险及主要检查方法如下：

① 广告和业务宣传费的发生额是否相对稳定。如果纳税人年度内广告和业务宣传费增长较快且无新产品投放市场，注意核实有无虚增广告和业务宣传费。

② 审查企业发生的广告和业务宣传费的原始凭据，确认支出的真实性和有效性。

③ 检查有无将不允许税前列支的费用，借用广告和业务宣传费的名义税前扣除。

阅读资料

④ 审查广告合同载明的金额与期限，掌握企业广告费用的计量情况，检查企业是否将预支的以后年度的广告和业务宣传费支出提前申报扣除。

⑤ 核实纳税申报表，确定广告和业务宣传费是否以销售收入为依据按规定比例税前扣除，超标准部分或以前年度结转当年扣除的广告和业务宣传费有无进行纳税调整。

为何这家药企
广告费用少？

（2）运输装卸费的检查

检查"销售费用"明细账，对发生的大额运费，要调取销售合同以及销售价格、货款结算等方面的资料进行核对，并询问销售、仓库管理等人员，确定真实的销售过程和结算情况，确定企业是否存在舍近求远、加大运输费用等问题；如有，应进一步结合其他运输企业的运费、装卸费收取情况，审查运费、装卸费支出的原始凭证和运费、装卸费支出的价格确定方式，核实企业是否存在利用虚假运输业务增加费用或列支一些非法支出的问题。

（3）专设销售机构费用的检查

通过检查"销售费用——专设销售机构经费"明细账及有关记账凭证和原始凭证，运用外调法审核专设销售机构的人员、经费及经营情况的真实性，检查记载经营业务的原始凭证的合法性和有效性，核实有无将应计入生产成本等不属于专设销售部门人员的工资、福利费、办公费、差旅费等计入销售费用开支；有无虚列销售人员提成工资；有无不按规定计提折旧费和摊销低值易耗品，多列支销售费用；有无虚报冒领加大差旅费、办公费和修理费开支，多计入销售费用的问题。

（4）销售手续费、佣金的检查

手续费是为代他人办理有关事项，所收取的一种劳务补偿，如证券交易手续费、国债代办手续费等；佣金是商业活动中的一种劳务报酬，是具有独立地位的中间商、掮客、经纪人、代理商等在商业活动中为他人提供服务，介绍、撮合交易或代买、代卖商品所得到的报酬，通常是事先通过协议按照成交额的百分比计算的。对手续费、佣金检查的主要内容及方法如下：

①超范围、超标准列支手续费、佣金的检查

按企业所得税税收法规相关规定，手续费、佣金的税前扣除办法有以下几种：一是全额扣除。从事代理服务，主营业务收入为手续费、佣金收入的企业（如证券、期货、保险代理等企业），其为取得该类收入而实际发生的手续费及佣金支出，准予在企业所得税税前据实扣除。二是按18%的扣除比例扣除。保险企业发生的与其经营活动有关的手续费及佣金支出，不超过当年全部保费收入扣除退保金等后余额的18%（含本数）的部分，在计算应纳税所得额时准予扣除；超过部分，允许结转以后年度扣除。三是按10%的扣除比例扣除。企业委托境外机构销售开发产品，其支付给境外机构的佣金或手续费（包括其他销售费用），不超过委托销售收入10%的部分准予据实扣除。四是按5%的扣除比例扣除。其他企业按与具有合法经营资格中介服务机构或个人所签订服务协议或合同确认收入金额5%为限额税前扣除；电信企业在发展客户、拓展业务等过程中因委托销售电话入网卡、电话充值卡所发生的手续费及佣金支出，不超过企业当年收入总额5%的部分，准予税前扣除。五是零扣除。企业以现金等非转账方式支付的手续费及佣金（委托个人代理除外）、企业为发行权益性证券支付给有关证券承销机构的手续费及佣金不得在税前扣除；企业已计入固定资产、无形资产等相关资产的手续费及佣金支出，应当通过折旧、摊销等方式分期扣除，不得在发生当期直接扣除。

检查时应注意企业申报扣除手续费、佣金的比例与其支出项目是否匹配，并通过审阅企业手续费及佣金计算分配表和其他相关资料查证落实。

②税前列支金额计算的检查

在计算手续费、佣金支出金额时，如果合同或协议中并无收入约定的，应按合同或协议实际执行中实现的收入确定手续费、佣金扣除限额；如果合同或协议约定按照销售数量支付定额佣金，应换算为实际销售收入后，计算手续费、佣金扣除限额；如果先收到客户预存款项，凡不作为当期收入的，在计算手续费、佣金扣除限额时，不作为计算基数，待收入实现时再计入计算基数。

检查纳税人计算税前列支手续费及佣金是否正确，可以通过对比手续费及佣金计算分配表和合法凭证金额是否吻合来查证落实。

【案例5-11】某医药公司主要从事复合维生素的生产与销售，属于增值税一般纳税人。2024年5月，市税务稽查局对该公司2023年度纳税事项实施了税务稽查。在对企业所得税纳税申报表进行审阅时，确定"纳税调整项目明细表（A105000）"申报当年"佣金和手续费支出"账载金额与税收金额均为240 000元，纳税调整金额为0。为确认该医药公司申报是否真实，稽查人员展开了进一步调查分析。

首先，稽查人员检查了医药公司与3名自然人签订的销售服务协议，协议约定受托方（自然人）应按照医药公司指导价格24元/盒销售产品，每销售1盒医药公司支付销售佣金2.4元，即佣金比例为10%。货款结算时，受托方只需将销售总额扣除销售佣金后的余额支付给医药公司即可。此外，受托方取得销售佣金收入需要向医药公司提供发票作为其税前列支的合法有效票据。

其次，税务稽查人员进一步核实了3名自然人的中介资格符合相关政策规定。

最后，稽查人员审核了产品出库数量及销售数量，确认当年中介个人共计销售10万盒，收入2 400 000元（不含税），应支付佣金费用240 000元，佣金计算分配表汇总见表5-4。

表5-4 　　　　　　　　　　　　　佣金计算分配表汇总　　　　　　　　　　　　金额单位：元

姓名	月份	销售额	比例（%）	佣金
张某	1月	600 000.00	10	60 000.00
	6月	400 000.00	10	40 000.00
	8月	200 000.00	10	20 000.00
	小计	1 200 000.00		120 000.00
李某	4月	100 000.00	10	10 000.00
	8月	300 000.00	10	30 000.00
	小计	400 000.00		40 000.00
王某	3月	780 000.00	10	78 000.00
	4月	20 000.00	10	2 000.00
	小计	800 000.00		80 000.00

医药公司账务处理如下：

借：应收账款——个人应收款　　　　　　　　　　　　　　　　　　　2 440 800

　　贷：主营业务收入　　　　　　　　　　　　　　　　　　　　　　　2 160 000

　　　　应交税费——应交增值税（销项税额）　　　　　　　　　　　　280 800

借：银行存款——收回个人应收款　　　　　　　　　　　　　　　　　2 440 800

　　贷：应收账款——个人应收款　　　　　　　　　　　　　　　　　　2 440 800

税务稽查人员认为医药公司上述账务处理存在以下问题：

（1）将佣金支出冲减销售收入，漏计了增值税。

根据《财政部　国家税务总局关于企业手续费及佣金支出税前扣除政策的通知》（财税〔2009〕29号）第五条：企业支付的手续费及佣金不得直接冲减服务协议或合同金额，并如实入账。医药公司当年由受托方实现的销售收入应为240万元，然而，该公司却按照冲减销售佣金24万元后的余额2 160 000元结转收入，少计销售收入240 000元。

应补征增值税 = 240 000 × 13% = 31 200（元）

（2）超限额列支扣除销售佣金支出，漏计了企业所得税。

医药公司可以在税前扣除的佣金支出限额 = 240 000 × 5% = 12 000（元），实际冲减主营业务收入少计利润240 000元，应补征企业所得税 = （240 000 − 12 000）× 25% = 57 000（元）

（3）支付个人劳务报酬，漏扣缴个人所得税。

应代扣代缴张某个人所得税 = ［60 000 × （1 − 20%）× 30% − 2 000］ + ［40 000 × （1 − 20%）× 30% − 2 000］ + ［20 000 × （1 − 20%）× 20%］ = 23 200（元）

应代扣代缴李某个人所得税 = ［10 000 × （1 − 20%）× 20%］ + ［30 000 × （1 − 20%）× 30% − 2 000］ = 6 800（元）

应代扣代缴王某个人所得税 = ［78 000 × （1 − 20%）× 40% − 7 000］ + ［（2 000 − 800）× 20%］ = 18 200（元）

2.管理费用的检查

管理费用指企业行政管理部门为组织和管理生产经营活动而发生的各项费用，包括企业董事会和行政管理部门在企业经营管理中发生的，或者应当由企业统一负担的公司经费、工会经费、待业保险费、劳动保护费、董事会费、聘请中介机构费、咨询费、诉讼费、业务招待费、办公费、差旅费、邮电费、绿化费、管理人员工资及福利费等。

微课

业务招待费与
工资附加费的
检查

（1）业务招待费的检查

业务招待费包括企业生产经营活动中用于招待客户的餐饮费、住宿费、礼品费、交通费、正常的娱乐活动支出、安排客户参观考察旅游产生的费用等。企业的业务招待费可能在以下账户中列支："管理费用""销售费用""原材料""固定资产"等。业务招待费的检查包括以下内容：

①确定业务招待费实际支出金额

企业支付业务招待费可能直接列示为餐饮费、招待费、礼品费，也可能"偷梁换柱"，将其隐藏在办公费、差旅费、会议费、采购费中列支。检查时，除"管理费用——业务招待费"账户的借方发生额外，还应注意"销售费用"中的餐费、招待费、礼品费、办公费、差旅费、会议费，"原材料""固定资产"中的采购费等，并核对所附原始凭证，凡据下列原始凭证入账的，应予以核实：品目名称模糊的办公用品、本地的住宿费、旅游景点或演出门票费、娱乐场所服务发票、经手人为非本企业人员的差旅费等。逐一核对确认后，统计出企业业务招待费支出的真实数据。

②计算税前列支限额

企业发生的与生产经营活动有关的业务招待费支出，按照发生额的60%扣除，但最高不得超过当年销售（营业）收入的5‰。其中，计算业务招待费的依据销售（营业）收入包括：主营业务收入、其他业务收入和视同销售收入，检查时可以通过审查"主营业务收入""其他业务收入""库存商品"账户和所得税纳税申报表中"一般企业收入明细表（A01010）"，核实出全年销售收入，然后依据规定的比例计算业务招待费限额。

③确定纳税调整额

将依据上述检查结果确定的业务招待费实际支出额与计算出来的税前列支限额与所得税纳税申报表"纳税调整项目明细表（A105000）"中申报调整的业务招待费核对，确定业务招待费的税前扣除金额是否符合税法的规定。

【做中学5-7】2024年4月某企业在进行2023年所得税汇算清缴申报前，对本企业业务招待费进行全面核实，确认以下数据：

（1）2023年企业实现销售收入20 000万元，"管理费用——招待费"全年列支的金额为60万元，"销售费用——招待费"全年列支的金额为60万元。

（2）"管理费用——办公费"中有摘要为"购手机、优盘"等字样的业务金额合计为5万元，为赠送有关业务人员的礼品。

（3）"管理费用——差旅费"中有外地出差宴请客户发生的餐费8万元。

（4）"销售费用——差旅费"中有为外地客户报销赴本企业考察的交通费12万元。

（5）"销售费用——会议费"中有摘要为"客户培训"的费用25万元，系为客户能熟练操作本企业产品发生的集中培训支出，其中，本市旅游企业开具的增值税普通发票合计金额为12万元，是培训之余本企业组织客户从本省W市到外省C市的轮船观光游支出。

依据上述数据，企业财务人员在进行2023年所得税汇算清缴纳税申报时确认企业当年实际支出的业务招待费为157万元，税前列支限额为94.2万元，纳税调整增加额为62.8万元。

（2）工会经费的检查

企业拨缴的工会经费，不超过工资薪金总额2%的部分，准予扣除。工会经费检查的主要内容及方法如下：

①核实拨缴工会经费金额

依据《中华全国总工会办公厅关于印发〈基层工会经费收支管理办法〉的通知》（总工办发〔2017〕32号），基层工会应遵循经费独立原则，依据全国总工会关于工会法人登记管理的有关规定取得工会法人资格，依法享有民事权利、承担民事义务，并根据财政部、中国人民银行的有关规定，设立工会经费银行账户，实行工会经费独立核算。检查时，应通过核对"工会经费收入专用收据"、税务机关开具的"完税凭证"、银行转账流水记录等原始凭证，确认建立工会组织的企业按全部职工工资总额2%依法向工会拨缴的经费金额，或未建立工会组织的企业由税务部门代收的工会经费金额。

②检查税前列支金额是否正确

其包括：检查工资总额是否合理；计算税前扣除限额的比例是否超过2%。

③计算对比纳税调整是否正确

检查所得税纳税申报表"职工薪酬支出及纳税调整明细表（A105050）"中工会经费支出，核对其申报纳税调整额与按政策规定计算的纳税调整额是否一致。

（3）职工教育经费的检查

除国务院财政、税务主管部门另有规定外，企业发生的职工教育经费支出，不超过工资薪金总额8%的部分，准予扣除；超过部分，准予在以后年度结转扣除。职工教育经费检查的内容及方法如下：

①检查列支范围是否符合规定

企业职工教育经费的列支范围包括：上岗和转岗培训、各类岗位适应性培训、岗位培训、职业技术等级培训、高技能人才培训、专业技术人员继续教育、特种作业人员培训、企业组织的职工外送培训的经费支出、职工参加的职业技能鉴定、职业资格认证等经费支出、购置教学设备与设施、职工岗位自学成才奖励费用、职工教育培训管理费用、有关职工教育的其他开支。检查时应注意企业有无将企业职工参加社会上的学历教育以及个人为取得学位而参加的在职教育费用及基层工会举办政治、法律、科技、业务等专题培训和职工技能培训所需的教材资料、教学用品、场地租金等方面的支出，用于支付职工教育活动聘请授课人员的酬金，用于基层工会组织的职工素质提升补助和职工教育培训优秀学员的奖励支出等计入职工教育经费。

②检查税前列支金额是否正确

检查计算税前列支职工教育经费的工资薪金总额是否合理；计算扣除限额的比例是否超过8%；核对银行流水确定实际支出金额。

③计算对比纳税调整是否正确

检查所得税纳税申报表"职工薪酬支出及纳税调整明细表（A105050）"中职工教育经费支出，核对其申报纳税调整额与按政策规定计算的纳税调整额是否一致。

（4）劳动保护费的检查

劳动保护费通常指为职工配备的工作服、手套、安全保护用品、防暑降温用品等所发生的支出。纳税人实际发生的合理的劳动保护支出，可以扣除。

企业根据其工作性质和特点，由企业统一制作并要求员工工作时统一着装所发生的工作服饰费用，可以作为企业合理的支出予以税前扣除。

劳动保护费检查的内容及方法如下：

①检查有无以现金形式支付劳动保护费。劳动保护费支出必须以购买劳动保护等实物为前提，直接计入生产成本，据实列支，不得以货币或者其他物品替代。

②检查有无以生活用品代替劳动防护用品。劳动防护用品是指由生产经营单位为从业人员配备的，使其在劳动过程中免遭或者减轻事故伤害及职业危害的个人防护装备。检查时可审核购进发票及领用手册等原始凭证，通过开票单位名称、数量、单价、领用人员岗位、岗位需求等要素加以判断。

对于购进发票只填写"劳保用品"的，可以通过检查使用防伪税控系统开具并加盖发票专用章的销售清单查明购进劳保用品的真实情况。

③检查有无将职工福利费计入劳动保护费。除审核购进发票等原始单据外，检查时还可以从购进数量上加以判断：对超过工作需要量而发放的具有劳动保护性质的用品应在福利费中开支；对不具备统一制作、统一着装条件的，应计入职工福利费。

【案例5-12】税务稽查人员在对A商贸公司2023年的管理费用进行检查时发现："管理费用——劳动保护费"金额较上年增长异常。进一步抽查会计凭证发现，A商贸公司当年度服装费支出偏高，100人的单位，支出达50万元。对此，A商贸公司财务人员解释为分批支付的工作服饰费用，虽然金额偏高，但并未违反相关税收法规。

税务稽查人员不认同该公司的上述做法，并根据会计凭证及原始发票的记录，对A商贸公司财务经理的解释作了进一步的剖析。

（1）企业超范围列支劳动保护费。劳动保护费的服装限于工作服而非所有服装，A商贸公司购进发票之一显示供货商为高档商厦中的知名运动品牌，且采购数量有限，金额较高（20万元），单套金额几千元的套装按照劳动保护费列支，显然既不合情又不合理，应按与生产经营无关的支出进行税务处理。

（2）劳动保护费不符合根据"工作性质和特点"统一制作、统一着装的条件。A商贸公司购进发票之二显示购进100套保暖内衣，企业提供的领取手册显示公司在职职工人手一套。A公司作为商贸公司，不存在野外作业情况，因此该笔支出既不属于"为免遭或者减轻事故伤害及职业危害的个人防护装备"范围；也不符合"由企业统一制作并要求员工工作时统一着装所发生的工作服饰费用"的政策规定，可以按职工福利费处理。

基于上述分析，经与企业交换意见，稽查人员最终确认A商贸公司应作纳税调整增加22.8万元。

【做中学5-8】2023年甲通信公司为员工配备统一的西服，要求上班必须统一着装，取得增值税专用发票，金额20 000元，增值税税额2 600元。企业账务处理为：

借：管理费用——劳动保护费　　　　　　　　　　　　　　　　　　20 000
　　应交税费——应交增值税（进项税额）　　　　　　　　　　　　2 600
　　贷：银行存款　　　　　　　　　　　　　　　　　　　　　　　　22 600

甲通信公司在进行2023年所得税纳税申报时，未就上述支出进行纳税调整。政策依据分别是：

《企业所得税法实施条例》第四十八条：企业发生的合理的劳动保护支出，准予扣除。

《关于规范社会保险缴费基数有关问题的通知》（劳社险中心函〔2006〕60号）：劳动保护的各种支出包括：工作服、手套等劳动保护用品，解毒剂、清凉饮料，以及按照国务院1963年7月19日劳动部等七单位规定的范围对接触有毒物质、矽尘作业、放射线作业和潜水、沉箱作业、高温作业等五类工种所享受的由劳动保护费开支的保健食品待遇。

《国家税务总局关于印发〈企业所得税税前扣除办法〉的通知》（国税发〔2000〕084号）第五十四条：纳税人实际发生的合理的劳动保护支出，可以扣除。劳动保护支出是指确因工作需要为雇员配备或提供工作服、手套、安全保护用品、防暑降温用品等所发生的支出。

乙通信公司同样出于工作需求，为员工发放某品牌服饰一套，要求员工上班统一着装。企业账务处理为：

借：应付职工薪酬——福利费　　　　　　　　　　　　　　　　　　22 600
　　贷：银行存款　　　　　　　　　　　　　　　　　　　　　　　　22 600

乙通信公司在进行2023年所得税纳税申报时，按福利费支出进行了相应的纳税调整。政策依据是：

《中华人民共和国企业所得税法实施条例》（中华人民共和国国务院令第512号）第四十条：企业发生的职工福利费支出，不超过工资薪金总额14%的部分，准予扣除。

《国家税务总局关于企业工资薪金和职工福利费等支出税前扣除问题的公告》（国家税务总局公告2015年第34号）第一条：

列入企业员工工资薪金制度、固定与工资薪金一起发放的福利性补贴，符合《国家税务总局关于企业工资薪金及职工福利费扣除问题的通知》（国税函〔2009〕3号）第一条规定的，可作为企业发生的工资薪金支出，按规定在税前扣除。

根据《国家税务总局关于企业工资薪金及职工福利费扣除问题的通知》（国税函〔2009〕3号）第三条第二款：为职工卫生保健、生活、住房、交通等所发放的各项补贴和非货币性福利，属于职工福利费。

你认为甲、乙两家通信公司的处理，哪个税收风险更低呢？

（5）社会保障性缴款的检查

企业依照国务院有关主管部门或者省级人民政府规定的范围和标准为职工缴纳的基本养老保险费、基本医疗保险费、失业保险费、工伤保险费、生育保险费等基本社会保险费和住房公积金，准予扣除。企业为投资者或者职工支付的补充养老保险费、补充医疗保险费，分别在不超过职工工资总额5%标准内的部分，在计算应纳税所得额时准予扣除；超过的部分不予扣除；除企业依照国家有关规定为特殊工种职工支付的人身安全保险费和国务院财政、税务主管部门规定可以扣除的其他商业保险费外，企业为投资者或者职工支付的商业保险费，不得扣除。

社会保障性缴款检查的主要内容及方法如下：

① 通过审核各项缴款的原始单据确认计提基数是否准确；

② 检查计提及缴费比例有无超过国务院有关主管部门或者省级人民政府规定的标准；

③ 核实各项保险是否已实际支出；

④ 检查会计与税法的差异纳税调整是否正确。

（6）差旅费的检查

差旅费是指出差期间因办理公务而产生的交通费、住宿费、伙食补助费及其他支出。对差旅费进行税务检查的主要内容及方法如下：

①出差内容的检查

通过检查出差地点、人员、时间、任务判断出差的前提是不是因企业经营活动需要，能否为企业带来一定的经济效益。有无频繁发生风景名胜地、旅游观光地、文化及历史名城的差旅费支出，判断企业有无以差旅费的名义列支旅游费支出。

②出差人员的检查

通过检查报销单据的审批人、经手人，判断出差人是不是本企业任职受雇的员工，有无将应计入业务招待费的为客户支付的交通、住宿费列入差旅费，规避业务招待费纳税调整。

③报销单据的检查

第一，检查员工报销的原始票据，包括飞机票、火车票、汽车票、船票、住宿发票、会议通知、过路费、过桥费及订票费、改签费、退票费、往返机场的车费等外来原始票据的真实性、合法性。

第二，检查出差补助，包括出差补助天数（出差返程日期－出差出发日期）、出差往返日补助标准及出差住宿期间补助标准的合理性。

第三，检查报销单据填写的规范性，包括检查项目填写是否完整、字迹有无模糊不清；有无虚报出差天数；原始票据丢失、毁损的，企业有无提供有效详细书面说明及需报销单据明细项目、金额。

【案例5-13】某税务中介机构对A公司进行税务检查时发现，该公司存在将员工报销的探亲费计入差旅费或将为客户支付的住宿费计入差旅费等涉税问题，遂及时要求A公司补缴相应税款。

3.财务费用的检查

财务费用是指企业在生产经营过程中为筹集资金而发生的各项费用，包括企业在生产经营期间发生的利息支出、汇兑净损失、金融机构手续费，以及筹资过程中发生的其他费用。一般来讲，如果企业近几年生产经营情况没有太大变化，对外借款以及发行债券的数额没有波动，那么企业的财务费用支出应该是比较均衡的。因此，检查过程中应首先判定财务费用有无重大或异常变化，随后展开进一步分析取证，查明问题。财务费用检查的主要内容是对利息支出的检查。

（1）常见涉税风险

①混淆资本性支出与费用性支出的界限，将应资本化的借款费用直接列支为财务费用。企业在生产经营活动中发生的合理的不需要资本化的借款费用，准予扣除。企业为购置、建造固定资产、无形资产和经过12个月以上的建造才能达到预定可销售状态的存货发生借款的，在有关资产购置、建造期间发生的合理的借款费用，应当作为资本性支出计入有关资产的成本，按照资产税务处理规定扣除。如果纳税人将应资本化的利息支出直接结转至"财务费用"，就会减少当期利润，达到递延纳税的目的。

②混淆权责界限，将为外单位负担的利息支出或因投资者投资没有到位产生的利息支出计入本单位财务费用税前扣除。根据《国家税务总局关于企业投资者投资未到位而发生的利息支出企业所得税前扣除问题的批复》（国税函〔2009〕312号）的规定：凡企业投资者在规定期限内未缴足其应缴资本额的，该企业对外借款所发生的利息，相当于投资者实缴资本额与在规定期限内应缴资本额的差额应计付的利息，不属于企业合理的支出，应由企业投资者负担，不得在计算企业应纳税所得额时扣除。纳税人为外单位负担的利息支出，一般来讲属于与生产经营无关的支出，不得税前扣除。

【特别提示】企业对外提供的与本企业应税收入、投资、融资、材料采购、产品销售等生产经营活动相关的担保支出允许税前扣除。

③忽略会计与税法差异，将超过税法规定列支标准的非金融机构借款、关联方借款利息支出全额扣除。非金融企业向非金融企业借款的利息支出，不超过按照金融企业同期同类贷款利率计算的数额的部分，可据实扣除，超过部分不许扣除。企业从其关联方接受的债权性投资与权益性投资的比例超过规定标准而发生的利息支出不得在计算应纳税所得额时扣除。证明利率合理性的举证权利在企业，企业在按照合同的要求首次支付利息并进行税前扣除时，应提供"金融企业的同期同类贷款利率情况说明"，以证明其利息支出的合理性。如果企业为了规避利率调整，将借款利率人为分解为较低利率，其他部分以手续费、咨询费、服务费等收取；或采取不在同一时期收取或采取分签合同方式收取等手段，减少利息支出，就会减少应纳税所得额，检查时应特别予以关注。

【特别提示】企业从其关联方接受的债权性投资与权益性投资的比例超过规定标准（金

融企业为5：1；其他企业为2：1）而发生的利息支出，不得在计算应纳税所得额时扣除。

④混淆会计主体界限，将企业内营业机构之间借款费用计入财务费用税前扣除。企业之间支付的管理费、企业内营业机构之间支付的租金和特许权使用费，以及非银行企业内营业机构之间支付的利息，不得扣除。

（2）主要检查方法

①借款费用资本化及权责界限的检查。检查"短期借款""长期借款"账户及借款协议、合同，确定每笔借款的金额、利率、用途、期限和利息支付方式，查清每笔借款资金的流向，核实有无将应计入固定资产、在建工程、存货的利息支出直接计入财务费用；有无将转给其他单位使用并为其负担利息的支出计入本企业财务费用税前扣除的情况；有无将应由投资者负担的利息支出计入本企业财务费用税前扣除的情况。

【案例5-14】A贸易公司成立于2023年5月，有3位自然人股东，公司注册资本1 000万元，股东持股比例分别为60%、30%和10%，公司章程约定注册资本缴存截止时间为2023年5月1日。当月3位股东实缴资本500万元，2023年11月1日，3位自然人股东二次实缴资本100万元，截至2023年12月，尚有400万元注册资本金没有到位。2023年7月1日，公司因经营周转需要向银行贷款500万元，年利率5%，当年应支付借款利息12.5万元，企业账务处理为：

借：财务费用　　　　　　　　　　　　　　　　　　125 000
　　贷：应付利息　　　　　　　　　　　　　　　　　　　　125 000
借：应付利息　　　　　　　　　　　　　　　　　　125 000
　　贷：银行存款　　　　　　　　　　　　　　　　　　　　125 000

代理对该公司进行税务审查的张税务师分析指出：在股东出资不到位的情况下，企业发生的借款利息不能税前扣除，这有个前提条件，即在规定期间未足额出资。2014年3月1日之后，注册资本实行认缴制，投资人的出资截止时间由公司章程规定，公司章程规定的出资截止时间就是税收政策上的规定期间。由于借款时间发生在公司章程规定的注册资本缴存截止时间之后，其未缴足的资本金（7—10月为500万元，11—12月为400万元）借款对应利息不得税前扣除，建议企业进行纳税调整。纳税调整金额计算如下：

$$\begin{array}{l}\text{企业每一计算期不得} \\ \text{扣除的借款利息}\end{array} = \sum(\frac{\text{该期间借款}}{\text{利息额}} \times \frac{\text{该期间未缴足}}{\text{注册资本额}} \div \frac{\text{该期间}}{\text{借款额}})$$

$$= 500 \times 5\% \div 12 \times 4 \times 500 \div 1\ 000 + 500 \times 5\% \div 12 \times 2 \times 400 \div 1\ 000$$

$$= 4.167 + 1.67 = 5.837（万元）$$

②纳税调整的检查。对于非金融企业借款利息支出，可检查"财务费用"记录与有关凭证，并与所得税纳税申报表"纳税调整项目明细表（A105000）"相关内容核对，核定有无将高于金融机构同类、同期贷款利率以上的利息支出计入财务费用，对超过规定列支的利息支出，是否在企业所得税纳税申报表中作了调整。对于关联企业间利息支出的检查，可从以下三个方面着手进行：第一，审查企业成立章程等，核实企业资金来源、购销渠道、经营方式等，以此确认借贷双方是否构成关联方关系；第二，检查签订的协议、合同，明确关联企业投资的性质；第三，检查企业从其关联方接受的债权性投资与权益性投资的比例是否超过规定标准，未超过标准的借款利率是否超过金融机构同类、

同期贷款利率。

③企业内部借款利息的检查。检查非银行企业内部营业机构的"财务费用"，对大额支出的资金流向追踪核实，落实是否属于不得扣除的非银行企业内营业机构之间支付的利息。

【做中学 5-9】2024年6月，税务稽查部门在对甲企业2023年企业所得税进行税务稽查时，确定企业2023年1月1日从非金融企业A公司（非关联企业）借入资金10 000 000元，用于新生产线购建，合同约定年利率12%，借款期限1年，2023年年底一次还本付息。新生产线于2023年1月投入组建安装，支出计入在建工程，2023年5月安装完毕交付使用并开始投产，结转至"固定资产"。年末到期一次还本付息时，企业账务处理为：

借：短期借款　　　　　　　　　　　　　　　　　10 000 000
　　财务费用　　　　　　　　　　　　　　　　　　1 200 000
　　贷：银行存款　　　　　　　　　　　　　　　　　　　11 200 000

针对上述处理，税务稽查人员首先与甲企业财务人员沟通，确定金融机构同期同类贷款利率为6%，生产线折旧年限10年、不考虑净残值。随后，稽查人员指出纳税人上述处理涉及以下两个问题，应作调整：

（1）企业为购置、建造固定资产发生借款的，在固定资产购置、建造期间发生的合理的借款费用，应当作为资本性支出计入有关固定资产的成本。因此，甲企业该项借款2023年1—5月份借款利息共计500 000元应该资本化，计入固定资产原值，依据固定资产折旧税前扣除。2023年，计入固定资产原值的利息应计提折旧，计算为29 166.67元（500 000 ÷（10 × 12）× 7），按金融机构同期同类贷款利率6%计算允许税前扣除的折旧为14 583.33元（250 000 ÷（10 × 12）× 7），2023年应作纳税调整增加14 583.34元（29 166.67 − 14 583.33）。

（2）2023年6—12月份借款利息共计700 000元可以计入财务费用，按不超过金融机构同期同类贷款利率6%计算扣除，2023年允许税前扣除的利息支出为350 000元（10 000 000 × 6% ÷ 12 × 7）。

两项合计当年应调整增加会计利润470 833.33元（500 000 − 29 166.67）；应调整增加计税所得额364 583.34元（350 000 + 14 583.34）；2023年应补缴企业所得税208 854.17元（（470 833.33 + 364 583.34）× 25%），建议企业作如下账务调整：

借：固定资产　　　　　　　　　　　　　　　　　500 000
　　贷：累计折旧　　　　　　　　　　　　　　　　　　　29 166.67
　　　　以前年度损益调整　　　　　　　　　　　　　　　470 833.33

三、税金的检查

阅读资料

巨额费用藏蹊跷，账实核查揭谜底

企业在生产经营中缴纳的消费税、资源税、城市维护建设税、教育费附加、地方教育附加、土地增值税、契税、房产税、城镇土地使用税、车船税、印花税、车辆购置税、耕地占用税、环境保护税等，允许在计算企业所得税时，税前扣除。

1. 常见涉税风险

（1）将应该资本化的税金支出直接税前扣除

如将应计入固定资产、无形资产成本的车辆购置税、契税、耕地占用税等直接计入期间费用税前扣除。

（2）税金重复列支扣除

如将已在收入中扣除的增值税销项税额，已计入购进货物成本中的进口环节关税、烟叶税，在计算所得税时作为税金支出重复扣除。

（3）超范围列支税金

如将应由个人负担的个人所得税税前扣除。

2.主要检查方法

（1）应交税费资本化的检查

检查本期"固定资产""无形资产"借方发生额，核对原始凭证，确定企业新增资产是否有房产、土地、车辆；如果有新增的房产、土地、车辆，应检查其完税凭证，确定企业在资产购置过程中支付的契税、耕地占用税、车辆购置税等；进一步检查记账凭证，核实企业支付的税金是否计入相关资产的价值；如果该资产的价值构成中未包含税金，则应落实企业是否将资产购置环节缴纳的税金列入"税金及附加"，直接申报税前扣除。

（2）重复列支税金的检查

核对"税金及附加""管理费用""原材料""库存商品"等明细账的摘要栏，确认有无税金列支金额；如有，应进一步检查其列支的原始凭证是否为完税凭证，有无用复印件作为原始凭证、有无重复列支税金的情况。

（3）超范围扣除的检查

对企业代扣代缴的个人所得税情况进行全面排查，核实有无将应由个人负担的个人所得税进行税前扣除的情况。

四、损失的检查

损失是指企业在生产经营活动中发生的固定资产和存货的盘亏、毁损、报废损失，转让财产损失，呆账损失，坏账损失，自然灾害等不可抗力因素造成的损失以及其他损失。企业发生的损失，减除责任人赔偿和保险赔款后的余额，依照国务院财政、税务主管部门的规定扣除。

企业向税务机关申报扣除资产损失，应填报企业所得税年度纳税申报表"资产损失税前扣除及纳税调整明细表（A105090）"，相关资料由企业留存备查。

企业各项资产损失的检查，应围绕企业申报资产损失的留存备查资料的真实性、合法性展开，其主要内容及方法如下：

（一）固定资产和存货的盘亏、毁损、报废损失的检查

1.常见涉税风险

（1）虚报损失项目

企业销售或处置固定资产、存货，不开具发票，不结转资产转让收入。如果如实结转资产转让成本，容易暴露账外经营收入的问题。为隐匿收入，企业只好收入、成本均不结转，如此一来，就会导致"账存实无"的情况，企业就可能选择报损的办法，通过申报固定资产和存货的盘亏、毁损、报废损失，来结转资产的成本，实现"账实相符"。

（2）虚报损失金额

企业确实发生了固定资产和存货的盘亏、毁损、报废损失，但是在申报所得税税前扣

除时，不扣除已经计提的固定资产折旧、责任人赔偿和保险赔款，多列支损失金额，达到少缴税的目的。

2. 主要检查方法

（1）损失真实性的检查

将"待处理财产损溢"账户与"盘点表""盘点报告"核对，确定固定资产和存货的盘亏、毁损、报废数量；检查企业留存备查的相关资料，确定固定资产和存货的盘亏、毁损、报废的真实性。

（2）损失金额的检查

通过"营业外支出"摘要栏结转资产损失记录，确定企业结转的固定资产和存货的盘亏、毁损、报废损失金额，用逆查法找到与其对应的记账凭证，确定有无同时对应"累计折旧""其他应收款"或"库存现金""银行存款"等账户，查证企业有无扣除固定资产折旧、责任人赔偿和保险赔款列支损失。

（3）留存备查资料的检查

① 存货报废、毁损或变质损失，应检查以下证据材料：存货计税成本的确定依据；企业内部关于存货报废、毁损、变质、残值情况说明及核销资料；涉及责任人赔偿的，赔偿情况说明；损失数额较大的，专业技术鉴定报告或法定资质中介机构出具的专项报告。

② 固定资产盘亏、丢失损失，应检查以下证据材料：企业内部有关责任认定和核销资料；固定资产盘点表；固定资产的计税基础相关资料；固定资产盘亏、丢失情况说明；损失金额较大的，专业技术鉴定报告或法定资质中介机构出具的专项报告。

（二）转让财产损失的检查

1. 常见涉税风险

（1）转让财产损失金额不实

企业转让财产，该项财产的净值准予在计算应纳税所得额时扣除。所谓财产净值，是指有关财产的计税基础减除已经按照规定扣除的折旧、折耗、摊销、准备金等后的余额。

如果企业按会计账面余额或原值结转财产转让成本，就可能造成转让财产损失不实的问题，产生税收风险。

（2）纳税调整金额不正确

当企业转让财产的账面原值与计税基础不一致、会计计提折旧与税法允许税前列支的折旧不一致、会计计提各种准备金时，都可能造成会计口径的财产净值与税法口径的财产净值的差异，企业在申报所得税时应就上述差异进行纳税调整。否则，就会影响应纳税所得额的正确性。

2. 主要检查方法

（1）转让财产损失金额的检查

通过核对"资产折旧、摊销及纳税调整明细表（A105080）""资产损失税前扣除及纳税调整明细表（A105090）"及历年纳税申报数据，确定企业转让财产损失的正确金额。

（2）纳税调整金额的检查

检查企业"资产处置损益"借方发生额，与按上述办法核实确定的转让财产损失的正确金额进行对比，如二者存在差异，进一步核实企业申报纳税调整金额是否正确。

（三）坏账损失的检查

坏账损失是指企业无法收回或收回的可能性极小的应收款项；企业逾期三年以上的应收款项在会计上已作为损失处理的，可以作为坏账损失；企业逾期一年以上，单笔数额不超过5万元或者不超过企业年度收入总额万分之一的应收款项，会计上已经作为损失处理的，可以作为坏账损失。

1.常见涉税风险

（1）随意列支坏账损失

如将无偿提供赞助资金、援助的物资，列支"坏账"；将逾期未收回的应收账款或把所有尚未收回的应收账款都按坏账损失处理，人为加大税前扣除坏账损失。

（2）纳税调整金额不正确

坏账损失会给企业带来一定的损失，依据谨慎性原则，企业对应收款项中可能成为坏账的部分计提坏账准备，计入信用减值损失，冲减本年利润；待发生坏账损失时，冲减"坏账准备"，《企业所得税法》第八条规定：企业实际发生的与取得收入有关的、合理的支出，包括成本、费用、税金、损失和其他支出，准予在计算应纳税所得额时扣除。由此，企业贯彻谨慎性原则采用备抵法计提的"坏账准备"，不得税前扣除，需作纳税调整增加处理；企业实际发生坏账损失时，不再列支"信用减值损失"，而是作冲减"坏账准备"处理，按照税法的规定允许税前扣除，需作纳税调整减少处理；已作坏账损失处理以后年度又收回的，应作为收回年度的收入，此时，会计结转至"坏账准备"的贷方，应作纳税调整增加处理。

【特别提示】金融保险业，在税法上允许按规定比例计提坏账准备税前扣除，检查时需关注计提坏账准备的项目、比例是否符合税法规定。

2.主要检查方法

（1）坏账损失真实性的检查

企业申报的应收及预付款项坏账损失是否真实，可根据不同的损失类型审核相应的材料查证落实：

① 逾期三年以上的应收款项及逾期一年以上，单笔数额不超过5万元或者不超过企业年度收入总额万分之一的应收款项列支坏账损失的，重点审核：会计上已作为损失处理的会计记录；法定代表人、主要负责人和财务负责人签章证实有关损失的书面声明。

② 其他应收款项，根据不同类型，重点审核：相关事项合同、协议或说明；人民法院的破产、清算公告；人民法院的判决书或裁决书或仲裁机构的仲裁文书，被法院裁定终（中）止执行的法律文书；市场监管部门注销、吊销营业执照证明；公安机关等有关部门对债务人个人的死亡、失踪证明；债务重组协议及债务人重组收益纳税情况说明；债务人受灾情况说明以及放弃债权申明。

（2）纳税调整的检查

将经审核确认的坏账损失与当期"信用减值损失"借方金额进行核对，找出差异，计算出当期坏账损失纳税调整金额，并与（A105090）纳税调整金额核对，确定企业当期纳税调整是否正确。

五、亏损弥补的检查

亏损是指企业依照规定将每一纳税年度的收入总额减除不征税收入、免税收入和各项扣除项目后小于零的数额。企业纳税年度发生的亏损，准予向以后年度结转，用以后年度的所得弥补，但结转年限最长不得超过5年。自2018年1月1日起，当年具备高新技术企业或科技型中小企业资格的企业，其具备资格年度之前5个年度发生的尚未弥补完的亏损，准予结转以后年度弥补，最长结转年限由5年延长至10年。

（一）常见涉税风险

1.申报亏损金额不正确

亏损是指企业依照规定计算的应纳税所得额小于零的数额，包括企业减征、免征所得额项目产生的亏损。如果企业在申报纳税时剔除减征、免征所得额项目产生了亏损，这部分亏损就可能无法得到完全弥补，企业会产生多缴所得税的税收风险；如果企业在申报纳税时将境外的亏损也列入在内，又会产生多计亏损、少缴纳企业所得税的税收风险。

2.申报弥补亏损金额不正确

企业取得的免税收入、减计收入以及减征、免征项目所得，可以用来弥补当期的应税项目亏损，但是如果减免税项目所得已经在当年享受了税收优惠，那么该所得不能用来弥补以前年度亏损；如果企业将境外营业机构的所得不计入弥补境内亏损范畴，也会形成弥补亏损不足的情况；此外，税法规定"先到期亏损先弥补、同时到期亏损先发生的先弥补"，如果企业申报弥补亏损的顺序选择不当，也会影响弥补亏损金额的正确性。

3.申报弥补亏损期限不正确

弥补亏损期限由亏损的次年起，连续计算。如果企业按实际弥补年数计算或将被取消高新技术企业或科技型中小企业资格后的亏损也按延长至10年弥补，就会造成多弥补亏损、少计算应税所得的情况。

（二）主要检查方法

1.申报亏损金额是否准确、真实的检查

审核利润表，核实企业亏损的计算及弥补情况。一般来讲，允许税前弥补的亏损额应小于企业利润表中的亏损；对照"企业所得税弥补亏损明细表（A106000）"申报的税前弥补的亏损额与"企业所得税年度纳税申报表（A100000）"申报的纳税调整后所得，确定企业当年申报弥补的亏损额是否正确。

通过申报资料、互联网信息，掌握境外营业机构的基本信息和经营状况，核实是否存在用境外营业机构的亏损抵减境内营业机构盈利的问题。

2.弥补亏损金额是否正确的检查

审查弥补期间"企业所得税弥补亏损明细表（A106000）"填报情况，查实弥补亏损的金额是否符合税收政策，计算是否正确。

3.弥补亏损期限是否正确的检查

将"企业所得税弥补亏损明细表（A106000）"中的"年度"与《弥补亏损企业类型代码表》中"结转弥补年限"核对，检查纳税人有无发生资格变化不调整弥补亏损年限的情况。

【做中学5-10】甲公司在2024年具备科技型中小企业资格，按照弥补亏损政策的规定：甲公司具备资格年度之前5个年度发生的尚未弥补完的亏损，均准予结转10年弥补，即2019年至2023年无论甲企业是否具备科技型中小企业资格，其发生的尚未弥补完的亏损，均准予结转10年弥补。

假设甲公司2025—2030年均不具备科技型中小企业资格，则2025年发生的亏损只能弥补5年，到2030年。

假定甲公司2020—2030年度盈亏情况见表5-5。

表5-5　　　　　　　　　甲公司2020—2030年度盈亏情况　　　　　　　　单位：万元

年 份	2020	2021	2022	2023	2024	2025	2026	2027	2028	2029	2030
盈 亏	-100	-20	-1	0	-3	-80	-6	-8	-2	0	+190

请问：你认为该企业应如何申报才能最大限度地弥补亏损额？

解析：按现行弥补亏损政策，2020年亏损的100万元与2025年亏损的80万元均在2030年到期，甲公司在2030年弥补亏损正确的处理办法是：根据"先到期亏损先弥补"原则，2020年度与2025年度的亏损要优先于其他年度的亏损进行弥补；根据"同时到期亏损先发生的先弥补"原则，2030年度的盈利190万元应首先弥补2020年度的亏损100万元，其次弥补2025年度的亏损80万元，最后弥补2021年度亏损10万元，剩余10万元结转以后年度弥补。

六、不得税前扣除项目的检查

不得税前扣除项目指的是计算企业所得税的时候不可以在税前扣除的项目，包括：向投资者支付的股息、红利等权益性投资收益款项；企业所得税税款；税收滞纳金；罚金、罚款和被没收财物的损失；公益性捐赠以外的捐赠支出；赞助支出；未经核定的准备金支出；与取得收入无关的其他支出。

（一）常见涉税风险

混淆支出性质，多计或少计税前扣除金额。

如将非公益性捐赠支出按公益性捐赠支出申报，多计税前扣除金额，减少应纳税所得额；将违反经济合同支付的罚款按罚金、罚款和被没收财物的损失申报或将广告性质赞助支出按不得税前扣除的赞助支出申报，少计税前扣除金额，多计应纳税所得额。

（二）主要检查方法

1.捐赠支出性质的检查

检查"营业外支出"中的捐赠支出，核对其列支依据的原始凭证，从捐赠途径、用途方面，确定企业的捐赠是否通过"公益性社会组织"或"县级以上人民政府及其部门等国家机关"；是否用于公益慈善事业，从而判断捐赠支出的性质；如果属于公益性捐赠，应进一步从票据、资格方面，确定捐赠是否取得由财政部或省、自治区、直辖市财政部门监（印）制并加盖受赠单位印章的公益事业捐赠票据；捐赠的公益性社会团体是否列入省级以上财政、税务、民政部门列示名单及公益性捐赠税前扣除资格起始时间；捐赠支出是否超过当年会计利润的12%，超过部分结转以后3年扣除的计算调整是否正确。

2.赞助支出性质的检查

广告性质的服务交易具有以下特征：广告是有偿服务合同，即一方支付费用，一方提供广告服务；广告服务的内容是通过一定媒介和形式介绍广告主提供的产品或服务；广告服务者应具有合法经营资格。根据以上特征，可以从以下几个方面区分广告性质的费用和赞助支出。

（1）合同性质是不是有偿双务合同。如果企业对外支出费用属于单方面赠予，而未约定对方必须履行任何义务，则属于非广告性质。如果双方约定接受资金一方应当履行义务，但是无法确定履行义务的具体范围、时间、方式，则该项对外支出仍然不能认为是具有广告性质的支出。

（2）支付费用方是否使自己提供的产品或服务通过一定媒介和形式表现出来。如果收取费用一方履行合同的具体内容不能使支付费用的企业所提供的产品或服务通过一定媒介和形式表现出来，则该项对外支出不具有广告性质。如企业向某单位支付费用赞助某单位举办该企业所属行业市场前景的大型论坛，虽然增加了企业的影响力，但是此类活动不能直接或间接表现企业所提供的产品或服务，属于非广告性质的支出。如果赞助费是和广告费、业务宣传费一并支付的，企业支付费用时可能要求对方提供某些宣传业务，如要求对方在举办活动时制作横幅、海报并在租用场地摆放，但支付的费用远超过对方提供服务的成本加合理利润的总和，则超出的部分实际上是对方的赞助，属于非广告性质的赞助支出，不能在税前扣除。

（3）支付对象是不是具有合法经营资格的广告经营者或广告发布者。如果企业支付的对象不具有合法经营资格，则发生的支出一般不属于广告性质的支出。

（4）企业支付费用是否取得内容为广告费或业务宣传费的发票。企业取得的广告费或业务宣传费的发票，可以作为收款单位确实提供了广告性质服务的佐证；但是，根据实质重于形式的原则，即使发票开具品名不是广告费或业务宣传费，也不能仅以此判断企业的支出是非广告性质的。

【特别提示】A公司系一家服装生产企业，2023年加入了所属行业的协会，每年须向行业协会支付一定金额的会费。2023年A公司向该协会支付会费20 000元，同时取得对方开具的财政局监制收据。A公司支付的协会会费可以在企业所得税前列支。

《中华人民共和国企业所得税法》第八条规定，企业实际发生的与取得收入有关的、合理的支出，包括成本、费用、税金、损失和其他支出，准予在计算应纳税所得额时扣除。

《企业所得税法实施条例》第二十七条规定，企业所得税法第八条所称有关的支出，是指与取得收入直接相关的支出。企业所得税法第八条所称合理的支出，是指符合生产经营活动常规，应当计入当期损益或者有关资产成本的必要和正常的支出。

《企业所得税税前扣除凭证管理办法》（国家税务总局公告2018年第28号）第八条规定，税前扣除凭证按照来源分为内部凭证和外部凭证。

外部凭证是指企业发生经营活动和其他事项时，从其他单位、个人取得的用于证明其支出发生的凭证，包括但不限于发票（包括纸质发票和电子发票）、财政票据、完税凭证、收款凭证、分割单等。

《财政部关于印发〈行政事业单位资金往来结算票据使用管理暂行办法〉的通知》（财

综〔2010〕1号）第八条第（四）项规定，社会团体收取会费收入，使用社会团体会费专用收据。

任务四　资产税务处理的检查

一、固定资产税务处理的检查

（一）固定资产范围的检查

固定资产，是指企业为生产产品、提供劳务、出租或者经营管理而持有的、使用时间超过12个月的非货币性资产，包括房屋、建筑物、机器、机械、运输工具以及其他与生产经营活动有关的设备、器具、工具等。

1.常见涉税风险

（1）将个人名下资产计入企业固定资产

如企业出资购买的汽车，分配给个人使用，以个人名义办理牌照、保险手续；或由企业出资，以个人名义购买的不动产供企业使用，计入企业固定资产。由于这部分资产的所有权不属于企业，其费用支出也不得以固定资产折旧的方式计入企业成本费用。

（2）将固定资产支出记入材料、费用账户

由于固定资产没有具体的价值标准，需要企业依据资产持有的目的、实物形态的特征及使用时间进行判断，因此，企业财务人员极有可能因判断失误或有意为之，将应计入固定资产的支出记入一次结转扣除的材料、费用账户，加大当期成本费用，减少当期利润及应纳税所得额，达到递延纳税的目的。

2.主要检查方法

（1）检查相关账证，确定固定资产产权

①摸清"家底"。检查固定资产台账（或卡片）登记的固定资产名称、编号、规格型号、使用部门、购置日期、原值、折旧年限、单位折旧额、预计净残值等内容，了解企业各部门固定资产的规模、数量及配置情况。

②确定产权。检查合同、发票、产权证、保险单等原始单据抬头，确定固定资产的购置或相关手续是否完整，产权是否归企业所有。

（2）正确研判，确定资产属性

①依据资产的循环周期判断。固定资产的循环周期比较长且取决于资产的使用年限，如果资产循环周期取决于产品的生产周期，则属于材料支出范畴。

②依据资产的投资情况判断。固定资产投资是一次性的，一般来讲，需要支付的货币资金金额比较大。

③依据固定资产国标分类目录判断。对照国家标准《固定资产分类与代码》审核企业购置的资产，判断其是否属于固定资产。

【案例5-15】某钢材贸易公司2022年12月购置小汽车10辆，单价180 000元，单位税款23 400元，取得增值税专用发票。当月财务人员账务处理如下：

借：固定资产　　　　　　　　　　　　　　　　　　　　　　　　1 800 000

应交税费——应交增值税（进项税额）	234 000
贷：银行存款	2 034 000

2023年，企业计提固定资产折旧450 000元，账务处理为：

借：管理费用	450 000
贷：累计折旧	450 000

2024年，税务稽查人员查证企业上述10辆小汽车以个人名义上户、支付"交强险"，保单的被保险人填列的也是个人。稽查人员认为购置的这10辆车属于个人，不属于企业财产，不得抵扣增值税进项税额，也不得计提折旧在所得税税前扣除，要求该贸易公司调整增加应纳税所得额450 000元，并计算补缴企业所得税。

贸易公司财务人员则认为购置该批小汽车的资金由公司负担，只是考虑公司经营特点，需要销售人员到全国各地跑销售，为便于管理、留住人才、节省保费，才将该批小汽车办理至个人名下，企业也与个人签订了协议，约定个人一旦离职，车仍收归公司。因此，该批购车支出属于与生产经营有关的支出。如果不作为公司固定资产，不得计提折旧，该批小汽车的支出就得不到补偿，不符合收入与支出配比的原则。

税企双方分歧暂时无法协调，贸易公司财务人员只好另求解决之道，决定采用租赁的方式，与用车个人签订租赁协议，将折旧费以租赁费的名义列支，税前扣除。该办法是否可行，财务人员感觉心中无底，遂咨询某税务中介机构。税务中介机构认为，公司此举面临两个税务风险：一是支付租赁费要取得合法的发票才允许税前扣除，在委托税务机关代开发票的过程中，贸易公司应支付服务业增值税及附加、代扣代缴个人租赁所得的个人所得税，这部分税金将由贸易公司负担；二是由于租赁费不实际支付给用车个人，不属于企业所得税法界定的"实际发生的与生产经营相关、合理的支出"，可能仍无法税前扣除。

贸易公司财务人员了解到上述政策后，打消了以"租赁费"变通列支"折旧费"的念头，主动计算补缴了增值税及附加、企业所得税，并安排将小汽车重新过户到企业名下。

（二）固定资产计税基础的检查

固定资产计税基础按照以下方法确定：外购的固定资产，以购买价款和支付的相关税费以及直接归属于使该资产达到预定用途发生的其他支出为计税基础；自行建造的固定资产，以竣工结算前发生的支出为计税基础；融资租入的固定资产，以租赁合同约定的付款总额和承租人在签订租赁合同过程中发生的相关费用为计税基础，租赁合同未约定付款总额的，以该资产的公允价值和承租人在签订租赁合同过程中发生的相关费用为计税基础；盘盈的固定资产，以同类固定资产的重置完全价值为计税基础；通过捐赠、投资、非货币性资产交换、债务重组等方式取得的固定资产，以该资产的公允价值和支付的相关税费为计税基础；改建的固定资产，除已提足折旧的固定资产外，以改建过程中发生的改建支出增加计税基础。

1. 常见涉税风险

（1）漏计固定资产计税基础

购进固定资产支出未予全部资本化计入固定资产计税基础，将包装费、保险费、运输费、安装费、修理费等，计入当期成本费用；或直接将达到固定资产标准的支出，计入当期成本费用。

（2）虚增固定资产计税基础

纳税人接受捐赠、接受投资或债务重组转入的固定资产，自建、盘盈的固定资产，可能由于无法取得合规的发票，给企业虚增成本提供一定的空间，或者虽然取得了正规发票，但由于上述来源的固定资产基本为使用过的资产，缺乏市场可比价格，也可能形成企业定价的弹性空间。

2.主要检查方法

（1）未予资本化的检查

① 检查企业生产成本、制造费用、期间费用等账户的借方发生额，对企业一次性列支的金额较大的支出应核对发票内容、日期、开票单位与相关合同，落实企业是否将购入、接受捐赠、融资租赁的固定资产的包装费、保险费、运输费、安装费、修理费等计入当期成本费用；有无将达到固定资产标准的支出，计入当期成本费用。

② 对企业自行建造的固定资产，要结合建造合同、工程决算、工程监理报告和工程审计报告书等有关资料，对照检查"在建工程"，落实企业有无将建造过程中直接发生的材料、人工费等挤入生产成本。

（2）虚增成本的检查

① 审核合同、协议及发票，将发票上的价格和合同及固定资产账面记录的金额进行对比，判断计价是否合理，确定固定资产实际成本。

② 审查已完工程价格结算的正确性，包括工程管理费用等间接费用的分摊是否正确，并追查记入固定资产账面的金额是否正确；对已完工并使用，但未验收的工程，应根据其预算及有关合同，对其估价入账的合理性作出分析、判断。

（三）固定资产折旧的检查

1.常见涉税风险

（1）超范围计提折旧

下列固定资产不得计提折旧扣除：房屋、建筑物以外未投入使用的固定资产；以经营租赁方式租入的固定资产；以融资租赁方式租出的固定资产；已足额提取折旧仍继续使用的固定资产；与经营活动无关的固定资产；单独估价作为固定资产入账的土地；其他不得计算折旧的固定资产。当月增加的固定资产，当月不计提折旧；当月减少的固定资产，当月仍计提折旧。

如果企业将不得计提折旧的固定资产混入允许计提折旧的固定资产中一并计提折旧税前扣除，必然产生减少应纳税所得额的风险。

（2）超额计提折旧

折旧要计入成本费用，企业计提折旧的大小直接关系到企业当期成本的大小、利润的高低和应纳税所得额的多少。如果企业随意采用加速折旧的办法或按照低于法定最低折旧年限计提折旧，就会超过税法允许税前扣除折旧的限额，减少应纳税所得额，规避所得税纳税义务。

（3）折旧差异未作纳税调整

固定资产的账面价值与计税基础的差异，会计、税收在折旧方法、折旧年限的选择上的差异，都可能导致会计计提的折旧与按税法规定计算的允许税前扣除的折旧的不同。年末，企业在进行所得税汇算清缴纳税申报时，不对会计与税法的差异进行纳税调整，就会导致所得税计算申报不正确。

2. 主要检查方法

（1）折旧范围的检查

① 运用核对法和实地察看法，结合固定资产台账（或卡片）的记录与"折旧计算表"，对房屋、建筑物以外未使用的、不需用的、封存的和与生产经营无关的、以经营租赁方式租入的固定资产进行全面审核，落实是否存在将税法规定不允许计提折旧的固定资产汇入其他固定资产中计算折旧税前扣除的情况。

② 对年度中间增加或减少的固定资产，对照相关合同发票，结合固定资产入账的时间和"折旧计算表"，核对当月增加的固定资产有无列入计提折旧的基数，当月减少的固定资产有无从当月计提折旧基数中扣除的情况。

③ 检查"固定资产清理"、"累计折旧"和固定资产卡片等资料，采用核对法和实地察看法，核实企业有无将提前报废的固定资产、已提足折旧仍继续使用的固定资产、破产关停的固定资产等列入折旧的计提基数。

（2）折旧额计算的检查

① 计算方法的检查。检查"累计折旧"账户贷方，对照"折旧计算表"中实际采用的折旧计算方法，审核企业有无将不属于加速折旧范围的固定资产采用加速折旧法计提折旧，有无在一个年度内随意变更折旧计算方法，造成多提或少提折旧的情况；同时，核实折旧率的计算有无问题。

② 折旧年限的检查。除国务院财政、税务主管部门另有规定外，固定资产计算折旧的最低年限如下：房屋、建筑物，为20年；飞机、火车、轮船、机器、机械和其他生产设备，为10年；与生产经营活动有关的器具、工具、家具等，为5年；飞机、火车、轮船以外的运输工具，为4年；电子设备，为3年。上述折旧年限，只是各项固定资产的最低折旧年限，企业可以根据固定资产的属性和使用情况，确定相关资产在超过法定最低折旧年限的时段内计提折旧。检查时，应首先核实财务核算软件关于折旧年限的设置情况，确定企业计提折旧年限有无低于上述法定最低折旧年限的情况；如低于法定最低折旧年限，应核对"资产折旧、摊销及纳税调整明细表（A105080）"中有无相应事项的纳税调整。

（3）纳税调整的检查

企业计提固定资产折旧与税法允许税前扣除折旧的差异是暂时的，在未来可以转回。因此，对折旧的差异进行纳税调整可能是一项"长期工程"，检查时，应对"资产折旧、摊销及纳税调整明细表（A105080）"中相关折旧项目纳税调整项目跟踪调查，延续调整。

【特别提示】《国家税务总局关于企业所得税应纳税所得额若干税务处理问题的公告》（国家税务总局公告2012年第15号）第八条规定，关于税前扣除规定与企业实际会计处理之间的协调问题：根据《企业所得税法》第二十一条规定，对企业依据财务会计制度规定，并实际在财务会计处理上已确认的支出，凡没有超过《企业所得税法》和有关税收法规规定的税前扣除范围和标准的，可按企业实际会计处理确认的支出，在企业所得税前扣除，计算其应纳税所得额。

《国家税务总局关于企业所得税应纳税所得额若干问题的公告》（国家税务总局公告2014年第29号）第五条规定，固定资产折旧的企业所得税处理：

（1）企业固定资产会计折旧年限如果短于税法规定的最低折旧年限，其按会计折旧年限计提的折旧高于按税法规定的最低折旧年限计提的折旧部分，应调增当期应纳税所得额；企业固定资产会计折旧年限已期满且会计折旧已提足，但税法规定的最低折旧年限尚未到期且税收折旧尚未足额扣除，其未足额扣除的部分准予在剩余的税收折旧年限继续按规定扣除。

（2）企业固定资产会计折旧年限如果长于税法规定的最低折旧年限，其折旧应按会计折旧年限计算扣除，税法另有规定的除外。

（3）企业按会计规定提取的固定资产减值准备，不得税前扣除，其折旧仍按税法确定的固定资产计税基础计算扣除。

（4）企业按税法规定实行加速折旧的，其按加速折旧办法计算的折旧额可全额在税前扣除。

所以，对企业属于加速折旧范围内的固定资产，如果会计折旧年限长于税法规定的加速折旧年限，可以先进行所得税纳税调整减少，再作纳税调整增加，以充分享受税收优惠政策。

二、无形资产税务处理的检查

无形资产，是指企业为生产商品、提供劳务、出租给他人，或为管理目的而持有的、没有实物形态的非货币性的长期资产，包括专利权、商标权、著作权、土地使用权、非专利技术、商誉等。

（一）无形资产范围的检查

1.常见涉税风险

（1）期限届满终止、未缴费终止、宣告无效的专利权、商标权等，仍按无形资产管理。

（2）将土地租赁支出计入土地使用权，如将购置车位的支出计入土地使用权，按无形资产管理。

2.主要检查方法

（1）检查证书，确认资产性质，检查"无形资产"明细账，核对各种权利证书，包括专利证、商标注册证、土地使用证，确定账面无形资产是否真实。

（2）利用网络查询，确定资产权属，通过网络查询系统查询专利权、非专利技术、商标权及土地证备份文件和编号，确定账面无形资产是否属于本企业。

（二）无形资产计税基础的检查

无形资产按照以下方法确定计税基础：外购的无形资产，以购买价款和支付的相关税费以及直接归属于使该资产达到预定用途发生的其他支出为计税基础；自行开发的无形资产，以开发过程中该资产符合资本化条件后至达到预定用途前发生的支出为计税基础；通过捐赠、投资、非货币性资产交换、债务重组等方式取得的无形资产，以该资产的公允价值和支付的相关税费为计税基础。

1.常见涉税风险

无形资产计税基础申报不实。企业无形资产的取得方式主要有：外购、自创、接受其他单位投资。其中，对于自创无形资产，其账面价值可能仅包括注册时发生的注册费、聘请律师费支出，而把研究和开发过程中的费用计入当期损益。这种处理办法的结果会导致企业自创无形资产价值不能全部体现出来，知识产品的成本计量严重失真，无法体现出一家企业尤其是高新技术企业的"含金量"。因此，企业主观上有对自创无形资产研究和开发支出尽量资本化的意愿，客观上可能采取一些手段、办法虚增无形资产账面价值及计税基础；也有企业为尽快结转自创无形资产支出将应予资本化的支出计入当期损益，低估无形资产计税基础。

2.主要检查方法

对企业外部取得的无形资产，核对受让合同、协议和购进发票，对比"无形资产"账户借方金额，逐一查对分析，确定无形资产计价是否准确；对企业自行研发的无形资产，重点审核"研发支出"分配至"无形资产"的项目是否为符合资本化条件后至达到预定用途前发生的支出。

【案例5-16】某农村商业银行股份有限公司营业网点众多，2023年4月，因原有系统老化，为了维护各个营业网点电脑系统正常运转，采购了一批价款286 000元、税额37 180元的软件，取得增值税专用发票。公司财务人员认为购买的软件只是为了维护原有软件的正常运行，应计入当期损益——销售费用，遂作出如下账务处理：

借：销售费用　　　　　　　　　　　　　　　　　　　　286 000
　　应交税费——应交增值税（进项税额）　　　　　　　　　37 180
　　贷：银行存款　　　　　　　　　　　　　　　　　　　　　　323 180

2024年，税务稽查人员在对该公司进行检查时，认为依据《财政部、国家税务总局关于进一步鼓励软件产业和集成电路产业发展企业所得税政策的通知》（财税〔2012〕27号）第七条的规定：企业外购的软件，凡符合固定资产或无形资产确认条件的，可以按照固定资产或无形资产进行核算，其折旧或摊销年限可以适当缩短，最短可为2年（含）。公司该笔支出应计入无形资产进行摊销，本年摊销至期间费用允许税前扣除的金额为107 250元（286 000÷（2×12）×9），责成银行补缴企业所得税44 687.50元（（286 000－107 250）×25%），建议企业作如下账务调整：

借：无形资产　　　　　　　　　　　　　　　　　　　　286 000
　　贷：累计摊销　　　　　　　　　　　　　　　　　　　　　107 250
　　　　以前年度损益调整　　　　　　　　　　　　　　　　　178 750

（三）无形资产摊销的检查

1.常见涉税风险

（1）擅自扩大无形资产摊销范围

下列无形资产不得计算摊销费用扣除：自行开发的支出已在计算应纳税所得额时扣除的无形资产；自创商誉；与经营活动无关的无形资产；其他不得计算摊销费用扣除的无形资产。

企业研发支出已经结转期间费用税前扣除的，如果再计入无形资产成本进行摊销，就会出现费用重复列支的问题；与经营活动无关的无形资产因不符合税前列支的"相关性"原则，若申报税前扣除，就会产生多列支费用、减少计税所得额的税收风险。

（2）缩短摊销年限或在不同年份间人为调剂摊销额

无形资产按照直线法计算的摊销费用，准予扣除。无形资产的摊销年限不得低于10

年；作为投资或者受让的无形资产，有关法律规定或者合同约定使用年限的，可以按照规定或者约定的使用年限分期摊销。

若企业缩短摊销年限或不按直线法平均计算摊销额，就会减少前期所得，达到推迟纳税或"以丰补歉"，少缴企业所得税的目的。

2.主要检查方法

（1）无形资产摊销范围的检查

查阅"无形资产"账户中的具体资产项目，深入实地调查企业账面所列各种无形资产来源及使用情况，核实企业有无将未使用的无形资产如专利权、商标权等，纳入摊销范围，有无将自行开发的支出已在计算应纳税所得额时扣除的无形资产，计入无形资产摊销范围。

【案例5-17】某税务师事务所税务师李某在受托对某制药厂2023年纳税情况进行审查时，发现该厂1月购进名为"难老"的注册商标，支付120 000元，取得增值税专用发票，注明价款120 000元，税款7 200元，企业账务处理为：

借：无形资产　　　　　　　　　　　　　　　　　　　　120 000

　　应交税费——应交增值税（进项税额）　　　　　　　　7 200

　　　贷：银行存款　　　　　　　　　　　　　　　　　　　　127 200

按10年摊销期计算全年应摊销金额为12 000元，全部结转至"管理费用"，账务处理为：

借：管理费用　　　　　　　　　　　　　　　　　　　　12 000

　　贷：累计摊销　　　　　　　　　　　　　　　　　　　　12 000

据李某了解，该制药厂并无商标为"难老"的药品销售，经询问得知：制药厂认为"难老"的注册商标寓意很好，为抢占先机，企业先取得商标所有权，待时机成熟，再作使用推广。税务师李某告知企业：按税法的规定，该商标支出尚未给企业带来收入，可能被税务机关认定为"与经营活动无关的无形资产"，建议企业在2023年进行所得税纳税申报时，就上述商标摊销至"管理费用"的金额12 000元进行纳税调整增加，以避免税务处罚带来的税收风险。

（2）摊销期限及摊销额的检查

运用比较分析法，检查企业各期的摊销额是否均衡，有无忽高忽低的现象；将无形资产的入账价值除以每年实际摊销额，计算出实际摊销年限，如果实际摊销年限少于规定的年限，则应查阅有关法律文件、合同或企业申请书，核实应摊销年限。

三、生产性生物资产税务处理的检查

生产性生物资产，是指为生产农产品、提供劳务或出租等而持有的生物资产，包括经济林、薪炭林、产畜和役畜等。生产性生物资产按照以下方法确定计税基础：外购的生产性生物资产，以购买价款和支付的相关税费为计税基础；通过捐赠、投资、非货币性资产交换、债务重组等方式取得的生产性生物资产，以该资产的公允价值和支付的相关税费为计税基础。

生产性生物资产计税基础、计提折旧的检查可以参见固定资产相应内容的检查。

四、长期待摊费用税务处理的检查

企业发生的下列支出作为长期待摊费用按照规定摊销的，准予扣除：已足额提取折旧的固定资产的改建支出；租入固定资产的改建支出；固定资产的大修理支出；其他应当作为长期待摊费用的支出。

（一）常见涉税风险

1.列支项目不合理

如果企业将固定资产和无形资产的购置支出、建造固定资产的投资借款本金支出混入固定资产的改建支出、大修理支出，或者将无法核销的应收账款等支出混入其他长期待摊费用，就会减少前期利润，推迟纳税；如果企业将不合理支出计入长期待摊费用，就会减少利润，少缴企业所得税。

2.计算摊销不正确

（1）随意缩短摊销期限

按照税收政策法规：已提足折旧的固定资产的改建支出，按照固定资产预计尚可使用年限分期摊销；经营租入固定资产的改建支出，按照合同约定的剩余租赁期限分期摊销；符合税法规定的固定资产大修理支出，按照固定资产尚可使用年限分期摊销；其他长期待摊费用，自支出发生月份的次月起分期摊销，摊销年限不得少于3年。

如果企业随意缩短摊销期限，就会加大前期摊销额、减少后期摊销额，导致前期利润减少，达到递延纳税的目的。

（2）摊销不均衡

如果企业在摊销期内不作均衡摊销，而是随意摊销，将长期待摊费用当成利润调节器，随意调节利润，就会造成利润失真，相关数据失去对比分析价值，也可能漏计应纳税所得额，少缴企业所得税。

（二）主要检查方法

1.列支项目的检查

检查资产负债表中"长期待摊费用"账户余额，如果余额较大或每期余额不减反增，说明企业长期待摊费用一直在发生或本期有新增，应进一步调查了解。如果本期有新增的长期待摊费用，应重点检查费用支出有关合同、协议等资料和支出凭证，确定费用的合法性和真实性；对租入固定资产发生的改建支出，应重点审阅租入固定资产的租赁合同以及改建工程的建筑安装合同，确定改良支出费用的承担人，对应由承租方承担改良费用的，还应查阅改良支出的料、工、费的原始凭证，核实其计量是否准确，有无列入不得税前列支的支出。

2.摊销额的检查

（1）摊销期限的检查

逐一审核长期待摊费用项目，对照税法确定企业摊销期限的确定是否符合规定。

（2）摊销额的检查

检查摊销额前后期是否保持一致，如果有忽高忽低的异常情况，应进一步核实企业是否存在随意调节利润、减少应纳税所得额的情况。

【案例5-18】稽查人员在检查某公司"管理费用"明细账时，发现如下会计分录：

借：管理费用　　　　　　　　　　　　　　　　　　　　　　　　　　1 800 000

　　贷：银行存款　　　　　　　　　　　　　　　　　　　　　　　　　　　1 800 000

后附建筑安装业发票一张，经询问有关人员及核实相关合同，确定该笔支出系租入房屋的改建支出。该公司于本年1月与某开发公司签订房屋租赁合同，合同约定租期10年，租入后即交予某装修公司装修改造，并与该装修公司签订房屋装修合同，合同金额180万元，房屋已于当年12月末装修改造完毕并于次年初正式交付使用，企业将该笔支出计入管理费用，申报所得税时也未就上述支出进行纳税调整。

稽查人员认为租入房屋的改造支出应记入"长期待摊费用"账户，在租赁期间内分期摊销，而不应该计入管理费用一次摊销，为此，确定企业当年应补缴企业所得税40万元（（180－180÷9）×25%）。

五、投资资产税务处理的检查

投资资产，是指企业对外进行权益性投资和债权性投资形成的资产。企业对外投资期间，投资资产的成本在计算应纳税所得额时不得扣除。

投资资产中，以公允价值计量且其变动计入当期损益的金融资产，在持有期间公允价值发生变动时，该差异的影响会计上计入公允价值变动损益，计入当期损益。税法则规定企业各项资产，均以历史成本为计税基础。历史成本是指企业取得该项资产时实际发生的支出，企业持有各项资产期间资产增值或者减值，除国务院财政、税务主管部门规定可以确认损益外，不得调整该资产的计税基础。因此，对企业以公允价值计量且其变动计入当期损益的金融资产，会计与税法的差异需要作纳税调整，纳税检查的侧重点也在差异调整上。

检查时，应注意对"纳税调整项目明细表（A105000）"相关项目进行核实。

【做中学5-11】2023年，甲公司（增值税一般纳税人）以公允价值计量且其变动计入当期损益的金融资产情况如下：3月购买上市A公司的股票10 000股，10元/股，总价款100 000元，支付交易费用600元，甲公司不计划长期持有该股票。A公司在2023年4月1日宣告分配现金股利0.5元/股，并于5月10日发放；A公司股票2023年12月31日从10元/股下跌到9.5元/股。7月1日，甲公司通过公开市场购进B公司发行的债券100 000元，面值100 000元，票面利率9%，期限3年。债券每年7月1日支付上年度7月1日至当年6月30日的利息，从2023年7月1日开始计息。甲公司不准备长期持有该债券，划分为交易性金融资产，2023年12月31日债券公允价值为110 000元。

请问：你认为上述投资甲公司应如何核算并进行纳税调整？

解析：甲公司应就上述投资作如下账务处理及纳税调整。

（1）股票投资的会计处理

①购买股票

借：交易性金融资产——A公司股票　　　　　　　　　　　　　　　　100 000

　　投资收益　　　　　　　　　　　　　　　　　　　　　　　　　　　　600

　　贷：银行存款　　　　　　　　　　　　　　　　　　　　　　　　　100 600

②宣告分配现金股利

借：应收股利　　　　　　　　　　　　　　　　　　　　　　　　　　5 000

　　　　贷：投资收益　　　　　　　　　　　　　　　　　　　　　　　　5 000
③收到现金股利
借：银行存款　　　　　　　　　　　　　　　　　　　　　　　　5 000
　　　贷：应收股利　　　　　　　　　　　　　　　　　　　　　　　　5 000
④在资产负债表日将公允价值变动计入当期损益
借：公允价值变动损益　　　　　　　　　　　　　　　　　　　　5 000
　　　贷：交易性金融资产——A公司股票公允价值变动　　　　　　　　5 000
⑤会计与税法差异分析

　　2023年度会计上确认的收益：初始计量计入投资收益－600元，持有期间的投资收益5 000元；公允价值变动损益－5 000元。

　　2023年度税法上确认的收益：购入股票时交易费用计入资产计税基础，不产生损益，故初始计量的投资收益应调整增加600元；持有期间收到的股利应确认计税收入5 000元，与会计处理一致，无须进行纳税调整；期末会计上调整了资产的计价，税务上继续保持历史成本不变，应作纳税调整增加5 000元。

　　（2）债券投资的会计处理
①购入债券
借：交易性金融资产——成本　　　　　　　　　　　　　　　100 000
　　　贷：银行存款　　　　　　　　　　　　　　　　　　　　　　100 000
②年末计提利息
借：交易性金融资产——应计利息　　　　　　　　　　　　　　4 500
　　　贷：投资收益　　　　　　　　　　　　　　　　　　　　　4 245.28
　　　　　应交税费——待转销项税额　　　　　　　　　　　　　　254.72
③资产负债表日公允价值变动损益
公允价值变动损益＝110 000－（100 000＋4 500）＝5 500（元）
借：交易性金融资产——公允价值变动　　　　　　　　　　　　5 500
　　　贷：公允价值变动损益　　　　　　　　　　　　　　　　　　5 500
④债券投资税务处理及税会差异分析

　　利息收入按照合同约定的付息时间确认，年末计提的利息不作为应税收入，纳税调整减少4 245.28元；资产成本按照历史成本计价，公允价值变动损益在税务上不认可，纳税调整减少5 500元。

六、存货税务处理的检查

　　存货，是指企业持有以备出售的产品或者商品、处在生产过程中的在产品、在生产或者提供劳务过程中耗用的材料和物料等。存货按照以下方法确定成本：通过支付现金方式取得的存货，以购买价款和支付的相关税费为成本；通过支付现金以外的方式取得的存货，以该存货的公允价值和支付的相关税费为成本；生产性生物资产收获的农产品，以产出或者采收过程中发生的材料费、人工费和分摊的间接费用等必要支出为成本。

　　存货税务处理的检查可参见本项目任务三中成本检查的相关内容。

任务五　税收优惠的检查

企业享受企业所得税税收优惠可采取"自行判别、申报享受、相关资料留存备查"的办法。企业应当根据经营情况以及相关税收规定自行判断是否符合优惠事项规定的条件，符合条件的可以按照《企业所得税优惠事项管理目录》列示的时间自行计算减免税额，通过填报企业所得税纳税申报表享受税收优惠，并按照相关规定归集和留存相关资料备查。

企业所得税税收优惠方式有税基式减免、税率式减免和税额式减免多种形式，包括免税、减税、加计扣除、加速折旧、减计收入、税额抵免等。检查的主要内容与方法如下。

一、企业所得税税收优惠检查的一般内容

（一）常见涉税风险

1.不符合税收优惠条件按优惠项目申报

企业所得税优惠项目许多是附有条件要求的，如对国家需要重点扶持的高新技术企业、小型微利企业的税率优惠；开发新产品、新技术、新工艺发生的研究开发费加计扣除优惠；安置残疾人员所付工资加计扣除优惠；创业投资企业所得额抵免等。如果企业为更多地享受所得税优惠政策，减少应纳税额，就可能采用隐瞒或提供虚假资料骗取税收优惠的手段，检查时应尤为关注。

2.不符合税收法定范围按优惠项目申报

有些企业所得税优惠项目只针对特定项目，如对国债利息收入免税，对符合条件的居民企业之间的股息、红利等权益性投资收益免税等，如果企业在国债利息收入中混入国债转让收益，或将连续持有居民企业公开发行并上市流通的股票不超过12个月取得的投资收益作为免税的投资收益申报等。

3.超过优惠期限仍按优惠项目申报

对一些采用"两免三减半""三免三减半""五免五减半"优惠的项目，其免税期限有从取得第一笔经营收入所属纳税年度起计算的，也有从获利年度起计算的。如果企业混淆不同优惠项目，极有可能超期申报优惠项目；如果企业有意推迟取得收入年度，人为延长优惠期限，也会造成超期享受税收优惠问题。

4.超额或重复申报税收优惠

如对居民企业技术转让所得不超过500万元的部分，免征企业所得税；超过500万元的部分，减半征收企业所得税。如果企业将技术转让收入代替技术转让所得，就可能超额享受税收减免。再如，对集成电路封装、测试企业以及集成电路关键专用材料生产企业、集成电路专用设备生产企业可以享受的企业所得税优惠政策存在交叉的，由企业选择一项最优惠政策执行，不得叠加享受。如果企业同时申报所涉及的全部税收优惠，同样会因为重复申报产生超额减免问题。

（二）主要检查方法

1.核实企业申报所得税优惠项目

根据企业申报的"免税、减计收入及加计扣除优惠明细表（A107010）""符合条件

的居民企业之间的股息、红利等权益性投资收益优惠明细表（A107011）""研发费用加计扣除优惠明细表（A107012）""所得减免优惠明细表（A107020）""抵扣应纳税所得额明细表（A107030）""减免所得税优惠明细表（A107040）""高新技术企业优惠情况及明细表（A107041）""软件、集成电路企业优惠情况及明细表（A107042）""税额抵免优惠明细表（A107050）"，确定企业年度申报所得税优惠的项目。

2.检查企业申报优惠项目的条件及范围

采用审阅法逐条对照分析，检查企业申报享受优惠政策的优惠事项名称、登记注册类型、所属行业与企业的实际情况是否相符，是否符合优惠政策的条件及范围。

3.检查企业申报各项税收优惠应留存备查资料

优惠事项实行资料留存备查管理方式，企业应对优惠事项留存备查资料的真实性、合法性承担法律责任。因此，无论是从企业层面，还是从税务机关管理层面，都有必要根据国家税收法律、法规、规章、规范性文件等的规定开展减免税优惠留存备查资料风险管理，及时检查。对不应当享受减免税的，依法及时进行相应处理。

4.检查企业税收优惠期限

根据企业所得税纳税申报表历史数据或"金税四期"电子底账系统，确定企业可以享受减免税年限、已申报减免税年限、开始生产经营年度与取得第一笔收入年度、取得第一笔收入年度与获利年度间隔时间，查明纳税人有无延期申报优惠或有意推迟取得收入年度、获利年度，人为延长优惠期限的问题。

5.检查企业财务核算情况

企业同时从事应税项目与减免税项目的，应分别核算，独立计算减免税项目的计税依据以及减免税额度。不能分别核算的，不能享受减免税。检查时，可根据企业申报的所得税纳税申报优惠项目，对照"主营业务收入""主营业务成本"及期间费用等明细账，确定减免税项目是否单独、准确核算，有无将减免税项目的成本、费用计入应税项目的问题；有无同一项目不按最优惠项目申报而是多项申报，同时享受多项优惠政策的情况。

【特别提示】以下几种情形不能叠加享受税收优惠：（1）居民企业被认定为高新技术企业，同时又处于"两免三减半""五免五减半"等定期减免税优惠过渡期的，该居民企业的所得税适用税率可以选择依照过渡期适用税率并适用减半征税至期满，或者选择适用高新技术企业的15%税率，但不能享受15%税率的减半征税；（2）居民企业被认定为高新技术企业，同时符合软件生产企业和集成电路生产企业定期减半征收企业所得税优惠条件的，该居民企业的所得税适用税率可以选择适用高新技术企业的15%税率，也可以选择依照25%的法定税率减半征税，但不能享受15%税率的减半征税；（3）居民企业享受农、林、牧、渔业项目所得免征、减征企业所得税优惠的，公共基础设施"三免三减半"的，环保、节能节水项目"三免三减半"的，技术转让所得免征或减半征收的，只能按照25%的法定税率减半；（4）集成电路生产企业、集成电路设计企业、软件企业企业所得税优惠政策与企业所得税其他相同方式优惠政策存在交叉的，由企业选择一项最优惠政策执行，不叠加享受；（5）集成电路封装、测试企业以及集成电路关键专用材料生产企业，集成电路专用设备生产企业企业所得税优惠政策与其他定期减免税优惠政策存在交叉的，由企业选择一项最优惠政策执行，不叠加享受。

二、所得税优惠项目的检查

（一）免税收入的检查

1.利息收入的检查

企业取得的国债利息收入、地方政府债券利息免税；持有2024—2027年发行的铁路债券利息收入减半征收企业所得税。

（1）常见涉税风险

① 申报免税的利息收入非国务院财政部门发行的国债、或非国务院批准同意的地方政府债券利息收入。

② 将债券转让收益按持有至兑付期的债券利息收入或实行国债净价交易取得的利息收入申报免税。

③ 将不属于优惠期购买的铁路债券的利息收入申报减免企业所得税。

（2）主要检查方法

① 核实企业购买国债、地方政府债券利息收入的合同或协议，所提供的购买、转让国债、地方政府债券利息收入的证明，包括债券发行时间、持有时间、票面金额、利率等相关证明材料是否真实。

② 检查应收利息（投资收益）明细账或按月汇总表，复核利息收入的会计核算和纳税调整是否正确。

③ 审查国债净价交易交割单和银行对账单的资料，区分国债利息收入和二级市场转让收入。

2.权益性投资收益的检查

（1）常见涉税风险

① 不符合条件的居民企业之间的非直接投资所取得的权益性投资收益申报免税。

② 不符合条件的居民企业对非居民企业的权益性投资收益申报免税。

③ 投资收益确认的时间不正确。

④ 将持有居民企业公开发行并上市流通的股票不足12个月取得的投资收益申报免税。

（2）主要检查方法

① 检查企业提供的证明材料是否真实，是否能充分证明企业是属于境内的居民企业。其包括检查多证合一营业执照或类似证明材料、国外注册证件或类似证明材料以及关于对企业的生产经营、人员、账务、财产等实施实质性全面管理和控制的机构在中国境内的说明材料等。

② 检查被投资企业股东会利润分配决议或公告、分配表，确定投资收益的确认时间是否准确。

③ 核实被投资企业的最新公司章程（企业在证券交易市场购买上市公司股票获得股权的，检查相关记账凭证、本公司持股比例以及持股时间），投资收益、应收股利明细账或按月汇总表，确定申报免税的投资收益是否包含股权投资转让所得；是否包括持有居民企业公开发行并上市流通的股票不足12个月取得的投资收益。

3.非营利组织收入的检查

（1）常见涉税风险

①不再符合免税条件的，仍作免税申报

非营利组织免税资格实施动态管理，其免税优惠资格的有效期为5年。非营利组织应在期满前3个月内提出复审申请，不提出复审申请或复审不合格的，其享受免税优惠的资格到期自动失效。

主管税务机关应根据非营利组织报送的纳税申报表及有关资料进行审查，当年符合有关税收法律、法规、规定免税条件的收入，免予征收企业所得税；当年不符合免税条件的收入，照章征收企业所得税。

出现下述情况之一的，应取消其资格：事业单位、社会团体、基金会及民办非企业单位逾期未参加年检或年度检查结论为"不合格"的；在申请认定过程中提供虚假信息的；有逃避缴纳税款或帮助他人逃避缴纳税款行为的；通过关联方交易或非关联方交易和服务活动，变相转移、隐匿、分配该组织财产的；因违反《税收征管法》及其实施细则而受到税务机关处罚的；受到登记管理机关处罚的。

②超范围收费按免税收入申报

非营利组织收入免税范围包括：接受其他单位或者个人捐赠的收入；除《企业所得税法》第七条规定的财政拨款以外的其他政府补助收入，但不包括因政府购买服务取得的收入；按照省级以上民政、财政部门规定收取的会费；不征税收入和免税收入孳生的银行存款利息收入；财政部、国家税务总局规定的其他收入。

检查中应重点关注非营利组织参与市场运作经营收入、超过规定收取的会费作免税收入申报。

（2）主要检查方法

①审核相关资料，确定非营利组织免税资格

其包括：非营利组织免税资格有效认定文件或其他相关证明；非营利组织认定资料；当年工资薪金情况专项报告，包括薪酬制度、工作人员整体平均工资薪金水平、工资福利费占总支出比例、重要人员工资薪金信息（至少包括工资薪金水平排名前10的人员）；当年财务报表；登记管理机关出具的事业单位、社会团体、基金会、社会服务机构、宗教活动场所、宗教院校当年符合相关法律法规和国家政策的事业发展情况或非营利活动的材料。

②审核收入来源，确定免税收入金额

其包括：当年资金来源及使用情况、公益活动和非营利活动的明细情况；应纳税收入及有关成本、费用、损失，与免税收入及有关成本、费用、损失分别核算的情况说明；取得各类免税收入的情况说明；各类免税收入的凭证。

（二）资源综合利用税收优惠的检查

以《资源综合利用企业所得税优惠目录》中所列资源为主要原材料，生产《资源综合利用企业所得税优惠目录》内符合国家或行业相关标准的产品取得的收入，在计算应纳税所得额时，减按90%计入当年收入总额。

1.常见涉税风险

①《资源综合利用企业所得税优惠目录》所列资源占企业产品原料的比例不符合规

定的技术标准，按资源综合利用减计收入申报纳税。

② 生产的产品不属于符合《资源综合利用企业所得税优惠目录》内国家或行业相关标准要求的产品，按资源综合利用减计收入申报纳税。

2.主要检查方法

① 审阅"主营业务收入""其他业务收入"明细账及企业留存被查的综合利用资源生产产品取得的收入核算情况说明，核实企业从事非资源综合利用项目取得的收入与生产资源综合利用产品取得的收入是否分开核算，是否符合优惠条件。

② 审阅企业实际资源综合利用情况（包括综合利用的资源、技术标准、产品名称等）的说明，核实企业实际经营情况是否符合目录规定条件，是否采用欺骗等手段获取企业所得税优惠，是否有因经营状况发生变化而不再符合享受优惠条件，仍按减计收入优惠申报的情况。

（三）研究开发费用加计扣除税收优惠的检查

1.常见涉税风险

（1）不适用加计扣除的行业，申报研发费用加计扣除

以《国民经济行业分类（GB/T 4754 – 2017）》为标准划分的烟草制品业、住宿和餐饮业、批发和零售业、房地产业、租赁和商务服务业、娱乐业六大行业以及财政部和国家税务总局规定的其他行业，不适用加计扣除。上述不适用税前加计扣除政策行业的企业，是指以所列行业业务为主营业务，其研发费用发生当年的主营业务收入占企业按税法规定计算的收入总额减除不征税收入和投资收益的余额50%（不含）以上的企业。

（2）不适用加计扣除的企业，申报研发费用加计扣除

会计核算不健全、不能够准确归集研发费用的企业，企业所得税核定征收的企业，非居民企业，不适用研发费用加计扣除。

（3）不适用加计扣除的活动，申报研发费用加计扣除

研发活动是指企业为获得科学与技术新知识，创造性运用科学技术新知识，或实质性改进技术、产品（服务）、工艺而持续进行的具有明确目标的系统性活动。不包括：企业产品（服务）的常规性升级；对某项科研成果的直接应用，如直接采用公开的新工艺、材料、装置、产品、服务或知识等；企业在商品化后为顾客提供的技术支持活动；对现存产品、服务、技术、材料或工艺流程进行的重复或简单改变；市场调查研究、效率调查或管理研究；作为工业（服务）流程环节或常规的质量控制、测试分析、维修维护；社会科学、艺术或人文学方面的研究。

（4）企业研发费用各项目的实际发生额归集不准确、汇总额计算不准确，多计加计扣除金额

① 将办公费、招待费、交通费（指除计入差旅费外的本地交通费）、通信费、工会经费、职工教育经费归集到其他相关费用加计扣除。

② 归集折旧费用、无形资产摊销费用时，未按照税前扣除的固定资产折旧、无形资产摊销金额计算加计扣除。

③ 企业研发活动直接形成产品或作为组成部分形成的产品对外销售的，加计扣除时，未在销售当年以对应的材料费用发生额冲减当年的研发费用；对当年研发费用不足冲减的，未结转以后年度继续冲减。

④ 取得研发过程中形成的下脚料、残次品、中间试制品等特殊收入，在计算确认收入当年的加计扣除研发费用时，未从已归集研发费用中扣减该特殊收入。

⑤ 企业从事研发活动的人员和用于研发活动的仪器、设备、无形资产，同时从事或用于非研发活动的，未采用合理方法在研发费用和生产经营费用间分配。

⑥ 开展多项研发活动的，未按照不同研发项目分别归集可加计扣除的研发费用。

⑦ 其他相关费用的加计扣除金额超过了可加计扣除研发费用总额的10%。

（5）委托研发加计扣除不符合规定

① 委托境内个人研发的，未取得个人出具的发票等合法有效凭证。

② 委托境内单位研发的，未按照费用实际发生额的80%作为加计扣除基数。

③ 对委托境外个人进行的研发活动，进行了加计扣除。

④ 委托境外单位研发的，可加计扣除金额计算不准确。委托境外进行研发活动所发生的费用，按照费用实际发生额的80%计入委托方的委托境外研发费用。委托境外研发费用不超过境内符合条件的研发费用三分之二的部分，可以按规定在企业所得税前加计扣除。

⑤ 按受托方实际发生的费用计算加计扣除。委托研发的，费用实际发生额为委托方实际支付给受托方的费用。

⑥ 委托研发未按规定到科技行政主管部门进行登记。委托境内研究开发项目的合同，由受托方到科技行政主管部门登记。委托境外进行技术开发的合同，由委托方到科技行政主管部门进行登记。

（6）未按规定设置辅助账

企业应按研发项目设置研发费用辅助账，准确归集核算当年可加计扣除的各项研发费用实际发生额；同一个研发项目的资本化支出和费用化支出应当分别设置辅助账，于年末汇总分析填报"研发支出辅助账汇总表"作为留存资料备查。

（7）将不征税收入用于研发活动所形成的费用或无形资产，进行了加计扣除或摊销

企业的不征税收入用于支出所形成的费用或者财产，不得扣除或者计算对应的折旧、摊销扣除。企业取得作为不征税收入处理的财政性资金用于研发活动所形成的费用或无形资产，不得计算加计扣除或摊销。

（8）未按规定留存相关资料备查

研发费用加计扣除主要留存备查资料有以下几种：

① 自主、委托、合作研究开发项目计划书和企业有权部门关于自主、委托、合作研究开发项目立项的决议文件；

② 自主、委托、合作研究开发专门机构或项目组的编制情况和研发人员名单；

③ 经科技行政主管部门登记的委托、合作研究开发项目的合同；

④ 从事研发活动的人员（包括外聘人员）和用于研发活动的仪器、设备、无形资产的费用分配说明（包括工作使用情况记录及费用分配计算证据材料）；

⑤ 集中研发项目研发费决算表、集中研发项目费用分摊明细情况表和实际分享收益比例等资料；

⑥ 研发支出辅助账及汇总表；

⑦ 企业如果已取得地市级（含）以上科技行政主管部门出具的鉴定意见，应作为资

料留存备查。

其中委托境外研发的，留存备查资料还应包括：①委托境外研发银行支付凭证和受托方开具的收款凭据；②当年委托研发项目的进展情况等资料。

2.主要检查方法

（1）申报加计扣除行业的检查

核实"研发费用加计扣除优惠明细表（A107012）"填报情况，确定企业是否申报研发费用加计扣除；核对"企业所得税年度纳税申报基础信息表（A000000）"行业明细代码，确定企业所属行业是否属于不适用加计扣除的行业；检查"主营业务收入""其他业务收入"明细账及"企业所得税年度纳税申报表（A100000）"，确定研发费用发生当年的主营业务收入占比，并据此确定企业所属行业。

（2）申报加计扣除企业会计核算的检查

① 检查企业账证是否健全，是否能从不同会计科目中准确归集技术开发费用实际发生额。

② 核实企业研发支出明细账核算情况，确认是否对研究开发费用实行专账管理，是否做到将研发费用和生产经营费用分开进行核算；研发费用归集是否准确、汇总金额计算是否准确等。

③ 查阅有关原始凭证等资料，核实研发费用支出是否真实、合法。

（3）研发费用支出项目及金额的检查

① 审核项目计划书和立项决议等资料，分析企业是否从事《高新技术企业认定管理办法》（国科发火〔2016〕32号）和国家发展改革委、科学技术部、商务部、国家知识产权局公布的《当前优先发展的高技术产业化重点领域指南（2007年度）》规定项目的研究开发活动。必要时，可以要求企业提供地市级以上（含本级）科技行政主管部门出具的研究开发项目鉴定意见书。

② 核实企业的研发项目的开展情况，询问研发部门负责人等，查看研发活动开展情况和研发成果，分析企业是否真实开展研发活动。

③ 检查企业提供的"研发项目可加计扣除研究开发费用情况归集表"，核对加计扣除额计算是否准确；对企业在一个纳税年度内进行多个研究开发活动的，核实是否按照不同开发项目分别归集可加计扣除的研究开发费用额；对企业共同合作开发的项目，凡符合加计扣除条件的，核实企业合作各方分摊研发费用的证明材料，如合同相关条款等，明确是否合作各方就自身承担的研发费用分别按照规定计算加计扣除；对企业集团采取在受益集团成员公司之间合理地分摊研究开发费的，核实集中研究开发项目的协议或合同，对照该协议或合同中有关各方权利和义务、费用分摊方法等内容条款，确认分摊的合理性和企业实际分摊费用的真实性。

（4）委托研发的检查

对企业委托外单位进行开发的研发费用，检查委托协议、合同及"银行存款"贷方发生额、支付委托研发支出的原始凭证及取得受托方开具发票金额，确定委托方支付研发项目的费用计算数据是否真实、准确，确定委托方申报研发费用加计扣除金额是否正确。

（5）辅助账户的检查

检查研发支出的辅助账是否专门记录研发支出的明细情况，项目是否齐全，是否包含：工资、福利费、差旅费、折旧、材料费、水电费、办公费、通信费、检验费、审批费、专利费、研究费、技术服务费、培训费、注册费和咨询费等。

（6）企业研发支出资金来源的检查

检查项目预算和立项决议等资料，确定企业是否有从财政部门取得的研究开发费专项拨款；检查"营业外收入""递延收益""其他应付款""专项应付款""银行存款""研发支出"等账户，核查其拨款形成的研发支出是否申报加计扣除。

（7）留存备查资料的检查

阅读资料

检查企业留存备查资料是否齐全，是否符合规定的形式要求。

【学思践悟】习近平总书记在党的二十大报告中指出，"完善中国特色现代企业制度，弘扬企业家精神，加快建设世界一流企业"。研发费用加计扣除等一系列优惠政策推出的背后，彰显了我国对科技创新扶持的决心和信心，不断激发广大青年学子爱国情怀，中华民族伟大复兴梦还需各位有志青年不断勠力同心，创新同行！

揭秘研发费用
加计扣除违规
"症结"

（四）安置残疾人加计扣除优惠的检查

企业安置残疾人员享受安置残疾职工工资100%加计扣除的税收优惠。

1.常见涉税风险

（1）混入非残疾人员工资，适用加计扣除税收优惠

（2）虚列残疾人工资，超额申报加计扣除金额

如未依法与安置的每位残疾人签订1年以上（含1年）的劳动合同或服务协议，且安置的每位残疾人未在企业实际上岗工作，仅凭工资条计算加计扣除金额；或未按规定为安置的每位残疾人按月足额缴纳企业所在区县人民政府根据国家政策规定的基本养老保险、基本医疗保险、失业保险和工伤保险等社会保险；或者为多计算加计扣除金额，采用虚列工资额、少发现金的办法，人为加大加计扣除的工资基数。

2.主要检查方法

（1）结合企业人力资源部提供的残疾职工名册，依据安置残疾职工名单及其"残疾人证"或"残疾军人证"，确定与企业签订劳动合同的残疾人员是否符合《中华人民共和国残疾人保障法》的有关规定。

（2）核实企业的工资制度规定等资料，审查据实扣除的工资是否真实、合理，审核支付残疾职工工资的具体内容，确认加计扣除基数是否真实和准确。

（3）核实残疾职工名册和岗位安排资料，现场查看企业是否具备安置残疾职工上岗工作的基本设施，残疾职工是否实际在岗工作。

（4）核实企业为残疾职工缴纳的社会保险缴费记录原始资料和银行对账单等资料，与劳动合同起始时间核对是否按月足额缴纳，必要时还可以向社会保险征缴机构函证缴费情况，或核对企业是否为安置的每位残疾人按月足额缴纳了企业所在区县人民政府根据国家政策规定的基本养老保险、基本医疗保险、失业保险和工伤保险等社会保险证明资料；核实残疾职工名册、工资表和银行对账单等资料，确定企业是否定期通过银行等金融机构向安置的每位残疾人实际支付了不低于企业所在区县适用的经省级人民政府批准的最低工资标准的工资，必要时还应询问残疾职工，审查"其他应收款"等会计科目，确认工资实际发放金额。

（五）减征、免征企业所得税的检查

1.从事农、林、牧、渔业项目减免所得税的检查

（1）常见涉税风险

①超范围申报农林牧渔业项目免税项目。如将《产业结构调整指导目录（2024年本）》（国家发展改革委令第7号）中限制和淘汰类的农、林、牧、渔业项目申报免税；将对外购茶叶进行筛选、分装、包装后进行销售的所得，按农产品初加工申报免税；将购买农产品后直接进行销售的贸易活动产生的所得，按农、林、牧、渔业项目的税收优惠进行申报等。

【特别提示】"公司＋农户"经营模式从事农、林、牧、渔业项目生产的企业，可以按照《中华人民共和国企业所得税法实施条例》第八十六条的有关规定，享受减免企业所得税优惠政策。

②将减半征收所得税项目按免税项目申报。如将应按"花卉、茶及其他饮料作物和香料作物的种植"项目处理的观赏性作物的种植，申报免税；将应按"海水养殖、内陆养殖"项目处理的生物养殖按"牲畜、家禽的饲养"项目申报免税。

③对不同企业所得税政策规定的项目未进行分别核算。企业同时从事适用不同企业所得税政策规定项目的，应分别核算，单独计算优惠项目的计税依据及优惠数额；分别核算不清的，可由主管税务机关按照比例分摊法或其他合理方法进行核定。

（2）主要检查方法

①检查相关证书，确定企业是否从事农林牧渔业项目的生产经营。

检查企业从事相关业务取得的资格证书或证明资料，包括有效期内的远洋渔业企业资格证书、从事农作物新品种选育的认定证书、动物防疫条件合格证、林木种子生产经营许可证、兽医的资格证明等，确定企业是否从事农林牧渔业项目的生产经营，是否具备有效的资格并在有效合同期限内。

②检查企业申报农林牧渔业减免税项目是否符合政策规定。

检查企业留存备查的农产品初加工项目及工艺流程说明；生产场地证明资料，包括土地使用权证、租用合同等；企业委托或受托其他企业或个人从事符合规定的农林牧渔业项目的委托合同、受托合同、支出明细等证明材料，核实企业有无相应的经营场所及从业人员，是否符合农林牧渔业减免税项目的政策范围。

③检查会计核算情况。

检查每年度单独计算减免税项目所得的计算过程及相关账册，期间费用合理分摊的依据和标准；检查减免税项目和应税项目是否分别核算、免税项目和减半征收项目是否分别核算。核对"所得减免优惠明细表（A107020）"确定企业申报减免税是否正确。

2.公共基础设施项目优惠的检查

企业从事公共基础设施项目的投资经营所得，自项目取得第一笔生产经营收入所属纳税年度起，享受第一年至第三年免征企业所得税，第四年至第六年减半征收企业所得税优惠。

（1）常见涉税风险

①不符合《公共基础设施项目企业所得税优惠目录》内相关条件和技术标准及国家投资管理相关规定，申报减免税；

②因生产经营发生变化不再符合规定的减免税条件，不作调整；

③承包经营、承包建设和内部自建自用公共基础设施项目申报减免税；

④应税项目与免税项目没有分开核算的，申报减免税。

（2）主要检查方法

①减免税条件的检查。检查有关部门批准该项目的文件及符合《公共基础设施项目企业所得税优惠目录》规定范围、条件和标准的情况说明及证据资料，核实企业申报的减免税是否符合税法规定的国家重点扶持的《公共基础设施项目企业所得税优惠目录》规定范围、条件和标准的公共基础设施项目的投资经营所得，有无将企业从事承包经营、承包建设和内部自建自用《公共基础设施项目企业所得税优惠目录》规定项目的所得申报减免税。

②检查公共基础设施项目完工验收报告、公共基础设施项目建成并投入运行后取得的第一笔生产经营收入凭证（原始凭证及账务处理凭证），确定企业有无优惠期满仍申报减免税。

③检查公共基础设施项目所得分项目核算资料，以及合理分摊期间共同费用的核算资料，核对企业"所得减免优惠明细表（A107020）"申报数据，确定减免税申报是否正确。

3.环境保护、节能节水项目优惠的检查

企业从事环境保护、节能节水项目的所得，自项目取得第一笔生产经营收入所属纳税年度起，享受第一年至第三年免征企业所得税，第四年至第六年减半征收企业所得税优惠。

（1）常见涉税风险

①将不符合《环境保护、节能节水项目企业所得税优惠目录》相关条件和技术标准规定的项目，申报减免税。

②将处理企业自身生产经营活动过程中产生的垃圾、污水等，按环境保护、节能节水项目申报减免税。

（2）主要检查方法

①核实相关资料，确定企业是否符合减免税资格条件。

其包括审核符合《环境保护、节能节水项目企业所得税优惠目录》规定范围、条件和标准的情况说明及证据资料；环境保护、节能节水项目取得的第一笔生产经营收入凭证（原始凭证及账务处理凭证）；环境保护、节能节水项目所得分项目核算资料，以及合理分摊期间共同费用的核算资料；项目权属变动情况及转让方已享受优惠情况的说明及证明资料（优惠期间项目权属发生变动的）。

②检查是否属于公共污水、公共垃圾的处理。

公共污水处理项目包括城镇污水处理项目和工业废水处理项目。检查时，判断企业污水处理项目属于公共污水处理项目还是企业自身生产经营活动过程中产生的污水处理项目，可以从企业污水处理是否具备下列条件划分：根据全国城镇污水处理设施建设规划（全国重点流域水污染防治规划）等全国性规划设立；专门从事城镇污水、工业污水的收集、贮存、运输、处置以及污泥处置（含符合国家产业政策和准入条件的水泥窑协同处置）；根据国家规定获得污水处理特许经营权，或符合环境保护行政主管部门规定的生活污水类、工业废水类污染治理设施运营资质条件；项目设计、施工和运行管理人员具备国家相应职业资格；项目按照国家法律法规的要求，通过相关验收；项目经设区的市或者市级以上环境保护行政主管部门总量核查；排放水符合国家及地方规定的水污染物排放标准和重点水污染物排放总量控制指标；国务院财政、税务主管部门规定的其他条件。同时具备上述条件的，属于公共污水处理。

公共垃圾处理项目包括生活垃圾处理项目和工业固体废物处理项目、危险废物处理项目。公共垃圾处理应具备下列条件：根据全国城镇垃圾处理（危险废物处置）设施建设规划等全国性规划设立；专门从事生活垃圾的收集、贮存、运输、处置；采用符合国家规定标准的卫生填埋、焚烧、热解、堆肥、水泥窑协同处置等工艺，其中：水泥窑协同处置要符合国家产业政策和准入条件；根据国家规定获得垃圾处理特许经营权，或符合环境保护行政主管部门规定的生活垃圾类污染治理设施运营资质条件（工业固体废物处理项目符合环境保护行政主管部门规定的工业固体废物类污染治理设施运营资质条件，危险废物处理项目取得县级以上人民政府环境保护行政主管部门颁发的危险废物经营许可证）；项目设计、施工和运行管理人员具备国家相应职业资格；按照国家法律法规的要求，通过相关验收；项目经设区的市或者市级以上环境保护行政主管部门总量核查；国务院财政、税务主管部门规定的其他条件。

企业按照国家规定作为企业必备配套设施的自用的污水、垃圾处理项目，不属于公共污水、公共垃圾处理项目。

4.集成电路产业、软件产业税收优惠的检查

集成电路产业、软件产业税收优惠政策见表5-6。

表5-6　　　　　　　　　　集成电路产业、软件产业税收优惠政策

类　型	情　形	优惠政策
集成电路企业	国家鼓励的集成电路线宽小于28纳米（含），且经营期在15年以上的集成电路生产企业或项目	第一年至第十年免征企业所得税
	国家鼓励的集成电路线宽小于65纳米（含），且经营期在15年以上的集成电路生产企业或项目	第一年至第五年免征企业所得税，第六年至第十年按照25%的法定税率减半征收企业所得税
	国家鼓励的集成电路线宽小于130纳米（含），且经营期在10年以上的集成电路生产企业或项目	第一年至第二年免征企业所得税，第三年至第五年按照25%的法定税率减半征收企业所得税
	国家鼓励的线宽小于130纳米（含）的集成电路生产企业	纳税年度发生的亏损，准予向以后年度结转，总结转年限最长不得超过10年
	国家鼓励的集成电路设计、装备、材料、封装、测试企业	自获利年度起，第一年至第二年免征企业所得税，第三年至第五年按照25%的法定税率减半征收企业所得税
	国家鼓励的重点集成电路设计企业	自获利年度起，第一年至第五年免征企业所得税，接续年度减按10%的税率征收企业所得税
软件企业	国家鼓励的软件企业	自获利年度起，第一年至第二年免征企业所得税，第三年至第五年按照25%的法定税率减半征收企业所得税
	国家鼓励的重点软件企业	自获利年度起，第一年至第五年免征企业所得税，接续年度减按10%的税率征收企业所得税

对于按照集成电路生产企业享受税收优惠政策的，优惠期自获利年度起计算；对于按照集成电路生产项目享受税收优惠政策的，优惠期自项目取得第一笔生产经营收入所属纳税年度起计算。

（1）常见涉税风险

① 不符合税法规定优惠条件申报减免税；

② 延期申报减免税。

（2）主要检查方法

①减免税资格合法性和有效性的检查。第一，检查相关证书资料，包括：至少1个主要产品的软件著作权或专利权等自主知识产权的有效证明文件、第三方检测机构提供的软件产品测试报告、主营业务仅为技术服务的企业提供的核心技术说明，在国家发改委或工业和信息化部立项的备案文件（应注明总投资额、工艺线宽标准）以及企业取得的相关资质证书，加工集成电路产品主要列表及国家知识产权局（或国外知识产权相关主管机构）出具的企业自主开发或拥有的一至两份代表性知识产权（如专利、布图设计登记、软件著作权等）的证明材料，企业开发销售的主要集成电路产品列表，以及国家知识产权局（或国外知识产权相关主管机构）出具的企业自主开发或拥有的一至两份代表性知识产权（如专利、布图设计登记、软件著作权等）的证明材料等，确定纳税人是否属于软件企业或集成电路企业。

第二，根据企业提供的说明材料及汇算清缴年度最后一个月社会保险缴纳证明等相关证明材料，审核职工人数、学历结构、研发人员比例结构是否符合规定。

第三，根据企业年度销售（营业）收入、研究开发费用结构明细表，计算研究开发费用总额占销售收入总额的比例，审核销售收入的比例、研发费用结构和比例的合理性。

②免税期限的检查

根据企业申报的"减免所得税优惠明细表（A107040）""软件、集成电路企业优惠情况及明细表（A107042）"的数据，确定纳税人申报减免税的起始年份是否正确，有无超期申报情况。

5.技术转让所得优惠的检查

居民企业技术转让所得不超过500万元的部分，免征企业所得税；超过500万元的部分，减半征收企业所得税。

（1）常见涉税风险

① 非技术转让按技术转让申报减免税；

② 期间费用分摊不合理；

③ 技术转让所得计算不正确。

（2）主要检查方法

①技术转让所得减免税条件的检查

第一，摸清转让技术企业的基本情况，包括：是否属于居民企业；技术转让的属地是境内还是境外，境内的技术转让是否经省级以上（含省级）科技部门认定登记，跨境的技术转让是否经省级以上（含省级）商务部门认定登记；居民企业跨境的技术转让是否属于禁止出口和限制出口的技术。

第二，核实技术合同和省级以上科技或商务部门的技术合同登记证明等资料原件，确认技术合同的真实性、合法性、有效性。

第三，核实转让的技术范围，可以享受减免税的技术转让具体包括居民企业转让专利技术、计算机软件著作权、集成电路布图设计权、植物新品种、生物医药新品种，以及财政部和国家税务总局确定的其他技术。其中：专利技术，是指法律授予独占权的发明、实用新型和非简单改变产品图案的外观设计。

②会计核算的检查

核查期间费用明细账，分析期间费用核算是否真实、合理；检查企业技术转让所得是否单独计算；检查技术转让所得归集、分摊、计算的相关资料，确定企业是否合理分摊企业的期间费用。

③技术转让所得计算的检查

转让技术所有权的，技术转让所得＝技术转让收入－技术转让成本－相关税费；转让符合条件的5年以上（含5年）许可使用权的，技术转让所得＝技术转让收入－无形资产摊销费用－相关税费－应分摊期间费用。

第一，分析技术转让合同的主要条款，确认和区分技术转让收入金额和非技术性收入，检查企业技术转让收入中是否混入了销售或转让设备、仪器、零部件、原材料等非技术性收入及不属于与技术转让项目密不可分的技术咨询、技术服务、技术培训等收入；与企业实际执行合同的有关业务记录和银行对账单等资料核对，确认技术转让收入。

第二，检查"无形资产""累计摊销"明细账及"资产折旧、摊销及纳税调整明细表（A105080）"，确定无形资产的净值或无形资产摊销费用是否按税法口径计算。

第三，检查实际缴纳相关税费的完税凭证或发票，确定企业纳税申报的相关税费是否为技术转让过程中实际发生的有关税费，包括除企业所得税和允许抵扣的增值税以外的各项税金及附加、合同签订费用、律师费等相关费用及其他支出。

第四，检查应分摊的期间费用是否按技术转让收入在当年销售收入占比分摊。

（六）创业投资企业所得额抵免优惠的检查

创业投资企业投资于未上市的中小高新技术企业、初创型科技企业满2年的，可按其投资额的70%比例抵扣应纳税所得额。

1.常见涉税风险

（1）未经年检或年检不合格的企业按创业投资企业申报抵免投资额。

（2）被投资企业不符合中小高新技术企业、初创型科技企业条件，创业投资企业申报抵免投资额。

（3）申报抵免投资额计算不正确。如按投资持有时间而不是按被投资企业被认定为高新技术企业年度起计算投资期限，或虚报投资额，加大抵免金额。

2.主要检查方法

（1）检查创投企业的经营范围是否符合《创业投资企业管理暂行办法》的规定，且工商登记为"创业投资有限责任公司""创业投资股份有限公司"等专业性法人创业投资企业；核实了解创投企业的经营活动，确认该企业是否专门从事创业投资活动；检查创业投资企业经备案管理部门核实后出具的年检合格通知书，确定创业投资企业是否符合规定。

（2）检查创业投资的中小高新技术企业资格证书是否合法有效，职工人数、年销售（营业）额和资产总额是否符合规定条件。

（3）检查投资协议、被投资中小高新技术企业的公司章程等资料，复核申请抵扣的创投企业股权投资额和抵扣额的准确性，并与"抵扣应纳税所得额明细表（A107030）"核对。

（七）高新技术企业税率优惠的检查

1.主要涉税问题

（1）不符合高新技术企业条件申报税率优惠

高新技术企业是指在《国家重点支持的高新技术领域》内，持续进行研究开发与技术成果转化，形成企业核心自主知识产权，并以此为基础开展经营活动，在中国境内（不包括港、澳、台地区）注册的居民企业。高新技术企业应具备以下条件。

①企业申请认定时须注册成立1年以上。

②企业通过自主研发、受让、受赠、并购等方式，获得对其主要产品（服务）在技术上发挥核心支持作用的知识产权的所有权。在中国境内（不含港、澳、台地区）注册的企业，近3年内通过自主研发、受让、受赠、并购等方式，或通过5年以上的独占许可方式，对其主要产品（服务）的核心技术拥有自主知识产权，且达到下列其中一项数量要求：

第一，发明专利、植物新品种、国家新药、国家级农作物品种、国家一级中药保护品种、集成电路布图设计专有权1件以上；

第二，实用新型专利8件以上；

第三，非简单改变产品图案和形状的外观设计专利（主要是指：运用科学和工程技术的方法，经过研究与开发过程得到的外观设计）或者软件著作权8件以上。

③对企业主要产品（服务）发挥核心支持作用的技术属于《国家重点支持的高新技术领域》规定的范围。

④企业从事研发和相关技术创新活动的科技人员占企业当年职工总数的比例不低于10%。

⑤企业近3个会计年度（实际经营期不满3年的按实际经营时间计算，下同）的研究开发费用总额占同期销售收入总额的比例符合下列要求：

第一，最近1年销售收入小于5 000万元的企业，比例不低于5%。

第二，最近1年销售收入在5 000万元至20 000万元的企业，比例不低于4%。

第三，最近1年销售收入在2亿元以上的企业，比例不低于3%。

其中，企业在中国境内发生的研究开发费用总额占全部研究开发费用总额的比例不低于60%。

⑥近1年高新技术产品（服务）收入占企业同期总收入的比例不低于60%。

⑦企业创新能力评价应达到相应要求。

⑧企业申请认定前1年内未发生重大安全、重大质量事故或严重环境违法行为。

由于高新技术企业可以享受多项税收优惠政策，受利益驱使，企业可能在申报材料上、财务数据上弄虚作假，由普通企业变身为"高新技术企业"，申报所得税税收优惠。

（2）重叠申报税收优惠

高新技术企业所得税减按15%税率征收。享受这项优惠时要注意以下几点：第一，居民企业被认定为高新技术企业，同时又处于"两免三减半""五免五减半"等定期减免税优惠过渡期的，该居民企业的所得税适用税率可以选择依照过渡期适用税率并减半征税至期满，或者选择适用高新技术企业的15%税率，但不能享受15%税率的减半征税。第二，居民企业被认定为高新技术企业，同时又符合软件生产企业和集成电路生产企业定期减半征收企业所得税优惠条件的，该居民企业的所得税适用税率可以选择适用高新技术企业的15%税率，也可以选择依照25%的法定税率减半征税，但不能享受15%税率的减半征税。第三，居民企业享受农、林、牧、渔业项目所得免征、减征企业所得税优惠的，公共基础设施两免三减半的，环保、节能节水项目三免三减半的，技术转让所得免征或减半征收的，只能按照25%的法定税率减半。第四，不能与小型微利企业所得税优惠叠加享受，但可以选择放弃享受15%税率的优惠（保留高新技术企业资格），选择享受小型微利企业减计所得额征收优惠。

2.主要检查方法

① 审查相关证书与资料，核实企业是否符合高新技术企业条件。其包括：高新技术企业资格证书；高新技术企业认定资料；知识产权相关材料；年度主要产品（服务）发挥核心支持作用的技术属于《国家重点支持的高新技术领域》规定范围的说明，高新技术产品（服务）及对应收入资料；年度职工和科技人员情况证明材料；当年和前两个会计年度研发费用总额及占同期销售收入比例、研发费用管理资料以及研发费用辅助账，研发费用结构明细表。

② 深入企业进行实地调查，确定企业是否属于弄虚作假的"伪高新"企业。

第一，核实申报资料的真实性。检查时，可通过其他资料的审核来佐证高新技术企业申报的资料是否真实。如董事会、经理办公会的决策性文件；研发过程中的会议记录、视频、邮件等；项目跨年度，不同年度的两个项目是否一致；企业的新技术、新工艺是否与企业申报的高新领域一致；企业所拥有的专利是否与企业的行业特点一致；计入研发支出的时间与项目开始和结束的时间是否匹配；企业所提供的财务数据、税务数据是否一致；企业所提供的财务数据、非财务数据是否一致等。必要时，可询问参与研发的基层人员对所参与项目是否知情，来查证落实企业申报资料有无虚假。

第二，检查各项指标财务数据是否真实。其包括：

核实高新技术产品（服务）收入。高新技术产品（服务）收入是企业通过研发和相关技术创新活动，取得的产品（服务）收入与技术性收入的总和；企业取得上述收入发挥核心支持作用的技术应属于高新技术企业八大领域规定的范围。检查时，如果发现企业只是代理他人的高科技产品或从事的行业技术相对成熟、没有附加的创意研发取得的收入；或者只是简单购买他人专利证书并无实际成果转化，双方也并无实际研发成果的"转让"，则极有可能是企业为了"凑数"而购买的知识产权，应予以重点关注。

检查研发费用是否合理。检查企业"研发支出""管理费用——研发费用""无形资产"等科目借方，确定企业研发费用核算是否规范、研发费用构成比例是否合理；研发人员是否直接从事研发活动、有无将没有直接实质性参与研发的行政管理人员、财务人员和后勤人员费用列入研发费用；有无将"工资薪金"变成"劳务费"人为减少职工总人数，达到高新企业科技人员占职工总数比例要求，享受高新技术企业所得税优惠；从事研发活动的人员和用于研发活动的仪器、设备、无形资产，同时从事或用于非研发活动的，应重点检查企业是否建立了相应的用工、用时记录制度，对混用费用原始的分配记录（如人员的工时出勤记录、设备研发活动时间记录等）是否真实，有无虚列研发费用，提高研发费用比例的情况。

【案例5-19】某税务稽查局2024年对甲高新技术企业享受所得税优惠的情况进行税务稽查时发现，3年来甲公司销售额以每年20%的比例增长，所得税税负高于同行业平均水平，其他各项涉税指标也比较好。但是，甲企业所得税纳税申报表中的"本年研发人员数"、"本年职工总数"及"本年研发人员占当年职工总数的比例"三个指标均未发生明显变化，不符合企业近年来的经营特征，稽查人员产生疑问。

进一步核实甲公司近3年申报数据得知：3年来甲公司并未增加生产设备，仅对关键设备进行更新改造及在生产技术上改进，使得生产能力有了一定幅度的提高，但不足以导致企业生产规模大幅增加。为此，税务稽查人员对甲公司进行了5项实地核查，即生产计划及安排记录、员工考勤表、加班补贴表、工资支出及社会保险缴纳原始凭证、个人所得税扣缴明细表等资料。通过核查发现两个异常情况：一是各部门员工考勤实际人数总和大于"企业基础信息表"上的职工人数；二是职工的社保缴纳比例远高于当地同类企业水平。再结合此前发现的甲公司"劳务费用"支出数额较大等情况，税务稽查人员判断甲公司可能将部分员工工资以劳务费的形式列入了成本费用。

稽查人员就上述疑点与判断询问企业财务人员并进一步分析了利害，企业财务人员道出真相：由于作为高新技术企业条件之一是"企业从事研发和相关技术创新活动的科技人员占企业当年职工总数的比例不低于10%"，企业发现税务稽查人员对高新技术企业人员结构检查的重点往往在是否有虚增科技人员方面，很少检查企业职工总人数，便决定反其道而行，真实地反映科技人员数，人为降低职工总人数，将在职的企业职工按"劳务外包"处理，其工资支出计入"劳务费"支出，以满足科技人员占当年职工总人数的比例不低于10%的条件。

稽查人员指出：根据《高新技术企业认定管理工作指引》（国科发火〔2016〕195号）的相关规定，企业职工总数包括在企业累计工作时间满183天以上在职、兼职和临时聘用人员。甲公司将部分员工工资以劳务费的形式列入成本费用的方式以达到减少职工总数的目的，违反了税收法律法规，且不再符合高新技术企业条件，其享受的税收优惠应作补税处理。

（八）小型微利企业税收优惠的检查

自2023年1月1日至2027年12月31日，对小型微利企业年应纳税所得额减按25%计入应纳税所得额，按20%的税率缴纳企业所得税。

1.常见涉税风险

申报虚假信息变相享受小型微利企业税收优惠。

2.主要检查方法

① 依据企业填列的"企业基础信息表（A000000）""103所属行业明细代码"、企业留存备查的"所从事行业不属于限制和禁止行业的说明"，对照《产业结构调整指导目录（2024年本）》《外商投资产业指导目录（2017年修订）》等，确定企业是否为居民企业、是否为从事国家非限制和禁止行业的企业。

② 核实企业的资产状况、生产能力、生产人员数量，确定企业从业人数是否包括了与企业建立劳动关系的职工人数和企业接受的劳务派遣用工人数之和，资产总额是否按企

业全年月平均值计算；核实企业账簿设置情况、纳税申报填报情况，企业账证是否健全，是否具备准确核算应纳税所得额的条件。

（九）加速折旧税收优惠的检查

固定资产加速折旧是一种间接税收优惠，对企业整体税收没有影响，但会减轻企业使用固定资产最初几年的税收负担，为企业获取更多的资金流用于生产运营。因此，企业为推迟纳税、获得货币的时间价值，有可能超限加速折旧。

1.常见涉税风险

（1）超范围享受加速折旧的税收优惠

加速折旧的固定资产包括：由于技术进步，产品更新换代较快的，或常年处于强震动、高腐蚀状态的固定资产；符合条件的企业2014年1月1日后新购进的固定资产；2014年1月1日后新购进的专门用于研发的仪器、设备，单位价值超过100万元的；符合条件的小型微利企业2014年1月1日后新购进的研发和生产经营共用的仪器、设备，单位价值超过100万元的。

检查时，应特别关注以下两点：

①申报加速折旧的企业是否属于税法限定的行业。

【特别提示】2014年1月1日后新购进的固定资产加速折旧的行业限于制造业，信息传输、软件和信息技术服务业两个门类。

②申报加速折旧的固定资产是否符合加速折旧范围。

【特别提示】固定资产加速折旧能否享受加速折旧的税收政策需要考虑购进的时点、固定资产的用途、固定资产的取得方式等因素。

（2）混淆加速折旧与一次扣除界限，超额减免

允许一次性计入当期成本费用在计算应纳税所得额时扣除的固定资产包括：自2014年1月1日起，所有行业企业持有的单位价值不超过5 000元的固定资产；所有行业企业2014年1月1日后新购进专门用于研发的仪器、设备，单位价值不超过100万元的；制造业、信息传输、软件和信息技术服务业小型微利企业2014年1月1日后新购进的专门用于研发的仪器、设备，单位价值不超过100万元的；所有行业2024年1月1日至2027年12月31日期间新购进的设备、器具，单位价值不超过500万元的。检查时，应注意企业有无将应采用加速折旧办法的固定资产一次性计入成本费用税前扣除。

（3）只申报纳税调整减少，而不作纳税调整增加

企业按税法的规定实行加速折旧的，其按加速折旧办法计算的折旧额可全额在税前扣除，如果企业会计核算时仍按固定资产预计使用年限计提折旧，则在加速折旧期间，所得税纳税申报时应作纳税调整减少；加速折旧期满后，会计仍计提固定资产折旧的年限应作纳税调整增加。检查时，应注意企业有无只调减、不调增，从而多列支成本费用的情况。

2.主要检查方法

（1）核实企业固定资产的实际使用状况和产品更新情况，分析加速折旧原因是否客观、合理，有无将非生产性设备混入生产性设备享受缩短折旧年限优惠。

（2）核实企业是否属于重点行业、领域企业。其中，制造业按照国家统计局《国民经济行业分类与代码（GB/T 4754－2017）》执行。在具体判断企业所属行业时，可检查固定资产投入使用当年主营业务收入占企业收入总额是否在50%（不含）以上。

（3）检查购进固定资产的发票、记账凭证，确定购进固定资产单位价值，确定其是否属于一次性列支成本费用税前扣除范围。

（4）核对有关资产税法与会计差异的台账及"资产折旧、摊销及纳税调整明细表（A105080）"，确定企业加速折旧固定资产纳税调整的连续性与准确性。

（十）抵免税额优惠的检查

企业购置用于环境保护、节能节水、安全生产等专用设备（以下简称专用设备）的投资额的10%，准予从企业当年的应纳税额中抵免；当年不足抵免的，可以在以后5个纳税年度结转抵免。

1.常见涉税风险

（1）将不属于《环境保护专用设备企业所得税优惠目录》《节能节水专用设备企业所得税优惠目录》《安全生产专用设备企业所得税优惠目录》（以下简称目录）范围内的专用设备，申报抵免所得税。

（2）将购置但尚未实际投入使用的专用设备申报抵免所得税；将购置之日起5个纳税年度内转让、出租的专用设备，仍延续申报所得税抵免或未补缴已经抵免的企业所得税税款。

（3）将利用财政拨款购置的专用设备，申报抵免所得税。

（4）按专用设备的账面成本计算抵免所得税税额，将购买专用设备退还的增值税税款、允许抵扣的增值税进项税额以及设备运输、安装和调试等费用等计入专用设备投资额申报抵免所得税额。

2.主要检查方法

（1）核实企业申报享受所得税抵免优惠的专用设备类别、型号、性能参数、应用领域是否与目录一致。

（2）审阅企业投入使用的专用设备清单及发票，核实专用设备的使用、处置情况及投资金额，对照企业填报的"税额抵免优惠明细表（A107050）"，确定企业申报减免所得税的计算是否正确。

（3）核实企业资金预算和决算资料，确定企业是否接受财政拨款，分析企业有无利用财政拨款购置专用设备的投资额申报抵免企业应纳所得税额。

行业检查实训：制造业企业所得税的检查

【实训资料】某市一家电生产企业为增值税一般纳税人，生产销售各种小家电。2023年度企业全年实现的收入总额为9 000万元（其中销售收入6 000万元），扣除的成本、费用、税金和损失总额为8 930万元，会计利润总额为70万元，已预缴企业所得税17.5万元。为降低税收风险，在2023年度企业所得税汇算清缴前，企业聘请某税务师事务所进行税务审查并代理申报，代理审查的税务师在审查过程中发现有关问题如下：

（1）已在成本费用中列支的实发工资总额为1 000万元，并按实际发生数额列支了福利费210万元，上缴工会经费20万元并取得"工会经费拨缴款专用收据"，职工教育经费支出40万元。

（2）企业年初结转的坏账准备金贷方余额为1.6万元，当年未发生坏账损失，2023年3月，有一笔2021年已作坏账损失的销售尾款20万元，本月收回5万元。年末，企业根据年末的应收账款余额200万元，又提取了坏账准备金2万元。上述业务账务处理为：

①收回已核销坏账5万元：

借：应收账款	50 000	
贷：坏账准备		50 000
借：银行存款	50 000	
贷：应收账款		50 000

②年末计提坏账准备：

借：信用减值损失	20 000	
贷：坏账准备		20 000

（3）收入总额9 000万元中含国债利息收入5万元，向居民企业投资收益10万元（被投资方税率10%计算），全部计入投资收益。

（4）当年1月向银行借款200万元购建固定资产，借款期限2年，年利率6%。购建的固定资产于当年8月31日完工并交付使用，该固定资产折旧年限为10年，不考虑净残值。企业于2023年年末支付给银行的年利息费用共计12万元，全部计入财务费用。2023年1月1日向境内关联企业乙企业发行债券1 000万元，融资款项用于生产经营，期限1年，按8%的利率支付年利息80万元（银行利率6%），全部计入了财务费用。根据企业提供的资料，代理审查的税务师确认上述利息支出不符合独立交易原则，进一步询问得知：该家电企业无从关联方取得的其他债权性投资，取得权益性投资共计450万元，乙企业是小型微利企业，适用20%的比例税率。

（5）企业全年"管理费用""销售费用"中列支业务招待费用65万元，广告宣传费800万元，技术研发费320万元。

（6）12月份，以2021年购进的一辆公允价值53万元（不含税）的进口小汽车（固定资产）清偿应付账款60万元，并与债务人签订协议约定小汽车公允价值与债务的差额，债权人不再追要。小轿车原值60万元，已提取折旧9万元。企业账务处理为：

借：应付账款	600 000	
贷：固定资产		600 000

（7）该公司新研发家电40个，每个成本价500元，不含税售价1 000元，将10个转作自用，另外30个按成本价售给本厂职工。账务处理如下：

借：管理费用	5 000	
库存现金	15 000	
贷：库存商品		20 000

（8）12月份转让一项2022年7月结转至"无形资产"的自行开发的专有技术的所有权，取得收入700万元，该项专有技术的账面成本（计税基础）为12万元，按10年期限累计摊销1.8万元，2022年已申请研发支出加计扣除纳税调整减少0.45万元。企业账务处理为：

借：银行存款	7 000 000	
累计摊销	18 000	

贷：无形资产　　　　　　　　　　　　　　　　　　　　　　　120 000

　　资产处置损益　　　　　　　　　　　　　　　　　　　　　6 898 000

（9）12月份通过当地政府机关向贫困山区捐赠家电产品一批，成本价35万元，市场销售价格45万元，当年无其他捐赠事项。企业核算时按成本价值直接冲减了库存商品，按市场销售价格计算的增值税销项税额为5.85万元与成本价合计40.85万元计入营业外支出，企业账务处理为：

借：营业外支出　　　　　　　　　　　　　　　　　　　　　　408 500

　　贷：库存商品　　　　　　　　　　　　　　　　　　　　　350 000

　　　　应交税费——应交增值税（销项税额）　　　　　　　　　58 500

（10）6月份，企业购买了一项金融资产，将其划分为"交易性金融资产"，年末该项金融资产公允价值升高了5.5万元，企业将其转入了"公允价值变动损益"科目，账务处理为：

借；交易性金融资产　　　　　　　　　　　　　　　　　　　　55 000

　　贷：公允价值变动损益　　　　　　　　　　　　　　　　　55 000

（11）"营业外支出"科目中其他列支项目包括：合同违约金6万元，支付购货方现金返利12万元，环保费8万元，关联企业赞助支出10万元。

【检查要求】

（1）指出企业上述业务处理涉及的税收风险；

（2）计算2023年该家电企业汇算清缴应缴纳的企业所得税；

（3）作出跨年度账务调整。

项目六

个人所得税的检查

学习目标

态度目标

1. 树立依法纳税的法律意识，充分认识个人所得税基本征收制度
2. 严格防范税收风险，保证及时、足额地履行个人所得税纳税义务
3. 自觉申报，最大限度地维护自身的合法权益及基本利益

知识目标

1. 熟悉个人所得税纳税人身份及纳税义务、税率确定方面存在的涉税风险及主要检查方法
2. 掌握个人所得税征税范围及计税依据确定方面存在的涉税风险及主要检查方法
3. 掌握个人所得税应纳税额计算方面存在的涉税风险及主要检查方法
4. 熟悉享受个人所得税优惠方面存在的涉税风险及主要检查方法

技能目标

1. 能够利用多种检查方法，发现纳税人在纳税人身份及纳税义务、税率确定方面涉税风险点并及时予以纠正，规避涉税风险
2. 能够利用多种检查方法，发现扣缴义务人在申报应代扣代缴个人所得税方面的涉税风险点并及时予以纠正，规避涉税风险
3. 通过审核、调查，了解纳税人享受的个人所得税税收优惠的项目是否准确，帮助纳税人发现能享受而未享受的税收优惠空间

素养目标

1. 在国家鼓励就业创业个人所得税优惠激励下，增强积极进取、勇于创新的富民强国的精神力量
2. 在个人所得税专项附加扣除政策指引下，树立尊老爱幼、终身学习、艰苦奋斗的人生观
3. 在个人所得税汇算清缴管理办法约束下，培养诚实守信、依法纳税的优秀公民素质

工作情境与工作任务

通过对个人所得税法相关知识的学习，我们已经掌握个人所得税的纳税人划分、不同纳税人应履行的纳税义务、征税范围、计税方法、税收优惠和征收管理等方面的规定。你知道个人在取得收入、扣缴义务人在支付个人报酬过程中会存在哪些个人所得税涉税风险吗？这些税收风险会给个人、扣缴义务人带来怎样的后果？税务稽查人员、税务师和企业税务管理员应从哪些方面了解和挖掘扣缴义务人、纳税人存在的与税法规定不符的税款计算及纳税申报问题，发现问题应如何及时纠正？本项目将为我们提供解决上述问题的思路，帮助我们发现税收风险，弥补日常个人所得税申报和扣缴中的过错，圆满完成纳税检查主体的工作职责。

任务一　基本要素的检查

一、纳税人及纳税义务的检查

个人所得税的纳税人分为居民纳税人和非居民纳税人。由于居民纳税人和非居民纳税人承担的纳税义务、计税方法均有所区别，因此，对纳税人身份的界定、应履行纳税义务的判断就显得尤为重要。

（一）常见涉税风险

1.混淆居民与非居民界限，规避境外所得纳税义务

在中国境内有住所，或者无住所而一个纳税年度内在中国境内居住累计满183天的个人，为个人所得税居民个人；在中国境内无住所又不居住，或者无住所而一个纳税年度内在中国境内居住累计不满183天的个人，为非居民个人。我国对个人所得课税同时行使居民管辖权和所得来源地管辖权，居民纳税人应就其来源于中国境内和中国境外的全部所得负有全面纳税义务，而非居民纳税人只就其来源于中国境内的所得负有有限纳税义务。

如果纳税人的身份认定错误，将居民纳税人误判为非居民纳税人，其来源于境外的所得就会漏报个人所得税，产生未履行相应纳税义务的风险。

2.混淆所得来源地与支付地，规避纳税义务

《个人所得税法实施条例》第三条规定，除国务院财政、税务主管部门另有规定外，下列所得，不论支付地点是否在中国境内，均为来源于中国境内的所得：

（1）因任职、受雇、履约等在中国境内提供劳务取得的所得；

（2）将财产出租给承租人在中国境内使用而取得的所得；

（3）许可各种特许权在中国境内使用而取得的所得；

（4）转让中国境内的不动产等财产或者在中国境内转让其他财产取得的所得；

（5）从中国境内企业、事业单位、其他组织以及居民个人取得的利息、股息、红利所得。

个人收入取得的来源地和支付地很可能不一致。我国税法规定以"所得来源地"为标准，来判定境内所得或境外所得。比如，有些在我国外资企业中任职的外籍专家，在华工作期间的工资、薪金由外方老板在中国境外支付，在中国境内只支付生活费和津贴、补贴，虽然其工资、薪金支付地是在境外，但其在中国境内的企业任职，并由该机构、场所负担的工资、薪金的来源地在中国境内，应判定为境内所得，如果将其误判为境外所得，则非居民纳税人这部分所得就会漏报个人所得税，同样会产生未履行相应纳税义务的风险。

（二）主要检查方法

1.纳税人身份的检查

根据国际惯例，我国对居民纳税人和非居民纳税人的划分采用了各国常用的住所和居住时间两个判定标准，依据《个人所得税法实施条例》第二条：在中国境内有住所，是指因户籍、家庭、经济利益关系而在境内习惯性居住。税法上所称"住所"是一个特定概念，不等同于实物意义上的住房。习惯性居住是判定纳税人是居民个人还是非居民个人的一个法律意义上的标准，并不是指实际的居住地或者在某一个特定时期内的居住地。对于因学习、工作、探亲、旅游等原因而在境外居住，在这些原因消除后仍然回到中国境内居住的个人，则中国为该纳税人的习惯性居住地，即该个人属于在中国境内有住所。无住所个人一个纳税年度内在中国境内累计居住天数，按照个人在中国境内累计停留的天数计算。"停留时间"是在一个纳税年度内，即当年1月1日至12月31日，无住所个人从入境至离境期间，在中国境内实际逗留的时间。无住所个人在一个纳税年度内多次入境出境的，其实际在中国境内逗留的时间，累计计算。在中国境内停留的当天满24小时的，计入中国境内居住天数，在中国境内停留的当天不足24小时的，不计入中国境内居住天数。

对入境、出境的具体时间，可以通过查询出入境管理系统出入境信息加以确定。

---- 小知识 ----

个人出入境记录的信息可以多方求证，能否作为判断个人在中华人民共和国境内"停留时间"，还要具体分析：

①个人护照出入境信息。由于个人护照出入境记录只显示日期，并未详细到时点，因此不能以护照记录出入境时间界定入境时刻。

②个人境内入住信息。依据《中华人民共和国出境入境管理法》第三十九条：外国人在中国境内旅馆住宿的，旅馆应当按照旅馆业治安管理的有关规定为其办理住宿登记，并向所在地公安机关报送外国人住宿登记信息。外国人在旅馆以外的其他住所居住或者住宿的，应当在入住后二十四小时内由本人或者留宿人，向居住地的公安机关办理登记。可见，如果以外国人入境后报告登记的时间为准，会受许多不确定性因素影响，不足以作为判断标准。

③个人签证出入境信息。依据《中华人民共和国外国人入境出境管理条例》第三十六条第二款：签证的入境有效期，是指持证人所持签证入境的有效时间范围。非经签发机关注明，签证自签发之日起生效，于有效期满当日北京时间24时失效；签证的停留期限，是指持证人每次入境后被准许停留的时限，自入境次日开始计算。显然，签证出入境时间也不足以判断纳税人实际"停留时间"。

2.所得来源地的检查

非居民个人的所得来源地的确定，关系着该纳税人是否在我国承担纳税义务，是计算个人所得税的关键所在。检查时应重点关注"因任职、受雇、履约等在中国境内提供劳务取得的所得"。

依据《关于非居民个人和无住所居民个人有关个人所得税政策的公告》（财政部、税务总局公告2019年第35号）第一条第一款：境内工作期间按照个人在境内工作天数计算，包括其在境内的实际工作日以及境内工作期间在境内、境外享受的公休假、个人休假、接受培训的天数。在境内、境外单位同时担任职务或者仅在境外单位任职的个人，在境内停留的当天不足24小时的，按照半天计算境内工作天数。

对在境内任职或者兼职的个人所得来源地的判断如下：

①判断标准。

第一，对仅在中国境内有任职的无住所个人，无论其间是在中国境内还是境外，其任职期间的全部天数都是工作天数，其取得的工资所得，不需要计算分割境内、境外所得；其在境内实际工作日以外的日子，均属于工作期间的公休假、休假以及接受培训的天数，无论是在中国境内还是境外，都属于工作天数，无须特别计算。对其因任职受雇而取得的所得，全部属于来源于中国境内的所得。第二，对于在境内、境外单位同时担任职务或者仅在境外单位任职的个人，需要按照工作时间的归属，依法计算境内工作天数，并据此计算分割境内、境外单位支付的工资，并按照其纳税义务计算应纳个人所得税税额。其境内工作天数，同样包括其在境内的实际工作日以及境内工作期间在境内、境外享受的公休假、个人休假、接受培训的天数。但是，其在境内实际工作日以外的日子，计算工作时间，需要按下列规则计算：境内休假、公休假和接受培训的天数，全部计为境内工作天数；境外休假、公休假和接受培训的天数，作为计算境内工作天数的基础，按照其当天在境内停留的时间，计算境内工作天数。当天在境内停留的时间不足24小时的，按照半天计算工作天数。对于境外休假、公休假和接受培训的天数，不仅仅是出入境的当天满足"境内停留时间不足24小时"计为半天工作天数，其完全在境外的时间，也同样满足"境内停留时间不足24小时"计为半天工作天数。

②主要检查方法。对于在境内任职或者兼职的个人，检查时应注意核实其签订的工作合同，结合出入境的时间，按照上述标准加以判断；对于不在境内任职或兼职，而仅仅是由国外派遣过来，对其本人实际在我国境内的工作时间，检查时应更多地参考其出入境的时间。

【学思践悟】认真学习个人所得税纳税人身份判断标准，严格按照无住所个人在中国停留时间分析其是否属于居民纳税人，对属于居民的纳税人来自境内外的所得全部征税；如果是非居民个人，则要仔细分析个人是否有来自中国的所得，判断其是否属于中国的非居民纳税人，做到对非居民纳税人来自中国所得应收尽收个人所得税，保证中国税收管辖权的顺利行使，也就是保护中国的税收主权，这正是坚持总体国家安全观，把维护国家安全贯穿于党和国家工作各方面全过程，是在税收方面确保国家安全的重要体现。

3.纳税义务的检查

对于无住所个人（非董事、监事和高级管理人员）取得工资薪金的计税，需要分别计算其境内、境外的工资薪金收入，按照其在中国境内个人所得税的纳税义务予以计缴个人所得税税款。一般分为四种情形：

第一，对于一个纳税年度内在中国境内居住天数不满90天的无住所非居民个人，仅对来源于境内且由境内支付或负担的工资薪金，缴纳个人所得税；

第二，对于一个纳税年度内在中国境内居住天数满90天不满183天的无住所非居民个人，对全部来源于境内的工资薪金，缴纳个人所得税；

第三，对于自2019年起连续在中国境内居住天数满183天不满6年的无住所居民个人，对其来源于境内的工资薪金和来源于境外且由境内支付或负担的工资薪金，缴纳个人所得税；

第四，对于自2019年起连续在中国境内居住天数满183天满6年的无住所居民个人，对其来源于境内、境外的全部工资薪金，缴纳个人所得税。

检查时，可以结合所得来源地判断标准、居住时间判断标准，结合上述政策确定其应履行的纳税义务，并核对其申报情况，分析纳税人是否存在应履行而未履行纳税义务或超范围履行纳税义务的风险。

【做中学6-1】来自M国的皮特先生受该国D公司委派，到D公司设在中国境内的F子公司担任一般职务，任职时间是2023年3月1日至2023年7月31日，其间月工资薪金收入3万元人民币，由D公司支付。皮特先生2023年出入境信息如下：2月26日18：28入境，2023年5月26日00：28离境回国述职并休假，6月21日18：28复入境，2023年7月31日任职期满后，在中国境内旅游度假后，于2023年9月16日00：28离境回国；皮特先生2023年只有工资、薪金收入，其中在我国境内F公司任职期间月工资收入3万元人民币，在我国旅游度假期间月工资2.6万元人民币，均由M国D公司支付、由F公司承担。

请问：你认为2023年间皮特先生是居民纳税人还是非居民纳税人，其在我国境内停留期间取得的工资薪金收入，应如何履行纳税义务？

解析：

（1）皮特先生属于无住所非居民个人。

（2）依据在中国境内停留的当天满24小时方计入中国境内居住天数，皮特先生2023年度在中国境内居住天数为175天（其中：2月3天，3月31天，4月30天，5月25天，6月9天，7月31天，8月31天，9月15天），属于无住所非居民个人。

（3）对于一个纳税年度内在中国境内居住天数满90天不满183天的无住所非居民个人，对其全部来源于境内的工资薪金，缴纳个人所得税。由于皮特先生2023年3月1日至2023年7月31日仅在中国境内任职，因此皮特先生2023年度3—9月取得来源于中国境内工作期间（包括境内外度假期间）的工资薪金所得均应在中国境内缴纳个人所得税。

皮特先生工资薪金虽然由我国境内的F公司承担，但由M国D公司支付，F公司不存在扣缴义务，应由皮特先生本人到税务机关自行申报纳税。

二、代扣代缴义务人的检查

个人所得税以所得人为纳税人，以支付所得的单位或者个人为扣缴义务人。如果支付所得的单位在发放个人所得时，未履行代扣代缴个人所得税的义务，就会面临被处罚的风险。

（一）常见涉税风险

1.未履行代扣代缴义务

个人所得税代扣代缴，对大部分扣缴义务人来讲，都是熟悉的业务了，可是往往越是熟悉的业务，越容易疏忽其中的纳税风险。实际工作中，容易被忽略的个人所得税代扣代缴义务有很多，例如，支付人为个人的，忽略代扣代缴义务；支付人支付个人工资以外收入的，包括过节费、免税旅游、高温补贴等，未代扣代缴个人所得税；以现金发放或报销的形式，向员工支付超标准的车辆补贴、通信补贴的，未代扣代缴个人所得税；为员工报销的MBA、EMBA等社会学历教育或非学历教育费用的，未代扣代缴个人所得税；在年会、展销会、开业庆典等活动期间，向员工家属赠送礼品的，未代扣代缴个人所得税等。

2.未履行全员全额代扣代缴义务

依据《个人所得税扣缴申报管理办法（试行）》第二条：扣缴义务人应当依法办理全员全额扣缴申报。全员全额扣缴申报，是指扣缴义务人应当在代扣税款的次月十五日内，向主管税务机关报送其支付所得的所有个人的有关信息、支付所得数额、扣除事项和数额、扣缴税款的具体数额和总额以及其他相关涉税信息资料。

（1）由于工作懈怠，未履行全员全额代扣代缴义务

全员全额申报需要把每个员工的信息都录入申报系统，涉及扣缴义务人和纳税人的数据信息多，工作量大，有的支付单位人手少、录入工作量大，因此可能对未超出免于征税数额人员的工资不进行录入、申报；或对临时工、合同工等不进行录入、申报。

（2）为了降低社保负担，有意不履行代扣代缴义务

根据社会保险法的规定，用人单位缴纳社保费用基数以本单位职工工资总额确定，企业录入员工工资越多，社保基数就越大，企业负担的社保基金就越多，出于减少社保负担的目的，又不想承担未履行代扣代缴个人所得税的风险，支付人可能对超过个人所得税免于征税数额的员工不进行个人所得税纳税申报。

（3）为了降低企业的税收负担，蓄意规避纳税

对签订代付个人所得税劳动合同的员工，由于个人所得税由支付人负担，为减轻本单位税收负担，支付人有意漏报、瞒报个人所得税。

（二）主要检查方法

（1）审查扣缴义务人自然人电子税务局扣缴端口，查看支付人代扣代缴信息，对比其工资结算单、工资薪金发放单据、劳动合同、职工档案、缴纳劳动保险的相关资料与用工情况，确定支付人是否全员全额申报。

（2）审查支付人"应付职工薪酬""管理费用""制造费用""销售费用"等账户借方发生额及摘要，"库存现金""银行存款"等账户贷方发生额及摘要，必要时核对所附原始凭证，确定支付对象是否为个人，支付个人款项的性质，核对"个人所得税扣缴申报表"，核实扣缴义务人以现金和非现金形式支付的个人所得是否履行、申报了扣缴义务。

（3）了解扣缴义务人是否与个人签订协议，确定个人所得税是由纳税人负担，还是由扣缴义务人负担，如由扣缴义务人负担，应看是否履行了代付义务。

【学思践悟】个人所得税采取扣缴义务人代扣代缴申报纳税和纳税人自行申报纳税两种征收方式。其中，扣缴义务人的代扣代缴对于实现个人所得税的公平征收和高效征收有着至关重要的意义。扣缴义务人是税务机关和纳税人之间的桥梁，既要收集纳税人的专项

附加扣除信息并向税务机关报送和确认，也要向税务机关申报纳税人获得的应税所得项目及应扣缴的个人所得税，并完成个人所得税的扣缴任务。在扣缴过程中，既要对纳税人报送的专项附加扣除等相关涉税信息和资料保密，也要严格依照个人所得税法完成全员全额税款扣缴义务。圆满完成扣缴义务人的法定扣缴义务的基础是支付单位办税人员高尚的职业道德和职业素养，每个办税人员都要树立一丝不苟为国扣税、公正无私为党尽责的使命担当精神，把爱岗敬业和全面建设社会主义现代化国家统一起来。

【案例6-1】某市稽查局2023年12月，在对A公司进行税务稽查时发现：A公司在进行代扣代缴个人所得税纳税申报时未包括该公司经理王某的工资薪金。如此明显的漏洞令稽查人员感到费解，经询问公司财务人员得知：A公司是从某事业单位剥离出来成立的，成立以来，效益一直差强人意，2023年5月，原管理A公司的某事业单位派王某来主抓生产经营，王某人虽然在A公司，但是其工资关系仍然在某事业单位，王某在本公司没有工资收入，只有按"增效"比例计提的绩效工资，该绩效工资具有很大的不确定性。因此，A公司没有代扣代缴王某工资薪金个人所得税，也未进行扣缴申报。经检查核实，2023年，王某分别在6月、9月、12月取得绩效工资2万元、10万元、15万元，A公司既未履行代扣代缴个人所得税纳税义务，也没有扣缴王某个人应负担的"三险一金"，王某工资的基本减除费用、专项附加扣除已在某事业单位申报扣除。

稽查人员认为，依据《中华人民共和国个人所得税法实施条例》第六条第一款：工资、薪金所得，是指个人因任职或者受雇取得的工资、薪金、奖金、年终加薪、劳动分红、津贴、补贴以及与任职或者受雇有关的其他所得。王某取得绩效工资2万元、10万元、15万元，属于工资薪金所得，应由A公司在支付时累计预扣预缴个人所得税37 080元；依据《中华人民共和国税收征收管理法》第六十九条，对A公司未履行扣缴义务行为处以少扣缴税款50%的罚款。

三、征税对象及适用税率的检查

（一）常见涉税风险

个人所得税预扣预缴环节的税率有3%~45%的7级超额累进税率；5%~35%的5级超额累进税率；20%~30%的3级超额累进税率；20%的比例税率。个别项目还可以适用优惠税率，纳税人在适用税率方面可能存在下列风险：

1.混淆工资薪金所得、劳务报酬所得、稿酬所得、特许权使用费所得界限，减少计税所得额，在预扣预缴环节从低适用税率，在汇算清缴环节减少计税依据

虽然个人的工资薪金所得、劳务报酬所得、稿酬所得、特许权使用费所得均计入个人的综合所得，统一适用3%~45%的7级超额累进税率，但其预扣预缴的办法及适用税率有所不同，计入个人综合所得的方式也各有差异，如果纳税人、扣缴义务人混淆上述收入，就会产生预扣预缴环节适用税率错误、汇算清缴环节计入综合所得收入错误的税收风险，最终会影响个人综合所得纳税申报、缴纳的准确性。

2.混淆经营所得，利息、股息、红利所得界限，从高或从低适用税率

个人经营所得适用5%~35%的5级超额累进税率，利息、股息、红利所得适用20%的比例税率，纳税人从个人合伙企业分得的所得属于经营所得，如果按对外投资取得的红利所得进行申报，就会形成多报或少报个人所得税的税收风险。

3.混淆租赁不动产属性，从高或从低适用税率

个人出租住房，减按10%的税率征收个人所得税；个人出租非住房，适用20%的比例税率，如果个人混淆住房与住房底商、商铺的租赁，就可能造成从高或从低适用税率的风险。

（二）主要检查方法

1.检查合同属性及收入特点，确定收入性质

（1）工资薪金收入与劳务报酬收入划分的检查

工资薪金所得属于非独立个人劳务活动，即在机关、团体、学校、部队、企事业单位及其他组织中任职、受雇而得到的报酬；劳务报酬所得则是个人独立从事各种技艺、提供各项劳务取得的报酬。检查时主要通过双方签订的合同进行判断，前者用人单位与个人间存在雇佣与被雇佣关系，双方签订的合同属于劳动合同性质，双方的法律责任与义务以劳动合同法约束；后者则不存在雇佣与被雇佣关系，双方签订的合同属于劳务合同性质，其法律责任与义务以《中华人民共和国民法典》（以下简称《民法典》）约束。

> **小知识**
>
> #### 劳务合同与劳动合同的区别
>
> ①法律保护不同：劳动合同受劳动法规保护，劳务合同受民法典保护。劳动合同涉及法律强制的社会保险、工伤、加班、经济补偿金等；而劳务合同只受民事法律规范保护。法律后果不同：用人单位违反劳动合同可能承担行政责任、民事责任甚至刑事责任；违反劳务合同一般只承担民事赔偿责任，而不涉及行政和刑事责任。
>
> ②内容不同：劳动合同规定的内容是劳动者作为用人单位的一个成员，承担一定的工种或职务工作，并遵守用人单位的内部劳动规则和其他规章制度；用人单位负责分配工作或工种，按照劳动者劳动的数量和质量支付劳动报酬，并根据劳动法律、法规和双方协议约定提供各种劳动条件、社会保障和福利待遇；而劳务合同的内容规定的是一方提供劳务另一方给付报酬，是在意思自治的原则下，当事人在法律规定的范围内平等约定的，法律未作强制性规定。
>
> ③适用法律和争议解决方式不同：劳务合同属于民事合同的一种，受民法典调整，故因劳务合同发生的争议由人民法院审理；而劳动合同纠纷受劳动法调整，要求采用仲裁前置程序。

（2）劳务报酬所得与稿酬所得划分的检查

劳务报酬所得主要是指个人独立从事"非雇佣"劳务取得的一次性所得，其成果归支付劳务费一方所有；稿酬所得，是指个人因其作品以图书、报刊形式"出版、发表"而取得的收入，成果归作者所有。

判断著作取得的收入是稿酬还是劳务报酬，主要看作者是否拥有版权。如果作者没有版权，即使拥有署名权，其收入也不属于稿酬，只能按劳务报酬所得计算缴纳个人所得税。

（3）稿酬所得与特许权使用费所得划分的检查

特许权使用费所得是指个人提供专利权、商标权、著作权、非专利技术以及其他特许权的使用权取得的所得；提供著作权的使用权取得的所得，不包括稿酬所得。

2.经营所得与劳务报酬所得划分的检查

经营所得与企业所得税的法人经营活动类似，与劳务报酬所得相比，有以下特点：机

构的稳定性；经营的持续性；不是单个人的活动，可能存在雇佣关系。

3.经营所得与利息、股息、红利所得划分的检查

检查投资人协议书，重点看是否有约定收取固定收益、不参与经营过程、优先分红等条款，从而判定收入性质。

4.个人租赁财产属性的检查

对租赁资产进行实地考察，要求纳税人出具房产证明，看纳税人是否混淆住房与非住房属性，错用适用税率。

> **小知识**
>
> 　　住宅底商属于住宅还是商铺？住宅底商，是指位于住宅楼底部的商业房产。一般住宅特别是高层住宅的第一层、第二层销售都较为困难，其价位也较其他层位低，开发商通过转向做底商，价格可以卖得更好，同时小区的商业配套也得以解决。住宅底商建筑虽然形式上表现为依附于住宅楼的特点，但基于其商业用途属性、只拥有40年产权的特点，应将其划分为商铺。

【思考】王某是某门户网站小说专栏的签约作家，合同约定，王某只负责写作，作品版权归网站所有，网站按月一次性支付读者付费分成收入。2023年10月，王某取得读者付费分成收入73 000元，网站代扣代缴个人所得税计算方式如下：应扣税金 = 73 000 × (1 − 20%) × 70% × 20% = 8 176（元）。如果你是该网站的税务顾问，会给网站的财务人员提出什么建议？

任务二　征税范围及计税依据的检查

一、有住所居民个人综合所得征税范围及计税依据的检查

（一）征税范围及收入确认的检查

1.工资、薪金征税范围及收入的检查

（1）常见涉税风险

①漏报工资外收入，少缴个人所得税

个人取得的工资外收入五花八门、多种多样，无论是支付的企业，还是取得收入的个人，对其属性是否属于征税范围内的工资，都有可能判断失误，产生漏报个人所得税的风险。

②拆分工资收入，少申报个人所得税

拆分工资收入主要表现为两种形式：一是把高收入人群的工资分配到低收入员工名下或虚报一些人员，以达到少缴税或不缴税的目的；二是把本属于工资的收入拆分成差旅费补助、交通补助、误餐补助等非税项目，以规避纳税。

③采用费用报销方式变相发放工资，少缴个人所得税

将员工工资分解成基本工资、年终奖、过节费、各类补贴等进行发放，再让员工每个月找发票来冲抵，以报销的形式达到工资避税的目的。

④从雇佣单位和派遣单位分别取得工资薪金所得未合并纳税

如上级单位派遣到下属单位的挂职人员，工资应由上级单位发放，下级单位往往会以各种名目发放补助或变相发放补助，下属单位未按工资薪金所得代扣代缴个人所得税，个人在汇算清缴时也未合并申报补税；或从派遣单位取得的收入按工资薪金所得计算，从雇佣单位取得的收入按劳务报酬计算，少缴个人所得税。

⑤超范围享受退休工资免税待遇，漏报个人所得税

如将提前退休取得的一次性补贴收入按退休工资申报；返聘的离退休人员取得的工资收入未申报纳税；离退休人员从原任职单位取得的除按规定领取的离退休工资或养老金外的各类补贴、奖金、实物，漏报个人所得税。

⑥以现金方式发放工资，绕过监控，漏报个人所得税

在"金税四期"系统监控之下，个人的各种收入都将"无处藏身"，加大了规避个人所得被查处的风险。因此，企业为绕过"金税四期"系统监控，往往会以各种办法套取现金，以现金形式发放工资，规避个人所得税。

⑦虚报冒领工资，降低个人所得税税负

此项主要表现在个人独资企业、合伙企业。这两类企业个人投资人按经营所得申报缴纳个人所得税，适用5级超额累进税率。这些企业为了降低投资人的个人所得税负担，往往会把自己的家人、亲戚、朋友称为自己的员工，以发放工资的形式进行套现，虚列费用。

（2）主要检查方法

①工资外收入漏报漏缴个人所得税的检查

查看"应付职工薪酬"明细账及支付凭证，确定工资收入总额，核对"个人所得税扣缴申报表"收入额变动情况，如变动较小或各月间基本持平，则表明企业可能未就个人取得的各项工资外收入申报纳税；检查企业"管理费用""销售费用"借方发生额及"应付职工薪酬"贷方发生额，必要时结合原始凭证，确定企业有无发放工资外收入，有无未计入企业雇员应税所得，不与当期的工资薪金合并，按照"工资、薪金所得"项目扣缴、申报个人所得税等情况。检查时应重点关注下列几类工资外收入：第一，各种工资外补贴，如以各种形式或各种名目支付给企业内部员工的住房补贴、医疗补助费、暖气费、物业费、护眼费、降温费、洗衣费、生日礼金等；第二，各种超标准的公务补贴，如通信费、车补、餐补、交通补贴等；第三，以非现金形式支付给个人的促销费，如企业以组织工作考察、研讨会、境内外免费培训班等形式支付的员工营销业绩奖励；第四，实行激励计划，出资为企业人员（除个人投资者外）支付的与企业生产经营无关的消费性支出及购买汽车、住房等财产性支出（所有权不属于企业）及企业其他人员（除个人投资者和投资者家庭成员外）向企业借款用于购买房屋及其他财产，将所有权登记为企业其他人员，且借款年度终了后未归还借款等。

┌─── 小知识 ───┐
│ **取暖费补贴计算缴纳个人所得税吗?**
│ 　　取暖费关系国计民生，是否并入个人工资薪金收入缴纳个人所得税，各省、市政策各不一样，大部分省份规定：取暖费补贴在标准范围以内的，不征收个人所得税；超过标准的部分，并入当月个人工资薪金所得计征个人所得税。
└──┘

②拆分工资收入，少申报个人所得税的检查

将工资薪酬的发放单据、劳动合同、职工档案等资料与个人所得税纳税申报系统的有关数据进行对比，查看个人所得税纳税申报系统申报人数与工资发放表人数、人力资源部门职工档案人数是否一致；每个人的个人所得税申报的工资数和实际发放的工资数是否一致；单位工资表中的工资和劳动合同确认的工资标准是否一致。

③以票报销，抵减工资的检查

如果企业长期存在大量个人利用发票报销，核算企业费用支付个人款项，将报销款项充当职工个人工资，如办公用品报销、加油费报销、过桥过路费报销等，必然会造成企业费用异常，应予以关注，结合报销的经手人，报销的频次，发票的内容、种类、金额、间隔时间等考证核实。

【案例6-2】S市税务局第二稽查局在对辖区内甲企业检查时，识破该企业形式上利用劳务公司开具劳务费发票，实质上是发放正式员工奖金、补助的违法手段，偷漏个人所得税的事实。

稽查人员在对甲企业的账簿凭证资料进行仔细核查时发现其存在巨额劳务费用支出，虽然附有合同、发票及转账记录，但是财务及人力资源部门均不能很好地解释该项目的具体情况。

为谨慎起见，稽查人员前往开具发票的人力资源公司进行外调取证，发现人力资源公司除为甲企业提供真实的劳务之外，还将甲企业汇来的部分款项直接汇给5个私人银行账户，经过比对税务系统该公司的"个人所得税扣缴申报表"，发现5个私人银行账户的户主均属于甲企业的在职员工。

稽查人员将从银行查询得来的5个私人账户的流水明细与该公司的工资表、申报个税数据一一比对，核实资金的最终去向为该公司的在职员工。

在确凿的证据及稽查人员耐心的辅导下，甲企业不得不承认利用私人账户发放奖金、补助，漏报个人所得税的税收违法行为。

税务机关最终对该公司的涉税违法行为作出了补扣个税1 600多万元、罚款800多万元的税务处理处罚决定。

④对个人取得两处以上工资收入的检查

由于个人所得税的税号为个人的身份证号，而个人银行开户实行实名制。通过个人所得税纳税申报，会将个人信息资料录入自然人税收管理系统扣缴客户端，个税申报系统可以依靠金融管理系统的支持来查税，因此，可以借助金税四期的数据分析比对纳税人是否取得两处以上工资收入，有无漏报个人所得税。

⑤超范围享受退休工资免税待遇的检查

目前，我国法定退休人员领取的养老保险金基本都由社保中心发放，原工作单位支付给退休人员的报酬基本上属于离职后福利或返聘工资，不属于免税范围，均应申报个人所得税。通过查看劳动合同、职工档案，结合该企业职工薪酬管理办法等文件，了解该企业关于内退、提前退休、退休返聘有关规定和补助、工资发放标准，先筛查提前退休人员、退休返聘人员名单，再结合每个月工资发放表，逐一核实是提前离职、提前退休、内部退养，还是退休返聘，看企业是否按各项政策规定代扣代缴了个人所得税。

⑥以现金方式发放工资，绕过监控，漏报个人所得税的检查

查看有无账外循环的资金，查看库存现金日记账，核实每月有无固定提现、固定时间

列支现金的行为。

⑦虚报冒领工资，降低个人所得税税负的检查

通过天眼查等大数据平台了解该企业是否有个人所得税投诉记录；查看企业实际工作人员和个人所得税纳税申报人员是否一致；查看企业职工名单中有无年龄偏小或偏大人员，然后进一步查实虚列工资事实。

2.劳务报酬征税范围及收入确定的检查

劳务报酬所得，是指个人从事劳务取得的所得，包括从事设计、装潢、安装、制图、化验、测试、医疗、法律、会计、咨询、讲学、翻译、审稿、书画、雕刻、影视、录音、录像、演出、表演、广告、展览、技术服务、介绍服务、经纪服务、代办服务以及其他劳务取得的所得。

劳务报酬所得，以收入减除百分之二十的费用后的余额为收入额计入个人的综合所得收入额。

（1）常见涉税风险

①收入与支出直接相抵后计入收入，规避纳税义务。如聘请专家进行技术指导、邀请学者对员工进行培训等，合同条款中列明专家、学者前来指导、教学发生的交通费、住宿费等支出，由本企业承担，在计算应代扣代缴个人所得税时，以直接冲减交通费、住宿费等后支付的劳务报酬进行个人所得税扣缴申报。

②支付劳务报酬时，凭借个人出具的税务机关代开的发票，直接列支费用，不再进行个人所得税的代扣代缴申报工作。

（2）主要检查方法

①查看自然人税收管理系统扣缴客户端——综合所得申报——劳务报酬的填写信息，确定企业支付个人劳务报酬预扣预缴金额计算，核对与列支个人劳务报酬相近时间、相同姓名的报销凭证，确定企业有无扣除交通费、住宿费等支出计算个人所得税的情况。

②对自然人纳税人取得劳务报酬所得、稿酬所得和特许权使用费所得需要代开发票的，在代开发票环节不再征收个人所得税。因此，检查时可查看"管理费用""销售费用"中支付个人的劳务报酬记录，核对是否与"应交税费——应交个人所得税"记录一致，核实计算是否正确。

3.稿酬征税范围及收入确认的检查

稿酬所得，是指个人因其作品以图书、报刊等形式出版、发表而取得的所得。稿酬所得，以收入减除百分之二十的费用后的余额为收入额，减按百分之七十计算。

（1）常见涉税风险

①利用编外人员身份信息，增加支付稿酬人数，降低个人稿酬收入，规避纳税。

②将任职、受雇于报纸杂志等单位的记者、编辑等专业人员职务收入按稿酬收入计算少缴个人所得税。任职、受雇于报纸杂志等单位的记者、编辑等专业人员职务收入应该按照工资薪金所得缴纳个人所得税，而其他人员取得的稿酬收入应按照稿酬所得缴纳个人所得税。工资薪金收入要全额确认计税收入，而稿酬收入只按56%确认计税收入，出版单位往往会以稿酬的方式向以上人员支付其所得，达到少缴税的目的。

（2）主要检查方法

①将出版单位正式出版物的署名作者与支付稿酬的人员名单进行核对，查看是否列

支作品作者之外人员的稿酬。

② 将稿酬支付人员的名单与单位的工作人员名单进行核对，进一步分析是否将专职工作人员工资薪金性质的收入按照稿酬所得预扣预缴个人所得税。

4.特许权使用费征税范围及收入确认的检查

特许权使用费所得，是指个人提供专利权、商标权、著作权、非专利技术以及其他特许权的使用权取得的所得；提供著作权的使用权取得的所得，不包括稿酬所得。

特许权使用费所得，以收入减除百分之二十的费用后的余额为收入额。

（1）常见涉税风险

① 签订阴阳合同，减少收入，规避纳税。一个事项同时签订两份合同，对外申报的金额为小金额合同，而实际履行的是大金额合同，从而规避纳税。

② 按收入比例取得特许权使用费收入的，不按期据实申报，推迟纳税。特许权使用费一般情况是按使用期间收取固定费用，但也会和使用人的效益挂钩，按照使用人的收益一定比例收取。使用人在支付收益分成部分时，存在不按期据实申报，推迟纳税的现象。

（2）主要检查方法

① 在检查时可向专利主管部门了解纳税人专利拥有情况、了解特许权使用单位无形资产账户和期间费用账户借方发生额反映的业务内容及所附原始凭证，分析纳税人特许权使用费的收入状况，看有无与支付企业与个人串通勾结，隐瞒特许权使用费收入的情况。

② 检查特许权使用费转让合同有关使用费支付条款，确认合同约定支付方式与款项支付进度，确定转让方应结转收入的时间，与纳税人实际预扣预缴的时间进行核对，看有无未扣或迟扣现象。

【案例6-3】M市公交总公司是市公用事业局下属的一家公益性、服务性企业，主要经营市公交运输业务，拥有交通车辆510余辆。总公司下设4家分公司，总公司对分公司实行目标管理，各分公司实行报账制，总公司对分公司的目标管理是以收入核定费用，各分公司对车组实行单车指标承包，对司乘人员采取多拉多得的政策。总公司只掌握对分公司的拨款情况和收入情况。

2024年6月，M市税务稽查局对该公交总公司2023年的个人所得税代扣代缴情况实施了全面稽查。在检查中，稽查人员主要采取顺查法及详查法对该企业的会计凭证、账簿、财务决算等资料进行了审核分析，发现该企业按工效挂钩形式提取工资，且数额较大。根据这一情况，稽查人员重点检查了与工资有关的会计科目，经过初步"摸底"，稽查人员认为该企业下属分公司有制作假工资表不履行个人所得税代扣代缴义务的嫌疑。鉴于该企业的核算形式特殊，在总公司无法核实个人收入的具体情况下，稽查人员深入其下属分公司进行了全面检查。

稽查人员首先对第一分公司进行了检查。第一分公司共有人员527人，其中：临时工77人，合同工450人，全月工资总额2 400 495.54元，表面上看人均工资只有4 555.02元，工资不高，没有超过税法规定的免于征税数额，从账册上很难看出破绽。稽查人员便直接从工资表入手，开始了大量的核对工作。由于公司临时工人员多，流动性很大，所以核对工作非常烦琐，但是稽查人员并没有因此而产生畏难情绪。审核第一遍时，没有发现问题，但是稽查人员根据自身多年的查账经验判断，工资表里一定有问题。稽查人员又重新审核工资表，终于发现了蛛丝马迹，即企业在月工资表中有相同的名字重复出现，这引起稽查人员的高度警觉，便询问会计是不是同一个人，会计说是二人重名。当稽查人员发现第二个、第三个相同名字出现时，便确定其中必有文章，于是不动声色地随口问道："你们单位有几人同名同姓？"会计等人不知何意，以为稽查人员只是随口问问，就回答说只有一人。这时稽查人员已经心中有数，便继续核实，共查出37人重名，会计等人眼看问题败露，只好承认了公司为少扣缴个人所得税，作出两份工资表领取工资的事实。原来该公司将司乘人员工资超过个人所得税免于征税金额的人员的工资分解，作两份工资表，将工资高的人员分两次作表，混入合同工和临时工工资表内，规避高收入群体应缴纳的个人所得税。

在掌握上述线索的情况下，稽查人员分别对第二、三、四分公司进行了检查，发现问题如出一辙，经过认真核查，最终确定公交总公司少代扣代缴个人所得税102 737.09元。

（二）居民个人综合所得各项扣除金额的检查

综合所得税前扣除项目包括专项扣除、专项附加扣除和其他扣除项目，其中专项扣除包括：基本养老保险、基本医疗保险、失业保险、住房公积金；专项附加扣除包括：婴幼儿照护、子女教育、继续教育、大病医疗、住房贷款利息、住房租金、赡养老人支出；其他扣除项目包括：企业年金、职业年金与购买符合国家规定的个人养老金等。

1. 专项扣除的检查

（1）主要涉税问题

超过国家范围和标准列支"三险一金"税前扣除。

（2）主要检查方法

微课

退税秘籍不可轻信，诚信纳税才是正道

抽查部分员工工资结算单中"应扣金额"项目，分析计算其扣除项目、金额，确定其中的"三险一金"扣除额有无超过当地政府规定的比例和标准；将"个人所得税扣缴申报表"中列支的专项扣除与工资结算单中"应扣金额"的"三险一金"扣除额核对是否一致；有无将超过部分并入专项扣除金额少缴个人所得税。

2. 专项附加扣除的检查

（1）常见涉税风险

① 超范围申报专项附加扣除。例如，主要工作城市配偶有住房仍申报住房租金扣除；非首套房贷款利息申报税前扣除；非独生子女按照独生子女赡养老人标准申报扣除。

② 超期申报专项附加扣除项目。例如，子女全日制教育已结束未及时更改信息，继续享受子女教育费用扣除政策；纳税人继续教育超48个月仍继续享受扣除政策；住房贷款利息超期扣除等。

（2）主要检查方法

① 利用大数据技术对纳税人的不动产登记信息、住房贷款信息进行比对和筛选，对发现的异常情况进一步查证核实。

② 查看纳税人子女教育或纳税人继续教育有关登记信息，进行逻辑判断，对超过一般教育期限的情况实地核实，必要时可向教育部门进一步查证。

③调取有关独生子女登记信息，与纳税人申报信息进行核对。

3.其他扣除的检查

（1）常见涉税风险

①企业年金、职业年金超额扣除

企业年金：单位缴费部分每年不得超过本企业上年度职工工资总额的十二分之一。职业年金：单位缴纳职业年金费用的比例最高不超过本单位上年度缴费工资基数的8%，当期计入的最高额一般不得超过本单位工作人员平均分配额的3倍。在不超过本人缴费工资计税基数的4%标准内的部分，暂从个人当期的应纳税所得额中扣除。其中，个人缴费工资计税基数不得超过参保者工作地所在城市上一年度职工月平均工资的3倍。

②不符合政策规定的保险金列入扣除项目

个人购买的符合规定的商业健康保险产品的支出，允许在当年（月）计算应纳税所得额时税前扣除，扣除限额为2 400元/年（200元/月）。单位统一为员工购买的符合规定的商业健康保险产品的支出，应分别计入员工个人工资薪金，视同个人购买，按上述限额予以扣除。能够在个人所得税税前扣除的商业健康保险，应依据《财政部 税务总局 保监会关于将商业健康保险个人所得税试点政策推广到全国范围实施的通知》（财税〔2017〕39号）所约定类型扣除，并关注商业健康保险在保单上是否注明"税优识别码"。

微课

商业健康保险的税前扣除操作办法

个人向个人养老金资金账户的缴费，在缴费环节按照12 000元/年的限额标准，在综合所得或经营所得中据实扣除。以个人养老金信息管理服务平台出具的扣除凭证为扣税凭据。可在个人所得税预扣预缴或汇算清缴阶段进行税前扣除。可享受税延养老保险税前扣除优惠政策的个人，凭中国保险信息技术管理有限责任公司相关信息平台出具的"个人税收递延型商业养老保险扣除凭证"，办理税前扣除。金融监管总局正积极推动个人税收递延型商业养老保险试点与个人养老金衔接。

---- **小知识** -----

商业健康保险是以被保险人的身体状况为保险标的，保证被保险人疾病、意外事故所致伤害时，对直接费用、间接损失进行补偿，赔付一定医疗费用的保险产品。《健康保险管理办法》把健康保险分为疾病保险、医疗保险、失能收入损失保险和护理保险四种基本类型。目前，给予税收优惠政策的商业健康险，主要涵盖疾病保险、医疗保险两部分。

税优识别码，是指为确保税收优惠商业健康保险保单的唯一性、真实性和有效性，由商业健康保险信息平台按照"一人一单一码"的原则对投保人进行校验后，下发给保险公司，并在保单凭证上打印的数字识别码。

（2）主要检查方法

①检查"××费用——企业年金费用""应付职工薪酬——应付企业年金"等账户，核实企业或事业单位有无为在本单位任职或受雇的职工支付企业年金、职业年金；企业每年缴费部分有无超过本企业上年度职工工资总额的十二分之一。行政事业单位缴纳职业年金费用的比例有无超过本单位上年度缴费工资基数的8%，当期计入的最高额有无超过本单位工作人员平均分配额的3倍。核对个人缴费工资基数；计算企业年金、职业年金个人缴

费部分税前列支的限额；计算个人缴费部分超支金额；核对超过部分有无并入个人工资薪金收入申报纳税。

② 查核企业为员工支付各项免税之外的保险金，是否在企业向保险公司缴付时（即该保险落到被保险人的保险账户）并入员工当期的工资收入，按"工资、薪金所得"项目扣缴个人所得税。

【案例 6-4】王某和李某 2019 年分别在 T 市（地级市）购买了住房，均发生了首套房贷款利息支出。2023 年 3 月二人登记结婚。2024 年 7 月，税务管理系统在进行相关信息筛查比对中发现 2023 年王某和李某贷款利息都进行了 100% 专项附加扣除。税务人员向王某了解情况，王某称，其和李某二人虽然履行了婚姻登记手续，但未办婚礼，双方并不在一起生活，贷款也由各自分别偿还。税务人员对王某进行了政策讲解如下：

依据《中华人民共和国民法典》：要求结婚的男女双方应当亲自到婚姻登记机关申请结婚登记。符合本法规定的，予以登记，发给结婚证。完成结婚登记，即确立婚姻关系。未办理结婚登记的，应当补办登记。

依据个人所得税法及实施条例：夫妻双方婚前分别购买住房发生的首套住房贷款，其贷款利息支出，婚后可以选择其中一套购买的住房，由购买方按扣除标准的 100% 扣除，也可以由夫妻双方对各自购买的住房分别按扣除标准的 50% 扣除，具体扣除方式在一个纳税年度内不能变更。

按照上述规定，王某与李某 2023 年申报扣除的住房贷款利息扣除办法如下：

（1）结婚前的贷款利息专项扣除。对于王某和李某发生的贷款利息，2023 年 1—2 月可以各自按照 1 000 元/月申报扣除。

（2）结婚后的贷款利息专项扣除。

2023 年 3 月起二人应选择其中一套，由购买一方按标准 100% 扣除；或者双方对各自的住房分别按标准的 50% 扣除。

在税务人员的辅导下，王某和李某更正了个人所得税纳税申报信息，补缴了个人所得税、滞纳金。

二、经营所得征税范围及计税依据的检查

经营所得是指：

（1）个体工商户从事生产、经营活动取得的所得，个人独资企业投资人、合伙企业的个人合伙人来源于境内注册的个人独资企业、合伙企业生产、经营的所得；

（2）个人依法从事办学、医疗、咨询以及其他有偿服务活动取得的所得；

（3）个人对企业、事业单位承包经营、承租经营以及转包、转租取得的所得；

（4）个人从事其他生产、经营活动取得的所得。

个人经营所得征收方式包括查账征收、定期定额征收。其中，查账征收的经营所得，计算如下：

$$应纳税所得额 = 收入总额 - 成本、费用及损失$$

取得经营所得的个人，没有综合所得的，计算其每一纳税年度的应纳税所得额时，应当减除费用 6 万元、专项扣除、专项附加扣除以及依法确定的其他扣除。专项附加扣除在办理汇算清缴时减除。

（一）收入总额的检查

收入总额包括销售货物收入、提供劳务收入、转让财产收入、利息收入、租金收入、接受捐赠收入、其他收入（资产溢余收入、逾期一年以上的未退包装物押金收入、确实无法偿付的应付款项、已作坏账损失处理后又收回的应收款项、债务重组收入、补贴收入、违约金收入、汇兑收益等）。由于个人经营所得收入项目、确认时间、金额的确定基本与企业所得税收入额的确定一致，因此其检查内容及方法可参见项目五任务二企业所得税收入额检查的相关内容。

【特别提示】特许权使用费收入，股息、红利、利息等权益性投资收益不属于个人经营所得。

（二）扣除项目金额的检查

经营所得准予扣除项目金额的计算办法包括：据实扣除、标准扣除、不得扣除三种。

1.常见涉税风险

扣除项目金额常规检查内容及方法可参见项目五任务三企业所得税扣除项目金额的检查。除常规扣除项目外，个人经营所得其他扣除项目涉税问题主要有：

（1）业主、投资者的工资重复扣除，减少计税所得额，少缴个人所得税

业主、投资者工资计入经营成本，在计算经营所得时扣除，再申报基本扣除额60 000元/年，一项支出两处扣除，重复列支，减少经营所得计税依据。根据个人所得税法的规定，业主、投资者工资税前不得扣除，已将工资计入经营成本或费用的，应调整增加应税所得。

（2）消费与生产经营支出未进行分离，全部在个人所得税税前扣除

个体工商业户业主或合伙企业合伙人认为企业是属于自己的资产，经常会把个人生活消费和企业经营消费混淆在一起，无法明确划分，申报时全部作为扣除项目金额扣除。

依据《个体工商户个人所得税计税办法》（国家税务总局令第35号）第十六条：个体工商户生产经营活动中，应当分别核算生产经营费用和个人、家庭费用。对于生产经营与个人、家庭生活混用难以分清的费用，其40%视为与生产经营有关费用，准予扣除。

依据财政部、国家税务总局发布的《关于个人独资企业和合伙企业投资者征收个人所得税的规定》（财税〔2000〕91号）附件一第六条第三款：投资者及其家庭发生的生活费用不允许在税前扣除，投资者及其家庭发生的生活费用与企业生产经营费用混合在一起，并且难以划分的，全部视为投资者个人及其家庭发生的生活费用，不允许在税前扣除。

（3）经营所得中将公益性捐赠支出结转以后年度扣除

混淆个人所得税与企业所得税政策差异，将超过列支标准的公益性捐赠支出结转以后年度经营所得中扣除。

2.主要检查方法

（1）查看工资薪金支付明细表或工资金额单、领取工资花名册，确定是否包括业主、投资者的工资，核对纳税人预缴个人所得税时的"个人所得税经营所得纳税申报表（A表）"第7行是否申报"允许扣除的个人费用及其他扣除"，第8行"投资者减除费用"是

否填写根据本年实际经营月份数计算的可在税前扣除的投资者本人每月 5 000 元减除费用的合计金额；查看查账征收纳税人汇算清缴个人所得税时的"个人所得税经营所得纳税申报表（B 表）"第 35 行，"投资者工资薪金支出"是否进行了纳税调整，调整金额是否正确。

（2）核查个体工商户业主、个人独资企业投资人、合伙企业个人合伙人、承包承租经营者个人以及其他从事生产经营活动的个人的各项资产是否混用于生产经营活动与家庭消费，核对"个人所得税经营所得纳税申报表（B 表）"第 33 行"用于个人和家庭的支出"有无申报数据，申报金额是否正确。

（3）核查当年度对外捐赠的公益事业捐赠统一票据，查看"营业外支出"科目的明细账，核实当年度扣除的标准，确定有无超过列支标准税前扣除。

【案例 6-5】某税务局风险控制管理科室在对系统数据进行对比分析中发现 A 个体工商户 2023 年利润表中"营业外支出"金额为"0"，但是"个人所得税经营所得纳税申报表（B 表）"第 61 行"准予扣除的个人捐赠支出"却填列了 2 万元。经询问核实，系 A 个体工商户 2022 年通过希望工程基金会对某贫困地区高职院校捐赠了 5 万元，当年度税前扣除了 3 万元，余额部分在 2023 年度扣除。

根据《关于公益慈善事业捐赠个人所得税政策的公告》（财政部 税务总局公告 2019 年第 99 号）第三条第一款：居民个人发生的公益捐赠支出可以在财产租赁所得、财产转让所得、利息股息红利所得、偶然所得、综合所得或者经营所得中扣除。在当期一个所得项目扣除不完的公益捐赠支出，可以按规定在其他所得项目中继续扣除。

A 个体工商户将企业所得税公益性捐赠的结转扣除政策误用于个人所得税应纳税所得额的计算，因此减少了 2023 年应纳税额，A 个体工商户应在规定期限内更正，并补缴税款。

三、财产租赁所得征税范围及计税依据的检查

财产租赁所得，是指个人出租不动产、机器设备、车船以及其他财产取得的所得。

财产租赁所得按次计算纳税，租赁时间超过一个月的，以一个月为一次。

个人出租财产取得的财产租赁收入为不含增值税收入，在计算缴纳个人所得税时，应依次扣除以下费用：①财产租赁过程中缴纳的税费，包括城建税、房产税、教育费附加、地方教育附加等。②向出租方支付的租金（转租业务）。③由纳税人负担的该出租财产实际开支的修缮费用：每次以 800 元为限，一次扣不完的，可无限期在以后期扣除。④每次收入不超 4 000 元的，固定扣除 800 元；每次收入超过 4 000 元的，按收入的 20% 扣除。

（一）常见涉税风险

（1）支付财产租赁费，未代扣代缴个人所得税。

（2）多计扣除项目金额，少计财产租赁所得。例如，转租财产的，多计向出租方支付的租金；或虚列、超限额列支维修费，减少财产租赁所得。

（二）主要检查方法

（1）核查企业"固定资产"账面与实际使用资产是否匹配，判断企业有无租赁财产的可能，如纳税人有办公楼（室）、厂房、库房、车船、机器设备、经营场所的使用，但是

"固定资产"账面却无相应资产,则可以初步判断企业有租赁财产的可能;根据列支租赁费的原始凭证判断出租人是否为个人,如列支的原始凭证为税务机关代开发票,如果税务机关代开发票时已经代扣代缴了个人所得税,单位无须再代扣代缴个人所得税;税务机关未代扣代缴个人所得税或者原始凭证不是发票时,则应代扣代缴个人所得税。

(2)检查承租方"制造费用""销售费用""管理费用"等科目明细账借方,确定支付租金金额,核对"应交税费——应交个人所得税"金额计算是否正确。

(3)检查个人计算财产租赁所得扣除项目是否正确。查看允许扣除的租赁费、修缮费支出的票据是否合规,修缮费支出金额是否超过列支限额。

【案例6-6】2024年3月某税务师事务所接受委托对A公司进行税务审查时,发现有一笔往来支出50万元,从2021年至今一直在预付账款挂账,经过翻阅该笔往来的原始凭证以及相关合同,得知该笔支出为2021年1月1日至2023年12月31日办公场所(写字楼)的租赁费支出,因房东为个人,一直没有索取到发票,无法列支费用,故一直挂账处理。按照合同的约定,房东个人租赁所得的相关税费由承租方A公司代付代缴,A公司在支付租赁费时,未履行代付代缴的义务。

负责审查的税务师指出,根据《国家税务总局关于小规模纳税人免征增值税政策有关征管问题的公告》(国家税务总局公告2019年第4号)第四条,2019年1月1日至2021年12月31日,《中华人民共和国增值税暂行条例实施细则》第九条所称的其他个人,采取一次性收取租金形式出租不动产取得的租金收入,可在对应的租赁期内平均分摊,分摊后的月租金收入未超过10万元的,免征增值税。财政部 税务总局公告2021年第11号规定,自2021年4月1日至2022年12月31日,其他个人分摊到各月的租金收入未超过15万元的,免征增值税。财政部 税务总局公告2023年第1号规定,自2023年1月1日至2023年12月31日,其他个人分摊到各月的租金收入未超过10万元的,免征增值税。

依据上述政策规定,2021—2023年个人所得税应纳税额的计算如下:

①每个月负担的税后租赁费 = 50÷3÷12 = 1.39(万元)

初步判断该笔租金收入在2021—2023年均可以享受免征增值税的税收优惠。

②假设每个月的税前租赁费为a:

a - a×12% - (a - a×12%)×(1 - 20%)×20% = 1.39(万元)

a = 1.88万元,即A公司每个月负担的税前租赁费为1.88万元。

③每个月应代扣代缴的个人所得税 = (1.88 - 1.88×12%)×(1 - 20%)×20%

= 0.26(万元)

④2021—2023年应代扣代缴个人所得税 = 0.26×12×3 = 9.36(万元)

A公司接受税务师事务所的建议,补缴了个人所得税。

四、财产转让所得征税范围及计税依据的检查

财产转让所得,是指个人转让有价证券、股权、合伙企业中的财产份额、不动产、机器设备、车船以及其他财产取得的所得。

$$\begin{matrix} \text{财产转让所得} \\ \text{应纳税额} \end{matrix} = \begin{matrix} \text{应纳税} \\ \text{所得额} \end{matrix} \times \begin{matrix} \text{适用} \\ \text{税率} \end{matrix} = \left(\begin{matrix} \text{收入} \\ \text{总额} \end{matrix} - \begin{matrix} \text{财产} \\ \text{原值} \end{matrix} - \begin{matrix} \text{合理} \\ \text{税费} \end{matrix} \right) \times 20\%$$

（一）常见涉税风险

1.发生转让行为不申报纳税

如自然人股东转让股权后，为了少缴个人所得税，不到税务部门备案，不去市场监管部门办理变更登记；不动产转让后，为了隐瞒收入，不办理过户手续等。

2.隐瞒财产转让收入降低计税依据

如以不计非现金形式收入或签订阴阳合同方式，申报收入远远小于实际交易收入，以达到少缴税的目的。

3.虚列财产原值，减少计税依据，少计个人所得税

财产原值，按照下列方法确定：有价证券，为买入价以及买入时按照规定交纳的有关费用；建筑物，为建造费或者购进价格以及其他有关费用；土地使用权，为取得土地使用权所支付的金额、开发土地的费用以及其他有关费用；机器设备、车船，为购进价格、运输费、安装费以及其他有关费用。

其他财产，参照前款规定的方法确定财产原值。

合理费用，是指卖出财产时按照规定支付的有关税费。

纳税人为少承担个人所得税纳税义务，极有可能采用加大财产原值的办法减少计税所得。如自建房通过虚列料工费的方式加大财产的原值；通过虚列机器设备运输费、安装调试费增加设备购进成本等。

（二）主要检查方法

1.深入实地了解和掌握个人财产的转让情况

包括了解财产的使用人和所有人是否一致，如果一项财产长期被他人占有而未收取任何费用，则进一步核实该财产是否已经转让。

2.审查纳税人提供的财产原值凭证有无差错

调阅财产取得时的原始凭据，与财产购买时市场价格比较，看购进成本有无明显高于当时市场价格的情形；自建项目成本是否明显高于同期同类项目市场评估价格；查看施工合同，有无已按包工包料合同支付了费用，又将材料成本重复列支。

3.审查纳税申报的应税收入是否正确

核查纳税人的财产转让协议标明的转让金额与付款的原始凭证金额是否一致；通过银行提供的双方财产转让期间交易记录，看双方有无多次资金往来现象；了解购买方近期有无集中大额提现的情形，看是否以现金方式进行交易隐瞒收入。

4.审查财产转让扣除费用有无问题

核查财产转让时的完税凭证、支付相关费用取得的发票等原始凭证是否合法，金额是否真实，支付标准是否符合市场价格。

【案例6-7】A公司成立于2014年，注册资本500万元、实缴资本0，2023年12月A公司的所有者权益为536 290.43元（实收资本为0，未分配利润为536 290.43元）。

2023年12月15日，A公司的自然人股东张敏，将其持有的公司10%股权（张敏认缴实收资本50万元，实缴0）以人民币0转让给杨洪，且完成股权变更手续。张敏认为本次转让股权收入为0，实收资本也是0，并无转让所得，应该不需要缴纳个人所得税。

对此，税务人员向张敏解释，根据《股权转让所得个人所得税管理办法（试行）》第十二条的规定，申报的股权转让收入低于股权对应的净资产份额的，视为股权转让收入明显偏低。申报的股权转让收入明显偏低且无正当理由的，主管税务机关可以核定股权转让收入。

因此税务机关对其转让价款进行核定，A公司2023年12月净资产（所有者权益）为536 290.43元，张敏拥有公司10%的股权，所对应的净资产份额为53 629.04元，张敏应缴纳的股权转让个人所得税 =（53 629.04 - 0）× 20% = 10 725.81（元）。

五、利息、股息、红利所得，偶然所得征税范围及计税依据的检查

利息、股息、红利所得是指个人拥有债权、股权等而取得的利息、股息、红利所得。偶然所得，是指个人得奖、中奖、中彩以及其他偶然性质的所得。

利息、股息、红利、偶然所得，以每次收入额为应纳税所得额。利息、股息、红利所得，以支付利息、股息、红利时取得的收入为一次。偶然所得，以每次取得该项收入为一次。

（一）常见涉税风险

1.取得上述收入，不进行纳税申报

如被投资企业分配股息、红利或支付利息时以借款形式挂账，未按利息、股息、红利所得项目代扣代缴个人所得税；股东借款当年未归还，被投资企业不按规定履行代扣代缴个人所得税义务；商场进行销售宣传活动赠送礼品直接列支费用，未代扣代缴个人所得税，收到礼品的个人也未自行申报纳税。

2.未按照规定税目申报纳税

如混合型投资取得的收入未按利息收入而按股息红利项目计算缴纳个人所得税，少缴增值税而多缴了个人所得税。

（二）主要检查方法

1.审查企业其他应收款明细账

看有无长期挂账不归还的现象，如果有，则进一步了解欠款人是否与股东有关，如果欠款人与股东无关，则通过金融大数据比对，看欠款人与股东是否有资金往来，看往来金额与欠款金额是否一致或相近，从而判定是否属于股息、红利所得。

2.查看企业销售费用明细账

看有无将企业购进货物或资产直接以成本列支销售费用的情况，了解是否属于宣传促销活动赠品，进一步查看个人所得税纳税申报记录，看企业是否履行了代扣代缴个人所得税义务，如果履行了扣缴义务，则看是否将企业代付的个人所得税税额纳入计税基数。

3.查看投资人协议书

看是否约定有不参与经营，只享受固定分红等相关条款，从而进一步判断是否属于明股实债行为。

阅读资料

个人获地方政府个人所得税奖励款未申报纳税被税务稽查并罚款

任务三 应纳税额的检查

一、应纳税额计算检查的一般内容

（一）捐赠支出扣除的检查

《中华人民共和国个人所得税法》第六条规定：个人将其所得对教育、扶贫、济困等公益慈善事业进行捐赠，捐赠额未超过纳税人申报的应纳税所得额百分之三十的部分，可以从其应纳税所得额中扣除；国务院规定对公益慈善事业捐赠实行全额税前扣除的，从其规定。

《财政部 税务总局关于公益慈善事业捐赠个人所得税政策的公告》（财政部 税务总局公告2019年第99号）第三条规定，居民个人按照以下规定扣除公益捐赠支出：①居民个人发生的公益捐赠支出可以在财产租赁所得、财产转让所得、利息股息红利所得、偶然所得（以下统称分类所得）、综合所得或者经营所得中扣除。在当期一个所得项目扣除不完的公益捐赠支出，可以按规定在其他所得项目中继续扣除。②居民个人发生的公益捐赠支出，在综合所得、经营所得中扣除的，扣除限额分别为当年综合所得、当年经营所得应纳税所得额的百分之三十；在分类所得中扣除的，扣除限额为当月分类所得应纳税所得额的百分之三十。③居民个人根据各项所得的收入、公益捐赠支出、适用税率等情况，自行决定在综合所得、分类所得、经营所得中扣除的公益捐赠支出的顺序。

1.常见涉税风险

（1）个人将财产物资直接捐赠给教育、扶贫、济困受益单位，在税前扣除。

（2）个人通过非国家税务总局公告的公益性组织进行公益慈善捐赠活动的支出，在个人所得税前扣除。

（3）误用企业所得税政策标准，按利润总额的12%税前扣除。

2.主要检查方法

（1）检查捐赠性质

检查纳税人的捐赠扣除原始凭证，看是否属于县级以上政府及所属部门或国家税务总局公告的公益性组织出具的收据，从而判定是否属于公益救济性捐赠范围。《财政部 税务总局关于公益慈善事业捐赠个人所得税政策的公告》（财政部 税务总局公告2019年第99号）第九条规定，公益性社会组织、国家机关在接受个人捐赠时，应当按照规定开具捐赠票据；个人索取捐赠票据的，应予以开具。个人发生公益捐赠时不能及时取得捐赠票据的，可以暂时凭公益捐赠银行支付凭证扣除，并向扣缴义务人提供公益捐赠银行支付凭证复印件。个人应在捐赠之日起90日内向扣缴义务人补充提供捐赠票据，如果个人未按规定提供捐赠票据，扣缴义务人应在30日内向主管税务机关报告。机关、企事业单位统一组织员工开展公益捐赠的，纳税人可以凭汇总开具的捐赠票据和员工明细单扣除。

（2）检查受赠对象

《个人所得税法实施条例》第十九条规定：个人将其所得对教育、扶贫、济困等公益慈善事业进行捐赠，是指个人将其所得通过中国境内的公益性社会组织、国家机关向教育、扶贫、济困等公益慈善事业的捐赠。

---- 小知识 ----

《中华人民共和国公益事业捐赠法》第三条规定：本法所称公益事业是指非营利的下列事项：①救助灾害、救济贫困、扶助残疾人等困难的社会群体和个人的活动；②教育、科学、文化、卫生、体育事业；③环境保护、社会公共设施建设；④促进社会发展和进步的其他社会公共和福利事业。

《中华人民共和国慈善法》第三条规定：本法所称慈善活动，是指自然人、法人和其他组织以捐赠财产或者提供服务等方式，自愿开展的下列公益活动：①扶贫、济困；②扶老、救孤、恤病、助残、优抚；③救助自然灾害、事故灾难和公共卫生事件等突发事件造成的损害；④促进教育、科学、文化、卫生、体育等事业的发展；⑤防治污染和其他公害，保护和改善生态环境；⑥符合本法规定的其他公益活动。

（3）检查扣除的捐赠额

《财政部 税务总局关于公益慈善事业捐赠个人所得税政策的公告》（财政部 税务总局公告2019年第99号）第二条规定，个人发生的公益捐赠支出金额，按照以下规定确定：①捐赠货币性资产的，按照实际捐赠金额确定；②捐赠股权、房产的，按照个人持有股权、房产的财产原值确定；③捐赠除股权、房产以外的其他非货币性资产的，按照非货币性资产的市场价格确定。

对纳税人申报扣除的捐赠额是否超过税法规定扣除限额进行检查时，通过"个人所得税公益慈善事业捐赠扣除明细表"入手，查看纳税人选择的扣除顺序和扣除金额，是否存在同一个月同一项分类所得多次扣除捐赠额的情形。如果是个人独资企业或合伙企业或个体经营者，可以通过比对营业外支出账户，进一步与原始凭证核对看捐赠金额确认是否正确；如果是一般自然人，则直接与捐赠支出原始凭证核对，进一步确认计算扣除额的真实性和正确性。

（二）境外所得抵免的检查

《财政部 税务总局关于境外所得有关个人所得税政策的公告》（财政部 税务总局公告2020年第3号）第二条：居民个人来源于中国境外的综合所得，应当与境内综合所得合并计算应纳税额；居民个人来源于中国境外的经营所得，应当与境内经营所得合并计算应纳税额，居民个人来源于中国境外的经营所得，按照个人所得税法及其实施条例的有关规定计算的亏损，不得抵减其境内或他国（地区）的应纳税所得额，但可以用来源于同一国家（地区）以后年度的经营所得按中国税法的规定弥补；居民个人来源于中国境外的利息、股息、红利所得，财产租赁所得，财产转让所得和偶然所得（以下称其他分类所得），不与境内所得合并，应当分别单独计算应纳税额。第三条：居民个人在一个纳税年度内来源于中国境外的所得，依照所得来源国家（地区）税收法律的规定在中国境外已缴纳的所得税税额允许在抵免限额内从其该纳税年度应纳税额中抵免。

居民个人来源于一国（地区）的综合所得、经营所得以及其他分类所得项目的应纳税额为其抵免限额，按照下列公式计算：

$$(1)\ \begin{array}{l}来源于一国(地区)\\综合所得的抵免限额\end{array}=\begin{array}{l}中国境内和境外综合所得依照\\规定计算的综合所得应纳税额\end{array}\times$$

$$\dfrac{来源于该国(地区)}{的综合所得收入额}\div\dfrac{中国境内和境外}{综合所得收入额合计}$$

$$(2)\ \begin{array}{l}来源于一国(地区)\\经营所得的抵免限额\end{array}=\begin{array}{l}中国境内和境外经营所得依照\\规定计算的经营所得应纳税额\end{array}\times$$

$$\dfrac{来源于该国(地区)的}{经营所得应纳税所得额}\div\dfrac{中国境内和境外经营}{所得应纳税所得额合计}$$

$$(3)\ \begin{array}{l}来源于一国(地区)\\其他分类所得的抵免限额\end{array}=\begin{array}{l}该国(地区)的其他分类所得\\规定计算的应纳税额\end{array}$$

$$(4)\ \begin{array}{l}来源于一国(地区)\\所得的抵免限额\end{array}=\begin{array}{l}来源于该国(地区)\\综合所得抵免限额\end{array}+\begin{array}{l}来源于该国(地区)\\经营所得抵免限额\end{array}+\begin{array}{l}来源于该国(地区)其\\他分类所得抵免限额\end{array}$$

1.常见涉税风险

（1）未分国分项计算扣除限额，超限额抵扣境外已纳个人所得税税额。

如某一个人同年在境外多个国家有收入，在计算抵免限额时，只是分项计算限额后，把所有限额加在一起，而未按不同国家确认。

（2）境外综合所得和经营所得未和境内所得合并计算确认抵免限额。

（3）未申报或超期抵免以前年度未抵的境外已纳税款。

《财政部 税务总局关于境外所得有关个人所得税政策的公告》（财政部 税务总局公告2020年第3号）第六条：居民个人一个纳税年度内来源于一国（地区）的所得实际已经缴纳的所得税税额，低于依照规定计算出的来源于该国（地区）该纳税年度所得的抵免限额的，应以实际缴纳税额作为抵免额进行抵免；超过来源于该国（地区）该纳税年度所得的抵免限额的，应在限额内进行抵免，超过部分可以在以后5个纳税年度内结转抵免。

2.主要检查方法

（1）对抵免税额方法的检查。

要看纳税人在抵免境外所纳税款时，是否采用了分国不分项限额税额扣除法。

（2）对境外已纳税额的检查。

要注意检查纳税人境外所得在境外所缴纳的税款是否符合所得来源国的税法，是否实际已经缴纳，有无先征后返的情况。如果直接享受境外减免税政策，则进一步核实居民个人是否属于从与我国签订税收协定的国家（地区）取得的所得，如果是，看是否属于"按照该国（地区）税收法律享受免税或减税待遇，且该免税或减税的数额按照税收协定饶让条款的规定应视同已缴税额在中国的应纳税额中抵免的"情形，否则，该免税或减税数额不可作为居民个人实际缴纳的境外所得税税额按规定申报税收抵免。

（3）对扣除限额计算的检查。

①准确确定纳税人来源于境外的收入按照中国税法所应适用的应税项目，避免因适用应税项目的错误而使扣除限额的计算发生偏差。

②严格审核纳税人境外已纳税款的完税凭证，以防纳税人以假冒的完税凭证骗取税

款抵免。

③认真比较境外已纳税款与扣除限额的大小，检查纳税人是否及时补缴税款。

【案例6-8】我国居民纳税人王某于2023年取得来源于德国的专利权使用费收入折合人民币62 500元，以及当年的利息收入折合人民币20 000元，两项收入一共在德国缴纳个人所得税折合人民币10 000元；同年，王某还在英国的一家公司取得股息收入折合人民币30 000元，该公司在支付该笔股息时，已扣税3 000元，此外，他所写的一本科技专著也在英国出版，取得稿酬收入折合人民币35 715元，该出版机构支付稿酬时，按照英国税法扣缴了2 000元的个人所得税。王某2023年度在我国境内没有其他收入，假设其他专项扣除和专项附加扣除均无，该纳税人在德国和英国所缴纳的税款，均有完税凭证原件。

年度终了后，王某拟向我国主管税务机关申请抵扣境外已纳税款，申报前，其自行申报计算的方法如下：

①2023年度取得的全部境内外综合所得应纳税额 $= [62\,500 \times (1-20\%) + 35\,715 \times (1-20\%) \times 70\% - 60\,000] \times 3\% = 300$（元）

②2023度股息红利所得应纳税额 $= (20\,000 + 30\,000) \times 20\% = 10\,000$（元）

③2023年度应纳税额合计 $= 300 + 10\,000 = 10\,300$（元）

④2023年度境外已纳税额 $= 10\,000 + 5\,000 = 15\,000$（元）

⑤当年应补税额0。

为规避税收风险，王某就上述计算结果委托甲税务师事务所进行重新核实并代理申报。甲税务师事务所认为王某扣除限额计算有误，重新计算应抵免税额如下：

①王某来源于德国的专利使用费收入税前抵免限额 $= 300 \times 62\,500 \times 80\% \div (62\,500 \times 80\% + 35\,715 \times 80\% \times 70\%) = 214.28$（元）

王某来源于德国的股息收入税前抵免限额 $= 20\,000 \times 20\% = 4\,000$（元）

合计允许抵免限额为4 214.28元，已在德国缴纳10 000元，无须在我国缴纳个人所得税，尚未扣除的5 785.72元可在以后5年内限额扣除。

②王某来源于英国的股息收入税前抵免限额 $= 30\,000 \times 20\% = 6\,000$（元）

王某来源于英国的稿酬收入税前抵免限额 $= 300 \times 35\,715 \times 80\% \times 70\% \div (62\,500 \times 80\% + 35\,715 \times 80\% \times 70\%) = 85.72$（元）

合计允许抵免限额为6 085.72元，在境外实际缴纳5 000元，允许抵免5 000元，尚需缴纳1 085.72元。

③当年度实际应纳税额 $= 1\,085.72$元

甲税务师事务所向王某解释并代理申报了税款，并提醒王某在德国多缴的税款5 785.72元，可以结转5年扣除。

（三）纳税调整的检查

个体工商户业主、个人独资企业和合伙企业自然人投资者、企事业单位承包承租经营者经营所得，由于会计与税法在收入确认、成本费用等列支口径的区别，可能使会计利润与应纳税所得额并不一致，需要进行纳税调整。

1.常见涉税风险

（1）未就全部差异项目进行纳税调整

经营所得需要进行纳税调整增加的项目包括：超过规定标准扣除的项目，具体有职工

福利费、职工教育经费、工会经费、利息支出、业务招待费、广告和业务宣传费、教育和公益事业捐赠、住房公积金、社会保险费、折旧费用、无形资产摊销、资产损失、其他；不允许扣除的项目，具体有个人所得税税款，税收滞纳金，罚金、罚款和被没收财物的损失，不符合扣除规定的捐赠支出，赞助支出，用于个人和家庭的支出，与取得生产经营收入无关的其他支出，投资者工资薪金支出，其他不允许扣除的支出。

经营所得需要进行纳税调整减少的项目是指：在计算利润总额时已计入收入或未列入成本费用，但在计算应纳税所得额时应予扣除的项目，如给予免征个人所得税的国债利息收入等。

（2）未就差异项目准确调整

个人所得税经营所得纳税调整项目金额的确定与企业所得税纳税调整金额的确定基本一致，纳税人在进行纳税申报时可能会混淆二者的差别，错误适用标准进行调整申报，造成多报或少报经营所得个人所得税的风险。

2.检查方法

（1）检查"个人所得税经营所得纳税申报表（B表）"第14至36行所填报的调整项目，与纳税人所从事的行业、经营规模、经营方式、历史数据等方面综合判断纳税人调整项目的申报是否齐全。

（2）依据"个人所得税经营所得纳税申报表（B表）"第14至36行所填报的调整项目金额，逐一计算核实其调整金额是否正确。

个人所得税与企业所得税不同的调整项目列示见表6-1。

表6-1 经营所得纳税调整项目及调整金额确定

扣除项目		税前扣除规定
生产经营费用和个人、家庭费用	划分清晰	据实扣除
	混用，难以分清	"40%"视为与生产经营有关的费用，准予扣除
工资	职工	据实扣除
	业主本人	（1）不得扣除：实发工资 （2）可以扣除：6万元 + 专项扣除 + 专项附加扣除 [注意1] 扣除前提是该业主无综合所得 [注意2] 专项附加扣除在办理汇算清缴时减除
三项经费	职工	以"实发工资薪金总额"为计算依据
	业主本人	以"当地上年度社会平均工资3倍"为计算依据
	职工教育经费	扣除比例为2.5%
补充养老、补充医疗保险	职工	分别不超过实发工资薪金总额的5%的部分准予扣除
	业主本人	分别不超过"当地上年度社会平均工资3倍"的5%的部分准予扣除
捐赠	公益性捐赠	不超过"应纳税所得额×30%"的部分可以扣除
		符合法定条件的准予全额扣除
	非公益性捐赠	不得扣除
购置研发专用设备	单价<10万元	准予一次性全额扣除
	单价≥10万元	按固定资产管理
[说明] 其他扣除项目和不得扣除项目，如业务招待费、广告和业务宣传费、借款费用、社会保险等与企业所得税完全一致		

【做中学6-2】某饭店为一家个体工商户，是增值税小规模纳税人，当地执行的城市维护建设税税率为5%，教育费附加征收率为3%，地方教育附加征收率为2%。2024年某税务师事务所接受该饭店委托对其2023年经营所得应纳个人所得税进行审查并代理申报，经核实：该饭店设置的账簿记录显示2023年度营业收入为180万元，增值税为1.8万元，增值税的附加税费为0.108万元，营业成本为100万元，期间费用合计为18万元，营业外收支净支出为3万元，本年利润总额为58.892万元。进一步审查有关账册资料，发现如下问题：

（1）营业成本列支业主本人工资6.24万元，8名雇员工资60万元，没有为业主及雇员交纳"五险一金"的记录。

（2）向某单位借周转金10万元，支付本年利息费用1万元，计入财务费用，同期银行贷款利率为6%。

（3）为扩大经营规模，本年1月租用隔壁的2间房屋，租期3年，一次性支付租金9万元，全部在"营业费用"中列支。

（4）"管理费用"科目列支业务招待费用3万元。

（5）12月5日，购买小货车一辆，包括各种办证费用共计6万元，在"营业成本"中列支。

（6）"营业外收入"科目记载对外投资分得的股息为2万元，"营业外支出"科目借方记载因债务人去世无法收回的应收账款为5万元。

（7）业主没有专项附加扣除项目，没有综合所得。

请问：如果你是代理审查、申报的税务师，你会如何处理？

解析：

（1）个体工商户老板的工资不得税前扣除，应作纳税调整增加6 2400元。

（2）非金融机构的借款利息费用按同期银行的利率计算扣除。该饭店超标准列支利息费用 = 10 000 - 100 000×6% = 4 000（元），作纳税调整增加处理。

（3）支付的租金应在3年内平均摊销，多摊销费用60 000元，当年应作纳税调整增加60 000元。

（4）业务招待费超标准列支额：30 000 - 1 800 000×5‰ = 21 000（元），应作纳税调整增加。

（5）购买的货车应作为固定资产管理，当月增加的固定资产，当月不提折旧，该货车为12月份购入，因此，2023年度折旧应该为零，当年应作纳税调整增加60 000元。

（6）对外投资分得的股息，应按股息项目单独计算纳税，不能并入当期应纳税所得额，应作纳税调整减少20 000元。

（7）因债务人去世无法收回的应收账款5万元，提供债务人去世的证明资料可以税前扣除。

（8）业主没有综合所得，税前可以扣除基本减除费用60 000元，业主没有专项附加扣除项目。

应纳税所得额 = 588 920 + 62 400 + 4 000 + 60 000 + 21 000 + 60 000 - 20 000 - 60 000
　　　　　　 = 716 320（元）

应纳个人所得税 = （716 320×35% - 65 500）×50% = 92 606（元）

分回股息应纳税额 = 20 000 × 20% = 4 000（元）

合计应纳个人所得税 = 92 606 + 4 000 = 96 606（元）

【学思践悟】上述【做中学6-2】中用到了三个减免税优惠。第一是财政部 税务总局公告2023年第1号规定，自2023年1月1日至2023年12月31日，增值税小规模纳税人适用3%征收率的应税销售收入，减按1%征收率征收增值税；目前这一优惠政策已经延期到2027年12月31日。第二是根据财政部 税务总局公告2023年第12号，自2023年1月1日至2027年12月31日，对增值税小规模纳税人、小型微利企业和个体工商户减半征收资源税（不含水资源税）、城市维护建设税、房产税、城镇土地使用税、印花税（不含证券交易印花税）、耕地占用税、教育费附加和地方教育附加。第三是根据财政部 税务总局公告2023年第12号，2023年1月1日至2027年12月31日，对个体工商户年应纳税所得额不超过200万元的部分，减半征收个人所得税。除此之外，根据《关于进一步支持重点群体创业就业有关税收政策的公告》，自2023年1月1日至2027年12月31日，脱贫人口（含防止返贫监测对象）、持《就业创业证》（注明"自主创业税收政策"或"毕业年度内自主创业税收政策"）或《就业失业登记证》（注明"自主创业税收政策"）的人员，从事个体经营的，自办理个体工商户登记当月起，在3年（36个月）内按每户每年20 000元为限额依次扣减其当年实际应缴纳的增值税、城市维护建设税、教育费附加、地方教育附加和个人所得税。限额标准最高可上浮20%，各省、自治区、直辖市人民政府可根据本地区实际情况在此幅度内确定具体限额标准。如果上述饭店的业主是持《就业创业证》的高校毕业生，在办理个体工商户登记的3年内，上述缴纳的增值税、增值税附加、个人所得税可以减征20 000元。

高校毕业生等青年就业关系民生福祉、经济发展和国家未来。近年来，围绕支持高校毕业生等青年就业创业，党中央、国务院部署实施了一系列税费优惠政策。作为创业第一步的个体工商户经营模式获得的税收优惠更是显著，年轻人只要有想法、能吃苦，就要对生活、对未来有自信。在强大祖国的扶持下，只要我们诚信经营、依法纳税，就能实现自己的人生价值，为国家发展壮大作出贡献。

二、应纳税额特殊计算的检查

（一）有住所居民个人工资薪金所得应纳税额特殊计算的检查

1.提前退休、内部退养、解除劳动合同取得的一次性补偿所得

微课

取得多处经营所得个体工商户如何享受经营所得减半征收个人所得税政策

（1）个人与用人单位解除劳动关系取得一次性补偿收入的检查

①常见涉税风险

第一，未全额申报补偿收入。个人与用人单位解除劳动关系取得的一次性补偿收入包括用人单位发放的经济补偿金、生活补助费和其他补助费，如果纳税人或代扣代缴义务人只申报经济补偿金而对其他补偿金不作申报，就会造成少缴个人所得税的税收风险。

第二，允许扣减的补偿金计算错误。个人领取一次性补偿收入时按照国家和地方政府规定的比例实际缴纳的住房公积金、医疗保险费、基本养老保险费、失业保险费，可以在计征其一次性补偿收入的个人所得税时予以扣除。个人与用人单位解除劳动关系取得一次性补偿收入在当地上年职工平均工资3倍数额以内的部分，免

征个人所得税；超过3倍数额的部分，应该就超出的部分，计算缴纳个人所得税；不符合法律规定的补偿金，不论是否超过当地上年人均工资3倍，均不得作为免税收入计算扣除。如果纳税人或扣缴义务人就补偿收入全额申报纳税，不扣减当地上年职工平均工资3倍数额、不扣减"三险一金"，就会造成多计算缴纳个人所得税的税收风险；如果纳税人或扣缴义务人申报扣减的"三险一金"超出实际支付额或国家和地方政府规定的比例，或者将不符合法律规定的补偿金计算扣除，则会造成少申报缴纳个人所得税的风险。

第三，税额计算错误。个人与用人单位解除劳动关系取得一次性补偿收入虽然按综合所得进行申报，但是却不并入当年综合所得，而应该单独适用综合所得税率表，计算纳税。如果纳税人将个人与用人单位解除劳动关系取得的一次性补偿收入与综合所得合并计算，可能会因此适用高税率而产生多申报缴纳个人所得税的风险；如果个人取得的综合所得不足以抵扣基本扣除、专项扣除、专项附加扣除及其他扣除，将个人与用人单位解除劳动关系取得的一次性补偿收入与综合所得合并纳税，必然会产生少缴个人所得税的税收风险。

②主要检查方法

第一，分析企业近期生产经营情况及战略调整计划，了解企业近期有无裁员计划；如有，进一步检查"应付职工薪酬——辞退福利"贷方发生额，确定用人单位支付个人与用人单位解除劳动关系取得的一次性补偿支出的金额，核对其对应原始凭证，核实员工个人取得的补偿收入具体金额是否正确。

第二，核实当地上年人均工资具体数额及"三险一金"缴费标准、《中华人民共和国劳动合同法》（以下简称《劳动合同法》）规定的补偿标准。

第三，计算个人与用人单位解除劳动关系取得的一次性补偿应缴纳的个人所得税，与单位计算并申报的应代扣代缴个人所得税金额对比，确定应退补个人所得税金额。

> **小知识**
>
> **解除劳动合同的赔偿标准**
>
> 《劳动合同法》第四十七条规定，经济补偿按劳动者在本单位工作的年限，每满一年支付一个月工资的标准向劳动者支付。六个月以上不满一年的，按一年计算；不满六个月的，向劳动者支付半个月工资的经济补偿。
>
> 劳动者月工资高于用人单位所在直辖市、设区的市级人民政府公布的本地区上年度职工月平均工资三倍的；向其支付经济补偿的标准按职工月平均工资三倍的数额支付，向其支付经济补偿的年限最高不超过十二年。
>
> 本条所称月工资是指劳动者在劳动合同解除或者终止前十二个月的平均工资。
>
> 第八十七条规定，用人单位违反本法规定解除或者终止劳动合同的，应当依照本法第四十七条规定的经济补偿标准的二倍向劳动者支付赔偿金。

（2）个人办理提前退休手续而取得的一次性补贴收入的检查

①常见涉税风险

第一，未全额申报补偿收入。个人办理提前退休手续取得的一次性补偿收入应包括用人单位发放的经济补偿金和各项补助费，如果纳税人或代扣代缴义务人只申报经济补偿金，而将其他补助列入福利费，就会造成少缴个人所得税的税收风险。

第二，税额计算错误。自2019年1月1日起，个人办理提前退休手续而取得的一次性补贴收入，应按照办理提前退休手续至法定离退休年龄之间实际年度数平均分摊，确定适用税率和速算扣除数，单独适用综合所得税率表，计算纳税。如果纳税人将一次性补偿收入与当年综合所得合并申报则会多缴个税。

②主要检查方法

第一，通过人社部门调研提前退休人员信息，顺藤摸瓜，到相关单位了解提前退休人员情况，查看办理退休手续期间单位给退休人员支付的各种费用，进一步核实哪些属于当年工资薪金收入，哪些属于提前退休一次性补偿金，从而确认补偿金计算基数。

第二，根据以下公式复核支付单位代扣代缴税额是否准确无误，从而确定应补或应退税额：

应纳税额={〔（一次性补贴收入÷办理提前退休手续至法定退休年龄的实际年度数）－费用扣除标准〕×适用税率－速算扣除数}×办理提前退休手续至法定退休年龄的实际年度数

（3）个人办理内部退养手续而取得的一次性补贴收入的检查

①常见涉税风险

第一，未全额申报补偿收入。个人办理内部退养手续取得的一次性补偿收入应包括用人单位发放的经济补偿金和其他经济利益，而不仅仅指经济补偿金，否则会产生少缴个人所得税风险。

第二，税额计算错误。个人办理内部退养手续取得的一次性补偿收入的计算仍然适用国税发〔1999〕58号文件的规定，即个人在办理内部退养手续后从原任职单位取得的一次性收入，应按办理内部退养手续后至法定离退休年龄之间的所属月份进行平均，并与领取当月的"工资、薪金"合并后减除当月费用扣除标准，以余额为基数确定适用税率，再将当月工资、薪金加上取得的一次性收入，减去费用扣除标准，按适用税率计征个人所得税。个人在办理内部退养手续后至法定离退休年龄之间重新就业取得的"工资、薪金"所得，应与其从原任职单位取得的同一月份的"工资、薪金"所得合并，并依法自行向主管税务机关申报缴纳个人所得税。最常见的问题一是一次性收入未与当月工资合并预扣预缴个人所得税，二是重新就业工资薪金未与原单位发放的工资合并自行申报纳税。

②主要检查方法

第一，查看企业近期生产经营情况及战略调整计划，了解企业近期有无改制或战略调整计划，进一步了解企业有无内退政策出台。进一步检查"应付职工薪酬——离职后福利"贷方发生额，确定用人单位支付给内退人员一次性补偿支出的金额，核对其对应原始凭证，核实员工个人取得的补偿收入具体金额是否正确。

第二，对于改制企业，如果发现企业有内退人员却无一次性补偿金列支，则查看企业股权结构，看是否将一次性补偿金转化为企业股权，隐瞒了一次性补偿收入。

第三，核实计算过程是否正确。主要看税率使用是否正确，是否与当月工资合并预扣预缴个人所得税。

2.股权激励所得的检查

如果个人从任职受雇的单位获得股权激励，则按照工资、薪金所得税目纳税，并按照规定计入综合所得征税，如果个人从非任职受雇的单位获得股权激励，则按照劳务报酬所得税目纳税，并按照规定计入综合所得征税。

（1）常见涉税风险

① 股权激励所得与其他所得相混淆，错误申报；

② 不同方式的股权激励方式应纳税额计算方法相混淆，错误申报。

（2）主要检查方法

① 获知激励计划，确定纳税方式；

② 检查账证，确定计算是否正确。

股权激励应缴纳个人所得税的基本规定见表6-2。

表6-2　　　　　　　　　股权激励个人所得税政策一览表

激励方式	所得性质	税款计算	能否递延	备注
高新技术企业管理人员及核心技术人员股权奖励	工资、薪金所得	不并入当年综合所得，全额单独适用综合所得税率表，计算纳税。 应纳税额 = 股权激励收入×适用税率 – 速算扣除数	一次性缴税有困难的，可以在5个公历年度内分期缴税	个人一个纳税年度内取得两次以上（含两次）股权激励的，应合并按上述公式计税
关于上市公司股权激励相关政策	工资、薪金所得	不并入当年综合所得，全额单独适用综合所得税率表，计算纳税。 应纳税额 = 股权激励收入×适用税率 – 速算扣除数	经向主管税务机关备案，个人可自股票期权行权、限制性股票解禁或取得股权奖励之日起，在不超过36个月的期限内缴纳个人所得税。纳税人在此期间内离职的，应在离职前缴清全部税款	居民个人一个纳税年度内取得两次以上（含两次）股权激励的，应合并计算纳税
		限制性股票应纳税所得额 =（股票登记日市价 + 本批次解禁日市价）÷2×本批次解禁数量 – 激励对象实际支付的资金总额×（本批次解禁数量÷总数量）		上市公司按照股权激励计划约定的条件，授予公司员工一定数量本公司的股票。纳税义务发生时间为每一批次限制性股票解禁的日期

激励方式	所得性质	税款计算	能否递延	备注
对符合条件的非上市公司股票期权、股权期权、限制性股票、股权奖励，实行递延纳税政策：员工取得股权激励时暂不纳税，递延至股权转让时按照财产转让所得税目征税	财产转让所得	应纳税所得额＝股权转让收入－股权取得成本和合理税费		递延纳税的是投资方，不是被投资方，所以被投资方按照正常的评估值作为计税基础在税前摊销扣除
	工资、薪金所得	应纳税额＝股权激励收入×适用税率－速算扣除数		个人从任职受雇企业以低于公平市场价格取得股票（权）的，凡不符合递延纳税条件的，应在获得股票（权）时，对实际出资额低于公平市场价格的差额，按照"工资薪金所得"项目，在2027年12月31日前，不并入当年综合所得，全额单独适用综合所得税率表，计算纳税

3.个人领取企业年金、职业年金的检查

财税〔2018〕164号第四条：个人达到国家规定的退休年龄，领取的企业年金、职业年金，符合《财政部 人力资源社会保障部 国家税务总局关于企业年金 职业年金个人所得税有关问题的通知》（财税〔2013〕103号）规定的，不并入综合所得，全额单独计算应纳税款。其中按月领取的，适用月度税率表计算纳税；按季领取的，平均分摊计入各月，按每月领取额适用月度税率表计算纳税；按年领取的，适用综合所得税率表计算纳税。

个人因出境定居而一次性领取的年金个人账户资金，或个人死亡后，其指定的受益人或法定继承人一次性领取的年金个人账户余额，适用综合所得税率表计算纳税。对个人除上述特殊原因外一次性领取年金个人账户资金或余额的，适用月度税率表计算纳税。

（1）常见涉税风险

个人领取年金按离退休工资处理，不申报缴纳个人所得税或将领取年金与当期其他综合所得合并申报纳税，多缴个人所得税。

（2）主要检查方法

了解年金支付办法，确认领取方式，进一步查看领取年金有无不申报个人所得税或多申报个人所得税的现象。

（二）无住所个人应纳税额计算的检查

无住所个人可能是居民纳税人，也可能是非居民纳税人，其在我国境内居住的时间不同、身份不同，纳税义务就有所区别，无住所个人在我国境内应履行的纳税义务和税款计算办法具体规定见表6-3。

表6-3　　　　　无住所个人在我国境内应履行的纳税义务和税款计算办法

纳税人身份	居住时间	所得来源地	所得支付地	纳税义务	工薪收入金额计算
非居民	不超过90天	境内	境内	√	当月工资薪金收入额 = 当月境内外薪金总额×（当月境内支付工资薪金数额÷当月境内外薪金总额）×（当月工资薪金所属工作期间境内工作天数÷当月工资薪金所属工作期间公历天数）
		境内	境外	×	
	累计超过90天不满183天	境内	境内	√	当月工资薪金收入额 = 当月境内外薪金总额×（当月工资薪金所属工作期间境内工作天数÷当月工资薪金所属工作期间公历天数）
		境内	境外	√	
居民	累计满183天，年度连续不满六年	境内	境内、境外	√	当月工资薪金收入额 = 当月境内外薪金总额×［1－（当月境外支付工资薪金数额÷当月境内外工资薪金总额）×（当月工资薪金所属工作期间境外工作天数÷当月工资薪金所属工作期间公历天数）］
		境外	境内	√	
		境外	境外	×	
	累计满183天，年度连续超过六年	境内境外	境内境外	√	
非居民个人为高管人员	不超过90天	境内	境内	√	当月工资薪金收入额为当月境内支付或者负担的工资薪金收入额
		境内	境外	×	
	超过90天不满183天	境内	境内	√	当月工资薪金收入额 = 当月境内外工资薪金总额×［1－（当月境外支付工资薪金数额÷当月境内外工资薪金总额）×（当月工资薪金所属工作期间境外工作天数÷当月工资薪金所属工作期间公历天数）］
		境外	境内	×	

1常见涉税风险

（1）混淆居民个人与非居民个人界限，错误履行纳税义务；

（2）隐匿其高管身份，规避纳税。

2.主要检查方法

（1）对无住所居民纳税人既要检查其来源于中国境内的所得，又要检查其来源于境外的所得，以确定其是否全部申报纳税，有无逃避纳税现象；对无住所非居民纳税人要检查其来源于中国境内的所得是否严格依法申报纳税，同时，有无将来源于中国境外所得合并申报，多缴税款的现象。

（2）检查其纳税人身份，是否担任公司高管。

【案例6-9】M国A公司在华投资兴办一外商投资企业B公司。2023年1月1日，M国A公司的李先生因工作需要被派往中国的B公司工作（担任高级管理人员），限期5个月。李先生的工资M国公司支付，月工资折合人民币40 000元（每月均在境外扣缴税款折合人民币6 500元），中方企业每月再付给李先生工资6 000元，如果李先生因公事临时离境，离境期间中方照常支付工资。李先生于2023年1月1日来华，2023年3月1日回国度假，返回时间为2023年3月31日，实际离境时间30天。我国已与M国签有《避免双重征税协定》。

在一次税收检查时，税务机关发现B公司在申报扣缴李先生3月份、4月份应纳税款时存在如下问题：

（1）2023年3月不纳税。

（2）2023年4月：应纳税所得额 = 6 000 − 5 000 = 1 000（元）

应纳税额 = 1 000 × 3% = 30（元）

财政部 税务总局公告2019年第35号文件规定，担任中国境内居民企业的董事、监事及高层管理职务的个人（以下统称高管人员），无论是否在境内履行职务，取得由境内居民企业支付或者负担的董事费、监事费、工资薪金或者其他类似报酬（以下统称高管人员报酬，包含数月奖金和股权激励），均属于来源于境内的所得。

李先生在担任高级管理职务期间，不论是否离境，由中方支付的工资均需缴纳个人所得税。2023年3月李先生离境，在离境期间取得的来源于境外的工资薪金所得，因属于"在境内无住所，居住不超过90天"的情形，可以享受免税优惠。

李先生2023年3月、4月份应纳个人所得税税额计算如下：

（1）2023年3月份，美国公司支付的工资免税，只对境内企业支付的工资纳税。

应纳税所得额 = 6 000 − 5 000 = 1 000（元）

应纳税额 = 1 000 × 3% = 30（元）

（2）2023年4月份，境内外工资薪金所得应合并纳税，境外已纳税额限额扣除。

应纳税所得额 = 40 000 + 6 000 − 5 000 = 41 000（元）

应纳税额 = 41 000 × 30% − 4 410 = 7 890（元）

境外工资抵免限额 = 40 000 ÷（40 000 + 6 000）× 7 890 = 6 860.87（元）

大于在境外已扣缴税款6 500元，其在境外已纳税款允许全额抵免。

抵免后实际应纳税额 = 7 890 − 6 500 = 1 390（元）

任务四 税收优惠的检查

个人所得税优惠政策包括免税项目、减税项目两大类，涉及范围非常广泛。现行有效的个人所得税优惠项目有针对特定人群的减免，如对弱势群体、受灾人员、军转人员、外籍专家及个人制定的减免税；有针对特定行业的减免，如对农业、金融等行业的减免；有针对特定职业的减免，如对远洋运输人员和外交人员的减免；有针对特定行为的减免，如对个人取得见义勇为行为、举报违法犯罪行为奖金免税等。

一、常见涉税风险

（一）擅自扩大减免税范围

如将一般的福利费作为"生活补助费""救济金"申报减免税；将地方引进人才给予的安家费作为"人才补贴"申报减免税等。

（二）改变纳税人身份、所得属性，变相享受减免优惠

如将普通工作人员按专家申报、普通船员按远洋船员申报、企业债券利息收入按国债利息收入处理、集资款利息收入按储蓄存款利息收入处理等，变相享受减免税优惠。

（三）利用特殊地区高端紧缺人才的优惠政策，改变所得来源地，违规享受税收优惠

如利用海南自由贸易港、粤港澳大湾区等地的优惠政策，将其他地区来源收入按上述地区收入申报，规避缴纳个人所得税。

> **小知识**
>
> 外国人来华工作需持"外国人工作许可证"，"外国人工作许可证"分为A、B、C三类。其中：A类发予外国高端人才；B类发予外国专业人才；C类发予其他普通外国人员。外国专家由中华人民共和国科学技术部统一身份认证，实现"一地注册、各地互认"和"一次认证、全网通办"，外国专家项目管理信息系统已集成纳入科学技术部统一的政务服务平台。

二、主要检查方法

（一）对各类免税奖金的检查

核查纳税人取得的奖金是否符合税法所列免税奖金的条件。在对该项所得进行检查时，必须着重注意两个方面：其一，国内发放奖金的单位是否符合税法规定的级别，来源于境外的奖金是否为外国组织和国际组织所颁发；其二，纳税人从上述单位取得的奖金是否符合税法所列举科学教育、技术、文化、卫生、体育、环境保护等方面。

（二）对各类免税利息的检查

核查个人取得利息的来源。对于存款利息，看是否来源于中国人民银行批准的从事存贷款业务的金融机构和邮政部门；对于国债利息，则主要看其取得利息的债券是否为财政部所发行；对于金融债券利息，则要看个人取得利息的债券是否经过国务院批准由中国人民银行发行。

（三）对各类免税补贴和津贴的检查

核查纳税人个人取得的补贴和津贴是否属于规定的标准。

（四）对免税的福利费、抚恤金、救济金的检查

（1）核查纳税人取得的生活补助费资金来源是否符合税法的规定，有无从超出国家规定比例或基数计提的福利费或工会经费中支付各种补贴、补助的情况。

（2）核查各种补贴、补助的发放范围，对属于人人有份的补贴、补助，不能作为免税福利费对待；核查补贴、补助的发放形式，查看是否有单位为部分个人购买住房、汽车、电子计算机等大宗物品而给予的补贴。

（五）对经国务院财政部门批准免税的所得的检查

核查该免税所得时，首先要看纳税人提出的某项所得是否经财政部或国家税务总局批准免税，如果未经批准，则不能享受免税照顾；其次要注意准确掌握已批准免税的各项所得所限定的条件，这些条件包括享受免税的主体、工作的目的、工作的期限以及支付所得的负担者等。

（六）对其他各项免税所得的检查

（1）核查保险赔款所得时，看投保人是否因各种灾害、事故造成损失，保险公司给予的相应数额的赔偿。

（2）核查转业费、复员费所得时，看转业、复员军人是否按照中国人民解放军有关部门规定的标准领取转业费或复员费。

（3）核查大使领馆人员所得时，查看其所得是否符合《中华人民共和国外交特权与豁免条例》和《中华人民共和国领事特权与豁免条例》所规定的免税所得的范围。

（七）对减税优惠的检查

核查减税优惠所得时，须以各省、自治区和直辖市人民政府作出的规定为原则，准确把握纳税人的身份。如纳税人是否符合国家规定的残疾、孤老和烈属的条件。同时，对遭受自然灾害影响的纳税人，要认真检查其受影响的程度是否符合政府规定的减税条件。

行业检查实训：合伙企业个人所得税的检查

【实训资料】福满楼酒店系增值税小规模纳税人，主要从事餐饮服务及餐饮产品对外销售两项业务，由自然人王某和李某于2019年共同投资成立，属于个人合伙企业。王某和李某出资情况如下：王某出资100万元，占福满楼酒店全部出资（370万元）的27.03%；李某出资270万元，占福满楼酒店全部出资（370万元）的72.97%。合伙协议中约定由王某负责福满楼酒店的经营管理，每月取得固定工资8 000元，剩余经营所得王某和李某的分配比例分别为40%和60%。

该酒店实行电算化管理，税务机关实施税款查账征收。2023年，福满楼酒店利润表反映收入5 000 000元，成本、费用4 000 000元，无其他收入及支付项目。2024年3月10日，王某个人进行2023年个人所得税纳税申报，申报表相关数据见表6-4。

表6-4　　　　　　　　　　　个人所得税经营所得纳税申报表（B表）

税款所属期：2023年1月1日至2023年12月31日

纳税人姓名：王某

纳税人识别号：□□□□□□□□□□□□□□□□□□　　　　　　金额单位：人民币元（列至角分）

被投资单位信息	名称	福满楼酒店	纳税人识别号（统一社会信用代码）	（略）	
项　目				行次	金额/比例
一、收入总额				1	5 000 000
其中：国债利息收入				2	
二、成本费用（3＝4＋5＋6＋7＋8＋9＋10）				3	4 000 000
（一）营业成本				4	3 000 000
（二）营业费用				5	500 000
（三）管理费用				6	530 000
（四）财务费用				7	−35 000
（五）税金				8	5 000
（六）损失				9	
（七）其他支出				10	
三、利润总额（11＝1−2−3）				11	1 000 000
四、纳税调整增加额（12＝13＋27）				12	
（一）超过规定标准的扣除项目金额（13＝14＋15＋16＋17＋18＋19＋20＋21＋22＋23＋24＋25＋26）				13	
1.职工福利费				14	
2.职工教育经费				15	
3.工会经费				16	
4.利息支出				17	
5.业务招待费				18	
6.广告费和业务宣传费				19	
7.教育和公益事业捐赠				20	
8.住房公积金				21	
9.社会保险费				22	
10.折旧费用				23	

续表

被投资单位信息	名称	福满楼酒店	纳税人识别号（统一社会信用代码）		（略）
11.无形资产摊销				24	
12.资产损失				25	
13.其他				26	
（二）不允许扣除的项目金额（27 = 28 + 29 + 30 + 31 + 32 + 33 + 34 + 35 + 36）				27	
1.个人所得税税款				28	
2.税收滞纳金				29	
3.罚金、罚款和被没收财物的损失				30	
4.不符合扣除规定的捐赠支出				31	
5.赞助支出				32	
6.用于个人和家庭的支出				33	
7.与取得生产经营收入无关的其他支出				34	
8.投资者工资薪金支出				35	
9.其他不允许扣除的支出				36	
五、纳税调整减少额				37	
六、纳税调整后所得（38 = 11 + 12 - 37）				38	1 000 000
七、弥补以前年度亏损				39	
八、合伙企业个人合伙人分配比例				40	40%
九、允许扣除的个人费用及其他扣除（41 = 42 + 43 + 48 + 55）				41	90 000
（一）投资者减除费用				42	60 000
（二）专项扣除（43 = 44 + 45 + 46 + 47）				43	
1.基本养老保险费				44	
2.基本医疗保险费				45	
3.失业保险费				46	
4.住房公积金				47	
（三）专项附加扣除（48 = 49 + 50 + 51 + 52 + 53 + 54）				48	30 000
1.子女教育				49	24 000
2.继续教育				50	

续表

被投资单位信息	名称	福满楼酒店	纳税人识别号（统一社会信用代码）		（略）	
3.大病医疗				51		
4.住房贷款利息				52		
5.住房租金				53	6 000	
6.赡养老人				54		
（四）依法确定的其他扣除（55 = 56 + 57 + 58 + 59）				55		
1.商业健康保险				56		
2.税延养老保险				57		
3.				58		
4.				59		
十、投资抵扣				60		
十一、准予扣除的个人捐赠支出				61		
十二、应纳税所得额（62 = 38 − 39 − 41 − 60 − 61）或［62 =（38 − 39）× 40 − 41 − 60 − 61］				62	310 000	
十三、税率				63	30%	
十四、速算扣除数				64	40 500	
十五、应纳税额（65 = 62×63 − 64）				65	52 500	
十六、减免税额（附报"个人所得税减免税事项报告表"）				66		
十七、已缴税额				67		
十八、应补/退税额（68 = 65 − 66 − 67）				68		
谨声明：本表是根据国家税收法律法规及相关规定填报的，是真实的、可靠的、完整的。 纳税人签字：王某 2024年3月10日						
经办人： 经办人身份证件号码： 代理机构签章： 代理机构统一社会信用代码：			受理人： 受理税务机关（章）： 受理日期：　　年　月　日			

2024年6月28日，税务机关对福满楼酒店2023年相关会计核算资料进行检查，发现以下情况：

（1）3月20日凭证18号，摘要为业务招待支出，会计分录如下：

借：管理费用　　　　　　　　　　　　　　　　　　　　　　　　　　　5 000
　　贷：原材料　　　　　　　　　　　　　　　　　　　　　　　　　　　　　　5 000

附原始凭证2张：

① 批量鲜活商品、蔬菜协议供应商送（配）货单，合计金额5 000元。

② 增值税普通发票，金额5 000元，品名为鲜活肉蛋品、蔬菜等，销售单位为酒店协议供货商A商贸公司。

经进一步检查核实，2023年3月18日酒楼宴请相关人员共支付材料费用5 000元。税务机关核定的餐饮业毛利率为25%。

（2）4月15日凭证25号，摘要为购进海鲜，会计分录如下：

借：原材料——海鲜　　　　　　　　　　　　　　　　　　　　　　　　23 000
　　贷：银行存款　　　　　　　　　　　　　　　　　　　　　　　　　　　　23 000

附原始凭证2张：

① 送货单1张，品名：海鲜，金额23 000元。送货单位：A海鲜批发店。

② 付款电子回单1张，收款人：A海鲜批发店，用途：购买原材料。

经与财务人员核实，证实购进海鲜时未取得发票，该海鲜已全部领用。

稽查人员进一步对该酒店的征管档案进行对比，发现其销售利润率与同一地段、规模相同的企业相比，明显偏低；对酒店仓库实物进行盘点，并查看进、销、存日记账后，发现有的商品入库后当天就被领用，且数量较大，与平时实际消耗量不符；在对厨房鲜活商品领用单检查时，发现商品数量与采购员商品验收单不符；在对账簿检查时，稽查人员重点抽查了酒店菜、油的成本核算，发现本月菜、油成本是其他月份的3倍，而当月营业额并无增加，经进一步对相关人员进行询问取证后，证实该企业存在让他人为自己虚开发票、套取现金、虚列成本的事实，企业全年共虚列成本200 000元。

（3）7月8日凭证3号，摘要为购进烟酒，会计分录如下：

借：库存商品——啤酒　　　　　　　　　　　　　　　　　　　　　　　12 000
　　贷：银行存款　　　　　　　　　　　　　　　　　　　　　　　　　　　　12 000

附原始凭证2张：

① 增值税普通发票1张，注明购进酒、饮料数量，价税合计金额12 000元。

② 银行转账电子回单，反映金额12 000元。

经与啤酒供应商核实，确定酒店当年7月、8月间，共支付酒店促销费10 000元，企业未作账务处理。

（4）检查核实王某每月领取8 000元工资，均在管理费用中列支；营业成本中包括全年支付给大厨及面点师的基本工资每人每月3 000元及绩效工资分别为200 000元、100 000元，该酒店未进行代扣代缴个人所得税纳税申报（假设大厨及面点师无专项附加扣除项目及其他扣除项目）；该酒店未办理社保登记手续。

（5）检查核实王某2023年无综合所得，年度专项附加扣除金额30 000元中住房租金6 000元系王某因工作地点与同城个人自有住房距离较远，无法及时上班而在酒店附近租赁的居住用房租金，当年实际租期为4个月；24 000元为王某申报独生儿子的教育支出。

假设该酒店减按1%征收率征收增值税；城建税税率7%、教育费附加率3%。

【检查要求】根据以上资料，按照资料顺序，指出酒店在账务处理和个人所得税纳税申报方面存在的问题，并作出正确的纳税申报（申报表见表6-5）。

表6-5　　　　　　　个人所得税经营所得纳税申报表（B表）

税款所属期：　　　年　月　日至　　年　月　日

纳税人姓名：

纳税人识别号：□□□□□□□□□□□□□□□□□□　　金额单位：人民币元（列至角分）

项　目	行次	金额/比例
一、收入总额	1	
其中：国债利息收入	2	
二、成本费用（3 = 4 + 5 + 6 + 7 + 8 + 9 + 10）	3	
（一）营业成本	4	
（二）营业费用	5	
（三）管理费用	6	
（四）财务费用	7	
（五）税金	8	
（六）损失	9	
（七）其他支出	10	
三、利润总额（11 = 1 − 2 − 3）	11	
四、纳税调整增加额（12 = 13 + 27）	12	
（一）超过规定标准的扣除项目金额（13 = 14 + 15 + 16 + 17 + 18 + 19 + 20 + 21 + 22 + 23 + 24 + 25 + 26）	13	
1.职工福利费	14	
2.职工教育经费	15	
3.工会经费	16	
4.利息支出	17	
5.业务招待费	18	
6.广告费和业务宣传费	19	
7.教育和公益事业捐赠	20	
8.住房公积金	21	
9.社会保险费	22	
10.折旧费用	23	
11.无形资产摊销	24	

续表

项　目	行次	金额/比例
12.资产损失	25	
13.其他	26	
（二）不允许扣除的项目金额（27 = 28 + 29 + 30 + 31 + 32 + 33 + 34 + 35 + 36）	27	
1.个人所得税税款	28	
2.税收滞纳金	29	
3.罚金、罚款和被没收财物的损失	30	
4.不符合扣除规定的捐赠支出	31	
5.赞助支出	32	
6.用于个人和家庭的支出	33	
7.与取得生产经营收入无关的其他支出	34	
8.投资者工资薪金支出	35	
9.其他不允许扣除的支出	36	
五、纳税调整减少额	37	
六、纳税调整后所得（38 = 11 + 12 - 37）	38	
七、弥补以前年度亏损	39	
八、合伙企业个人合伙人分配比例（%）	40	
九、允许扣除的个人费用及其他扣除（41 = 42 + 43 + 48 + 55）	41	
（一）投资者减除费用	42	
（二）专项扣除（43 = 44 + 45 + 46 + 47）	43	
1.基本养老保险费	44	
2.基本医疗保险费	45	
3.失业保险费	46	
4.住房公积金	47	
（三）专项附加扣除（48 = 49 + 50 + 51 + 52 + 53 + 54）	48	
1.子女教育	49	
2.继续教育	50	
3.大病医疗	51	
4.住房贷款利息	52	

续表

项　目	行次	金额/比例
5.住房租金	53	
6.赡养老人	54	
（四）依法确定的其他扣除（55 = 56 + 57 + 58 + 59）	55	
1.商业健康保险	56	
2.税延养老保险	57	
3.	58	
4.	59	
十、投资抵扣	60	
十一、准予扣除的个人捐赠支出	61	
十二、应纳税所得额（62 = 38 − 39 − 41 − 60 − 61）或［62 = （38 − 39）× 40 − 41 − 60 − 61］	62	
十三、税率（%）	63	
十四、速算扣除数	64	
十五、应纳税额（65 = 62 × 63 − 64）	65	
十六、减免税额（附报"个人所得税减免税事项报告表"）	66	
十七、已缴税额	67	
十八、应补/退税额（68 = 65 − 66 − 67）	68	

谨声明：本表是根据国家税收法律法规及相关规定填报的，是真实的、可靠的、完整的。

纳税人签字：
　　　　　　年　月　日

经办人： 经办人身份证件号码： 代理机构签章： 代理机构统一社会信用代码：	受理人： 受理税务机关（章）： 受理日期：　　年　月　日

项目七

其他税种的检查

学习目标

态度目标
1. 树立依法纳税的法律意识，充分认识财产行为税的基本征收制度
2. 严格防范税收风险，保证及时、足额地履行财产行为税纳税义务
3. 提高会计质量、严格财务管理，最大限度地维护纳税人的合法权益及基本利益

知识目标
1. 了解各财产行为税纳税人、征税范围、税率确定方面存在的涉税风险及主要检查方法
2. 掌握各财产行为税计税依据确定方面存在的涉税风险及主要检查方法
3. 熟悉享受税收优惠政策方面存在的涉税风险及主要检查方法

技能目标
1. 能够利用多种检查方法，发现纳税人在征税范围确定方面涉税风险点并及时予以纠正，规避涉税风险
2. 能够利用多种检查方法，发现纳税人在计税依据方面的涉税风险点并及时予以纠正，规避涉税风险
3. 通过审核和访谈了解纳税人正在享受的税收优惠的条件是否完善，帮助纳税人发现能享受而未享受的税收优惠空间

素养目标
1. 引导纳税人关注稀缺资源，助力生态文明建设，树立可持续发展的理念
2. 培养纳税人保护"耕地红线"，引导纳税人思考征收房产税对稳定房价的作用，切身感受党和国家对民生问题的关注
3. 针对各税种减免税政策，引导纳税人树立税收取之于民，用之于民的初心

工作情境与工作任务

　　通过对各财产行为税法相关知识的学习，我们已经掌握财产行为税的征税范围、计税方法、税收优惠和征收管理等方面的规定。你知道在日常经营活动中会存在哪些财产行为税涉税风险吗？这些税收风险会给纳税人带来多严重的后果吗？税务稽查人员、税务师和企业税务管理员应从哪些方面了解和挖掘纳税人存在的潜在风险，发现问题及时纠正，弥补过错，圆满完成纳税检查的工作任务？

任务一　土地增值税的检查

一、纳税义务人与征税范围的检查

（一）纳税义务人的检查

　　土地增值税的纳税义务人为转让国有土地使用权、地上的建筑物及其附着物并取得收入的单位和个人。所称的单位，是指各类企业单位、事业单位、国家机关和社会团体以及其他组织；所称的个人，包括个体经营者。

　　土地增值税的纳税义务人的范围十分广泛。只要是产生了应纳税行为，不论其行为主体是法人还是自然人，是全民所有制企业、集体所有制企业还是个体经营者，是内资企业还是外资企业，是中国公民还是外籍公民，是企业、事业单位、机关还是社会团体，都是土地增值税的纳税义务人。

1.常见涉税风险

　　（1）从事房地产经营开发的纳税人未办理税务登记、税种登记手续，或虽办理登记却未申报纳税。

　　（2）非从事房地产经营开发的纳税人有偿转让房地产，未按规定申报缴纳土地增值税。

2.主要检查方法

　　（1）检查营业执照注册、经营地址的产权归属，确定单位或个人是否具备成为土地增值税纳税义务人的条件，即其是否拥有国有土地使用权、地上建筑物及其附着物。如果检查确定该单位或个人（尤其是从事服务性行业的单位或个人）本身并不拥有国有土地使用权及相应的房产，只是在租赁的场所进行经营活动，这类单位及个人显然不可能成为土地增值税纳税义务人。

　　（2）积极与房产管理部门及土地管理部门保持密切联系，随时关注当地房地产信息网，房产管理局、住房与建设局、国土资源局等部门网站，及时了解房地产拥有人所拥有房地产的变化情况，确定拥有国有土地使用权及相应房产的单位和个人是否确实转让了其拥有的房地产并取得收入；有偿转让房地产的纳税人是否申报缴纳了土地增值税。

　　（3）检查单位"固定资产""无形资产"明细账，了解其拥有的国有土地使用权、地上建筑物及其附着物发生增减变化的情况，发生减少的，进一步确定这些发生房地产增减变化的企事业单位是否属于土地增值税的纳税义务人。

（4）对不设置账簿或账簿记录不完整的单位和个人，应当深入实地进行调查，通过走访、询问土地、房产、受让方等部门和单位了解被查单位是否发生了有偿转让国有土地使用权、地上的建筑物及其附着物的行为，防止漏列土地增值税纳税义务人。

（5）结合其他税种的征管情况，了解和掌握土地增值税纳税义务人。例如，企事业单位缴纳的房产税与城镇土地使用税数量的突然变化，企业销售不动产使得应交增值税增加等现象，都与缴纳土地增值税有关。

（6）对未办理土地使用权证而转让土地的单位和个人，可结合纳税人"营业外收入"、"其他业务收入"和"银行存款"等账户，确定是否有未办理土地使用权证而转让土地的情况。

【特别提示】土地使用权转让涉及增值税、土地增值税、契税、印花税等。一些单位和个人为了逃避上述税款，在转让、抵押或置换土地时往往会采取隐形的方式，不办理土地使用权属证书变更登记手续，或者对未取得土地使用权属证书的土地进行转让、抵押或置换。针对此种情况，国家税务总局出台了《国家税务总局关于未办理土地使用权证转让土地有关税收问题的批复》（国税函〔2007〕645号）。文件规定：土地使用者转让、抵押或置换土地，无论其是否取得了该土地的使用权属证书，无论其在转让、抵押或置换土地过程中是否与对方当事人办理了土地使用权属证书变更登记手续，只要土地使用者享有占有、使用、收益或处分该土地的权利，且有合同等证据表明其实质转让、抵押或置换了土地并取得了相应的经济利益，土地使用者及其对方当事人应当依照税法的规定缴纳土地增值税。

【案例7-1】某外国公司在中国境内B市设立维修部，2021年3月维修部迁至S市，将B市原用于办公的一处房产转让给该公司常驻B市的代理人J，J已按合同支付了价款2 000万元，但一直未办理权属过户手续。2024年4月（该房产市场价为5 000万元），由于个人办理抵押贷款需要，J决定办理营业用房权属登记，但在办理过程中，税务机关认定该外国公司在中国境内设立的维修部属于土地增值税的纳税义务人，向其追征了税款。

维修部表示不解，税务机关认为虽然该维修部属于某外国企业的分公司，既不是中国企业，又不具备法人资格，但因其进行了有偿转让房地产的行为，就是土地增值税的纳税人，应依法缴纳土地增值税，并确定计征土地增值税的收入为成交价格2 000万元。

（二）征税范围的检查

土地增值税征税范围包括转让国有土地使用权、地上的建筑物及其附着物并取得收入。所称转让，是指以出售或者其他方式有偿转让房地产并取得收入的行为，不包括以继承、赠与方式无偿转让房地产的行为。所称国有土地，是指按国家法律规定属于国家所有的土地；地上建筑物，是指建于土地上的一切建筑物，包括地上地下的各种附属设施；附着物，是指附着于土地上的不能移动，一经移动即遭损坏的物品。所称收入，包括转让房地产的全部价款及有关的经济收益。

1.常见涉税风险

（1）混淆所有权属，规避土地增值税纳税义务。如将产权转移的房地产转让行为按出租、抵押等权属未发生转移情形申报，规避土地增值税纳税义务。

（2）混淆征缓界限，规避土地增值税纳税义务。如将正常销售按兼并、投资、合作建房处理，规避土地增值税纳税义务。

（3）隐匿收入，规避土地增值税纳税义务。如将房地产转让按继承、赠与处理，瞒报漏报应纳税款。

（4）发生视同销售房地产行为未申报纳税。纳税人将开发的房地产用于职工福利、奖励、对外投资、分配给股东或投资人、抵偿债务、换取其他单位和个人的非货币性资产等，发生所有权转移时未作视同销售房地产处理，漏报土地增值税。

2.主要检查方法

（1）依据土地增值税的征税范围判断标准，审查单位和个人转让房地产是否应缴纳土地增值税。

①审查单位或个人所转让的土地，是否为国家所拥有。

根据《中华人民共和国宪法》和《中华人民共和国土地管理法》的规定，城市的土地属于国家所有，农村和城市郊区的土地除由法律规定属于国家所有的以外，均属于集体所有。属于土地增值税征税范围的土地仅限于国家所有的土地。农村集体所有的土地，是不得自行转让的，只有根据有关法律规定，由国家征用以后变为国家所有时，才能进行转让。所以集体土地的自行转让是一种违法行为，不属于土地增值税征税范围，而应交予有关部门进行处理。

②审查国有土地使用权、地上建筑物及其附着物的产权是否发生了转移。

第一，判断转让收入是属于国有土地使用权的出让还是国有土地使用权的转让取得的收入。国有土地使用权的出让是指国家以土地所有者的身份将土地使用权在一定年限内让予土地使用者，并由土地使用者向国家支付土地使用权出让金的行为。这种行为发生在由政府垄断的土地一级市场，未列入土地增值税征税范围。国有土地使用权的转让是指土地使用者通过出让等形式取得土地使用权后，将土地使用权再转让的行为，包括出售、交换和赠与。随着土地使用权的转让，土地上的建筑物及其附着物的所有权也随之转让。这种行为发生在土地二级市场，属于土地增值税的征税范围。

第二，土地增值税的征税范围不包括未转让土地使用权、房产产权的行为。凡是土地使用权、房产产权未转让的，不征收土地增值税。具体内容如下：

房地产的出租。在房地产的出租行为中，出租人虽然取得了收入，但没有发生房产产权或土地使用权的转让行为，因此不属于土地增值税的征税范围。

房地产的抵押。房地产的抵押是指房地产的产权所有人、依法取得土地使用权的土地使用人作为债务人或者第三人，向债权人提供不动产作为清偿债务的担保而不转移权属的法律行为。在房地产的抵押期间，没有发生房地产权属的转让行为，不征收土地增值税。待抵押期满后，应视该房地产是否被转让而确定是否征收土地增值税。对于由于债务人到期不能清偿债务而以房地产抵债，从而发生房地产权属转让的，应列入土地增值税的征税范围。

合作建房。对于一方出地，一方出资，双方合作建房，建成后按比例分房自用的，暂免征收土地增值税；建成后转让的，应列入征税范围。

房地产的代建房行为。这是指房地产开发公司代客户进行房地产的开发，开发完成后向客户收取代建收入的行为。在这种情形下，由于没有发生房地产权属的转移，房地产开发公司取得的收入属于劳务收入的性质，不属于土地增值税的征税范围。

房地产的评估增值。对房地产进行重新评估，出现评估增值时，既没有发生房地产权属的转移，纳税人也没有取得实际收入，不属于土地增值税的征税范围。

第三，审查房地产的转让是否取得了收入。土地增值税的征税范围不包括房地产的权属虽然转让，但未取得收入的行为。具体内容如下：

房地产的继承与赠与。这两种行为属于无偿转让房地产的行为，不属于土地增值税的征税范围。但应注意的是，这里的"赠与"仅指两种情况：一是房产所有人、土地使用权所有人将房屋产权、土地使用权赠与直系亲属或承担直接赡养义务的人；二是房产所有人、土地使用权所有人通过中国境内非营利的社会团体、国家机关等将房屋产权、土地使用权赠与教育、民政和其他社会福利、公益事业的。

房地产的交换。这种行为虽然没有带来货币收入，但交换双方实际已取得了实物形态的收入，即通过交换所得的原属于对方的房地产，属于土地增值税的征税范围。但对个人之间互换自有居住用房地产的，经当地税务机关核实，可以免征土地增值税。

以房地产进行投资、联营。这种行为是指投资、联营的一方以土地（房地产）作价入股进行投资，或作为联营条件，将房地产转让到所投资、联营的企业中的行为。这种行为具有投资的性质，与房地产的出售不同，没有取得转让房地产的收入，暂免征收土地增值税。对投资、联营企业将上述房地产再转移的，应征收土地增值税。

企业兼并转让房地产。在企业兼并中，对被兼并企业将房地产转让到兼并企业中的，暂免征收土地增值税。

因国家收回国有土地使用权、征用地上的建筑物及其附着物而使房地产权属发生转移的，发生了房地产权属的变更，原房产所有人、土地使用权人虽然也取得了一定的收入（补偿金），但可以免征土地增值税。

【特别提示】无论是单独转让国有土地使用权，还是房屋产权与国有土地使用权一并转让，只要取得了收入，均属于土地增值税的征税范围。具体来说，可以有以下三种情况：一是仅出售国有土地使用权，即土地使用者通过出让方式有偿取得土地使用权后，并不进行房产开发，仅进行通水、通电、通路、平整地面，等土地开发后直接将空地出售出去。二是土地使用者在取得土地使用权后进行房屋开发建造，然后出售，即所谓的房地产开发。三是对已存在的房地产的买卖，即房屋所有人将已有的房屋及相连的土地使用权一并转让给他人。

（2）检查账证，进一步确定纳税人是否负有土地增值税纳税义务。

① 检查纳税人房地产所有权属及变化情况，确定纳税人有无漏报土地增值税。检查"固定资产""无形资产"账户贷方及"银行存款"账户借方，核实企业有无转让国有土地使用权、地上建筑物等行为的发生；核实合同、协议、批文、产权转移书据等原始资料，确定房地产权属是否发生转移；对于抵押房地产，还应进一步确定合同约定的抵押时间，注意有无抵押房地产已经到期拍卖仍然不结转土地增值税的情况。

② 检查纳税人名下房地产使用及变动情况，确认纳税人有无将应征土地增值税的房地产按非应税房地产处理。对于房地产开发企业，应注意检查其"长期股权投资"、"开发产品"和"投资性房地产"账户，核对相关合同、协议，确定房地产投资、出租的真实性；对于企业兼并转让的房地产，可通过检查兼并批文、公告、意向书、协议书或会议纪要等，确定兼并业务的真实性。

③检查伴随纳税人房地产的产权变动是否产生收入，确认纳税人有无将正常销售按赠与处理，漏报土地增值税。将"银行存款"与"银行存款对账单"核对；将"银行存款"账户与"开发产品"账户贷方、"固定资产清理"账户贷方核对，查证所附原始凭证，确定其收款与权属转移日期是否相近、对应单位是否一致，从而判断纳税人是否存在将正常销售按继承、赠与处理的情况。

④检查纳税人是否有视同销售房地产未申报缴纳土地增值税的情况。检查企业开发房地产的情况，确定开发面积、已售面积、待售面积及尚未结转"主营业务成本"但已交付使用的面积，核对房产、土地管理部门信息，确认纳税人是否存在非销售转移开发房地产产权的情况；检查纳税人"开发产品"账户贷方对应账户是否为"主营业务成本"，如对应"应付职工薪酬""长期股权投资""应付账款""短期（长期）借款""应付股利""固定资产""无形资产"等账户，应进一步核实纳税人有无视同销售房地产行为。

【特别提示】对于以土地（房地产）作价入股进行投资或联营的，凡所投资、联营的企业从事房地产开发的，属于土地增值税的征税范围；凡所投资、联营的企业从事非房地产开发的，暂免征收土地增值税，即如果投资方和被投资方都是非房地产开发企业，则暂免征收土地增值税。

【案例7-2】甲公司于2021年2月15日与某商业银行签订一份借款合同，约定企业以其新建的厂房作为抵押，向该商业银行贷款5 000万元，贷款期限为2年，贷款利率为6%。到2023年2月15日，甲公司由于经营不善，无力偿还贷款本息及相关费用，银行将抵押的厂房拍卖，在清偿了银行贷款的本息后，将余款交还给该企业，该企业未就上述款项申报纳税。

2024年3月，税务师事务所在接受甲公司委托对其2023年纳税情况进行审查时发现上述问题。代理人员指出：2021年2月，甲公司以其新建的厂房作为抵押品取得了贷款，其厂房的所有权并没有改变，银行贷款并不是该企业取得的收入，因此其抵押行为并不属于土地增值税的征税范围，不需要缴纳土地增值税；2023年2月，银行代该企业拍卖其新建厂房，使得厂房所有权发生了转移，该企业也间接获得了拍卖厂房所取得的收入，并以其偿还了银行的贷款。按照税法的规定，上述拍卖行为应属于土地增值税的征税范围，应依法缴纳土地增值税，建议企业补报土地增值税。

二、计税依据的检查

（一）应税收入的检查

土地增值税应税收入包括纳税人转让国有土地使用权、地上的建筑物及其附着物并取得的全部价款及有关的经济收益，包括货币收入、实物收入和其他收入。

1.常见涉税风险

（1）取得预售收入没有按规定及时申报纳税

纳税人房屋销售款项，包括预售房款和销售房款，一般先通过"预收账款"账户进行核算。"预收账款"账户贷方核算实际收到的售房款（包括银行发放的按揭贷款）、工程款抵房款转入的房款、因换房从其他房源转入的房款等；基本开发完成后，从其借方结转至"主营业务收入"账户。

土地增值税纳税义务发生时间为房地产转让合同签订之日。对纳税人通过非正常方式转让房地产土地增值税纳税义务发生时间规定如下：已签订房地产转让合同，原房地产因种种原因迟迟未能过户，后因有关问题解决后再办理房地产转移登记的，土地增值税纳税义务发生时间以签订房地产转让合同时间为准；法院在进行民事判决、民事裁定、民事调解过程中，判决或裁定房地产所有权转移的，土地增值税纳税义务发生时间以判决书、裁定书、民事调解书确定的权属转移时间为准；依法设立的仲裁机构裁决房地产权属转移的，土地增值税纳税义务发生时间以仲裁书明确的权属转移时间为准。

因此，纳税人在项目全部竣工结算前转让房地产取得的收入应预缴土地增值税，并到主管税务机关办理纳税申报，按规定比例预缴，待办理项目竣工结算后清算，多退少补。

（2）混淆"定金"与"订金、意向金"等，将预售收入变为债务，不按规定及时申报纳税

房地产企业在未取得预售许可证之前，以"订金、诚意金、认筹款、意向金、看房费、购房卡、选房卡、VIP卡"等名义向意向客户收取部分款项，在收到时一般记入"其他应付款"账户，不作为"预收账款"处理，不预缴土地增值税；若意向客户如期签订购房合同，则"订金、诚意金、认筹款、意向金、看房费、购房卡、选房卡、VIP卡"等不予退还，转为定金或者预售房款，"其他应付款"账户转化为"预收账款"账户，应按预征率预缴土地增值税；若意向客户未按期签订合同，则"订金、诚意金、认筹款、意向金、看房费、购房卡、选房卡、VIP卡"等应当予以退还，冲减"其他应付款"。

"定金"属于一种法律上的担保方式，根据《中华人民共和国民法典》第五百八十六条：当事人可以约定一方向对方给付定金作为债权的担保。定金合同自实际交付定金时成立。第五百八十七条：债务人履行债务的，定金应当抵作价款或者收回。给付定金的一方不履行债务或者履行债务不符合约定，致使不能实现合同目的的，无权请求返还定金；收受定金的一方不履行债务或者履行债务不符合约定，致使不能实现合同目的的，应当双倍返还定金。

因此，"定金"实质上是预售房款，房地产开发企业收到购房人的定金，应预缴土地增值税。

有些纳税人为推迟纳税，采用将"定金"变名为"订金、意向金"等的办法，将预售收入变为债务，有的企业甚至将该部分收入转为"短期借款"，不作纳税申报。

（3）签订虚假购房合同或者阴阳合同压低成交价格，少申报纳税

在房地产交易活动中，尤其是二手房买卖活动中，交易双方为了避税，通常会采取与房屋交易中介、当事人恶意串通，采用高价买卖低价报税的办法，达到少缴税的目的。

（4）收入项目不齐全

①只计价款收入，不计价外收取费用收入。由于在房地产企业会计核算过程中，"预收账款"账户贷方只核算售房款，纳税人在销售过程中收取的其他款项，不管属于什么性质及税务上应如何处理，均不通过"预收账款"核算。因此，虽然纳税人按"预收账款"全额申报了预缴土地增值税收入，但其代收的天然气初装费、有线电视初装费等仍有可能因漏报收入项目而漏缴土地增值税。

【特别提示】对纳税人按县级以上人民政府的规定在售房时代收的各项费用，税法规定应区分不同情形分别处理：代收费用计入房价向购买方一并收取的，应将代收费用作为转让房地产所取得的收入计税。实际支付的代收费用，在计算扣除项目金额时，可予以扣

除，但不允许作为加计扣除的基数；代收费用在房价之外单独收取且未计入房地产价格的，不作为转让房地产的收入，在计算增值额时不允许扣除代收费用。

②按揭款收入不作销售收入申报。以银行按揭方式销售开发产品，开发企业收到首付款及银行按揭贷款到账后，如果以银行贷款的名义记入"短期借款"账户或挂"其他应付款"等账户，不计预收账款，极有可能漏报收入，少缴土地增值税。

③利用销售折扣和折让转利于关联方，随意冲减收入。土地增值税相关政策规定：纳税人不报或有意低报转让土地使用权、地上建筑物及其附着物价款的，或纳税人申报的转让房地产的实际成交价低于房地产评估机构评定的交易价，又不能提供凭据或无正当理由的，应按照房地产评估价格计算征收土地增值税。因此，如果纳税人通过压低售价的办法规避纳税可能被税务机关按照房地产评估价格计算征收土地增值税。纳税人可能会"另辟蹊径"，转而以折扣、折让的办法，冲减已结转销售收入，同样达到少缴土地增值税的目的。

（5）视同销售收入未足额申报纳税

房地产开发企业视同销售房地产，其收入按下列方法和顺序确认：①按本企业在同一地区、同一年度销售的同类房地产的平均价格确定；②由主管税务机关参照当地当年、同类房地产的市场价格或评估价值确定。由于上述视同销售业务不产生现金净流入量、也不产生现实利润，企业可能按成本价进行纳税申报，少报计税销售额。

【特别提示】国税函〔2010〕220号第六条：房地产企业用建造的本项目房地产安置回迁户的，安置用房视同销售处理，按上述视同销售规定的方法和顺序确认收入，同时将此确认为房地产开发项目的拆迁补偿费。

2.主要检查方法

（1）核对账、表间的钩稽关系

核对纳税人本期"预收账款"或"主营业务收入"账户贷方发生额与"土地增值税预缴申报表"申报的预（销）售收入额，若二者一致，则表示企业账面结转的预收款（收入款）已足额申报纳税，应注意核实有无漏报未结转至"预收账款"或"主营业务收入"账户的价外收取费用或定金等；若前者大于后者，则表示纳税人有部分预售房款（或销售房款）未申报纳税，应进一步核实其是否属于不征税的收入，如租金等；若前者小于后者，则表示纳税人有部分未结转至"预收账款""主营业务收入"账户的收入也进行了纳税申报，检查时应特别关注其是否属于视同销售收入，销售收入金额的确定是否正确。

（2）检查"预收账款""主营业务收入"项目是否齐全、内容是否完整、金额是否准确

①通过政府部门网站获取纳税人销售的相关信息，核对纳税人申报收入项目是否齐全、完整。

关注当地房地产管理部门网站公示的房地产预售许可证，确定以下内容：售房单位、项目名称、项目地址、项目用途、预售总建筑面积。结合本地房地产项目，确定纳税人后核实其"预收账款""主营业务收入"明细账户设置的项目、用途、房号等是否与预售许可证一致，有无项目不全、内容不完整的情况。

②审核相关账证，确定纳税人申报的计税收入是否真实。

第一，根据预售许可证信息，匡算纳税人应申报的项目收入总额与进度，核对纳税人

"预收账款""主营业务收入"明细账金额及预缴（或清算）土地增值税纳税申报的收入与相邻地段、同等用途的房地产的平均售价是否接近，从而判断纳税人申报的计税收入是否真实、准确。

第二，检查房地产转让合同，确定房产销售单价、收取的费用、付款时间约定等，核对银行进账单、POS机小票、发票（或收据）及各种与缴款方式相关的证明文件，确定纳税人是否就收入全额申报纳税，"预收账款""主营业务收入"明细账户是否包括按揭贷款收入等收入项目；对纳税人取得实物收入的，重点核实实物收入评估价是否与市场价格接近，有无价格明显偏低的情况，有无不按评估价格而是按成本价确认收入的情况；有无分解、隐瞒房地产收入的现象。

③深入销售现场实地调查，验证纳税人申报的计税收入是否准确。

进入销售现场实地调查，掌握纳税人房产销售分户明细表，重点审核房地产销售面积与项目可售面积的数据关联性，并对照核实计税收入。检查时，可以制作一份房源表，表格内容可以包括：房号、购买人、面积、单价、合同金额、实际收款、收据或发票号、备注等信息，对照检查企业申报的销售收入是否真实。对销售合同所载商品房面积与有关部门实际测量面积不一致，而发生补、退房款的，进一步对收入调整情况进行审核。土地增值税清算时，已全额开具商品房销售发票的，按照发票所载金额重新核对纳税人已申报的计税收入；未开具发票或未全额开具发票的，以交易双方签订的销售合同所载的售房金额及其他收益确认收入。如果销售合同所载商品房面积与有关部门实际测量面积不一致，在清算前已发生补、退房款的，检查纳税人在计算土地增值税时是否予以调整。

（3）检查"开发产品"与"固定资产""无形资产——土地使用权""长期股权投资""应付账款""应付利润""应付股利"等明细账的对应关系

结合对合同协议的审查，核实企业是否发生了将开发的房地产用于职工福利、奖励、对外投资、分配给股东或投资人、抵偿债务、换取其他单位和个人的非货币性资产等视同销售行为；发生视同销售行为的，应进一步检查账务处理和收入核算是否准确，是否按规定申报纳税。

【学思践悟】作为一名财务人员，必须恪守职业道德，培育工匠精神，确保财务信息的真实性、准确性和完整性；作为企业纳税义务人，要增强法治意识和风险意识，明晰底线和边界，不得编制"阴阳合同"，不得通过虚假纳税申报方式隐瞒销售收入，造成国家税款流失，要争当合法经营、依法纳税的守信者。

阅读资料

一份无章协议，牵出厂房交易秘密

（二）扣除项目金额的检查

1.建造并转让房地产允许扣除项目金额的检查

建造并转让房地产允许扣除项目包括：取得土地使用权所支付的金额、房地产开发成本（包括：土地征用及拆迁补偿费、前期工程费、建筑安装工程费、基础设施费、公共配套设施费、开发间接费用）、房地产开发费用、与转让房地产有关的税金、国家规定的其他扣除项目。

（1）取得土地使用权支付金额的检查

①常见涉税风险

第一，取得土地使用权所支付的金额不真实，相关凭证不合法。取得土地使用权所支付的金额包括纳税人为取得土地使用权所支付的地价款和按国家统一规定缴纳的有关税费。如果是以协议、招标、拍卖等出让方式取得土地使用权的，地价款为纳税人所支付的土地出让金；如果是以行政划拨方式取得土地使用权的，地价款为按照国家有关规定补缴的土地出让金；如果是以转让方式取得土地使用权的，地价款为向原土地使用权人实际支付的地价款。纳税人在取得土地使用权时按国家统一规定缴纳的有关费用，是指纳税人在取得土地使用权过程中办理有关手续，按国家统一规定缴纳的有关登记、过户手续费。纳税人在取得土地使用权时支付的一些非法的佣金、手续费等，可能无法获取合法有效的凭证，或获取虚假凭证，如果列入土地成本，必然导致土地成本金额不实。

> **小知识**
>
> 　　房地产企业在计算土地增值税时，提供非合法有效的土地成本凭证主要体现为三类：一是土地评估价值报告；二是母公司中标土地，成立子公司开发，提供母公司抬头的土地出让收据；三是自然人中标土地，成立公司开发，提供自然人（往往是后成立的开发公司的股东或老板）抬头的土地出让收据。

第二，土地使用权支付金额的分配方法不合理，分配比例和金额的计算不正确。如果纳税人同一宗土地有多个开发项目，其支付的地价款可分清负担对象的，应直接计入有关房屋开发成本；分不清负担对象、应由两个或两个以上成本核算对象负担的，其费用应按一定的标准（如房屋占地面积、房屋建筑面积等）分配计入有关房屋开发成本。纳税人支付的地价款在不同成本核算对象中分配方法不合理、分配比例和具体金额的计算不正确，都会导致房地产土地成本不实，影响土地增值税计税依据。

第三，将与取得土地使用权支付金额无关的费用计入地价款。如果纳税人将应计入期间费用的支出计入取得土地使用权支付金额，或将延期支付土地出让金而产生的利息、滞纳金、逾期开发缴纳的土地闲置费计入取得土地使用权支付金额，则一方面，可能导致不得扣除的支出得以扣除（如逾期开发缴纳的土地闲置费）；另一方面，会加大成本支出，提高加计扣除费用项目基数，从而减少土地增值税计税依据。

【特别提示】纳税人取得政府奖励、财政扶持等返还土地出让金的，应冲减取得土地使用权支付金额。

②主要检查方法

第一，检查纳税人列支土地使用权支付金额的原始凭证是否合法。查阅当地土地管理部门网站信息，确定土地成交情况；检查"开发成本——取得土地使用权所支付的金额"明细账，核对企业列支的地价款是否依据省级以上（含省级）财政部门监（印）制的财政票据金额；列支的相关费用如土地交易服务费、拍卖佣金是否取得合规发票。有无以土地评估价值报告作为原始列支凭证扣除；有无用母公司抬头的土地出让收据在子公司扣除开发成本；有无以自然人（往往是后成立的开发公司的股东或老板）抬头的土地出让收据作为原始凭证在计算土地增值税时扣除。

第二，核实分配依据及标准，确定取得土地使用权支付金额分配是否正确。对同一宗土地有多个开发项目（特别是纳税人同时进行自建房和开发房地产）的，对照"修建性详细规划图及相关规划文件"和"房屋建筑面积测绘报告"中普通住宅、非普通住宅、商业、地下车库及公共配套设施建筑面积数据，核实据以分摊给不同开发项目的房屋占地面积或房屋建筑面积是否真实；房地产开发土地面积、建筑面积和可售面积，是否与权属证、房产证、预售证、房屋测绘所测量数据、销售记录、销售合同、有关主管部门的文件等载明的面积数据相一致；各成本核算对象分摊的"取得土地使用权所支付的金额"分配标准的制定是否科学，分摊办法是否合理、合规，分摊金额的计算是否正确，有无人为调剂不同项目间成本费用的情况。

【特别提示】土地、开发成本在分摊方法上的差异会对项目土地增值税税负产生较大影响，分摊方式的选择要关注当地税务局是否有明确文件。

第三，检查支出项目，确定纳税人列支土地使用权支付金额的真实性、相关性。对一些异常的土地支出项目，应调阅相关的原始凭证逐一核实；核实后，应进一步查阅当地土地管理部门网站信息，获取政府前期出让的类似地块的出让金数额并进行时间、地段、用途、临街状况、建筑容积率、土地出让年限、周围环境及土地现状对比，分析纳税人取得土地使用权支付金额是否存在明显异常；有无列支逾期开发缴纳的土地闲置费。

（2）房地产开发成本的检查

房地产开发成本包括土地征用及拆迁补偿费、前期工程费、建筑安装工程费、基础设施费、公共配套设施费、开发间接费等。

①土地征用及拆迁补偿费的检查

征用农村土地发生的费用主要有：土地补偿费、耕地占用税、劳动力安置补助费、水利设施维修分摊、青苗补偿费、耕地垦复基金、征地管理费等；拆迁补偿费包括：房屋征收安置费和征收补偿费及有关地上、地下附着物拆迁补偿的净支出等。

第一，常见涉税风险。由于纳税人支付的拆迁补偿款的对象大多为城镇居民个人或农民，无法取得正规发票，因此纳税人可能会"浑水摸鱼"，从中列支一些非法支出或有意多列支补偿支出，加大开发成本；或者纳税人采用"实物补偿＋收付差价款"方式支付拆迁补偿款，多计或少计补偿支出，影响开发成本的正确性。

【特别提示】纳税人支付给回迁户的补差价款，应计入拆迁补偿费；回迁户支付给纳税人的补差价款，应抵减本项目拆迁补偿费；异地安置的房屋属于自行开发建造的，拆迁补偿费按本企业在同一地区、同一年度销售的同类房地产的平均价格或由主管税务机关参照当地当年、同类房地产的市场价格或评估价值确定，计入拆迁补偿费；异地安置的房屋属于购入的，拆迁补偿费以实际支付的购房支出计入。

第二，主要检查方法。根据市、县（区）级人民政府公告的土地征收补偿方案及补偿方式，市、县（区）政府房屋征收部门或市、县（区）政府委托的房屋征收实施单位与被征收人签订的补偿协议，拆迁单位、县（区）拆迁管理办公室、国土局、市容局、规划局、街道办事处、村委会等单位测量并审核的摸底丈量原始表，拆迁（回迁）合同等资料，对照支付给个人的拆迁补偿款和签收花名册、转账支付记录，确定纳税人支付的土地征用及拆迁补偿费是否真实，并与相关账目核对，查明纳税人有无虚报土地征用及拆迁补偿费，有无将违法建设纳入补偿范围。

对房地产开发企业支付自然人拆迁补偿费的，检查纳税人取得的原始凭证是否齐全，包括：被拆迁个人签名或者盖章的收款收据或个人签名或盖章的支付清单；当地政府公示的拆迁补偿费标准的文件；被拆迁人身份证复印件；被拆迁户门牌号码；双方达成的拆迁补偿协议；支付被拆迁人拆迁补偿费的银行单据。

委托拆迁中介机构进行拆迁的，检查其申报扣除的拆迁费用是否以拆迁中介机构开具的正式发票作为支撑。

【做中学7-1】W房地产开发公司于2024年一次性征地100 000平方米，计划在该宗土地上分五期开发商品房20栋，所开发商品房总建筑面积为5 000 000平方米。其中第一期开发工程占地面积为10 000平方米，开发的商品房总建筑面积为200 000平方米，已销售190 000平方米，其中30套商品房用于补偿被拆迁户，市场价值600万元。该公司在土地增值税清算时，将以实物方式支付的拆迁补偿费全部在第一期开发项目成本中扣除。

请问：如果请你对W房地产开发公司上述土地征用及拆迁补偿支出进行税务指导，你能够帮助纳税人分析其扣除的土地征用及拆迁补偿的成本是否正确吗？

解析：W房地产开发公司将价值600万元的30套用于拆迁补偿给被拆迁户的商品房在第一期的开发项目成本中一次性扣除显然不符合土地增值税法的规定。理由如下：根据国税发〔2006〕187号第四条第（五）项的规定，600万元的30套用于拆迁补偿给被拆迁户的商品房，是该宗土地上分五期开发的商品房20栋发生的共同拆迁成本，应按五期清算项目的各期可售建筑面积占五期项目可售总建筑面积的比例或其他合理的方法，计算确定各期清算项目的拆迁成本扣除金额；根据国税发〔2006〕187号第一条的规定，该宗土地五期开发项目必须分五期确定土地增值税清算单位。

因此，第一期开发项目分摊拆迁成本的正确计算方法如下：五期开发项目的总建筑面积为5 000 000平方米；第一期开发项目应分摊的实物拆迁成本为：600÷5 000 000×200 000 = 24（万元）。W房地产开发公司第一期开发项目提前多扣除了576万元（600 - 24）拆迁成本。

②前期工程费的检查

前期工程费，包括规划、设计、项目可行性研究和水文、地质、勘察、测绘、"三通一平"等支出。

第一，常见涉税风险。规划设计费、项目可行性研究费、实地勘察测绘费用、"三通一平"等支出主要为劳务方面的费用，项目支出"弹性"较大，纳税人可能通过虚列前期工程费、土地开发费用的办法，虚增房地产开发成本。

第二，主要检查方法。检查合同的订立及合同金额、据以列支的原始凭证，确定纳税人前期工程费的各项支出是否真实、合理；将"开发成本——前期工程费"账户借方与工程预算书核对，核实其支出是否存在明显异常，有无虚列前期工程费的情况。

③建筑安装工程费的检查

建筑安装工程费是指以出包方式支付给承包单位的建筑安装工程费和以自营方式发生的建筑安装工程费，在土地增值税扣除项目中占据很大的比例。

第一，常见涉税风险。

a.将不符合列支条件的建筑安装费用申报扣除。

b.采用出包方式支付给承包单位建筑安装工程费的，重复列支材料成本，虚增建筑安装成本。

c.采用自营方式列支建筑安装工程费的，虚列人工费、材料费、机械使用费、其他直接费和管理费支出，虚增建筑安装成本。

第二，主要检查方法。

a.列支条件的检查。一是要查是否实际发生；二是要查是否取得合规发票，包括：列支建筑安装工程费的原始凭证是不是发票、采用出包方式支付给承包单位的建筑安装工程费取得发票的备注栏是否注明建筑服务发生地县（市、区）名称及项目名称、发票的填开是否齐全；三是要查款项是否实际支付。

b.重复列支材料费用的检查。重复列支材料费用多见于"甲供工程"。"甲供工程"是指全部或部分设备、材料、动力由工程发包方自行采购的建筑工程。纳税人通过"甲供工程"合同重复列支材料成本的基本步骤如下：第一步，与建筑施工企业签订建筑总承包合同时，"合同价款"中含"甲供材料"金额；第二步，在工程决算时，要求与建筑企业按照含"甲供材料"金额进行决算，工程决算价中含有"甲供材料"金额；第三步，建筑企业按照含"甲供材料"金额向纳税人开具增值税专用发票（建筑企业选择一般计税方法计征增值税的情况下）；第四步，纳税人收到建筑施工企业开具的含"甲供材料"金额的增值税专用发票，记入"开发成本"科目；第五步，纳税人向材料供应商购买"甲供材料"，获得材料供应商开具的材料增值税专用发票，记入"开发成本"科目。检查时，如果发现纳税人完工决算成本与工程概预算成本存在明显异常，且差异较大时，应当进一步从合同管理部门获取施工单位与开发商签订的施工合同，并与相关账目进行核对，确定纳税人有无将"甲供材料"金额计入工程结算价格进行结算并重复扣除的情况。

【案例7-3】税务稽查人员在对甲房地产开发企业进行税务稽查时，发现该企业A项目收取的保证金比例高达工程价款结算总额的23%，显然不符合《建设工程质量保证金管理办法》第七条的规定：发包人应按照合同约定方式预留保证金，保证金总预留比例不得高于工程价款结算总额的3%。

稽查人员调阅A项目施工合同并询问有关人员确认：2022年甲房地产开发企业与乙施工企业签订A项目建筑施工合同，在预算总金额1 000万元中，含甲房地产开发企业购买提供给乙施工企业施工领用的材料200万元。2024年，工程竣工，甲房地产开发企业与乙施工企业决算价为1 090万元，乙施工企业向甲房地产开发企业开具增值税税率为9%，不含增值税金额为1 000万元，增值税金额为90万元的增值税专用发票，甲房地产开发企业向乙施工企业支付工程结算款1 090万元，又以保证金的形式收回200万元，加之按标准3%预留的保证金，才导致该企业A项目收取的保证金比例高达工程价款结算总额的23%。

进一步调阅甲房地产开发企业"开发成本"账户确认，该企业向丙材料供应商采购材料金额200万元、税额26万元，材料供应商给甲房地产开发企业开具13%的增值税专用发票，甲房地产开发企业将上述材料提供给乙施工企业时计入开发成本。至此，稽查部门查清纳税人记入"开发成本——建筑安装费"的金额达1 200万元，其中重复列支的材料成本为200万元，不仅影响土地增值税成本项目的真实性，增加了作为加计扣除的基数，加大开发费用、加计扣除金额；还多申报抵扣了增值税进项税额、减少了企业所得税计税依据。

c.建筑安装成本的检查。对于采用出包方式的，检查"开发成本——房屋开发成本——建筑安装工程费"明细账的发生额，并与"预付账款——预付工程款""应付账款——应付工程款""银行存款"等账户核对，复核并确定以下内容：纳税人发生的费用是否与工程预算报告、审计报告、结算报告、工程施工合同记载的内容相符；与当地当期同类开发项目单位平均建安成本或当地建设部门公布的单位定额成本出入是否过大；工程竣工验收后，根据合同的约定，扣留建筑安装施工企业一定比例的质量保证金，未取得施工企业开具发票的有无计算扣除。必要时，可以采用实地调查的办法，查看项目工程情况，向建筑监理公司取证，确定工程预决算书列支的各成本项目是否合理；施工所发生的人工费、材料费、机械使用费、其他直接费和管理费支出是否取得合法有效的凭证。

小知识

严格划分"装修费用"与"装饰费用"，准确归集建安成本

实践中，不少房地产项目为精装房销售，装修公司往往是由房地产企业的实际控股人注册，不仅为房地产项目提供硬装修业务而且提供软装修业务，并将硬装修和软装修成本统一开发票给房地产公司计入开发成本——建安成本。房地产公司在计算土地增值税时，不仅能在土地增值税前扣除"软装修成本"，而且还可以作为开发成本的基数，加大开发费用与加计扣除金额，从而达到少缴税的目的。

根据《商品住宅装修一次到位实施导则》的通知（建住房〔2002〕190号）的规定：住宅装修工程中不含不能构成不动产附属设施和附着物的家具、电器等动产设施。根据《关于房地产开发企业土地增值税清算管理有关问题的通知》（国税发〔2006〕187号）第四条第（四）项的规定："房地产开发企业销售已装修的房屋，其装修费用可以计入房地产开发成本。"

综合上述法律规定：房地产开发企业在土地增值税前扣除的开发成本中包括"装修费用"，但不包括"装饰费用"。

"装饰费用"主要包括：

家具。其包括支撑类家具、储藏类家具、装饰类家具。如沙发、茶几、床、餐桌、餐椅、书柜、衣柜、电视柜等。

饰品。一般为摆件和挂件，包括工艺品摆件、陶瓷摆件、铜制摆件、铁艺摆件，挂画、插画、照片墙、相框、漆画、壁画、装饰画、油画等。

灯饰。其包括吊灯、立灯、台灯、壁灯、射灯。

布艺织物。其包括窗帘、床上用品、地毯、桌布、桌旗、靠垫等。

花艺及绿化造景。其包括装饰花艺、鲜花、干花、花盆、艺术插花、绿化植物、盆景园艺、水景等。

---

④基础设施费的检查

基础设施费，从空间位置方面来讲，是指项目开发过程中发生的小区内、建筑安装工程施工图预算项目之外的支出；从业务内容方面来讲，包括开发小区内道路、供水、供电、供气、排污、排洪、通信、照明、环卫和绿化等工程发生的支出。

第一，常见涉税风险。a.混淆基础设施费用界限。纳税人有多个开发项目的，基础设施费用不分项目核算，将应计入其他项目的费用作为申报项目的基础设施费用；或将应计入期间费用的支出作为申报项目的基础设施费用。b.未取得合法有效的凭证。c.虚列基础设施费支出。d.随意分配基础设施费。

第二，主要检查方法。a.获取项目概预算资料，比较、分析概预算费用与实际费用是否存在明显异常。b.审核"开发成本——基础设施费"账户借方中列支的金额是否取得合法有效的凭证、是否含有以明显不合理的金额开具的各类凭证、是否将期间费用计入基础

设施费。c.纳税人有多个开发项目的，审核"开发成本——基础设施费"账户贷方，核实分配表中分配对象是否齐全、分配标准是否为建筑面积或其他合理标准、分配率是否一致。

⑤公共配套设施费的检查

公共配套设施费，包括不能有偿转让的开发小区内的公共配套设施发生的支出。房地产开发企业开发建造的与开发项目配套的居委会和派出所用房、会所、停车场（库）、物业管理场所、变电站、热力站、水厂、文体场馆、学校、幼儿园、托儿所、医院、邮电通信等公共设施，按以下原则处理：建成后产权属于全体业主所有的，其成本、费用可以扣除；建成后无偿移交给政府、公用事业单位用于非营利性社会公共事业的，其成本、费用可以扣除；建成后有偿转让的，应计算收入，并准予扣除成本、费用。

第一，常见涉税风险。a.公共配套设施的界定不准确，导致公共配套设施费归集不准确。b.将尚未真实发生的公共配套设施费申报扣除。c.将房地产开发费用计入公共配套设施费。d.公共配套设施费未按项目合理分摊。

第二，主要检查方法。a.获取项目概预算资料，比较、分析概预算公共配套设施费用与实际发生的公共配套设施费用是否存在明显异常。b.检查纳税人"开发成本——配套设施开发成本"明细账的借方发生额，看配套设施开发成本是否合理，有无非正常项目支出，特别注意有无列支有偿转让给有关部门的大型配套设施费。c.检查纳税人"开发成本——配套设施开发成本"明细账的贷方发生额，检查配套设施开发成本的分配对象是否齐全，分配标准是否符合税收的规定，不同开发项目间分配率是否一致。

⑥开发间接费用的检查

开发间接费用是指直接组织、管理开发项目发生的费用，包括工资、职工福利费、折旧费、修理费、办公费、水电费、劳动保护费、周转房摊销等。

第一，常见涉税风险。a.混淆开发间接费与期间费用，将企业行政管理、销售部门（总部）为组织管理生产经营活动和销售而发生的期间费用计入开发间接费用。b.将尚未真实发生的费用计入开发间接费用，或据以列支开发间接费用的原始凭证不具有合法有效性。c.开发间接费用的分配不符合税法的规定。

第二，主要检查方法。

a.根据本期"开发成本——开发间接费"账户借方发生额，结合原始凭证确认纳税人是否将应在期间费用列支的办公费，如管理部门、销售部门办公场所的租金、折旧费、水电费、通信费、人员工资、广告费、注册登记费、差旅费、会议费等计入开发间接费用。

b.检查"开发成本——开发间接费"账户贷方发生额，确定纳税人分配方法是否科学、分配结果是否正确。

【特别提示】由于计入开发成本核算的"开发间接费用"在计算土地增值税时，可以作为加计20%扣除的基数，所以多计开发间接费用可以达到增加土地增值税的扣除成本，少缴纳土地增值税的目的。因此，在房地产企业土地增值税清算时，依照税法的规定，允许扣除的"开发间接费用"是有一定的范围界定的。由于房地产企业在会计核算中的"开发间接费用"的范围比土地增值税清算中允许扣除的"开发间接费用"的范围更广，如果房地产企业按照会计核算中的"开发间接费用"在土地增值税清算中进行扣除，显然会多扣除成本，致使房地产企业少缴纳土地增值税。

> **小知识**
>
> 　　样板间支出在计算土地增值税处理的正确方法：将租用房屋装修为样板间，其装修支出应在"销售费用"科目核算；将开发商品装修为样板间，并在以后年度销售的情况下，在"开发成本"中列支；将开发商品装修为样板间，在以后年度不销售作为固定资产入账的情况下，则相关的装修费应计入固定资产价值，其折旧属于期间费用。

　　【思考】土地增值税清算时，已经计入房地产开发成本的利息支出，应如何处理？合同违约（如不能按时交房）支付给业主的违约金，应如何处理？

　　（3）房地产开发费用的检查

　　房地产开发费用，是指与房地产开发项目有关的销售费用、管理费用和财务费用。房地产开发费用在计算土地增值税时，列支办法如下：财务费用中的利息支出，凡能够按转让房地产项目计算分摊并提供金融机构证明的，允许据实扣除，但最高不能超过按商业银行同类同期贷款利率计算的金额；对于超过贷款期限的利息部分和加罚的利息不允许扣除。其他房地产开发费用，在按照"取得土地使用权支付的金额"与"房地产开发成本"金额之和的5%以内计算扣除。凡不能按转让房地产项目计算分摊利息支出或不能提供金融机构证明的，房地产开发费用在按"取得土地使用权支付的金额"与"房地产开发成本"金额之和的10%以内计算扣除。

　　①常见涉税风险

　　第一，列支的利息支出不合规，包括：

　　a.列支利息支出的原始凭证不符合规定。由于纳税人可能多渠道融资，因此，支付利息的对象可能是金融机构、非金融企业或个人，因此据以列支利息支出的原始凭证也呈现出多样化态势，纳税人支付给非金融企业、个人的利息支出，即使能够取得增值税发票，也不符合税法规定的合法有效凭证的规定，不得作为利息费用单独申报扣除。

　　b.超标准、超范围列支利息支出。如按超过商业银行同类同期贷款利率计算的金额申报扣除；按超过贷款期限和挪用贷款的罚息申报扣除；将借款手续费、咨询费、顾问费等利息支出以外的费用作为利息支出申报扣除；将预提的利息支出作为实际支出申报扣除等。

　　c.将利息支出列入开发成本不作调整。房地产开发企业属于资金密集型企业，从取得土地使用权时就需要借款，到房地产售出后，才开始陆续偿还。因此，财务核算中许多利息已记入"开发成本"账户，如果不作调整，既会导致利息费用重复扣除，也会加大扣除成本的基数。

　　d.利息支出未按开发项目合理分摊。财务费用中的利息支出，凡能够按转让房地产项目计算分摊并提供金融机构证明的，允许据实扣除，由于纳税人成本对象完工前发生的利息支出应资本化计入开发成本，因此，分期开发项目或者同时开发多个项目的，其取得的一般性贷款的利息支出，可以选择按照不同项目预算造价具体进行分摊。

　　e.利用闲置专项借款对外投资取得的收益未冲减利息支出。纳税人利用闲置专项借款对外投资取得的收益一般的处理办法是：资本化期间内获得的专门借款闲置资金利息收入应冲减资本化利息费用金额，即冲减"开发成本"的金额，费用化期间的专门借款闲置资金利息收入冲减"财务费用"。因此，纳税人在统计利息支出金额时可能将利用闲置专项借款对外投资取得的收益记入"投资收益"账户，不作利息冲减，或将冲减"开发成本"的资本化利息支出部分申报时不调整利息支出额。

第二，房地产开发费用超过规定比例计算扣除。开发费用计算扣除的比例由省、自治区、直辖市人民政府规定。如果纳税人申报土地增值税时不按当地政府规定的标准而是按税法规定的最高标准进行扣除，就可能多列支开发费用。

②主要检查方法

第一，利息支出的检查。

a. 检查"开发成本""财务费用"明细账借方发生额，核对"银行存款"账户贷方发生额，确定利息费用是否已经支付。

b. 检查利息支付取得的发票及金融机构证明，确定纳税人支付的利息是否能够按转让房地产项目计算分摊并允许据实扣除。

c. 对照"土地增值税纳税申报表（二）（从事房地产开发的纳税人清算适用）"申报扣除的利息支出与会计核算账面"财务费用"借方发生额，如果二者一致，说明纳税人计入"开发成本"的利息支出、超过商业同类同期贷款的利息、超过贷款期限和挪用贷款的加罚利息、预提的利息支出等未作相应的纳税调整。

d. 检查"土地增值税纳税申报表（二）（从事房地产开发的纳税人清算适用）"申报扣除的利息支出"财务费用"账户借方发生额比例，测算利息费用分摊是否合理，有无将属于其他项目或其他建设期间的费用计入本期的利息支出。

第二，开发费用支出的检查。检查"土地增值税纳税申报表（二）（从事房地产开发的纳税人清算适用）"申报扣除的"其他房地产开发费用"与"取得土地使用权支付的金额 + 房地产开发成本"的比例是否高于房地产项目所在地省级人民政府规定的列支比例。

（4）转让房地产有关税金的检查

与转让房地产有关的税金，是指房地产开发企业实际缴纳的城市维护建设税、教育费附加、地方教育附加、印花税。

①常见涉税风险

第一，将与转让房地产"无关"的税金单独申报扣除。根据《国家税务总局关于营改增后土地增值税若干征管规定的公告》（国家税务总局公告2016年第70号）第三条与转让房地产有关的税金扣除问题，第（二）项的规定，营改增后，房地产开发企业实际缴纳的城市维护建设税、教育费附加，凡能够按清算项目准确计算的，允许据实扣除。凡不能按清算项目准确计算的，则按该清算项目预缴增值税时实际缴纳的城建税、教育费附加扣除。如果纳税人将耕地占用税、城镇土地使用税等作为与转让房地产有关的税金申报扣除，就会导致多扣税金、少计增值额的情况。

第二，重复扣除税金。根据《财政部　国家税务总局关于土地增值税一些具体问题规定的通知》（财税字〔1995〕48号文）第十一条的规定，关于已缴纳的契税可否在计税时扣除的问题：对于个人购入房地产再转让的，其在购入时已缴纳的契税，在旧房及建筑物的评估价中已包括此项因素，在计征土地增值税时，不另作为"与转让房地产有关的税金"予以扣除；根据《国家税务总局关于土地增值税清算有关问题的通知》（国税函〔2010〕220号）第五条的规定：房地产开发企业取得土地使用权时支付的契税的扣除问题，房地产开发企业为取得土地使用权所支付的契税，应视同"按国家统一规定交纳的有关费用"，计入"取得土地使用权支付的金额"中扣除。如果上述契税作为与转让房地产有关的税金申报扣除，必然会造成重复列支税金问题。

②主要检查方法

第一，检查"税金及附加""应交税费"等明细账，并与完税凭证核对，明确纳税人申报扣除的税金是否属于转让房地产所应负担的城市维护建设税和教育费附加、地方教育附加、印花税。有无将不属于营业税金的项目如城镇土地使用税也计入了扣除项目。

第二，检查"开发成本"中列支的契税在申报"与转让房地产有关的税金"中是否重叠。

（5）财政部规定的其他扣除项目的检查

对从事房地产开发的企业，在缴纳土地增值税时允许按取得土地使用权时所支付的金额和房地产开发成本之和，加计20%扣除。

①常见涉税风险

第一，超范围享受加计扣除税收政策。加计扣除项目只对从事房地产开发的纳税人有效，对其他土地增值税的纳税人无效；对从事房地产开发的纳税人，取得土地使用权后，未进行开发即转让的，只允许扣除取得土地使用权所支付的金额（包括地价款和缴纳的有关费用）以及在转让环节缴纳的有关税金，不得加计扣除。如果纳税人未取得房地产开发资质而申报加计扣除；或转让非住宅类旧房及建筑物申报加计扣除，就会因扩大加计扣除范围而产生纳税风险。同理，如果纳税人取得土地使用权后，仅进行土地开发（如"七通一平"等），不建造房屋即转让土地使用权；或取得了房地产产权后，未进行任何实质性的改良或开发即再行转让，也申报加计扣除的，就会因少计土地增值税计税依据而产生税收风险。

第二，计算加计扣除的基数不正确，导致纳税人多报或少报加计扣除金额。按照政策的规定，纳税人在房地产销售过程中未将代收费用作为转让房地产的收入计税的，在计算土地增值税时不允许扣除代收费用；纳税人将代收费用作为转让收入计税的，在计算扣除项目金额时，可予以扣除，但不允许作为加计20%扣除的基数。房地产开发企业取得在建工程，继续开发支付的成本可以加计扣除。纳税人计算加计扣除的基数不正确，必然会因此影响到土地增值税计税依据而产生相应的税收风险。

②主要检查方法

第一，检查纳税人由各级建设行政主管部门发放的相应等级的资质证书，确定纳税人是否属于可以加计扣除的从事房地产开发的企业。

第二，检查纳税人"开发成本"明细账，确定纳税人销售土地、房地产项目是否经过后续开发，后续开发支出金额是否真实，其加计扣除的基数是否计入原购置成本。

第三，核对"土地增值税纳税申报表（二）（从事房地产开发的纳税人清算适用）"申报扣除的"其他扣除项目"金额与"取得土地使用权支付的金额＋房地产开发成本"的比例是否高于20%，确定纳税人有无多报加计扣除金额。

2.转让旧房及建筑物扣除项目金额的检查

计算转让旧房土地增值税的扣除项目金额包括三种情形：一是纳税人能提供旧房及建筑物评估价格的，按房屋及建筑物的评估价格、取得土地使用权所支付的地价款和按国家统一规定缴纳的有关费用以及在转让环节缴纳的税金作为扣除项目金额计征土地增值税；二是纳税人不能提供评估价格但能提供购房发票的，按购房发票所载金额、发票所载金额每年加计5%计算的加计扣除金额、与转让房地产有关的税金作为扣除项目金额计征土地增值税；三是既没有评估价格，又不能提供购房发票的，由税务机关实行核定征收土地增值税。转让旧房及建筑物扣除项目金额的检查重点是上述第一种情形。

（1）常见涉税风险

①将不得扣除的土地价款金额、契税申报扣除

对于能提供评估价格的，已缴契税在计算土地增值税时不允许扣除；对取得土地使用权时未支付地价款或不能提供已支付的地价款凭据的，不允许扣除取得土地使用权所支付的金额。支付的土地出让金，应取得省级以上（含省级）财政部门监（印）制的财政票据；支付的相关税费，应取得财政部门出具的非税收入收据、完税凭证。由于纳税人在取得土地使用权环节支付的契税在账务处理上一般作资本化处理，计入土地成本，所以在转让环节土地增值税纳税申报"取得土地使用权支付的金额"往往不会扣减已缴纳的契税。

②评估价格偏高

评估价格是指在转让已使用的房屋及建筑物时，由政府批准设立的房地产评估机构评定的重置成本价乘以成新度折扣率的价格。所称重置成本价，是指对旧房及建筑物，按转让时的建材价格及人工费用计算，建造同样面积、同样层次、同样结构、同样标准的新房及建筑物所需花费的成本费用；所称成新度折扣率，是指按旧房或建筑物的新旧程度作一定折扣的比率。如果评估的重置成本及成新度折扣率偏高，或者评估报告中包含房产土地的评估价值，既可以为今后抬高销售价格作好"铺垫"，又可以加大扣除金额而减少土地增值税纳税义务。

（2）主要检查方法

①检查纳税人申报扣除的补缴的土地出让金是否真实。查看向政府土地管理部门补缴土地出让金取得的原始凭证是否符合规定，有无将不能提供已支付的地价款凭据的支出申报扣除；有无将补缴土地出让金环节缴纳的契税计入土地出让金扣除金额。

【特别提示】根据《财政部 国家税务总局关于土地增值税若干问题的通知》（财税〔2006〕21号）第二条的规定，关于转让旧房准予扣除项目的计算问题：纳税人转让旧房及建筑物，凡不能取得评估价格，但能提供购房发票的，经当地税务部门确认，《中华人民共和国土地增值税暂行条例》第六条第（一）、（三）项规定的扣除项目的金额，可按发票所载金额并从购买年度起至转让年度止每年加计5%计算。对纳税人购房时缴纳的契税，凡能提供契税完税凭证的，准予作为"与转让房地产有关的税金"予以扣除，但不作为加计5%的基数。

②查看经税务部门认可的评估机构出具的房产评估报告的评估金额，确定评估报告中是否包含了房产土地的评估价值，对包括在内的，应予以剔除。

三、适用税率及应纳税额计算的检查

土地增值税适用50%~200%的四级超率累进税率，其应纳税额计算公式如下：

土地增值税应纳税额 ＝ 增值额×税率 － 速算扣除率×扣除项目金额

（一）常见涉税风险

增值额和扣除项目的计算不正确，导致适用税率和速算扣除系数错误，应纳税额计算错误。

（二）主要检查方法

审查增值额与扣除项目的数额及相互间的比例关系，以确定其计税的税率是否符合规定。在核实纳税人增值额与扣除项目金额的基础上，计算出增值率，并据以确定适用税率、速算扣除系数，与企业申报的增值率、适用税率和速算扣除系数进行核对，检查申报土地增值税适用税率和税额是否正确。

四、土地增值税清算的检查

土地增值税清算，是指纳税人在符合土地增值税清算条件后，依照税收法律、法规及土地增值税有关政策的规定，计算房地产开发项目应缴纳的土地增值税税额，并填写"土地增值税清算申报表"，向主管税务机关提供有关资料，办理土地增值税清算手续，结清该房地产项目应缴纳土地增值税税款的行为。

（一）土地增值税清算单位的检查

土地增值税以国家有关部门审批的房地产开发项目为单位进行清算，对于分期开发的项目，以分期项目为单位清算；开发项目中同时包含普通住宅和非普通住宅的，应分别计算增值额。各省、自治区及直辖市可以根据本地区房地产开发行业的特点，对土地增值税清算单位制定适用于本地区房地产开发项目的政策。

1.常见涉税风险

将分期开发的项目、分期开发的不同类型的房地产项目合并申报纳税。

因为不同时期的清算单位会涉及商品房、建材等价格波动，会导致清算结果的不同，而且有可能差异很大。因此，纳税人在进行土地增值税清算申报时可能将应分别申报纳税的分期开发的项目、分期开发的不同类型的房地产项目合并申报纳税，以整体项目来计算土地增值额、增值率和土地增值税税额，以实现税负的正负相抵。

2.主要检查方法

检查纳税人建设用地批准书、项目总平面规划、项目规划批文、建设项目单体工程验收、商品房预售许可证等，核对纳税人初始填报的"土地增值税项目登记表"中的房地产项目，确定纳税人开发项目的期限、类型，审核房地产开发项目是否以国家有关部门审批、备案的项目为单位进行清算；对于分期开发的项目，是否以分期项目为单位清算；对不同类型房地产是否分别计算增值额、增值率，缴纳土地增值税。

【思考】某房地产企业开发"A项目"，有四个立项，两张土地证，两个总包，分两期开发，在达到土地增值税清算条件时，清算单位有几个？是否可以合并清算？

（二）土地增值税清算条件的检查

土地增值税清算分为"应清算"和"可清算"两种情况。应清算的情形包括：符合下列情形之一的，纳税人应依法进行土地增值税的清算：①房地产开发项目全部竣工、完成销售的；②整体转让未竣工决算房地产开发项目的；③直接转让土地使用权。可清算的情形包括：虽然达不到法定的清算条件，但符合下列情形之一的，主管税务机关可要求纳税人进行土地增值税清算：①已竣工验收的房地产开发项目，已转让的房地产建筑面积占整个项目可售建筑面积的比例在85%以上，或该比例虽未超过85%，但剩余的可售建筑面积已经出租或自用的；②取得销售（预售）许可证满3年仍未销售完毕的；③纳税人申请注销税务登记但未办理土地增值税清算手续的；④税务机关规定的其他情况。

1.常见涉税风险

已经达到土地增值税清算标准但不申请清算。一些规模较小、开发项目少的纳税人，可能会以开发项目公司注销税务登记为清算点，只要开发公司不注销，就长期不进行土地增值税的清算。

2.主要检查方法

单个开发项目符合清算条件，就必须清算土地增值税。检查时，可以采用以下方法：

（1）设置项目台账，从取得土地使用权开始，按项目分别建立档案、设置台账，对项目立项、规划设计、施工、预售、竣工验收、工程结算、项目清盘等房地产开发全过程实行跟踪监控，排查出符合清算条件的清算项目。

（2）对符合清算条件的"应清算"项目，确定纳税人报送的"土地增值税清算表"等申报资料是否满足在90天内；对满足"可清算"条件的项目，检查收到税务机关下达的"土地增值税清算通知书"90天内是否报送清算资料。

（3）搭建土地增值税管理信息系统，实现税企交互事项展示，自动提示项目清算状态，及时提醒申请项目清算，避免延时申报带来的风险。

（三）办理土地增值税清算申报资料的检查

纳税人清算土地增值税时应提供的清算资料包括：土地增值税清算表及其附表；房地产开发项目清算说明，主要内容应包括房地产开发项目立项、用地、开发、销售、关联方交易、融资、税款缴纳等基本情况及主管税务机关需要了解的其他情况；项目竣工决算报表，取得土地使用权所支付的地价款凭证，国有土地使用权出让合同，银行贷款利息结算通知单，项目工程合同结算单，商品房买卖合同统计表，销售明细表，预售许可证等与转让房地产的收入、成本和费用有关的证明资料，主管税务机关需要相应项目记账凭证的，纳税人还应提供记账凭证复印件；纳税人委托税务中介机构审核鉴证清算项目的，还应报送中介机构出具的"土地增值税清算税款鉴证报告"。

1.常见涉税风险

申报资料不完整、不真实。

2.主要检查方法

（1）案头审核。对纳税人报送的清算资料进行数据、逻辑审核，重点审核项目归集的一致性、数据计算的准确性等。

（2）实地审核。在案头审核的基础上，通过对房地产开发项目实地查验等方式，对纳税人申报情况的客观性、真实性、合理性进行审核。

（四）清算后再销售的检查

土地增值税清算时未转让的房地产，清算后销售或有偿转让的，纳税人应按规定进行土地增值税纳税申报，扣除项目金额按清算时的单位建筑面积成本乘以销售和转让面积计算，其中，单位建筑面积成本计算公式如下：

单位建筑面积成本 = 清算时的扣除项目总金额 ÷ 清算时总建筑面积

1.常见涉税风险

（1）尾盘销售不作纳税申报

企业完成清算后仍有剩余房产在继续销售，由于销售零星、断续的特点，且是按月归集进行清算申报还是滚动归集进行清算申报并无文件明确规定，因此，极易被纳税人疏忽，未作出纳税申报。

（2）尾盘销售仍按预征率进行纳税申报

计算公式如下：

$$当期应纳土地增值税 = 当期销售收入 \times 预征率$$

（3）按照已清算项目的实际税负率进行申报

计算公式如下：

$$当期应纳土地增值税 = \frac{已清算项目应纳土地增值税税额}{已清算项目销售收入} \times 当期销售收入$$

由于在单位扣除成本不变的情况下，清算后的项目销售价格受到市场、政策、供求关系等因素的影响，导致已清算项目与尾盘项目实际的增值额、增值率不可能完全一致，即清算前后纳税人实际税负不可能完全相同。如果简单套用已清算项目的税负率计征尾盘项目的土地增值税，就会造成税款多缴或少缴。

【特别提示】企业完成清算后，继续支付并取得合法有效凭证的支出，是否允许二次清算，各地做法不一，应以当地规定为准。

2.主要检查方法

（1）检查项目清算档案或"土地增值税已清算项目底册"，明确已清算项目单位成本、可售面积、未售面积、未售房型等情况。

（2）定期巡查，随时掌握纳税人尾盘销售动态，核对"土地增值税纳税申报表（四）（从事房地产开发的纳税人清算后尾盘销售适用）"，确定纳税人尾盘销售是否及时申报纳税。

（3）检查纳税人"主营业务收入"明细账及发票开具情况，确定纳税人尾盘销售额，结合相同项目清算资料，核对纳税人计算申报缴纳的土地增值税是否正确。

【做中学7-2】某房地产开发有限公司于2019年6月成立，从事房地产开发、经营、销售和租赁等业务。该公司开发某项目的建设周期为2020—2023年，项目总可售建筑面积为10 000平方米，其中普通住宅7 000平方米，占70%；店铺3 000平方米，占30%。

2024年6月，企业已销售建筑面积8 500平方米，其中普通住宅售出面积6 800平方米，店铺售出面积1 700平方米。该项目已转让的房地产建筑面积占整个项目可售建筑面积的比例为85%，符合可要求土地增值税清算条件。在收到主管税务机关清算通知后，企业按要求对项目土地增值税作自行清算，并形成清算报告及相关清算资料上报主管税务机关。

经过审核确认，至清算时，该项目普通住房的销售均价为3 500元/平方米（不含税）、售出面积6 800平方米，收入为2 380万元（不含税）；店铺销售均价为6 176.47元/平方米（不含税）、售出面积为1 700平方米，收入为1 050万元（不含税），取得销售总收入3 430万元（不含税）。含税费的扣除项目总金额为3 500万元。

2023年11月，该项目在土地增值税清算后，发生了剩余"未售商品房"再销售业务，共售出面积600平方米（其中，普通住宅100平方米，均价5 100元/平方米；店铺500平方米，均价8 000元/平方米）。

请问：如果你是公司财务人员，该如何对该项目进行土地增值税清算呢？

解析：（1）土地增值税清算计算如下：

普通住宅应分摊扣除项目金额为2 450万元（3 500×70%），店铺应分摊扣除项目金额为1 050万元（3 500×30%）。

应纳土地增值税为152.25万元，其中：普通住宅增值额为0（2 380 – 2 450 × 6 800 ÷ 7 000 = 0，即无增值额），店铺增值额为455万元（1 050 – 1 050 × 1 700 ÷ 3 000），应纳土地增值税为152.25万元（455×40% – 595×5%）。

该项目单位建筑面积成本为3 500元/平方米（35 000 000 ÷ 10 000）。

（2）后续销售土地增值税计算如下：

①当期普通住房增值额 =（100×5 100）–（100×3 500）= 160 000（元）

增值率 = 160 000 ÷（100×3 500）× 100% = 45.7%

当期普通住房土地增值税应纳税额 = 160 000×30% = 48 000（元）

②当期店铺增值额 =（500×8 000）–（500×3 500）= 2 250 000（元）

增值率 = 2 250 000 ÷（500×3 500）× 100% = 128.6%

当期店铺土地增值税应纳税额 = 2 250 000×50% – 1 750 000×15% = 862 500（元）

后续销售应缴纳土地增值税 = 862 500 + 48 000 = 910 500（元）

五、土地增值税优惠的检查

土地增值税优惠政策包括：①因国家建设需要依法征用、收回的房地产免税。②纳税人建造普通标准住宅出售，增值额未超过税法规定扣除项目金额20%的，免征土地增值税。③以房地产作价入股进行投资或联营的，转让到所投资、联营的企业中的房地产，免征土地增值税。从2006年3月2日起，对于以土地（房地产）作价入股进行投资或联营的，凡所投资、联营的企业从事房地产开发的，或者房地产开发企业以其建造的商品房进行投资和联营的，均不适用上述免征土地增值税的规定。④对于一方出地，一方出资金，双方合作建房，建成后按比例分房自用的，暂免征收土地增值税。⑤对按照统一标准建造出售社会保障住房、低保解困房和经济适用房等政策性住房并能提供证明的，免征土地增值税。企事业单位、社会团体以及其他组织转让旧房作为廉租住房、经济适用房房源且增值额未超过扣除项目金额20%的，免征土地增值税。⑥对居民个人转让其拥有的普通住宅，暂免征收土地增值税；转让非普通住宅的，凡居住满5年及以上的，免征土地增值税；居住满3年未满5年的，减半征收土地增值税；居住未满3年的，按规定全额计征土地增值税。⑦个人之间互换自有居住用房地产的，经当地税务机关核实，免征土地增值税。⑧房产所有人、土地使用权所有人将房屋产权、土地使用权赠与直系亲属或承担直接赡养义务人的，不征收土地增值税；房产所有人、土地使用权所有人通过中国境内非营利社会团体、国家机关将房屋产权、土地使用权赠与教育、民政和其他社会福利、公益事业的，不征收土地增值税。

（一）常见涉税风险

1. 混淆征免界限，超限申报减免税

土地增值税减免税的优惠政策限定于某个特定情况、特定用途、特定主体、特定项目。纳税人在进行减免税申报时，可能会混淆上述政策界限，超范围申报减免税。如因国家建设需要依法征用、收回房地产，免征土地增值税有两个条件：一是国有土地使用权的收回；二是因国家建设需要。

所称的因国家建设需要依法征用、收回的房地产，是指因城市实施规划、国家建设的需要而被政府批准征用的房产或收回的土地使用权。根据《中华人民共和国土地管理法》第五十八条的规定，政府可以收回土地使用权有5种情形：①为公共利益需要；②实施城市规划；③土地出让合同期满；④单位撤销迁移等原因停止使用划拨的国有土地；⑤公路铁路机场矿场经核准报废。上述5种情形只有前2种属于公共利益、实施城市规划，属于"国家建设需要"范畴，纳税人如果认为所有政府征用、收回房地产的行为，均符合国家建设需要，应申报土地增值税减免，就会产生超越法定范围申报税收优惠的风险。

> ---- **小知识** ----
> 政府收储房地产存在征收收储和收购收储的区别，征收收储是国家强制力的体现，需要经过相应的程序；收购收储是地方政府的土地收储中心与企业自行协商，按市场价格收储土地，因此对于被征收方来讲，与一般的房地产转让行为并无本质的区别，依然是民事协商的结果，只是购买方身份特殊而已，这种收购收储并不符合"国家建设需要"的条件，不能享受免征土地增值税优惠政策。

2. 提供虚假材料，骗取减免税

对于一些有时限、比例要求的减免税条款，可能不需要借助于"外力"，只要在相关会计核算资料上稍加"修饰"，即可享受减免税税收优惠，纳税人可能"铤而走险"，通过提供虚假材料的办法，达到减免税条件，申报减免税。如"纳税人建造普通标准住宅出售，增值额未超过税法规定扣除项目金额20%的，免征土地增值税；增值额超过扣除项目金额20%的，应就其全部增值额按规定计税"。当纳税人同时开发多种类型的房地产项目时，很可能采用成本费用转移分摊的办法，将应由非普通住宅项目分摊的成本费用转移分摊至普通住宅，达到增值额未超过扣除项目金额20%的比例限制条件，申报减免税。

（二）主要检查方法

1. 依据纳税人申报的减免税项目，核对申报减免税资料，判断纳税人申报减免税项目的合法性

（1）纳税人申报"因国家建设需要依法征用、收回的房地产免税"的，检查核实资料包括：政府有关部门出具的城市实施规划、国家建设需要、政府依法征用或收回的房地产批文复印件；房屋所有权证、土地使用权证复印件或其他具有相关法律效力的证明资料；与有关部门签订的补偿协议。

（2）纳税人申报"普通标准住宅出售，增值额未超过扣除项目金额20%的免征土地增值税"的，检查核实减免税资料包括：根据国家规定，由具有资质的房地产测绘单位出具的房屋面积测绘成果书（测绘报告）及测绘报告单、测绘总表、房源图、普通住宅单套测绘面积明细资料；销售不动产收入分类明细表；土地增值税扣除项目明细表；土地增值税纳税申报表。

（3）纳税人申报"以房地产进行投资、联营，暂免征收土地增值税"的，检查核实资料包括：纳税人营业执照、法人身份证；房屋所有权证、土地使用权证复印件或其他具有相关法律效力的证明资料；固定资产明细账（固定资产管理卡片）复印件；被投资方、联营方纳税人营业执照、法人身份证；投资、联营协议（合同）等；所投资、联营企业的公司章程。

（4）纳税人申报"合作建房，建成后按比例分房自用的，暂免征收土地增值税"的，检查核实资料包括：合作双方签订的合作建房协议；发改委关于合作建房的立项批复文件复印件；出地方土地使用证复印件；出资方出资证明；建成后双方按比例分配自用的房源明细；合作双方的固定资产明细账（固定资产管理卡片）复印件；房屋所有权证复印件。

（5）纳税人申报"企业兼并转让房地产，暂免征收土地增值税"的，检查核实资料包括：有关部门批准企业兼并的文件复印件或有关部门出具的证明材料等；被兼并企业将房地产转让到兼并企业的证明材料、合同；被兼并企业的房屋所有权证、土地使用证或其他具有相关法律效力的证明资料；被兼并企业记载房屋产权的固定资产账页复印件；兼并企业接受与该房地产有关的记账会计凭证、账页、固定资产账页复印件。

2.检查相关账证，确定纳税人申报数据是否真实

（1）根据"土地增值税项目登记表（从事房地产开发的纳税人适用）"的信息，确定纳税人是否开发多种类型房地产项目，是否有普通住宅项目，"普通住宅"是否符合"中小套型、中低价位普通住房"的标准。

（2）检查"主营业务收入""开发成本""开发产品"明细账，确定纳税人是否分别核算增值额，未分别核算增值额或不能准确核算增值额的，有无申报免税；检查成本费用分配原始凭证，核实其在不同类型项目间分配是否正确。

【案例7-4】甲房地产开发企业W项目坐落于T市综改区，2020年7月拿地3.6万平方米，2023年12月竣工，乙集团为甲房地产开发企业控股股东，出资比例70%。

W项目只开发普通住宅和非住宅两种类型，其中非住宅包括车库、商铺和幼儿园三种类型，共计2.2万余平方米，在土地增值税清算申报时已售罄，甲房地产开发企业提交的税务师事务所出具鉴证报告审定的销售截止期为2024年5月，已售面积为16.4万平方米，已售比例为96.99%，申报收入约6.9亿元。根据税务师事务所出具的鉴证报告，甲房地产开发企业W项目转让普通住宅和非住宅两种房屋类型的增值额均<0，应纳土地增值税为0。W项目已预缴土地增值税1 102万元，申请退税1 102万元。

（1）税务机关分析纳税人相关会计核算资料，结合税务师事务所出具的鉴证报告，提出以下几点疑问：

①剔除房地产开发企业按照取得土地使用权所支付的金额和房地产开发成本之和加计扣除20%，W项目开发经营的利润率仅为13%左右，低于行业正常利润率。

②非住宅的销售单价仅为4 170元/平方米，低于普通住宅的4 204元/平方米。经进一步核对后发现，非住宅项目中车库面积占70%，单价为2 381元/平方米，因此拉低了非住

宅销售平均单价；商铺平均售价为 9 000 元/平方米、幼儿园均价为 4 500 元/平方米，低于市场价。

③W 项目申报成本费用之和达到 4 亿元，单位建筑面积成本为 2 376 元，超出按竣工年度计算的定额标准。

（2）针对上述疑问，税务机关派专人对甲房地产开发企业 W 项目土地增值税清算进行审核，确认税务师事务所出具的鉴证报告存在以下问题：

①清算单位的确定有误。在基本情况的审核中，税务人员发现 W 项目拥有两个"建设用地规划许可证"，故 W 项目应当划分为两个清算单位，而税务师事务所出具的鉴证报告只划分了一个清算单位。通过进一步分析，独立办理"建设用地规划许可证"的小地块是十号楼，而十号楼车库面积为 1 742 平方米，仅占其非住宅面积的 42%，其余非住宅都是商铺。通过重新划分清算单位，十号楼非住宅项目 4 100 元/平方米的单价提高到 6 500 元/平方米，该项目税务师事务所多计算应退土地增值税约 300 万元。

②销售价格明显偏低。一是部分住宅收入偏低。鉴证报告根据第三方资产评估机构出具的房屋估价报告对 42 套住宅的评估价格调增销售收入 360 万元，评估均价为 3 800 元/平方米，平均调增单价 900 元/平方米。另有合同单价明显低于评估均价而未作调增的普通住宅 59 套，且均未说明理由。二是商铺、幼儿园收入偏低。商铺建筑面积占非住宅项目的 25.66%，幼儿园建筑面积占非住宅项目的 4.26%，全部销售给了甲房地产开发企业的控股股东乙集团。甲房地产开发企业提供了第三方资产评估机构出具的房屋估价报告，采用收益法评估的不含室内装修价值的市场价值为 4 900 万元，纳税申报的清算申报价格为 5 700 万元。但是根据税务机关掌握的二手房申报信息，与 W 项目地段和建设规模相近的营业用房合同均价在 18 000 元/平方米左右。因此，土地增值税清算申报价格虽高于评估价，但仍低于市场价比较多。

③虚列扣除项目。税务人员一方面对甲企业提供的清算资料进行了详细的书面审核，并对重要事项进行了实地查验和验收取证；另一方面向企业取得了各栋建筑物的施工图、竣工图电子资料，并向第三方造价咨询公司寻求帮助，最终确认税务师事务所出具的鉴证报告存在以下几方面问题：一是收到的政府返还资金没有按本省规定冲减土地成本。检查核实甲房地产开发公司这几年的财政资金返还记录显示：2020 年公司收到 W 项目地块的土地出让金返还款、配套费、人防费返还约 1.2 亿元，该款项被约定用于 W 项目基础设施建设和拆迁，企业将上述返还作"营业外收入"处理。二是前期工程费扣除凭据不足，"其他"工程费中 196 万余元未提供发票明细表。三是部分建筑安装工程费扣除凭据不足，未提供支付记录。四是项目绿化工程用乔木结算价格与市场价格信息差额比较大。五是将代收费用计入加计扣除基数。

④成本分摊的审核。车库不应分摊"取得土地使用权支付的金额"。幼儿园未缴配套费，不应分摊配套费。九号楼系独立地块，单独入户，未享受小区环境，不应分摊园林费用。

（3）上述各项经过调整，最终确定税务师事务所出具的鉴证报告多计算应退的土地增值税 369 万元。

任务二　房产税及城镇土地使用税的检查

一、纳税义务人和征税范围的检查

（一）纳税义务人的检查

房产税的纳税人是房产的产权所有人。产权属于全民所有的，以经营管理的单位为纳税人；产权出典的，以承典人为纳税人；产权所有人、承典人不在当地或产权没有确定以及租典纠纷未解决的，以代管人或使用人为纳税人。

城镇土地使用税的纳税人是拥有土地使用权的单位和个人。拥有土地使用权的单位和个人不在土地所在地的，其土地的实际使用人和代管人为纳税人；土地使用权未确定的或权属纠纷未解决的，其实际使用人为纳税人；土地使用权共有的，由共有各方分别纳税。

1.常见涉税风险

（1）产权所有人与使用人不一致的，双方均不履行纳税义务

这类风险包括：当房屋产权所有人与房屋使用人不一致且房屋产权所有人与使用人又在同一城市时，房屋产权所有人与使用人可能相互推诿、扯皮，均不履行纳税义务；拥有土地使用权的单位和个人不在土地所在地的，由于土地的实际使用人和代管人不是土地使用权人，不填报"城镇土地使用税房产税税源明细表"，不进行纳税申报；房产、土地产权未确定以及租典纠纷未解决的房产，基于上述原因，纳税人未申报纳税。

（2）个人出租房产，不进行纳税申报

个人出租自有房产，由于隐蔽性强，纳税人往往不进行房产税、城镇土地使用税纳税申报，尤其是房产多次转租的，漏报现象更加严重。

（3）应税单位和个人无租使用其他单位的房产、土地，未申报纳税

无租使用其他单位房产的应税单位和个人，依照房产余值代缴纳房产税；对纳税单位无偿使用免税单位的土地的，纳税单位应照章缴纳城镇土地使用税。

无偿租赁房产的，承租方认为该房产非本公司所有，无须缴纳房产税；出租方认为本企业未取得租金收入，从租计征的计税依据为0，因此，可能双方均不进行房产税纳税申报。纳税单位无偿使用免税单位土地的，使用人认为本企业非土地使用权人，无须申报纳税；土地使用权人认为实际占用的土地免税，因此，可能双方均不进行城镇土地使用税纳税申报。

阅读资料

异常收款信息牵出巨额未申报收入

2.主要检查方法

（1）实地调查，检查房产权属证明文件等相关材料，确认辖区内房产产权所有人、土地使用权人；确定房产、土地的实际使用情况，明确房产税、城镇土地使用税纳税人；核对纳税人填报的"城镇土地使用税房产税税源明细表"，确定本地房产、土地是否申报纳税。

（2）检查产权出典相关协议、承典合同等资料，确定承典人。

（3）对于产权所有人、承典人不在房产所在地，或产权未确定以及租典纠纷未解决

的，应通过实地调查、核查有关合同、协议等材料的方式，确定实际的房产代管人、使用人。

（4）检查纳税人的"无形资产""固定资产""在建工程"等账户，与纳税人房产、土地实际使用情况进行比对，审核其房产、土地使用，出租和无租使用免税单位房产、土地的情况，是否按规定纳税。

【案例7-5】某市稽查局在对某一举报案件实施专案稽查时，发现被举报人自2018年开业以来一直没有缴纳房产税，检查企业"固定资产"账户无房产登记，检查"管理费用""销售费用""制造费用"等成本费用账户无支付房租的记录。经稽查人员询问了解，被举报人自开业以来一直无租使用其个人股东张某的房产，被举报人认为该房产产权不属于公司财产，因此未申报缴纳房产税。

税务稽查部门认为：依据《财政部、国家税务总局关于安置残疾人就业单位城镇土地使用税等政策的通知》（财税〔2010〕121号）第二条关于出租房产免收租金期间房产税问题规定：对出租房产，租赁双方签订的租赁合同约定有免收租金期限的，免收租金期间由产权所有人按照房产原值缴纳房产税；根据《财政部 国家税务总局关于房产税城镇土地使用税有关问题的通知》（财税〔2009〕128号）的规定，无租使用其他单位房产的应税单位和个人，依照房产余值代缴纳房产税；根据《中华人民共和国房产税暂行条例》，下列房产免纳房产税：个人所有非营业用房产。个人所有非营业用房产是指个人自用或自住的房产，上述无租租赁张某个人的房产不属于非营业用房产，应由被检举人依照房产余值代缴纳房产税。

（二）征税范围的检查

房产税、城镇土地使用税的征税范围限于税法规定的纳税区域内的经营性房屋、土地。税法规定的纳税区域包括：城市、县城、建制镇和工矿区，对农民居住用房及土地不征收房产税和城镇土地使用税。所称房屋是指有屋面和围护结构（有墙或两边有柱），能够遮风避雨，可供人们在其中生产、工作、学习、娱乐、居住或储藏物资的场所。独立于房屋之外的建筑物，如围墙、烟囱、水塔、变电塔、油池油柜、酒窖菜窖、酒精池、糖蜜池、室外游泳池、玻璃暖房、砖瓦石灰窑以及各种油气罐等，不属于房产。

1.常见涉税风险

（1）混淆区域界限，漏报房产税、城镇土地使用税

将在征税区域范围内的房产、土地误作为非征税区域范围内的房产、土地，漏报房产税、城镇土地使用税。

（2）混淆应税与非应税、免税界限，漏报房产税、城镇土地使用税

将应税房产、土地与非应税、免税房产、土地混淆，将应税房产、土地按非应税、免税房产、土地申报纳税。如在城镇土地使用税征税范围内实际使用未办理土地使用权流转手续的应税集体所有建设用地，不按规定缴纳该建设用地的城镇土地使用税；建制镇范围内的集体土地，不作纳税申报；单位或个人用于经营加油（汽）站的房产和加油站罩棚混淆，漏报房产税；具备房屋功能的地下建筑，包括与地上房屋相连的地下建筑以及完全建在地面以下的建筑、地下人防设施等，不申报缴纳房产税；房地产开发企业拥有的土地（包括未开发的土地）不申报缴纳城镇土地使用税；房地产开发企业开发的商品房在出售前自用、出租、出借的，不缴纳房产税；房地产开发企业自用房产，不申报缴纳房产税、

城镇土地使用税；纳税单位与免税单位共同使用的房屋、土地，不申报房产税、城镇土地使用税；土地供他人建房不收租金，若干年后房屋无条件归土地使用人所有的，房产权属人不按规定缴纳房产税；行政事业单位、个人出租的房屋、土地，不按规定申报缴纳房产税、城镇土地使用税。

2.主要检查方法

（1）认真核对由各省、自治区、直辖市人民政府划定的征税范围；实地核查纳税人的房产是否属于规定的征税区域，确定纳税人对其拥有土地使用权或实际使用的土地，是否准确划分征税区域范围内和非征税区域范围内的土地面积、房产原值。

【特别提示】一般来讲，对建制镇政府所在地行政村应征收房产税、城镇土地使用税，而对建制镇政府下辖的各行政村，不予征收房产税、城镇土地使用税。

（2）实地调查，核实房产、土地权属及使用的实际情况，区分征税范围的房产、土地与非应税、免税房产、土地的界限；核对纳税人填报的"城镇土地使用税房产税税源明细表"，确定本地范围内应税房产、土地是否申报纳税。

二、计税依据和适用税率的检查

（一）计税依据的检查

纳税人自用的房产，应以房产的计税余值为计税依据。所称房产的计税余值，是指房产原值一次减除10%至30%的自然损耗等因素后的余额。纳税人出租的房产，应以房产租金收入为房产税的计税依据。所称房产租金收入是指纳税人出租房产所得到的报酬，包括货币收入和实物收入；对于以劳务或其他形式作为报酬抵付房租收入的，应当根据当地同类房产的租金水平，确定一个标准租金，按规定计征房产税。城镇土地使用税以纳税人实际占用的土地面积为计税依据。

1.常见涉税风险

（1）少报、瞒报房产税计税原值、城镇土地使用税计税面积

如纳税人对原有房屋进行改建、扩建的，改建、扩建支出列作大修理支出范围计入长期待摊费用，不计入固定资产账面价值，因而未按规定增加其房屋原值，少报房产税计税原值；将电梯、中央空调等有关配套设备和照明、电力、电缆、给排水等有关配套设施从房产原值中扣除；对于更换房屋附属设备和配套设施的，在将其价值计入房产原值时，多扣减原来相应设备和设施的价值；取得土地的价款及开发土地发生的成本费用未计入房产原值申报缴纳房产税。

【特别提示】纳税人取得土地支付的价款一般计入无形资产，在确认房产税计税原值时，一律按照地价全额计入房产原值计征房产税，包括为取得土地使用权支付的价款、开发土地发生的成本费用等。宗地容积率低于0.5的按房产建筑面积的2倍计算土地面积并据此确定计入房产原值的地价。

房产原值的地价确认计算方法如下：

① 计入房产原值的地价 = 应税房产建筑面积÷容积率×土地单价；

② 若宗地容积率低于0.5（含0.5），则计入房产原值的地价 = 应税房产建筑面积×2×土地单价；

③ 若纳税人的土地属于无偿划拨取得的，则计入房产原值的地价为零。

（2）出租房产取得租金收入不入账，或申报不实

如"以建代租"，承租方以加层、扩建、重建或维修、改造承租房屋支出抵交租金的，出租方不按收取的租金收入申报缴纳房产税或申报租金收入不正确。

> **小知识**
>
> 《中华人民共和国房产税暂行条例》（国发〔1986〕90号）第二条规定："房产税由产权所有人缴纳。"因此，对于承租方而言，由于对租入房产没有所有权，不是房产税的纳税人，因此对其发生的租入房产改建、装修费不应计入房产的原值计征房产税；那么对于拥有房产所有权的出租方应如何缴纳房产税呢？一般认为应按租赁收入计征房产税。如《海南省地方税务局关于对房产税若干政策问题相关文件部分条款进行修改的通知》（琼地税发〔2009〕108号）规定：企业将承租的房产进行加层、扩建或拆除重建，双方协议对加层、扩建、重建新增加的房屋面积，在若干年内，由承租企业使用不交房租，期满后承租企业无偿将房产归原房主所有，协议租赁期间，由原房屋产权所有人按房产出租方式缴纳房产税。计税依据以加层、扩建、重建新增加的房屋面积的建造合同金额为准，按协议租赁年限平均计算年应纳房产税税额。承租人将租用的房产进行维修、改造，若干年内以支付修理费抵交房产租金的，应由产权所有人缴纳房产税。如原有租约，按租约租金收入计税；如无租约，按支付的修理费用为租金计税。

（3）申报的计税土地面积不实

对纳税人实际占用土地面积的确定，以省、自治区、直辖市人民政府组织测量的土地面积为计税依据；尚未组织测量的，以政策部门核发的土地使用证书或土地管理部门提供的土地使用权属资料所确认的土地面积为计税依据；尚未核发土地使用证书或土地管理部门尚未提供土地权属资料的，暂以纳税人（土地使用者）据实申报的土地面积为计税依据。今后随着土地使用权申报、登记、发证和地籍测量工作的进展，再作相应调整。

纳税人申报的实际占地面积不实，主要表现在以下方面：

不据实申报实际占用土地面积；经测量后实际占用土地面积发生变化的，不进行调整；纳税人使用的土地与其他单位和个人共用的，不按企业实际使用的土地面积占总面积的比例准确确定实际占用土地面积；纳税单位与免税单位共同使用共有使用权土地上的多层建筑，不按其占用的建筑面积占建筑总面积的比例确定实际占用土地面积；审核企业在城镇土地使用税征税范围内单独建造的地下建筑用地，已取得地下土地使用权证，不按土地使用权证确认的土地面积申报；在城镇土地使用税征税范围内单独建造的地下建筑用地，未取得地下土地使用权证或地下土地使用权证上未标明土地面积，未按地下建筑垂直投影面积确定实际占用土地面积。

2.主要检查方法

（1）检查纳税人申报的"城镇土地使用税房产税税源明细表"房产原值与"固定资产"明细账房产原值金额是否一致。

① 若一致，进一步审核纳税人"固定资产"账户中记载的房产原值，是否含土地价款；是否包括不可随意移动的附属设备和配套设施，如给排水、采暖、消防、中央空调、电气及智能化楼宇设备等；对原有房屋进行改建、扩建的，是否按规定增加其房屋原值，

有无把其改建、扩建支出列作大修理范围处理的情况；更换房屋附属设备和配套设施有无多扣原值的情况，或将其按易损坏、需要经常更换的零配件处理，更换后不再计入房产原值的情况。必要时，可以参考同时期的同类房产核定。

②若"城镇土地使用税房产税税源明细表"房产原值小于"固定资产"明细账房产原值，可以初步判断纳税人存在漏报房产税计税原值的情况。

③若"城镇土地使用税房产税税源明细表"房产原值大于"固定资产"明细账房产原值，可以初步判断纳税人将记入"无形资产"账户的土地价款、记入"长期待摊费用"账户的改、扩建款项调整至计税原值中，应进一步检查其是否全额进行调整。

（2）检查"其他业务收入""营业外收入"等明细账户核算的租金收入，核对房屋租赁合同及租赁费用结算凭证，对照"城镇土地使用税房产税税源明细表"申报租金收入，确定纳税人有无出租房屋不申报纳税的问题；实地检查，确定纳税人存在有房屋出租而无账面记载租金收入的情况，应当注意"其他应付款"等往来账户而漏计房产税的问题；或"以物抵租""以建抵租"少报租金收入的问题。

（3）将"城镇土地使用税房产税税源明细表"中填报的应税土地面积与实际测定的土地面积、土地使用证书确认的土地面积核对，若二者不一致，应进一步检查、调阅原征地凭证、土地管理机关的批文、土地使用证红线图等原始资料，确定纳税人申报的实际占用土地面积的真实数据。

【案例7-6】近期，税务部门在对某实业公司进行纳税辅导时，发现该公司存在未按规定申报缴纳房产税、城镇土地使用税的问题。据了解，该公司（简称A公司）2018年3月至2021年6月期间出租工业区（房产证建筑面积15 797.78平方米）给B公司。B公司未取得过A公司开具的租金发票，A公司涉嫌少报收入；A公司在申报房产税时，该工业区房产原值申报金额远小于房产证登记价格，涉嫌少报房产税；A公司在申报城镇土地使用税时，该工业区土地总申报面积远小于房产证宗地面积，涉嫌少报城镇土地使用税。

A公司提供了该工业区的房产证，显示该物业宗地面积为12 530.95平方米，包括3栋厂房、1栋宿舍，房产登记价格合计为11 058 447元。A公司与B公司签订合同，约定将其LOFT出租给B公司，约定出租时间为2017年10月1日至2027年9月30日，租金为：2017年10月1日至2018年9月30日作为装修期免收租金；2018年10月1日至2021年9月30日月租金为12万元。押金为一个月租金（12万元）。但是由于经营不善，B公司资金紧缺，一直未向A公司支付租金及押金。A公司于2021年1月1日与B公司解除合同，将LOFT收回。

经核查情况如下：

（1）A公司少报房产税、城镇土地使用税疑点成立。企业已按房产税暂行条例相关规定补缴2017年至2021年房产税及城镇土地使用税。

（2）企业出租房产虽未实际取得收入，但是该行为属于增值税及企业所得税的视同销售行为。据此已查补税款企业所得税、增值税、城市维护建设税、教育费附加、房产税、城镇土地使用税合计1 314 572.06元，入库税款963 918.61元，入库滞纳金350 653.37元。

土地使用中的税收风险主要集中在企业拿到土地后的城镇土地使用税的缴纳时间、城镇土地使用税纳税主体、纳税地点等问题的判断上，为了避免企业因为对政策理解不透彻而导致的涉税风险，税务部门据此开展了提示提醒和纳税辅导，并明晰了以下问题：

一是关于个人名下的房产/土地问题。根据《财政部 国家税务总局关于廉租住房 经济适用住房和住房租赁有关税收政策的通知》（财税〔2008〕24号）第二条第三款规定：对个人出租住房，不区分用途，免征城镇土地使用税。对出租非住房，按现行税法规定依法缴纳城镇土地使用税。

二是关于纳税单位无偿使用免税单位房产问题。对纳税单位无偿使用免税单位的土地，纳税单位应照章缴纳土地使用税。

三是关于纳税地点问题。根据《深圳市地方税务局关于开征城镇土地使用税的通告》（深地税告〔2007〕9号）的规定：深圳市内的企业所在地和土地所在地分别位于市内不同行政区域的，均向企业所在地的税务机关申报城镇土地使用税减免以及纳税。

四是关于土地使用权共有问题。土地使用权共有的各方，应按其实际使用的土地面积占总面积的比例，分别计算缴纳城镇土地使用税。

五是关于占地面积如何确定问题。根据（原）深圳市地方税务局公告〔2016〕3号的规定，对于两层以上的建筑，纳税人计算城镇土地使用税所依据的实际占地面积按照以下顺序确定：①土地使用权证书、房地产证上记载的用地面积或相关的房地产权属资料、合同记载的用地面积；②建筑面积÷容积率；③建筑面积÷建筑总层数（不含地下）。

资料来源：深圳税务.房产税税源采集之后，城镇土地使用税你漏缴了吗？［EB/OL］.〔2024－06－04〕. https://www.sohu.com/a/583810448_121106875.

（二）适用税率的检查

我国现行房产税实行比例税率：按房产余值计征的，税率为1.2%；按房产租金收入计征的，税率为12%；从2001年1月1日起，对个人按市场价格出租的居民住房，用于居住的，可暂减按4%的税率征收房产税。我国现行城镇土地使用税采用有幅度的差别税额，按大、中、小城市和县城、建制镇、工矿区分别规定每平方米城镇土地使用税年应纳税额。

1.常见涉税风险

（1）混淆从价计征和从租计征的范围及适用税率。按税收政策的规定：共担风险、共同分配利润的投资联营房产应按房产原值缴纳房产税，适用年税率1.2%；对不担风险、收取固定收入的投资联营房产应按租金收入缴纳房产税，适用税率12%。如果纳税人混淆投资方式，必然会造成适用税率、计税依据的错误，影响房产税计算的正确性。

（2）混淆租房与非住房租赁，从低适用税率。个人租赁非住房，如商铺、写字间等，按租赁住房适用4%的优惠税率申报纳税。

（3）串用低税额进行纳税申报。纳税人使用的土地处在适用不同税额的地段，不按照不同地段的适用单位税额进行申报，而是将应适用较高单位税额的地段错按低的单位税额的地段申报。

（4）纳税人使用的土地等级调整后，适用的单位税额不及时作相应调整。

2.主要检查方法

（1）混淆计算方式的检查

依据纳税人申报的"城镇土地使用税房产税税源明细表"，确定纳税人申报的房产税计税方式，对照检查投资协议，确定房产投资适用的计税方式与适用税率。

【特别提示】对纳税人从租计征的房产，不得再实行从价计征。在计算房产原值计征房产税时，应将出租房产的原值从企业房产原值中剔除，以保障纳税人合法权益。

（2）个人出租房屋从低适用税率的检查

检查个人出租房屋的位置、产权年限、建设目的，判断其房屋属性及适用税率。

① 从房屋位置上判断。住宅位于小区红线之内，而商铺的位置，通常位于市政道路的沿街部位。

② 从产权年限上划分。住房产权年限通常为70年，而商铺用地通常为商业用地，产权年限为40年。

③ 从建设目的上比较。商铺作为区域商业配套项目，早在项目的规划阶段就已经明确，它的建设目的与用地性质始终是一致的。

【思考】住宅底商适用的房产税税率是多少？

（3）混淆不同地段城镇土地使用税税额的检查

核实纳税人申报的地段等级划分是否正确，将国有土地使用证上的宗地图与本市城镇土地使用税等级划分地图核对，确定有无串用低税额计算应纳税额的现象。

（4）未及时调整城镇土地使用税税额的检查

随时关注当地税务局关于调整城镇土地使用税税额标准和土地等级的通知，结合纳税人申报的"城镇土地使用税房产税税源明细表"，确定土地等级和适用税额变更后，纳税人是否对土地等级、税额标准进行了及时变更。

三、纳税申报及时性的检查

城镇土地使用税纳税义务发生时间，相关政策规定如下：新征用的土地，依照下列规定缴纳城镇土地使用税：征用的耕地，自批准征用之日起满1年时开始缴纳城镇土地使用税；征用的非耕地，自批准征用次月起缴纳城镇土地使用税。以出让或转让方式有偿取得土地使用权的，应由受让方从合同约定交付土地时间的次月起缴纳城镇土地使用税；合同未约定交付土地时间的，由受让方从合同签订的次月起缴纳城镇土地使用税。企业因房产、土地的实物或权利状态发生变化而依法终止城镇土地使用税纳税义务的，其应纳税款的计算应截止到房产、土地的实物或权利状态发生变化的当月月末。

（一）常见涉税风险

（1）新建房屋长期不进行验收，或验收前已经使用，不及时申报纳税

纳税人自建的房屋，未在建成之次月及时申报房产税；纳税人委托施工企业建设的房屋，未在办理验收手续之次月及时申报房产税。

所称"建成"，既包括通过"在建工程"科目结转为"固定资产"科目的房屋，也包括实际投入使用的房屋。如果纳税人对新建房屋长期不进行验收，不申报纳税；或在办理验收手续之前已使用或出租、出借而不进行纳税申报，都会形成延迟申报。

（2）基建工地上的临时性房屋未及时申报房产税

根据《财政部 国家税务总局关于印发房产税若干具体问题解释和暂行规定》（财税地字〔1986〕8号）第二十一条的规定，凡是在基建工地为基建工地服务的各种工棚、材料棚、休息棚和办公室、食堂、茶炉房、汽车房等临时性房屋，不论是施工企业自行建造还是由基建单位出资建造交施工企业使用的，在施工期间，一律免征房产税。但是，如果在

基建工程结束以后，施工企业将这种临时性房屋交还或者估价转让给基建单位的，应当从基建单位接收的次月起，依照规定征收房产税。纳税人受让基建工地上的临时性房屋，往往认为工地的临时搭建房屋不属于房产税征税范围，而未及时进行房产税纳税申报。

（3）融资租赁租入的房产，未及时申报纳税

融资租赁租入的房产，应自融资租赁合同约定开始日的次月起依照房产余值缴纳房产税；合同未约定开始日的，从合同签订的次月起依照房产余值缴纳房产税。如果纳税人选择在租赁期满、资产的所有权转让环节申报房产税，必然会延迟纳税。

（4）取得土地使用权，未及时进行纳税申报

① 通过出让或转让方式取得土地使用权，通过招标、拍卖、挂牌方式取得的建设用地，合同注明交地时间的，不在交地的次月起及时申报城镇土地使用税；合同未注明交地时间的，未在合同签订的次月起及时申报缴纳城镇土地使用税。

② 购置新建商品房，房屋交付使用通知书中注明交付日期的，未在房屋交付使用次月起及时申报城镇土地使用税；未注明交付日期的，未在房屋交付使用通知书签署的次月起及时缴纳城镇土地使用税。

③ 出租、出借房产，未在交付出租、出借房产之次月起及时申报城镇土地使用税。

④ 购置的存量房，未在办理房屋权属转移、变更登记手续，房地产权属登记机关签发房屋权属证书之次月起及时申报缴纳城镇土地使用税。

【思考】某房地产公司成立于2020年10月。该公司2022年10月购入土地一宗，购地协议书签订日期为2022年10月，合同约定土地交付时间为2023年10月。该公司2022年10月土地使用证记载的发证日期为2024年2月，该房地产公司应于什么时间点及时进行城镇土地使用税的纳税申报。

（二）主要检查方法

（1）检查纳税人资产负债表中的"在建工程"项目，如果长时间未发生增减变动，则可能是以下两种情况：一是工程处于停工状态；二是工程已经完工投入使用但未结转"固定资产"。对于后者，应核对纳税人申报的"城镇土地使用税房产税税源明细表"，确定纳税人是否在房屋交付使用的次月起申报房产税、城镇土地使用税。必要时要深入实地查看工程现场。

（2）审核土地、房屋出让合同，取得相关协议，审核房产税、城镇土地使用税申报纳税时间是否及时。

四、税收优惠的检查

（一）常见涉税风险

（1）免税单位将出租的房产以及非本身业务用的生产、营业用房产列入免税范围；

（2）个人将所有的营业用房及出租的房产，列入免税范围；

（3）纳税单位与免税单位将共同使用的房屋，列入免税范围。

（二）主要检查方法

1.对照政策正确界定征免界限，检查纳税人是否有超出免税范围少缴税款的现象

核实"城镇土地使用税房产税税源明细表"中纳税人申报减免税部分的"减免性质代码""减免税项目名称"，对照减免税政策，逐条分析纳税人申报的减免税是否属于应享受

减免税范围，征免界限划分是否正确。

2.对免税优惠文件进行审核，检查纳税人申报的减免税项目是否符合条件

纳税人申报开山填海整治的土地和改造的废弃土地免缴城镇土地使用税的，应检查土地管理机关出具的证明文件，且批准后自行填海整治和改造的土地中是否包括纳税人通过出让、转让、划拨等方式取得的已填海整治改造的非"自行填海整治和改造的土地"。纳税人申报的学校、医院、托儿所、幼儿园房产、用地免征城镇土地使用税的，应检查是否按税法的规定其用地能与纳税人其他用地明确区分，有无不能明确区分，而是人为划定申报减免税的情况。

---- 小知识 ----

对房产税、城镇土地使用税的检查，能否掌握被查对象的基本情况，在检查中尤为重要，包括：

（1）房屋产权人名称、房屋坐落详细地址、幢号、用途、结构、建筑面积、购建时间、产权证号、造价（原值或评估价）、容积率、应计入房产原值的土地价值、征免税界定、年应纳税额。

（2）土地使用权人名称、土地坐落详细地址、土地使用权证号、用途、面积、土地使用权起止日期、土地等级（税额级距）、单位税额、征免税界定、年应纳税额。

（3）出租房屋、土地的详细地址、面积、用途、产权人、年租金（不足一年的换算成年租金）、年应纳税额。

【做中学7-3】某税务师事务所在受托对某矿业集团2023年房产税缴纳情况进行审查时，确定以下基本情况：企业年初"固定资产"明细账显示，房产原值为6 000万元，其中，集团办公楼3 500万元，托儿所、技校用房1 200万元，职工宿舍、食堂用房800万元，临街商店房屋3间，房产原值500万元。该商店用于出租，每月每间房的租金为2 000元；另外，本年度委托施工企业建设职工浴室一座，4月份验收并交付使用，工程造价60万元。该矿业集团所在地规定的折余比例为30%。该矿业集团"城镇土地使用税房产税税源明细表"登记的从价计征房产税原值为6 000万元；从租计征房产税租金收入为72 000元，系统自动计算生成的"城镇土地使用税房产税纳税申报表"中应缴纳房产税512 640元［60 000 000×（1－30%）×1.2%＋2 000×12×3×12%］。

请问：如果你是代理审查的税务师，你认为委托人申报的信息是否正确？

解析：该矿业集团税源申报有误：一是该集团出租的商业用房在按租金收入征税后，对原值不再征税，应该在"城镇土地使用税房产税税源明细表"登记的从价计征房产税项下填列出租房产原值500万元；二是托儿所、技校用房属于免税房产，应填列至"减免税房产原值"；三是集团委托施工企业建设的房屋，从办理验收手续之次月，即5月份起作变更登记，增加计税原值。由此，2023年该矿业集团应缴纳的房产税为373 200元［（60 000 000－12 000 000－5 000 000）×（1－30%）×1.2%＋2 000×12×3×12%＋600 000×（1－30%）×1.2%×8÷12］。

矿业集团应申请退回房产税139 440元。

任务三 车船税的检查

一、纳税人及征税范围的检查

（一）纳税人的检查

车船税的纳税人是车辆、船舶的所有人或管理人，即在我国境内拥有车船的单位和个人。从事机动车交通事故责任强制保险业务的保险机构为机动车车船税的扣缴义务人，应当依法代收代缴车船税。

> **小知识**
>
> 纳税人缴纳车船税的方式大概包括以下5种：保险公司代收代缴；登录"××税务"微信公众号通过微信支付；通过当地人民政府移动政务服务平台支付；通过自助办税终端缴纳；前往税务机关窗口申报缴纳。

检查纳税人是否依法申报缴纳车船税，应重点关注其取得的完税凭证是否合法、真实。其包括：保险机构在代收车船税开具的增值税发票备注栏中注明的代收车船税税款信息是否齐全：保险单号、税款所属期（详细至月）、代收车船税金额、滞纳金金额、金额合计等；微信、移动政务服务平台、自助办税终端、税务机关窗口申报缴纳车船税取得的电子税票。

（二）征税范围的检查

车船税的征税范围具体可分为车辆和船舶两大类。其中，车辆为机动车，包括载客汽车、载货汽车、三轮汽车、低速货车、摩托车、专项作业车和轮式专用机械车；船舶为机动船和非机动驳船。

1.常见涉税风险

（1）企业内部场所行驶或者作业车船、挂车，未申报纳税。在单位内部场所行驶或者作业的机动车辆，一般不需要上牌照，因此可能被纳税人忽略，不作纳税申报。依据《机动车交通事故责任强制保险条例》，挂车不投保机动车交通事故责任强制保险，因此挂车车船税需要纳税人自行申报。有些纳税人习惯性地依赖保险公司代收代缴车船税，容易忽视不需要投保的挂车应缴纳的车船税。

（2）列入征税范围的摩托车、三轮汽车（包括三轮农用运输车）、低速货车和拖船，未申报纳税。由于摩托车、三轮汽车（包括三轮农用运输车）、低速货车和拖船的参保率不高，因此，漏报车船税的情况也比较严重。

2.主要检查方法

依据车辆、船舶税源明细表中采集的信息资源，确定纳税人申报纳税的车船，核对公安交管网车船信息录入资料，确定纳税人的应税车船是否全部登记入账、相关信息是否真实，纳税申报是否正确。

二、计税依据和适用税率的检查

（一）计税依据的检查

车船税实行从量征收，对各类车船分别以辆、整备质量吨位或净吨位、艇身长度为计税标准。其具体规定是：乘用车、商用客车、摩托车按辆计征；商用货车、挂车、其他车辆按整备质量吨位计征；船舶按净吨位计征；游艇按艇身长度计征。

车船税适用定额税率，其中对乘用车按"排气量"划分为7个档次，单位税额上限5 400元/辆，下限60元/辆。

车船税申报无论采用保险公司代收代缴模式还是纳税人自行申报模式，都需要采集车辆、船舶明细数据。其中，纳税人自行申报纳税的，应正确填报车辆、船舶税源明细表，完成信息采集后，系统会自动生成应纳税额，纳税人据以填写减免、已缴车船税信息。

因此，对车船税计税依据及适用税率的检查重点在于核实车辆、船舶税源信息。

1. 常见涉税风险

（1）纳税人未按实际辆数、吨位数填报车辆、船舶税源信息；

（2）保险机构办理交强险业务时未按实际情况填列相关信息资料。

2. 主要检查方法

（1）检查纳税人（投保人）提供的相关资料，核实申报车、船的基本信息。其包括：机动车行驶证、车辆登记证书；应税车辆为单位所有的，纳税人提供的税务登记证件，无须办理税务登记的单位提供的组织机构代码证，应税车辆为个人所有的，提供的个人身份证明。（纳税人以前年度已经提供上述所列资料信息的，可以不再重复提供）；购置的新机动车的纳税人，提供的机动车整车出厂合格证、机动车销售统一发票；购置进口机动车的纳税人，提供的车辆一致性证书、"海关关税专用缴款书"；已完税或免税的机动车，提供的完税凭证或减免税证明；税务机关要求提供的其他资料。

（2）将申报已缴纳车船税车船的排量、整备质量、载客人数、吨位、艇身长度等信息与税源数据库中对应的信息进行比对；将车船税联网征收系统车辆完税信息与本地区车辆完税信息进行比对。核实代收代缴的保险公司有无遗漏应录信息或录入虚假信息；有无擅自多收、少收或不收车船税；有无擅自减免、赠送车船税。

（3）将保险机构、代征单位申报解缴的税款与实际入库的税款进行比对，核实保险机构、代征单位有无少征、漏征车船税。

三、税收优惠的检查

下列车船免征车船税：①捕捞、养殖渔船；②军队、武装警察部队专用的车船；③警用车船；④悬挂应急救援专用号牌的国家综合性消防救援车辆和国家综合性消防救援专用船舶。

下列情形，可以减征或免征车船税：①对节约能源、使用新能源的车船可以减征或者免征车船税；②对受严重自然灾害影响、纳税困难以及有其他特殊原因确需减税、免税的，可以减征或者免征车船税；③省、自治区、直辖市人民政府根据当地实际情况，可以对公共交通车船，农村居民拥有并主要在农村地区使用的摩托车、三轮汽车和低速载货汽车定期减征或者免征车船税。

（一）常见涉税风险

1.将应征税车船混入免税车船申报

如将从事运输业务的拖拉机所挂的拖车，按拖拉机申报免税。

2.免税车辆的认定不正确

个别保险机构错误地认为只要是公安部门、法院、检察院的车辆就可以免征车船税，没有认真核对是不是警用牌照，行驶证上注明的是不是本单位车辆。如有的公安局的车辆没有号牌号码，保单上只登记了车架号，保险机构将其作免税车辆对待，不代收代缴车船税。

【特别提示】军队、武装警察部队专用的车船，是指按照规定在军队、武装警察部队车船登记管理部门登记，并领取军队、武警牌照的车船；警用车船，是指公安机关、国家安全机关、监狱、人民法院和人民检察院领取的警用牌照的车辆和执行警务的专用船舶。

（二）主要检查方法

将信息系统登记的减免税车船与实际减免税车船数量、涉及税款进行比对，确定有无超范围减免或应减免而未减免情况。

【特别提示】对军队和武警专用车辆、警用车辆，扣缴义务人销售交强险时，不代收车船税，但应录入上述车辆的信息；对享受税收优惠政策的节约能源、使用新能源车辆，扣缴义务人销售交强险时，按规定减收或不收车船税，并录入上述车辆的信息；对农村居民拥有并主要在农村地区使用的摩托车、三轮汽车和低速载货汽车免税的，扣缴义务人销售交强险时，不代收车船税，但应录入上述车辆的信息。

任务四　契税的检查

一、纳税人及征税范围的检查

在中华人民共和国境内转移土地、房屋权属，承受的单位和个人为契税的纳税人。

契税的征税范围包括：土地使用权出让；土地使用权转让，包括出售、赠与、互换，不包括土地承包经营权和土地经营权的转移；房屋买卖、赠与、互换；以作价投资（入股）、偿还债务、划转、奖励等方式转移土地、房屋权属。转让未建成房地产，也属于契税征税范围。

根据《中华人民共和国契税法》第十条：纳税人应当在依法办理土地、房屋权属登记手续前申报缴纳契税。第十一条：纳税人办理纳税事宜后，税务机关应当开具契税完税凭证。纳税人办理土地、房屋权属登记，不动产登记机构应当查验契税完税、减免税凭证或者有关信息。未按照规定缴纳契税的，不动产登记机构不予办理土地、房屋权属登记。

可见，如果纳税人不履行契税纳税义务，将无法办理土地、房屋权属登记，无法保障自身物权。因此，一般来讲，对于需要办理土地、房屋权属登记的纳税人，他们会如期履行契税的纳税义务；但对于土地、房屋权属证办理之后的房地产开发企业，其发生的支出，纳税人往往会忽略应履行的纳税义务，不作契税纳税申报，因此，契税检查的重点是房地产开发企业。

（一）常见涉税风险

1.转让划拨的土地补缴的土地出让金，不申报缴纳契税

以划拨方式取得的国有土地使用权，经批准再转让，由取得划拨土地使用权者补缴土地出让费用或土地收益，并缴纳契税。

转让划拨的土地，土地使用权属原归于纳税人，转让后权属转移至承受方，纳税人可能将自身定位于"卖方"而忽略申报缴纳契税。

【思考】房地产开发企业将原划拨取得的国有土地使用权再转让的，该项国有土地使用权的承受者还需要缴纳契税吗？

2.改变国有土地性质，变更或重签合同，不申报缴纳契税

纳税人因改变土地用途，如由工业用地变更为商业用地、由商业用地变更为居住用地等，而签订土地使用权出让合同变更协议或者重新签订土地使用权出让合同的，应征收契税。计税依据为因改变土地用途应补缴的土地收益金及应补缴政府的其他费用。

由于原签订土地使用权出让合同已缴契税，改变土地用途不影响土地使用权属，容易被纳税人忽略契税纳税申报。

3.合作建房，漏报契税

合作建房是指一方出地，一方出资金，共同建房，建成后按约定的方式分配房屋，对出资方应征收契税，其计税依据为取得土地使用权的成交价格；对合建双方分得的房屋，未发生权属转移的，不征收契税。

由于对一方出地，一方出资金，双方合作建房，建成后按比例分房自用的，暂免征收土地增值税，纳税人可能误以为契税也在免税范围内而不进行纳税申报。

【思考】合作建房出资方应缴纳契税的计税依据是出资方出具的出资额吗？

4.融资性售后回租房地产，承受承租人房屋、土地权属未申报缴纳契税

融资性售后回租业务是指承租方以融资为目的将资产出售给经批准从事融资租赁业务的企业（以下简称金融租赁公司）后，又将该项资产从金融租赁公司租回的行为。融资性售后回租业务中，承租方出售房地产给金融租赁公司时需将房地产过户到金融租赁公司名下。

对金融租赁公司开展售后回租业务，承受承租人房屋、土地权属的，应缴纳契税。对售后回租合同期满，承租人回购原房屋、土地权属的，免征契税。即融资性售后回租业务中，房地产开发企业将房地产出售给金融租赁公司时，金融租赁公司应缴纳契税；房地产开发企业回购前述房地产的，免征契税。

融资性售后回租业务中纳税人承受房屋、土地权属，本质上是一种融资行为，纳税人由此项业务产生的收入应按"金融服务"收入申报缴纳增值税，因此，极容易忽略其中的"房屋、土地权属"变更，进而忽略应申报的契税。

5.受让房屋使用权错按房屋所有权申报缴纳契税

房屋使用权的转移行为不属于契税征收范围，不应征收契税。

房屋使用权与房屋所有权是两种不同性质的权属。房屋的所有权是指对房屋全面支配的权利，包括依法享有占有、使用、收益和处分的权利，即房屋的所有权人可以占有、管理、使用、处置所有的房屋，包括出售、出租、抵押、赠与、继承，并且排除他人的权利；房屋的使用权是指对房屋拥有的利用及有限占有权，房屋的使用权不能出售、抵押、赠与、继承等。

如果纳税人将受让房屋使用权错按房屋所有权申报缴纳契税，必然产生多报多缴契税的风险。

6.将代建保障性住房所承受的土地纳入免税范围进行申报

财税〔2012〕82号文件规定，房地产开发企业承受土地使用权用于房地产开发，并在该土地上代政府建设保障性住房的，契税计税价格为取得全部土地使用权的成交价格，即房地产开发企业受让代建保障性住房用地也应缴纳契税。

（二）主要检查方法

定期将从国土资源管理部门取得的地籍资料等相关信息与"城镇土地使用税房产税税源明细表"税源信息采集数据进行比对，确定纳税人有无漏报契税。

二、计税依据的检查

契税的计税依据确定办法如下：土地使用权出让、出售，房屋买卖，为土地、房屋权属转移合同确定的成交价格；土地使用权互换、房屋互换，为所互换的土地使用权、房屋价格的差额；土地使用权赠与、房屋赠与以及其他没有价格的转移土地、房屋权属行为，为税务机关参照土地使用权出售、房屋买卖的市场价格依法核定的价格。

纳税人申报的成交价格、互换价格差额明显偏低且无正当理由的，由税务机关依照《中华人民共和国税收征收管理法》的规定核定。

（一）常见涉税风险

1.成交价格统计不全面，减少契税计税依据

土地使用权出让、出售，房屋买卖的成交价格，包括应交付的货币以及实物、其他经济利益对应的价款，纳税人在申报时可能只申报货币收入，不报实物、其他经济利益收入，或申报的实物、其他经济利益收入对应的价款不实。

（1）拆迁补偿费不并入成交价格计算缴纳契税

房地产开发企业支付拆迁补偿费的形式包括货币资金、实物、无形资产以及其他经济利益。房地产开发企业受让国有土地使用权所支付的拆迁补偿费不管是何种形式均应并入成交价格计征契税。

① 以非货币资金形式支付的拆迁补偿费，如拆迁还房支出，不并入成交价格纳税。

② 拆迁补偿费的金额确认不正确。以货币资金支付的拆迁补偿费以实际支付金额确认。以非货币资金形式支付拆迁补偿费的，相关合同协议约定的金额公允的，按其约定的金额确认。相关合同协议没有约定金额或约定的金额明显偏低且无正当理由的，对房地产开发企业以该宗土地上的开发产品外的实物、无形资产等支付拆迁补偿费的，由税务机关参照该实物、无形资产等的公允价值核定其金额；对房地产开发企业以该宗土地上的开发产品支付拆迁补偿费的，由税务机关参照该开发产品的实际建造成本核定其金额。如果纳税人以该宗土地上的开发产品外的实物、无形资产等支付拆迁补偿费按资产的账面价值计算，或以该宗土地上的开发产品支付拆迁补偿费按开发产品的市场价格计算确认，就会多计或少计拆迁补偿费支出，影响契税计税依据的准确性。

③ 国有土地使用证办理完毕后发生的拆迁补偿费不申报缴纳契税。

（2）市政建设配套费不并入成交价格计算缴纳契税

房地产开发企业受让国有土地，契税计税价格为其取得该土地使用权而支付的全部经济利益，包括其为取得土地使用权而缴纳的市政建设配套费和发生的建设市政配套设施支出。

在房地产开发业务中，市政建设配套费通常有两种支付方式：一是按照政府确定的市政建设配套费征收标准，以货币资金的形式缴纳；二是按照与政府签订的《国有土地使用权出让合同》的约定，直接出资建设市政配套设施。上述两种支付方式支出的市政建设配套费通常发生在办理国有土地使用证之后、房地产开发项目开发过程中，因此，纳税人可能将其支出直接计入成本、费用，不进行契税申报。

（3）将土地前期开发成本从契税成交价格中扣除后计算缴纳契税

对通过"招、拍、挂"程序承受国有土地使用权的，应按照土地成交总价款计征契税，其中的土地前期开发成本不得扣除。

房地产开发企业通过"招、拍、挂"取得的国有土地，通常已经进行一级开发、已完成"三通一平"等前期开发，即已由生地变为熟地。纳税人往往会认为土地出让价款中包含的前期开发成本，属于"建安成本"，不属于"支付土地价款"，在计算契税时予以扣除。

（4）回迁安置房建造支出不计入契税计税依据或计入金额不正确

回迁安置房建造支出指房地产开发企业受让土地使用权时，按《国有土地使用权出让合同》的约定在受让的土地之外配套修建房屋，建成后无偿转让给回迁安置户，或由政府按约定的价格回购，发生的建造支出。回迁安置房建造支出属于房地产开发企业为承受国有土地使用权所支付的经济利益，其所发生的建造支出，应作为契税的计税依据进行纳税申报。如果纳税人不就上述支出进行申报或按回迁安置房的市场价格进行核定后申报，就会少计或多计契税计税依据，影响契税计算的正确性。

（5）未建成房地产转让不按转让总价计算缴纳契税

土地使用者将土地使用权及所附建筑物、构筑物等（包括在建的房屋、其他建筑物、构筑物和其他附着物）转让给他人的，应按照转让的总价款计征契税。

房地产开发企业可能因各种原因转让未建成房地产，如因资金链紧张导致不得不将在建工程阶段的项目对外转让；或项目被抵押，在他人名下进行前期开发后解押转让等。转让未建成房地产应按转让总价款申报缴纳契税，如果纳税人申报时在总价款中剔除未建成房地产的建造成本，就会少计契税的计税依据，漏缴契税。

2.零地价出让国有土地使用权，按实际成交价格申报契税

对承受国有土地使用权所应支付的土地出让金，要计征契税。不得因减免土地出让金，而减免契税；部分省份对房地产开发企业享受减免的市政建设配套费的契税征收比照减免土地出让金执行。

一些地方政府为招商引资，在土地使用权变更过程中，有可能存在变相减免土地出让金的情况。具体形式有"零地价"出让、先征后返、为用地单位缴纳出让金、降低地价出让、欠缴土地出让金发放国有土地使用证等情况，导致契税计税价格偏低。虽然按政策的规定，不论上述哪种情况，纳税人均应准确计算出减免的具体金额，据此计算缴纳契税。但由于土地、房屋契税计税价格的评估或确定缺乏制约机制，导致公允的市场价格很难确认，难免会造成契税计税依据偏低。

（二）主要检查方法

由于房地产开发企业取得土地使用权后发生的费用支出一般记入"开发成本——土地征用与补偿费""开发成本——建安成本"等明细账，因此，检查时应重点关注房地产开发企业"开发成本"明细账，核对其所附原始凭证，确定其中是否掺杂土地性质的支出，核对契税税源信息，核实纳税人有无漏报、瞒报契税计税依据的情况。

三、适用税率及税收优惠的检查

（一）适用税率的检查

契税的税率为3%~5%。契税的具体适用税率，由省、自治区、直辖市人民政府在3%~5%的幅度内提出，报同级人民代表大会常务委员会决定，并报全国人民代表大会常务委员会和国务院备案；省、自治区、直辖市可以依照上述规定的程序对不同主体、不同地区、不同类型的住房的权属转移确定差别税率。如对个人购买的家庭唯一住房（家庭成员范围包括购房人、配偶以及未成年子女，下同），面积为90平方米及以下的，减按1%的税率征收契税；面积为90平方米以上的，减按1.5%的税率征收契税。对个人购买的家庭第二套改善性住房，面积为90平方米及以下的，减按1%的税率征收契税；面积为90平方米以上的，减按2%的税率征收契税。

契税税率的检查应与契税的优惠结合进行。

1.常见涉税风险

伪造、变造证明、合同等资料，适用低税率，变相享受税收优惠。

"家庭唯一住房"的判定权由房地产管理部门执行，由于住房信息系统、民政部门的婚姻登记信息系统建设，导致各县（区）出具的家庭唯一住房证明并不能真正反映家庭拥有住房的唯一性。纳税人在申报过程中，可能利用系统"漏洞"，通过种种手段伪造、变造"家庭唯一住房承诺书""家庭唯一住房证明""近亲属关系证明""婚姻证明"等资料，适用低税率申报纳税。

2.主要检查方法

（1）检查核实房地产主管部门出具的纳税人家庭住房情况书面查询结果

纳税人申请享受税收优惠的，根据纳税人的申请或授权，由购房所在地的房地产主管部门出具纳税人家庭住房情况书面查询结果，并将查询结果和相关住房信息及时传递给税务机关，据此作为判定纳税人能否享受减免税的依据。

（2）检查核实纳税人提供的书面诚信保证

暂不具备查询条件而不能提供家庭住房查询结果的，纳税人应向税务机关提交家庭住房实有套数书面诚信保证，诚信保证不实的，属于虚假纳税申报，按照《中华人民共和国税收征收管理法》的有关规定处理，并将不诚信记录纳入个人征信系统。

（二）减免税优惠的检查

有下列情形之一的，免征契税：①国家机关、事业单位、社会团体、军事单位承受土地、房屋权属用于办公、教学、医疗、科研、军事设施；②非营利性的学校、医疗机构、社会福利机构承受土地、房屋权属用于办公、教学、医疗、科研、养老、救助；③承受荒山、荒地、荒滩土地使用权用于农、林、牧、渔业生产；④婚姻关系存续期间夫妻之间变更土地、房屋权属；⑤法定继承人通过继承承受土地、房屋权属；⑥依照法律规定应当予以免税的外国驻华使馆、领事馆和国际组织驻华代表机构承受土地、房屋权属。

根据国民经济和社会发展的需要，国务院对居民住房需求保障、企业改制重组、灾后重建等情形可以规定免征或者减征契税，报全国人民代表大会常务委员会备案。省、自治区、直辖市可以决定对下列情形免征或者减征契税：①因土地、房屋被县级以上人民政府征收、征用，重新承受土地、房屋权属；②因不可抗力灭失住房，重新承受住房权属。

1.常见涉税风险

（1）非税法规定的免税主体申报减免税。如非法定继承人根据遗嘱继承土地、房屋权属，申报免税；营利性的学校、医疗机构承受土地、房屋权属用于办公、教学、医疗、科研的，申报免税；因土地、房屋被县级以上人民政府征收、征用，重新承受土地、房屋权属优惠政策适用的对象，应为被征用土地的使用权人、房屋的所有权人或共有权人，如果被征用土地、房屋的产权人不重新承受土地、房屋权属，由其子辈、孙辈或其他非产权人重新承受土地、房屋权属的，不能享受优惠政策。

（2）不符合税法规定用途承受的土地、房屋权属，申报免税。如国家机关、事业单位、社会团体、军事单位、非营利性的学校、医疗机构、社会福利机构承受的土地、房屋权属用于营业性用途的；承受荒山、荒地、荒滩土地使用权非用于农、林、牧、渔业生产的，仍申报免税。

（3）纳税人改变有关土地、房屋的用途，或者有其他不再属于税法规定的免征、减征契税情形的，未补缴已经免征、减征的税款。

2.主要检查方法

（1）检查申报减免税的主体组织机构代码，确定其是否属于纳入财政预算管理的行政、事业性单位等符合减免税规定范围内的纳税主体。

（2）检查立项批文或备案登记表、建设用地项目批准文件，确定承受土地、房屋用途。

（3）实地调查，确定纳税人有无改变土地、房产用途。

任务五　印花税的检查

一、纳税人及征税范围的检查

在中华人民共和国境内书立应税凭证、进行证券交易的单位和个人，都是印花税的纳税义务人。具体包括：①书立买卖、承揽、建设工程、租赁、运输、仓储、保管、借款、财产保险、技术、融资租赁合同或者具有合同性质凭证的，以立合同人为印花税的纳税人；②书立产权转移书据的，以立据人为印花税的纳税人；③建立营业账簿的，以立账簿人为印花税的纳税人；

所称具有合同性质的凭证，是指具有合同效力的协议、契约、合约、单据、确认书及各种名称的凭证。

（一）立合同人的检查

立合同人，指合同的当事人。所称合同的当事人是指对经济合同有直接权利义务关系的单位和个人。

1.常见涉税风险

（1）纳税人发生应税行为不申报纳税。如隐匿签订合同行为，不作纳税申报；发生经济行为，有意将具有合同性质的凭证称为意向书、契约等，不按规定贴花报税；合同当事人的代理人不代理申报纳税；分别签订总包工程合同和分包工程合同，只按总建设工程合同缴纳印花税等。

（2）不属于应税范围申报缴纳印花税。如代理单位与委托单位之间签订的委托代理合同，签订合同双方申报缴纳印花税；或者合同的担保人、见证人、鉴定人，申报缴纳印花税。

2.主要检查方法

（1）确定印花税信息采集应税合同是否全面

合同签订后各方应当至少分别保管一份，企业合同的保管一般根据本企业的规章制度进行，保管部门各不相同。检查时，应首先确定纳税人各类的保管部门，确定其中的应税合同后，核对综合纳税申报界面纳税人填报的印花税税源采集及申报信息，确认纳税人是否就全部经济合同申报纳税。

（2）判断各种契约、意向书是否具有合同性质

合同的特点是明确、详细、具体，并规定违约责任；具有合同性质的凭证，是指具有合同效力的协议、契约、合约、单据、确认书及其他各种名称的凭证。纳税人所订立的契约或意向书如果具有合同的性质，能起到合同的作用，则应属于具有法律效力的合同或具有合同性质的凭证，如运输部门、储运部门以及金融保险部门，为简化手续，有很大一部分业务活动是通过单据的方式来明确双方权利义务关系的，因此，这些运输单据、仓储保管单或栈单、借款单据和财产保险单等，作为合同使用的单据，均属于印花税的征收范围，应该贴花纳税。

【思考】发票是具有合同性质的凭证吗？

（3）明确参与合同签订的各方的责任，确定其是否属于印花税的纳税人

作为买卖合同、借款合同等的担保人、鉴定人、见证人而签订的三方合同，虽然买卖合同、借款合同属于印花税应税凭证，但参与签订合同的担保人、鉴定人、见证人不是印花税的纳税义务人。

（4）检查申报纳税的合同是否属于应税合同

印花税的征税范围属于正列举，未列入列举范围的不征税。实际申报过程中，纳税人容易错报印花税的合同主要有：与非金融机构签订的借款合同；投资协议；继续使用的已到期的合同；委托代理合同；会计、审计合同；工程监理合同；技术培训合同以外的培训合同、出版合同等。

（二）立据人的检查

1.常见涉税风险

持有产权转移书据一方应报而未申报缴纳印花税。产权转移书据是指单位和个人产权的买卖、继承、赠与、交换、分割等所立的书据，包括：财产所有权、版权、商标专用

权、专利权、专有技术使用权等转移书据及土地使用权出让书据（合同）、土地使用权转让书据。以合同方式书立的产权转移书据，持有书据的一方应按规定申报印花税。例如，房产买卖转让实际上是一种财产所有权转让，房地产开发企业签订商品房销售合同时，应按"产权转移书据"申报缴纳印花税；对持有土地使用权出让合同、土地使用权转让合同一方的政府部门，也是"产权转移书据"印花税的纳税人，需要申报缴纳印花税。

2.主要检查方法

通过审查纳税人的"固定资产""无形资产""长期股权投资"账户的增减变动情况，核对有关记账凭证和原始凭证，确定纳税人是否发生资产转移，是否涉及产权转移书据，并与"税金及附加"账户借方核对，确定纳税人在产权发生转移当期是否计算申报印花税；进一步核对纳税人填报的印花税税源采集及申报信息，确定纳税人是否申报纳税。

（三）使用人的检查

1.常见涉税风险

境外签订的合同在境内使用时，使用人未按规定贴花。

对于合同在国外签订、在国内使用的，不论其使用人与立合同人是否一致，均应以使用人为纳税人，就其所使用的合同计税贴花。

2.主要检查方法

检查境外签订的合同是不是在中国境内具有法律效力、受中国法律保护的凭证；如果签订地点和仲裁执行地都注明是在境外，不在中国境内具有法律效力，则不需要在中国就该合同缴纳印花税。

二、适用税目税率的检查

印花税法列举的税目共有17个，包括：借款合同，融资租赁合同，买卖合同，承揽合同，建设工程合同，运输合同，技术合同，租赁合同，保管合同，仓储合同，财产保险合同，土地使用权出让书据，土地使用权、房屋等建筑物和构筑物所有权转让书据，股权转让书据，商标专用权、著作权、专利权、专有技术使用权转让书据，营业账簿，证券交易。

印花税采用比例税率。在印花税的17个税目中，各类合同以及具有合同性质的凭证、产权转移书据、营业账簿，证券交易适用不同的比例税率。

（一）常见涉税风险

1.混淆合同性质，错用税目、税率

如混淆买卖合同与承揽合同、运输合同与保管合同、产权转移书据与买卖合同等，错用税率进行纳税申报。

2.载有两个或者两个以上经济事项的同一凭证，未分别记载金额的，从低适用税率

同一凭证，因载有两个或者两个以上经济事项而适用不同税目税率，如分别记载金额，应分别计算应纳税额，相加后按合计税额贴花；如未分别记载金额，按税率高的计税贴花。

（二）主要检查方法

审核纳税人申报的凭证的内容和性质，对照"印花税税目税率表"确定合同类别，核对纳税人填报的印花税税源采集及申报信息，确定纳税人申报是否正确。

【思考】下列合同，属于哪类合同？①各出版单位与发行单位（不包括订阅单位和个人）之间订立的图书、报刊、音像征订凭证；②广告、印刷、测试合同；③建筑图纸设计合同；④装修合同；⑤草坪养护合同；⑥工程监理合同；⑦议标合同；⑧专利权转让合同；⑨与快递公司签订的快递服务合同。

三、计税依据的检查

印花税的计税依据一般为各种应税凭证上所记载的总金额，但下列情况除外：运输合同的计税依据为取得的运输费金额（即运费收入），不包括所运货物的金额、装卸费和保险费等。财产保险合同的计税依据为支付（收取）的保险费，不包括所保财产的金额。技术合同的计税依据为合同所载的价款、报酬或使用费，研究开发经费不作为计税依据；但对合同约定按研究开发经费一定比例作为报酬的，应按一定比例的报酬金额贴花。营业账簿税目的计税依据为"实收资本（或股本）"与"资本公积"两项的合计新增金额。

（一）常见涉税风险

1.以凭证所载金额作为计税依据的，金额确认错误，少计或多计印花税。

（1）易货合同的计税依据认定不正确

采用以货换货方式进行商品交易签订的合同，属于"一买一卖"两项业务，应按合同所载的买、卖合计金额计税贴花。如果纳税人只是单方作购进或销售处理，进行纳税申报，就会产生少缴印花税风险。

（2）未列明金额的买卖合同，计税依据认定不正确

未列明金额的买卖合同，应按合同所载买、卖数量，依照国家牌价或者市场价格计算应纳税额。如果纳税人按本企业同类买卖货物平均价格计算申报，就会造成计税依据不实的情况。

（3）承揽合同的计税依据认定不正确

①受托方提供原材料及辅料，并收取加工费且分别注明的，原材料和辅料按买卖合同计税贴花，加工费按承揽合同计税贴花。如果纳税人将两部分金额合计报税，就会产生多缴或少缴印花税的风险。

②合同未分别记载原辅料及加工费金额的，应一律就全部金额按承揽合同计税贴花。如果纳税人适用买卖合同印花税税率申报，或按账面成本核算情况分别适用税率，就会产生少缴印花税的风险。

③委托方提供原材料，受托方收取加工费及辅料，双方就加工费及辅料按承揽合同计税贴花。如果纳税人以包括委托方提供原材料的金额作为计税依据进行纳税申报，会产生多缴印花税的风险。

（4）建设工程合同的计税依据认定不正确

建设工程合同的计税依据为承包金额，不得剔除任何费用；施工单位将自己承包的建筑项目再分包或转包给其他施工单位，其所签订的分包或转包合同，仍应按所载金额另行贴花。如果纳税人只就总承包合同所载金额申报纳税而忽略分包或转包合同应纳税额申报，会产生少缴税风险。

（5）借款合同的计税依据认定不正确

①借贷双方签订的流动资金周转性借款合同，一般按年（期）签订，规定最高限额，

借款人在规定的期限和最高限额内随借随还。对这类合同只按其规定的最高额为计税依据，在签订时贴花一次，在限额内随借随还不签订新合同的，不再另贴印花。如果纳税人误以为应按每一笔借贷金额作为计税依据计算缴纳印花税，必然会加重纳税人的税收负担。

② 对借款方以财产作抵押，从贷款方取得抵押贷款的合同，应按借款合同贴花，在借款方因无力偿还借款而将抵押财产转移给贷款方时，应就双方书立的产权转移书据，按产权转移书据有关规定计税贴花。如果纳税人只按借款合同贴花，漏计产权转移书据印花税，就会因漏缴印花税而面临处罚。

2. 记载资金的账簿的计税依据认定不正确

记载资金的账簿，应按"实收资本（或股本）""资本公积"账户新增金额，作为计税依据申报纳税。如果纳税人不按"实收资本（或股本）""资本公积"账户本期贷方发生额纳税申报或按账面"实收资本（或股本）""资本公积"累计贷方余额申报纳税，就会产生少缴或多缴印花税的风险。

3. 所载金额为外国货币的，未按规定折合成人民币确认计税依据

应纳税凭证所载金额为外国货币的，纳税人应按照凭证书立当日的中华人民共和国国家外汇管理局公布的外汇牌价折合人民币，计算应纳税额。

（二）主要检查方法

（1）逐项审阅应税合同，确定计税依据和应纳税额；

（2）将确定的应纳税额与纳税人申报的应纳税额核对，确定纳税人是否足额申报；

（3）对相关数据进行对比分析，确定纳税人申报的印花税是否与企业收入、存货同比例变化，波动是否异常。

【做中学7-4】某市税务稽查局于2024年5月10日对甲公司2023年度印花税缴纳情况进行检查。经实地调查，确定纳税人除买卖合同外，尚有如下合同：

（1）与某科研单位签订一份技术合同，合同总金额为400万元，其中研究开发费用320万元、劳务报酬80万元。

（2）与F公司签订非专利技术转让合同，价款50万元；与D公司签订专利权转让合同，价款100万元（上述金额均为不含税金额）。

（3）与市工商银行签订借款合同，合同总金额为400万元，又分2次填开借据领取该笔借款，金额分别是300万元、100万元。

（4）与某财务公司签订一份融资租赁合同，设备租赁费总额100万元，租期5年，每年支付租金20万元。

（5）与某建筑公司签订一份建设工程合同，金额500万元。

（6）该企业因兼并另一家国有企业，使得实收资本和资本公积总额增加400万元，被兼并企业的资金账簿已按规定缴纳印花税。

（7）7月份，与保险公司签订财产保险合同1份，保险标的物价值总额4 000万元，按12‰的比例支付保险费48万元。

（8）该企业上述合同及资金账簿共结转印花税0.503万元，具体计算如下：

$$400 \times 0.3‰ + 150 \times 0.3‰ + 800 \times 0.05‰ + 500 \times 0.3‰ + 400 \times 0.5‰ \times 50\% + 48 \times 1‰ = 0.503（万元）$$

请问：如果你是税务稽查人员，你认为甲公司上述印花税的申报正确吗，应如何正确计算？

解析：不正确。税务稽查人员重新核实该企业印花税应纳税额，计算如下：

（1）技术合同的计税依据为合同所载的价款、报酬或使用费，研究开发经费不作为计税依据。

应纳印花税 = 80 × 0.3‰ = 0.024（万元）

（2）与F公司签订的非专利技术转让合同应按技术合同计税、与D公司签订的专利权转让合同应按产权转移书据计税。

应纳印花税 = 50 × 0.3‰ + 100 × 0.3‰ = 0.045（万元）

（3）借款合同既签合同，又分开填开借据的，只就合同金额计税贴花。

应纳印花税 = 400 × 0.05‰ = 0.02（万元）

（4）对银行及其他金融组织的融资租赁业务签订的融资租赁合同，应按合同所载租金总额，按借款合同计税。

应纳印花税 = 20 × 0.05‰ = 0.001（万元）

（5）建设工程合同应纳印花税 = 500 × 0.3‰ = 0.15（万元）

（6）经企业主管部门批准的国有、集体企业兼并，对并入单位的资产，凡已按资金总额贴花的，接收单位对并入的资金不再补贴印花。

（7）财产保险合同按保险费金额计税。

应纳印花税 = 48 × 1‰ = 0.048（万元）

该企业合计应纳印花税 = 0.024 + 0.045 + 0.02 + 0.001 + 0.15 + 0.048
= 0.288（万元）

该企业当年多缴印花税0.215万元。

四、税收优惠的检查

印花税减免的主要内容包括：①已缴纳印花税的凭证的副本或者抄本免纳印花税；②财产所有人将财产赠给政府、社会福利单位、学校所立的书据免纳印花税。

经财政部批准免税的其他凭证免纳印花税：①国家指定的收购部门与村民委员会、农民个人书立的农副产品收购合同；②无息、贴息贷款合同；③外国政府或者国际金融组织向我国政府及国家金融机构提供优惠贷款所书立的合同。对个人销售或购买住房签订的合同暂免征收印花税。对个人出租、承租住房签订的租赁合同，免征印花税。对与高校学生签订的高校学生公寓租赁合同，免征印花税。对金融机构与小型企业、微型企业签订的借款合同，免征印花税。铁路、公路、航运、水路承运快件行李、包裹开具的托运单据，免征印花税。

（一）常见涉税风险

印花税税率低，单项应税凭证计算缴纳的印花税税额也不高，但是由于印花税凭证种类、数量繁多，且不完全由负责申报的财务部门掌握，加上财务人员重视程度不够，未能正确认识印花税的征免范围，从而导致使用印花税优惠错、乱的情况时有发生，包括：

1.凭证的副本或者抄本视同正本使用的，未按规定计贴印花

凭证的正式签署本已按规定缴纳印花税，其副本或者抄本对外不发生权利义务关系，仅备存查的免贴印花。凭证的副本或者抄本视同正本使用的，应另贴印花。

2.混淆合同属性，应税合同漏报印花税

如将有息贷款合同按无息贷款合同申报；将农村手工业品买卖合同作为农副产品收购合同申报等。

（二）主要检查方法

（1）检查当地税务机关"合并纳税申报系统——印花税税源采集及申报"数据，确定纳税人申报减免的印花税凭证数量、种类，比对分析其变动情况有无异常，与纳税人的经营范围、业务情况是否匹配，如工业制造业申报农副产品收购合同免税、房地产开发企业申报无息贷款合同免税等，就属于申报减免印花税与其经营业务不匹配的情况，为高风险等级异常。

（2）深入纳税人内部供销、储运、业务等各有关部门，对其所订立的各种合同、单据进行分类，区分哪些是应税合同、哪些是非应税合同以及免税合同，计算当期应缴纳的印花税金额，并与纳税人实际申报的印花税金额核对，核实纳税人是否有应税未贴或少贴印花税的情况。

【做中学7-5】2023年6月12日，郑某与富通房地产公司签订了"名仕公馆"认购诚意预约书，主要约定，郑某（预约人）确定有认购"名仕公馆"商铺的意向，自愿交纳诚意金700 000元；诚意金属预约人自愿交纳，不存在买卖行为；预约人交纳诚意金满一年不要求退领，视为愿意自动续存，富通房地产公司对本金仍按年利率28%继续计算增值额。

上述认购诚意预约书签订前，2023年5月21日，郑某向富通房地产公司转款100 000元，富通房地产公司向郑某开具收据，收到诚意金100 000元，认购诚意预约书签订后，郑某于2023年6月12日向富通房地产公司转款600 000元，同日，富通房地产公司向郑某开具收据，收到诚意金600 000元。

至2023年12月，郑某共计转款700 000元，富通房地产公司向郑某支付利息98 000元。此后，上述借款及后续借款利息郑某多次催要，富通房地产公司未偿还，2024年12月11日，郑某将富通房地产公司告到法院。

法院认为：合法的借贷关系受法律保护。

郑某与富通房地产公司签订的"名仕公馆"认购诚意预约书，从协议的内容看，该"名仕公馆"认购诚意预约书约定了借款金额、日期、借款期限及利息等条款，并非认购协议，而实际是一份借款协议书，双方也认可双方系借贷关系。富通房地产公司向郑某借款700 000元，郑某将700 000元款项支付给被告北京富通房地产公司，富通房地产公司给郑某出具了收据，故双方之间的借款事实清楚。

在履行合同的过程中，富通房地产公司未按时支付利息，未能履行协议约定。因双方约定的借款利率超过法律规定的年利率24%，但未超过年利率36%，按相关法律的规定，富通房地产公司已支付的98 000元利息应认定有效。2023年12月12日以后的利息应按年利率24%即月息2%计算。

请问：了解上述情况后，你能确定上述交易双方应如何履行纳税义务吗？

解析：税务处理：官司暂时告一段落，但是，其中的税务处理才刚刚开始。

（1）郑某的税务处理。

根据《销售服务、无形资产、不动产注释》的规定："金融服务，是指经营金融保险的业务活动，包括贷款服务、直接收费金融服务、保险服务和金融商品转让。"

"贷款，是指将资金贷与他人使用而取得利息收入的业务活动。各种占用、拆借资金取得的收入，包括金融商品持有期间（含到期）利息（保本收益、报酬、资金占用费、补偿金等）收入、信用卡透支利息收入、买入返售金融商品利息收入、融资融券收取的利息收入，以及融资性售后回租、押汇、罚息、票据贴现、转贷等业务取得的利息及利息性质的收入，按照贷款服务缴纳增值税。"

据此，郑某获得的"诚意金"利息实为贷款利息，应按贷款服务缴纳增值税。

《营业税改征增值税试点实施办法》第四十九条规定："个人发生应税行为的销售额未达到增值税起征点的，免征增值税；达到起征点的，全额计算缴纳增值税。增值税起征点不适用于登记为一般纳税人的个体工商户。"第五十条规定："增值税起征点幅度如下：（一）按期纳税的，为月销售额5 000~20 000元（含本数）。"据此，该例中郑某获取的每月利息（判决前按照年28%利率计算、判决后按照年24%利率计算）没有超过每月20 000元的起征点，属于免征增值税收入。与之相关的城建税、教育费附加和地方教育附加也不需缴纳。

根据《个人所得税法》及《个人所得税法实施条例》的规定，利息、股息、红利所得应当缴纳个人所得税；利息、股息、红利所得以每次收入额为应纳税所得额；利息、股息、红利所得，以支付利息、股息、红利时取得的收入为一次；利息、股息、红利所得适用比例税率，税率为百分之二十。据此，郑某已取得的利息收入应该缴纳个人所得税19 600元。

（2）富通房地产公司的税务处理。

根据《关于企业向自然人借款的利息支出企业所得税税前扣除问题的通知》（国税函〔2009〕777号）第二条的规定，企业向除第一条规定以外的内部职工或其他人员借款的利息支出，其借款情况同时符合以下条件的，其利息支出在不超过按照金融企业同期同类贷款利率计算的数额的部分，根据税法第八条和税法实施条例第二十七条的规定，准予扣除。①企业与个人之间的借贷是真实、合法、有效的，并且不具有非法集资目的或其他违反法律、法规的行为；②企业与个人之间签订了借款合同。

富通房地产公司与郑某签订的"名仕公馆"认购诚意预约书约定了借款金额、日期、借款期限及利息等条款，并非认购协议，而实际是一份借款协议书，对此双方也认可双方系借贷关系。富通房地产公司支付给郑某的利息在不超过按照金融企业同期同类贷款利率计算的数额的部分准予在所得税税前扣除。

根据《国家税务总局关于发布〈企业所得税税前扣除凭证管理办法〉的公告》（国家税务总局公告2018年第28号）第五条的规定：企业发生支出，应取得税前扣除凭证，作为计算企业所得税应纳税所得额时扣除相关支出的依据。

企业在境内发生的支出项目属于增值税应税项目的，对方为已办理税务登记的增值税纳税人，其支出以发票（包括按照规定由税务机关代开的发票）作为税前扣除凭证；对方为依法无须办理税务登记的单位或者从事小额零星经营业务的个人，其支出以税务机关代开的发票或者收款凭证及内部凭证作为税前扣除凭证，收款凭证应载明收款单位名称、个人姓名及身份证号、支出项目、收款金额等相关信息。

小额零星经营业务的判断标准是个人从事应税项目经营业务的销售额不超过增值税相关政策规定的起征点。根据以上规定，郑某为符合条件的从事小额零星经营业务的个人，因此，富通房地产公司的利息支出，可以郑某到税务局代开的增值税普通发票作为税前扣除凭证，也可以载明郑某个人姓名、身份证号、支出项目、收款金额等相关信息的收款凭证作为税前扣除凭证。

个人所得税以所得人为纳税人，以支付所得的单位或者个人为扣缴义务人。据此，富通房地产公司对支付给郑某的利息有代扣代缴个人所得税义务。若富通房地产公司没有履行代扣代缴的义务，按照《税收征管法》的规定，税务机关可以对富通房地产公司处以应代扣代缴税款0.5~3倍的罚款。

行业检查实训：房地产开发企业土地增值税的检查

【实训资料】某房地产开发公司属于增值税一般纳税人，其开发的A住宅项目于2016年1月开工，企业选择简易计税办法计算缴纳增值税。2023年，A住宅项目已经开发完成并陆续交付业主，土地增值税已于2023年清算。2024年某市税务稽查局对该房地产开发公司进行土地增值税专项稽查，相关资料如下：

（1）2023年度该公司财务报表列示和会计账簿记载有关土地增值税的相关数据如下：

① 利润表中反映的"主营业务收入"为20 305 000元；"税金及附加"中预缴土地增值税税金为203 050元，城建税、教育费附加、地方教育附加为126 906.25元，其他税费为969 563.75元。

② 总账中记载的"开发成本"为16 537 035.53元，其中明细项目包括：取得土地使用权支付的金额3 728 000元；前期工程费1 084 302元；建筑安装工程费8 562 740元；基础设施费2 909 118元；配套设施费87 875.53元；其他开发费用165 000元。

③ 总账中记载的"管理费用"为1 848 519.52元；"销售费用"为621 150.50元；"财务费用"为54 441.02元。

④ 明细账中记载的"开发产品——A"借方数量为16 217.60㎡（金额略）；贷方数量为14 609.51㎡（金额略）。

（2）该公司2023年度土地增值税纳税申报表列示的相关数据如下：

①转让房地产收入总额20 305 000元。

②扣除项目金额合计21 822 205.44元，其中：取得土地使用权所支付的金额3 728 000元；房地产开发成本12 809 035.53元（前期工程费1 084 302元、建筑安装工程费8 562 740元、基础设施费2 909 118元、配套设施费87 875.53元、其他开发费用165 000元）；房地产开发费用881 292.80元（财务费用54 441.02元、其他房地产开发费用826 851.78元（16 537 035.53×5%））；与转让房地产有关的税金1 096 470元；加计扣除费用3 307 407.11元（16 537 035.53×20%）。

③增值额 ＝ 20 305 000 － （20 725 735.44×14 609.51÷16 217.60 + 1 096 470）

＝ 537 898.15（元）

④增值额与扣除项目金额之比 ＝ 537 898.15÷19 767 101.85×100% ＝ 2.72%

⑤应缴土地增值税 ＝ 537 898.15 × 30% ＝ 161 369.45（元）

⑥应退土地增值税 ＝ 203 050 − 161 369.45 ＝ 41 680.55（元）

（3）稽查人员检查时发现如下可疑问题：

①"开发成本——前期工程费"账户列支以下支出："四邻"采光通风补偿48 000元，政务中心代收施工方各项费用70 000元（无明细项目），质监站监理费、单桩试压费30 000元，人力资源和社会保障局社会保险基金100 000元，省科技协会会费7 915元，环保局环保罚款21 700元，建设规划局配套费278 000元。

②"开发成本——基础设施费"账户列支以下支出：绿化补偿费3 000元（事业性收费），消防设施检测费9 500元（消防检查），自来水管网配套费、增容费132 300元（自来水公司），消防赞助款5 000元（消防队），排水设施有偿使用费5 000元（市政局），慈善捐款30 000（县政府）。

③"开发成本——建筑安装工程费"账户列支以下支出：施工用水电费32 731元（取得水电发票），施工方赔偿邻居损失3 000元，广告费3 915元。

④"开发成本——其他开发费用"账户165 000元，为房产管理局收取的商品房初始或变更登记与交易手续费。

⑤"开发成本——配套设施费"账户列支售楼部装修款39 920.53元。

⑥"财务费用"账户54 441.02元，经查阅相关凭证，属"开盘"时相关支出。

⑦其他业务情况正常无误。

【检查要求】依据上述资料，核实纳税人土地增值税的申报是否正确。

参考文献

［1］国家税务总局编写组.税务稽查方法［M］.北京：中国税务出版社，2008.

［2］国家税务总局编写组.税务稽查案例［M］.北京：中国税务出版社，2008.

［3］全国注册税务师执业资格考试教材编写组.税务代理实务：2014年全国注册税务师执业资格考试教材［M］.北京：中国税务出版社，2014.

［4］谭光荣.税务稽查［M］.长沙：湖南大学出版社，2003.

［5］蔡昌.税务稽查零风险：阳光财税系列［M］.北京：北京大学出版社，2008.

［6］国家税务总局教材编写组.国税稽查实务［M］.北京：中国税务出版社，2004.

［7］翟继光.中华人民共和国企业所得税法与实施条例释义及案例精解［M］.上海：立信会计出版社，2017.

［8］王志焕.纳税检查［M］.3版.北京：首都经济贸易大学出版社，2023.

微课索引

为了便于学生自主学习，我们针对重点难点制作了21个微课，并以二维码的形式添加在本教材中，用手机扫描二维码即可直接观看，括号内标注了二维码的具体页码。